다윗: 야누스의 얼굴
–욕망의 성취와 인간의 실패

인간은 자신의 욕망을 성취하기 위해
본연의 인간성을 쉽게 포기한다.
선악을 분별할 줄 알면서도 자기만의 이익을 추구하는 길을 걷는 모순된 행위는
인간이 반복적으로 보여주는 보편적인 현상이다.
어느 누구라도 이런 현상을 거역하거나 극복하기가 심히 어렵다.
오직 하나님의 아들만 이런 악순환의 고리를 끊을 수 있었다.
이것이 인류가 고통스러워했던 인간의 길이며
역설과 모순으로 가득 찬 인간의 역사이다.

박종구

로마 그레고리안 대학교에서 K. Barth(1886–1968)의 교회교의학을 중심으로 삼위일체론에 관한 학위를 마쳤다. 현재 서강대학교 국제인문학부 종교학 전공 교수로 강의하고 있다. 저서로 『그리스도교 교의의 역사적 형성연구』 서강학술총서 #044 (서강대학교출판부, 2012), 『자비의 하느님 인간의 수수께끼』(이냐시오영성연구소, 2010), 『열정과 회심』(이냐시오영성연구소, 2008), 『사람아 너 어디 있느냐? 창세기 1–11장: 인간의 미래』(서강대학교출판부, 2007), 『어찌하여 나를: 마르코복음서 수난기 묵상』(성서와함께, 2002) 등이 있다.

서강학술총서
074

다윗: 야누스의 얼굴
-욕망의 성취와 인간의 실패

박종구 지음

서강대학교출판부

서강학술총서 074

다윈: 야누스의 얼굴
–욕망의 성취와 인간의 실패

초판 1쇄 발행 | 2015년 7월 27일
2쇄 발행 | 2022년 5월 25일

지 은 이 | 박종구
발 행 인 | 심종혁
편 집 인 | 주세형
발 행 처 | 서강대학교출판부
등록 번호 | 제2002-000170호

주 소 | 서울특별시 마포구 백범로 35(신수동)
전 화 | (02) 705-8212
팩 스 | (02) 705-8612

ISBN 978-89-7273-261-7 94230
ISBN 978-89-7273-139-9(세트)

값 28,000원

* '서강학술총서'는 SK SUPEX 기금의 후원으로 제작됩니다.

책머리에

이 글은 성경의 역사적 배경과 신앙의 목표를 커다란 틀로 삼아 두 개의 목표를 지향한다. 구체적으로 말하면 이야기의 배경은 구약성경이며 글의 궁극적 지향은 예수 그리스도이다. 두 개의 목표는 이야기의 배경과 궁극적 지향을 틀로 삼아 다윗의 삶과 역정을 성찰하는 것이다.

하나, 구약성경의 내용을 이해하기 위해서 방법론적으로 역사 비평과 문학 비평의 결과들을 제한적으로 수용하며, 독자의 체험적 독서방식을 가미하였다. 달리 말하면, 지난 200여 년의 성경 이해를 위한 학문적 기여를 바탕으로 하지만, 독자의 주관적 요소를 적용한 독서 방법의 가능성을 첫 번째 목표로 삼았다.

둘, 역사 비평과 문학 비평이 객관적 지혜의 습득 장치라면, 성경의 독자가 읽는 독서 방법은 기도와 관상을 전제로 주관적 요소를 이룬다. 독서의 객관적 요소와 주관적 요소는 상호 보완적이며, 글은 주어진 삶의 환경에서 살아가는 특별한 인물을 통해 인간의 보편적 본성을 찾아 읽을 것을 목표로 삼았다.

독서의 방법론은 객관적이건 주관적이건 역사 내적 한계를 가지고 있다. 성경은 역사적 사건을 중심으로 기록하고 있지만, 신적 계시를 토대로 편집된 문헌이다. 학문의 방법론이 역사성을 기반으로 전개된다면, 성경은 역사성에 초역사적 근거를 더해 독자에게 도달하고자 한다. 학문적 방법론이 역사적 한계를 지닌 내적 성격을 보여준다면, 성경은 초역사성을 근거로 독자에게 열린 계시의 형태로 다가온다. 따라서 성경은 역사의 한계성을 계시 사건에 맞닥뜨리게 하면서 독자들에게 이해의 문을 열어준다. 그러기 때문에 독자들의 태도에 따라 다양한 이해의 가능성에 도달한다.

이 글은 이러한 이해를 바탕으로 성경의 한 인물 다윗에게 주의를 집중한다. 그가 처한 역사적 환경을 이해하고 본문의 구조적 완결성을 존중하면서 집필되었다. 다윗의 환경이라면 그를 둘러싼 역사적 요소뿐만 아니라, 인물들도 포함한다. 다윗을 선행하는 사울과 다윗을 승계한 솔로몬 왕정의 주장도 이에 속한다. 그러므로 이 글은 이스라엘의 초대 왕 사울 이야기가 중요한 한 축을 이루고, 후대 왕정의 정통성을 주장하는 소리도 함께 다룬다.

이 글은 다윗을 중심으로 벌어진 사건들의 해석을 중요한 과제로 삼지만, 논의의 목표는 다윗을 통한 인간의 이해에 있다. 다윗을 통한 보편적 인간의 이해라는 원대한 지향을 경험하고자 하는 노력은 단 한 번의 성찰로 완결될 수는 없다. 그러므로 이 글의 노력은 시작되었지만, 끝은 열린 상태로 마무리된다.

아마도 예민한 독자는 이 글의 시작과 끝이 미완성의 성격을 드러낸다는 것을 보고 일말의 우려나 부족함을 깊이 느낄지 모르겠다. 그래서 저자는 미리 독자들에게 양해를 구하면서 이 글의 목표가 열린 독서 방법을 지향한다는 사실을 강조한다. 독자의 경험은 다윗을 읽는 깊이를 드러낼 것이며, 저자가 말하고 싶은 바를 체험으로 뒷받침해 주리라 믿는다.

짧은 몇 마디 말로 모든 이해가 가능할 수 없지만, 저자의 부족한 성찰이 다윗 이해에 도움이 되기를 충심으로 바란다. 이 글의 시작과 마무리를 함께 해준 많은 수도자들과 독자들에게 감사를 드리는 바이다.

2015년

저자 삼가 드림

목차

성경 자료 목록: 1사무, 2사무, 1열왕 1-2장 1사무엘

사무엘, 계약의 궤, 필리스티아인들

1장 1-28절: 사무엘의 탄생
2장 1-10: 한나의 노래
11-17: 엘리의 아들들
18-21: 사물이 실로에 머물다.
22-26: 엘리와 그의 아들들
27-36: 엘리의 집안은 망한다.
3장 1-4,1: 주님께서 사무엘을 부르시다.
4장 2-22: 필리스티아인들에게 계약의 궤를 빼앗기다.
5장 1-12: 필리스티아인들이 하느님의 궤 때문에 벌을 받다.
6장 1-21: 하느님의 궤가 돌아오다.
7장 1-17: 사무엘이 판관으로 이스라엘을 다스리다.

사무엘과 왕정제도

8장 1-22: 백성이 임금을 요구하다.
9장 1-23: 사울이 사무엘을 만나다.
10장 9,26-10,16: 사무엘이 사울을 임금으로 세우다.
17-27: 사울이 임금으로 뽑히다.
11장 1-15: 사울이 암몬족을 물리치고 왕위에 오르다.
12장 1-25: 사무엘의 고별사

사울이 이끈 전투

13장 1-23: 사울이 필리스티아인들과 싸우다.
14장 1-23: 요나탄이 필리스티아인들을 치다.
24-46: 요나탄이 사울의 명령을 어기다.
47-52: 사울이 왕위를 굳히다.
15장 1-9: 사울이 아말렉과 싸우다.
10-31: 주님께서 사울을 버리시다.
32-35: 사울이 아각을 처형하다.

다윗의 성공과 사울의 몰락

16장 1-13: 다윗에게 기름을 붓다.
14-23: 다윗이 사울을 섬기다.
17장 1-11: 이스라엘이 골리앗의 도전을 받다.
12-54: 다윗이 골리앗을 쳐 이기다.
55-58: 다윗이 사울 앞에 나아가다.
18장 1-5: 다윗과 요나탄이 계약을 맺다.
6-9: 사울이 다윗을 시기하다.
10-16: 사울이 다윗을 죽이려 하다.
17-30: 다윗이 사울의 사위가 되다.
19장 1-7: 요나탄이 다윗을 감싸주다.
8-17: 다윗이 죽을 고비를 넘기다.
18-24: 사울이 다윗을 찾아 라마도 가다.
20장 1-42: 다윗과 요나탄의 우정 이야기
21장 1-10: 다윗 놉의 사제 아히멜렉의 도움을 받다.
11-16: 다윗이 필리스티아로 망명하다.
22장 1-5: 다윗이 무리의 우두머리가 되다.
6-23: 사울이 놉의 사제들을 학살하다.

23장	1-18:	다윗이 크일라를 구하다.
	19-28:	다윗이 사울의 추격을 벗어나다.
24장	1-23:	다윗이 사울을 살려 주다.
25장	1절:	사무엘이 죽다.
	2-44:	다윗과 아비가일
26장	1-25:	두 번째 다윗이 사울을 살려주다.
27장	1-12:	다윗이 다시 필리스티아로 망명하다.
28장	1-25:	사울이 점쟁이를 찾아가다.
29장	1-11:	다윗이 필리스티아인들에게 배척당하다.
30장	1-31:	다윗이 아말렉을 치다.
31장	1-13:	사울(과 요나탄)이 죽다.

* * * * * *

2사무엘

1장	1-16:	다윗이 사울의 죽음을 애도하다.
	17-27:	다윗이 사울과 요나탄의 죽음을 애도하는 노래를 짓다.
2장	1-7:	다윗이 유다의 임금이 되다.
	8-11:	이스 보셋이 이스라엘의 임금이 되다.
	12-32:	유다와 이스라엘이 기브온에서 싸우다.
3장	1절:	사울 집안과 다윗 집안의 갈등
	2-5:	헤브론에서 다윗이 낳은 아들들
	6-21:	아브네르가 이스 보셋을 배반하다.
	22-39:	요압이 아브네르를 죽이다.
4장	1-12:	이스 보셋이 죽다.

5장　1-5:　다윗이 온 이스라엘의 임금이 되다.
6-12:　다윗이 이스라엘을 점령하다.
13-16:　다윗이 이스라엘에서 낳은 아들들
17-25:　다윗이 필리스티아인들과 싸워 이기다.
6장　1-23:　다윗이 계약의 궤를 예루살렘으로 옮기다.
7장　1-17:　나탄의 예언
18-29:　다윗의 감사기도
8장　1-14:　다윗이 여러 전투에서 승리하다.
15-18:　다윗의 관리들

다윗 왕위의 계승

9장　1-13:　다윗이 요나탄의 아들에게 호의를 베풀다.
10장　1-19:　다윗이 암몬과 아람을 쳐부수다.
11장　1-27:　다윗이 우리야를 죽이고 밧 세바를 차지하다.
12장　1-15:　나탄이 다윗을 꾸짖다.
16-23:　다윗의 아들이 죽다.
24-25:　솔로몬이 태어나다.
26-31:　다윗이 라빠를 점령하다.
13장　1-22:　암논과 타마르
23-37:　압살롬이 암논을 죽이다.
38-39:　압살롬이 돌아오다.
14장　1-24:　압살롬이 돌아오다.
25-33:　다윗이 압살롬과 화해하다.
15장　1-12:　압살롬이 반란을 일으키다.
13-37:　다윗이 요르단으로 달아나다.

16장	1-4:	다윗과 치바
	5-14:	다윗과 시므이
	15-23:	후사이가 압살롬에게 접근하다.
17장	1-14:	압살롬이 후사이의 의견을 따르다.
	15-23:	후사이의 작전과 아히토펠의 자살
	24-29:	압살롬이 다윗을 뒤쫓다.
18장	1-17:	압살롬이 싸움에 지다.
	18:	압살롬의 기념비
	19-32:	다윗이 압살롬의 죽음을 알고 슬퍼하다.
19장	1-9:	(압살롬의 죽음을 알고 슬퍼하다)
	10-15:	다윗이 귀환을 준비하다.
	16-24:	다윗과 시므이
	25-31:	다윗과 므피보셋
	32-40:	다윗과 바르질라이
	41-44:	유다와 이스라엘
20장	1-22:	세바가 반란을 일으키다.
	23-26:	다윗의 대신들

부록

21장	1-14:	기근과 사울 후손들의 처형
	15-22:	필리스티아의 전사들과 다윗의 용사들
22장	1-51:	다윗의 승전가
23장	1-6:	다윗의 마지막 말
	7-39:	다윗의 용사들(1역대 11,40-41)
24장	1-25:	인구 조사와 흑사병(1역대 21,1-27)

1열왕

1장	1-4:	다윗과 수넴 처녀
	5-10:	아도니야가 임금행세를 하다.
	11-27:	나탄과 밧 세바의 계책
	28-53:	솔로몬이 왕이 되다.
2장	1-12:	다윗이 죽다.

이야기의 시작을 위해서

다윗 이야기를 따라가는 일은 일차적으로 그가 어느 순간 등장해서 왕이 된 정치적 성공을 살펴보는 과정이다. 그가 도달한 성공은 개인적인 업석에 머무르지 않고 이스라엘 민족의 역사적 중심에 놓인 희망의 표지이다. 그래서 다윗을 아는 노력은 개인적·심리적 차원에 한정되지 않으며 민족사 차원의 신학적 해석을 동시에 요구한다. 이런 의미에서 구약성경의 신학은 야웨의 활동을 현재화하는 작업이며, 신학적 해석은 야웨의 활동 의의를 새롭게 이해하는 이스라엘의 고백이다.[1]

더구나 다윗 이야기는 다윗 이전의 이스라엘 전통이 야웨의 구원 섭리에 집중하는 것과 달리 역사적 인물 다윗에게서 새로운 구원 역사의 물꼬를 튼다. '다윗의 왕좌를 영원히 튼튼하게 하겠다(2사무 7,13.16).'는 예언자 나탄을 통한 야웨의 보장 발언은 이스라엘의 새로운 역사적 전기를 마련한 것이다. 이러한 까닭에 이 글은 다윗의 삶을 사회정치적 차원에서 한 인간을 이해하는 것에 만족하지 않는다. 이

1 G. 폰 라트, 허혁 역, 『구약성서신학』, 1권, 분도출판사, 1976, 307-308쪽 참조. 신명기 사가의 역사관이 지평을 확대한 것으로 보는 구약성경의 다윗 이야기는 내용적으로 다윗 왕조에서 기원전 722/721년과 587년의 이스라엘과 왕국과 유다왕국의 파멸까지 염두에 두고 있다.

글은 다윗 개인의 성취와 실패가 어떻게 이스라엘 민족 공동체와 관련이 되고 민족의 운명에 영향을 미쳤는지 여러 차원에서 살펴볼 것이다.

다윗은 신약성경에서 예수님의 탄생과 더불어 언급되는 인물이기도 하지만, 구체적으로 '그리스도'(기름부음받은이)[2]와 관련된다는 사실을 기억해야 한다. 구약의 세계에 속한 다윗을 이해하기 위해서 독자는 그와 함께 이스라엘의 역사 세계로 들어가야 한다. 동시에 구약에서 신약으로 불려온 인물인 까닭에 신약의 세계에서 다윗이 어떻게 다루어지는지도 생각해 보아야 한다.

구약의 세계가 이스라엘의 민족사를 배경으로 전개된다면, 신약의 세계는 하나님의 구원사가 펼쳐지는 보편사적 세계의 이해를 배경으로 한다. 이렇게 구원사가 전개되는 세계관을 구성하는 두 개의 세계, 두 개의 종교, 두 개의 약속은 다윗을 가장 빈번하게 언급하지 않을 수 없는 인물로 등장시켰다.[3]

이와 같이 우리는 다윗이란 인물이 신학적으로 중요한 이유를 구약성경과 신약성경에서 함께 거론된 인물이라는 사실에서 찾는다. 구약의 인물이 신약에서 거론되는 틀은 예수의 영역 안에서 의미를 부여받기 때문에 중요한 의의를 지닌다. 성경은 다윗 이후의 모든 유다의 왕들이 다윗왕을 기준으로 평가되고, 기준에 미치지 못한다는 사실 때문에 야웨 하느

2 구약성경이 '기름부음받은이'로 사용하는 단어가 신약성경에 와서는 희랍어 단어 '크리스토스(*christos*, 그리스도)'로 고정된다. 이스라엘 왕정의 왕을 가리키기 위해 선택된 이 기능적인 어휘는 사무엘서 첫 권에 등장해서 이스라엘의 역사를 구원의 역사로 해석하는 기본 단어가 된다.

3 구약성경에서 다윗은 1080번 정도, 신약에서는 58번 언급된다. 참고로 모세는 772번(구약)과 80번(신약), 아브라함/아브람은 236번(구약)과 75번(신약) 정도 언급된다. Marti J. Steussy, *David. Biblical Portraits of Power,* Univ. of South Carolina Press, 199쪽.

님의 벌을 받았다고 주장한다. 불행하게도 다윗의 아들 솔로몬이 죽자 기원전 928년경에 12지파의 통일왕국이 유다와 이스라엘로 분열되고, 기원전 722/721년이 되면 북 왕국 이스라엘이 아시리아 제국에 의해 멸망한다. 그리고 기원전 586/587년엔 남쪽의 유다 왕국마저 바빌론 제국에 유린당한 후, 옛 다윗 왕국의 회복은 역사적으로나 신학적으로 첨예한 주제가 되었다.[4] 그리스도교 안에서 다윗 왕권의 회복이란 주제가 신학적으로 신약의 예수와 연관되었고,[5] 유다인의 민족적 염원이 달린 인물 다윗이 그리스도교 신앙의 초월성 안으로 들어온다. 신약성경은 그리스도가 다윗의 후손[6]이라는 역사 신학적 주제를 구원사의 영역에서 다루며, 다윗을 예수 그리스도와 관련된 인물로 제시한다.

다시 한 번 질문을 정리한다면, 유다인이나 그리스도인에게 다윗은 어떤 의미에서 왜 중요한 인물인가? 예수와 관련해서 다윗은 새로 시작될 미래의 나라, 이스라엘 왕국의 회복을 말할 때마다 반드시 언급되는 인물이 되었던 것이다. 신약에서 예수는 다윗의 역사적 신탁을 하늘나라의 도래라는 종말론적 선포로 초역사적 근거를 마련했다. 이리하여 구약의 다윗에서 신약의 예수로, 신약의 예수에서 구약의 다윗으로 두 인물은 구원이란 주제의 틀 안에서 서로 해석의 근거가 되었다.

두 인물은 역사에 길이 남을 인물들로 자리 잡았지만, 우리에게는 여전히 역사적 인식의 차원에서 탐구의 대상이다. 그러나 다윗과 달리

4 이스라엘 역사에서 다윗 왕국의 중요성은 처음으로 다윗 왕권의 영속성이 선언되었고(2사무 7,13), 신명기 사가의 붓끝에서 왕권 신학이 발생했다고 보기 때문이다. G. 폰 라트, 허혁 옮김, 『구약성서신학』, 제 1권, 분도출판사, 1976, 305-309쪽 참조.

5 예를 들면, 사도 1,6.

6 마르 12,35-37; 마태 22,41-46; 루카 20,41-44 참조.

신앙의 차원에서 예수는 역사적 인식의 한계와 더불어 종말론적 차원의 초역사적 존재로 신비가 된다. 어떻게 이야기하든 두 인물에 대한 역사적 성격의 정의에 상관없이, 그리스도 신앙의 예수와 다윗은 유다인이나 그리스도인에게 역사와 신앙을 새롭게 바라보게 하는 인물인 것만은 틀림없는 사실이다.

독서 방법

구약성경의 이야기를 읽을 때마다 독자들은 성경을 이해하기 위해 보통 간단한 방법론이지만 낯선 길에 들어선 자신을 발견한다. 특히 역사와 신학이 병존하고 성경의 편집 의도가 복잡한 이야기들은 전문가들도 이해하는 데 많은 노력을 해야 하는 어려움을 겪는다. 그렇다고 평범한 독자들이 특별한 방법적 기술을 터득해 가며 읽고 해석하려는 노력을 기울이기에는 현실적 사정이 여의치 않다. 통째로 본문을 읽는 것은 가장 좋은 방법이자 권하고 싶은 독서법이지만, 혼자서 선뜻 실천하기도 쉽지 않다. 그러면 어떻게 읽는 것이 가장 간단하며 효과적일까?

성경의 독서와 이해의 차원을 조금이나마 높이기 위해 몇 가지 설명을 제한적인 범위 내에서 제안하고 싶다. 학문적인 용어를 사용한다면, 성경의 사건과 내용을 이해하기 위한 독서 방법으로 우리에게 통시적(*diachronic*) 접근과 공시적(*synchronic*) 접근 방법이 있다.[7] 통시적이라 함

7 성경을 해석하는 방법론적 독법을 통시적 방법과 공시적 방법으로 구분하고 각각의 성격과 장단점 등을 간단히 소개한다. 이해를 위해 다음을 참조할 수 있다. 호라시오 시미안 요프레 엮음, 『구약성서 연구방법론』, 성서와함께, 2000. 특히 3장(통시적 연구방법론)과 5장(공시적

은 역사 비평적 방법으로 성경 이야기의 시대사적 환경을 정보의 원천으로 사용한다. 이 방법은 본문을 이해하기 위해 이야기에서 언급된 시대적 정보가 결정적인 역할을 한다고 믿는다. 그래서 본문 밖에서 중요한 해석의 열쇠를 찾으려고 본문의 문법적, 내용적 모순이나 기능에 더 많이 귀를 기울인다. 글의 흐름을 깨는 문법적 요소들이나 쓸데없는 반복적 표현들, 이야기의 내용과 의미들의 충돌 등을 걷어내고 본래의 모습을 재구성하려는 노력을 시도한다.

그러나 어떤 해석이라도 역사 문화적 전 이해라는 게 있어서 자체의 한계와 약점은 있게 마련이다. 특히 역사 비평은 이해하고자 하는 문헌의 역사성을 이미 전제하고 있기 때문에 특별히 자체의 한계를 인식해야 한다. 이러한 한계는 세 가지로 정리할 수 있는 데 다음과 같다.[8] 첫 번째는 역사 비평과 다른 해석들 사이의 객관적 관계를 설정하는 것이 그리 쉽지 않다는 점이다. 예를 들면, 이사 7-8장의 종교·정치적 메시지에 대한 역사 비평적 이해가 마태 1,23의 예수 탄생에 적용된 교회의 신학적 이해와 어떻게 조화될 수 있을지 궁금하다. 두 번째, 역사 비평이 추구하는 역사적 사실은 근원적으로 신학적으로 해석하고자 하는 신앙의 진리와 거리를 두고 있다. 사실 성경이 제시하는 신앙의 진리는 역사 비평에 의존하지 않기 때문에, 역사 비평의 길은 신앙의 진리를 파악하는 데에 간접적이고 소극적일 수밖에 없다. 세 번째, 역사 비평 방법을 성경 본문에 적용하자마자, 성경과 독자 사이의 거리는 극복하기 어려운 한계가 된다. 부분적으로 거리를 극복한다고 하더라도 성경의 내적 충돌을 부분적으로만 해소할 수 있을 뿐이다.

반면에 공시적 접근법은 기본적으로 현재의 본문이 형성되기까지 진행

방법론)을 참고한다. 또 구자용, 삼하 11장-아이러니화된 왕의 지혜, 『구약논단』 16권 1호(통권 35집, 2010년 3월), 119-123쪽을 참조할 수 있다.

8 호라시오 시미안 요프레, 통시적 연구: 역사 비평적 연구방법, 『구약성서 연구방법론』, 137-138쪽.

된 과정을 무시하지는 않지만, 현재의 구문 형태를 중요시하며 가장 완벽한 상태로 인정한다. 따라서 본문에 등장하는 행위자나 언어적 요소들의 역할과 기능에서 찾아 읽고자 하는 의미를 추구하는 노력이 아주 중요하다. 독자는 이해의 단서를 주는 성경 본문에서 의미를 찾고 본문은 독자에게 대화의 실마리와 가능성을 제공하게 된다. 이 방법은 본문이 이미 편저자를 떠난 형태로 존재한다는 사실을 중요하게 여기기 때문에 독자는 저자의 의도에 주의를 기울이지 않아도 되며, 오로지 독자는 본문과 대화하는 양상으로 독서를 진행한다. 이와 같이 공시적 접근법은 현재의 조건을 가장 중요하게 여기면서 본문이 제공하는 의미를 찾으려고 노력한다.

공시적 방법은 이렇게 본문의 문학성을 전제로 하기 때문에 해석의 여러 원칙이나 한계를 언급할 수 있다. 성경의 이야기도 인간의 언어를 기반으로 편집된 문헌이기 때문에 세상의 어떤 문학적 작품과 비교할 수 있다고 주장한다.[9] 이런 가능성은, 첫째, 성경이나 세상의 문학작품은 이야기의 유형에 속하기 때문에 둘 사이의 유사성을 고려할 수 있다. 더구나 신의 계시나 신앙의 진리는 이야기 형식을 벗어난 규정이나 교의의 정식 형태로 존재하지 않는다. 이야기는 언제나 시간성을 가지고 전개되고, 공간적 제약과 시간적 요소들을 매개로 중요한 계시의 순간들을 제시한다. 둘째, 성경의 이야기는 어느 한 계층에 구애받지 않고 가난하고 소외된 이들을 통해서 영위된다. 지배계층의 역할을 무시하지 않지만, 결정적인 순간은 늘 대립적 요소를 드러내며 이야기의 결정적 대상을 통해서 드러난다. 셋째, 문학작품으로서 성경은 독자들에게 체험을 거쳐서 이해하도록 안내한다. 역사는 성경의 이야기를 이해하기 위해서 필요하지만 본질적인 요소는 아니며, 오히려 성경은 역사적

9 쟝 루이 스카, 공시적 방법: 설화 분석, 『구약성서 연구방법론』, 223-269쪽 참조.

배경에서도 독자의 자유를 존중하고 보장하는 길을 선택한다.

그러나 어떤 독서 방법일지라도 장·단점을 완벽하게 구분하고 배제하거나 선택할 수 없기 때문에, 어느 한 가지 방법만으로 독서가 완성되지 않는다. 간단히 말해서 우리는 두 독서 방법이 제공하는 가능한 정보나 해석학적 이해의 가능성을 취하지만 객관적인 한계 내지는 제한성을 넘어서야 한다고 생각한다. 왜냐하면, 두 방법이 비록 학문적 차원에서 상호 보완적인 독서의 길인 것은 확실하지만 제한적 성격을 극복하지 못한다고 생각한다. 두 방법은 그 자체로 완성되지 않기 때문에, 우리는 역사 비평이나 문학 비평의 독서 방법에 덧붙여 세 번째 요소로 '독자의 경험'을 추가한다. 우리는 성경의 객관적 정보나 편집자의 의미부여가 성경 본문 내에 숨어 있다고 보기 때문에 역사 비평이나 문학 비평의 도구만을 통한 일방적인 의미 추출은 기계적이라고 말할 수밖에 없다.

이야기는 늘 인간의 경험적 요소를 전제로 하고 있어서, 독자가 경험적으로 이야기의 본문과 조응하고 일치할 때 비로소 생생한 의미가 창출되기 때문이다. 특히 성경을 읽고 이해하는 경우 삶의 요소는 더욱 중요해서, 독자가 성경의 이야기에 녹아들 때에 비로소 융합된 고밀도의 내적 통찰이 가능해진다. 앞에서 언급했던 통시적·공시적 접근법이 본문을 대상으로 한 객관적 접근 방법이라면, 독서의 경험적 요소는 성찰적 요소를 내면화하는 주관적 독서 방법으로 이해할 수 있다. 성경 읽기의 객관적 접근방법과 주관적 접근방법의 협동은 성경의 이야기가 '저기' 있는 것이 아니라 '여기' 있는 것으로 만들고, 성경을 읽는 사람의 내면에서 말씀을 살아 움직이게 하는 길이다.

말씀이 생생하게 살아 내면에서 우리를 움직이는 동력을 행사하게 되는 것도 사실 독자의 경험이 없이는 그 문이 열리지 않는다. 다행히도

교회는 전통적으로 우리에게 렉시오 디비나[10]와 같은 독서법을 전해 주고 있지만, 전통적으로 학문적 영역과 분리된 채로 이해되어 왔다. 따라서 우리에게 성경이 살아 있는 말씀으로 경험되기 위해서 두 가지 방법은 반드시 필요하다. 18세기 시작된 성경의 역사 비평적 이해는 우리의 지성에 말씀의 객관적 내용을 알려 주고, 살아 있는 말씀으로 체험하기 위해서 우리의 내면은 역동적 활동으로 말씀에 순응하게 된다. 객관적 독서 방법은 우리의 지성을 확장하고, 주관적 이해는 우리의 내면을 일깨울 것이기에, 마침내 활자로 된 말씀이 생생한 내적 경험으로 살아나서 마음에 감동을 불러일으키며 독서의 길을 완성시킬 것이다.

성경을 읽고 이해하는 이런 관점에서 사무엘서의 독서는 통째로 읽는 방법들의 장점에 기대며, 본문의 현재 형태가 가장 완벽한 편집 결과라는 주장을 신뢰한다. 시간상으로 오랜 세월을 견딘 성경이기 때문에 주변 정보가 필요한 것이고, 현재의 형태를 최종판으로 수긍하기 때문에 본문의 현재적 이해가 결정적이다. 두 가지 방법을 하나로 융합시키고 실존적 의미를 형성해 내는 길은 삶의 경험이며, 독자가 살아온 삶이 성경 읽기의 방법론적 완성의 가능성으로 승화한다.

그래서 우리는 세 가지 방법론적 유용성을 긍정하고 사용하면서 아주 간략하게 구약에서 신약으로, 신약에서 구약으로 시선을 바꿔 가면서 다윗을 살펴보기로 한다. 그러면 우리에게 필요한 다윗을 이해해야 할 이유

---

10 렉시오 디비나(*lectio divina*)는 1) *lectio(독서)*, 2) *meditatio(묵상)*, 3) *oratio(기도)*, 4) *contemplatio(관상)*의 네 단계로 흘러간다. '말씀의 잔치'에 비유하면, (말씀을) 받아 물고(*lectio*), 씹고 씹어서(*meditatio*), 본래의 맛을 느끼며(*oratio*), 완전히 자신의 일부로 만든다(*contemplatio*). 따라서 렉시오 디비나에서 성경의 구절은 신학적 분석이나 탐구의 대상이 아니라, 살아 있는 하느님의 말씀이며, 그리스도에 대한 앎을 심화하는 것을 목표로 삼는다. 이 방법은 교부들에게서 시작하여 6세기 성 베네딕도 성인에 의해 확립되었고, 현대에 와서 더욱 세련된 방법을 만들어 가고 있다. 참조, Francesco Rossi de Gasperis, 『렉시오 디비나와 영적 여정』, 성서와함께, 2003 참조.

와 필요성을 조금은 발견하지 않을까 희망해 본다.

신약에서 구약으로

신약성경은 여러 가지 방식으로 예수와 관련해서 복음서의 독자인 우리에게 다윗은 누구인가?[11]라는 질문을 던진다. 질문은 그에 상응한 답을 요구하기 마련이지만, 신앙이 요구하는 문맥 안에서 통용될 수밖에 없는 것도 사실이다. 그럼 왜 이런 질문을 던지고, 이에 대한 대답을 요구하는 것일까?

신약성경이 처해 있는 역사적 상황은 우리의 이런 질문에 한 줄기 빛을 보태 줄 것 같다. 복음서는 예수 이야기가 발생한 로마제국이라는 역사적 현실을 직접 거론하지 않는다. 지배세력이었던 로마를 직접 비판하기보다는 식민지 백성의 고통을 직접적 혹은 간접적인 방식으로 언급하고 있다. 이야기는 늘 주인공을 중심으로 상황을 전개하지만, 신약성경의 저자는 역사적 배경을 통해서만 자신의 의도를 말할 수 있게 된다. 게다가 역사적 절망에 빠져 있던 유다인들에게 미래에 대한 새로운 희망을 제안하고 싶었던 것은 복음서 저자들만 그러했던 것은 아니다.

실로 이천 년 전 당시 예수의 등장은 유다인 사회에서 소문을 일으킬

11 예수와 다윗의 다양한 관계. 1) 다윗-예수의 혈연적 기원: 마태 1,1.6.17.20(다윗의 자손 요셉); 루가 1,32.69; 루가 2,11; 3,31-32; 요한 7,42; 사도 13,24; 로마 1,3; 2티모 2,8; 히브 4,7; 2) 초대교회의 선언: 마태 9,27; 12,23; 15,22; 20,30-31; 21,9.15; 22,41-42; 마르 10,47-48; 11,10; 루가 18,38-39; 3) 다윗-요셉-예수: 마태 1,20; 루가 1,27; 루가 2,4; 4) 예수의 이야기 속에서 인용: 마태 12,3; 루가 6,3; 5) 다윗-예수의 관계부인: 마태 22,43-45; 마르 12,35-37; 루가 20,41-44; 6] 다윗의 그리스도 찬미: 사도 2,25.29-.34; 7] 묵시록: 3,7; 5,5; 22,16 등.

정도로 파격적이었지만 당시 제국 내에서는 제한적인 사건이었다. 아직 예수의 발자취가 지중해 영역의 모든 민중을 상대할 정도로 활동영역이 넓거나 위세가 컸던 것은 아니었던 것이다. 유다와 이스라엘의 영역에서만 보더라도 그는 갈릴래아의 사람들에게 직접적인 영향을 주었을 뿐이다. 예수의 영향이 미미했던 예루살렘에서 보면 지방에서 벌어지고 있는 짧은 소문과 소란들로 여겨졌을 법도 하다. 예수가 십자가상에서 처형당했을 때 이 사건이 오히려 더 큰 소란을 빚어낸 사실은 (과장되었을 것이지만) 사도행전에서 서사적으로 묘사된다. 예수의 죽음과 부활에 대한 소문은 메시아니즘의 영향력을 가지고 일부 유다인들에게 새롭게 다가갔을 것이고, 예수의 기원이나 정체성에 대한 본격적인 관심과 새로운 요구는 후대에 이어졌다.[12]

예수는 누구인가? 예수의 이름을 듣게 되는 이들을 그리스도 신앙 안으로 이끌어 들이기 위해 복음서 저자들은 세례자 요한을 거명하고, 그와 관련된 사건들을 들고 있다. 동시대 사람 세례자 요한은 복음서 저자들이 예수의 이름을 더욱 높이기 위해 견줄 수 있었던 전국적인 이름이었다. 더구나 적대자들에 의해 예수도 요한의 운명을 뒤따를 것이지만, 죽음 뒤에 발생하는 사건은 두 인물의 본질적 차이를 드러낼 것이었다.

세례자 요한은 당시 헤로데 가문이 통치하던 이스라엘에서 가장 이름난 개혁적 실천주의자였다. 그는 왕정의 잘못에 반대하는 비판적인 태도를 견지했지만, 결국 정치적 희생물로 참수되었다. 요한의 죽음 이야기는 마르 6,17-29와 마태 14,3-12을 통해 우리에게 알려져 있지만, 더 중요한

12 예수를 다룬 복음서가 편집되었다는 것이 벌써 1세기에 이런 필요의 요청을 자각하고 있었음을 보여준다. 최초의 복음서와 달리 제 2, 제 3의 복음서가 등장해서 예수의 탄생과 기원 문제를 이야기 형식으로 제시하려고 했다.

사실은 그의 죽음이 거론된 배경엔 예수의 이야기가 선행한다는 점이다.

> 예수님의 이름이 널리 알려져 마침내 헤로데 임금도 소문을 듣게 되었다. 사람들은 "세례자 요한이 죽은 이들 가운데에서 되살아난 것이다. 그러니 그에게서 그런 기적의 힘이 일어나지." 하고 말하였다. 그러나 어떤 이들은 "그는 엘리야다." 하는가 하면, 또 어떤 이들은 "옛 예언자들과 같은 예언자다." 하였다. 헤로데는 이러한 소문을 듣고, "내가 목을 벤 그 요한이 되살아났구나." 하고 말하였다. (마르 6,14-16; 마태 14,1-2; 루카 9,7-9)

마르코 복음사가는 헤로데가 예수의 소문을 듣고 자신이 참수한 세례자 요한을 떠올렸다고 전하고 있다. 살아 있는 헤로데가 오히려 죽은 요한이 되살아났다고 겁을 먹었다면, 아마 예수의 영향력을 무시할 수 없었던 상황을 반영한 기사일지 모른다. 또 복음사가가 예수의 존재를 드러내기 위해 세례자 요한을 거명했다고 본다면, 당시 요한만큼 유다인 사회에서 영향력을 행사하거나 그보다 더 큰 이름은 없었다는 사실을 반증한다. 그러므로 예수가 누구인지 선포해야 하는 마르코의 생각에 예수는 세례자 요한의 이름보다 더 큰 이름으로 드러나야 했다. 이 말은 사실이기도 하고 사실로 드러나지만, 요한은 죽음과 함께 역사 속으로 사라지고, 요한을 넘어선 예수의 이름은 그리스도 신앙 공동체 안에서 새로운 희망의 빛으로 살아남게 된다.

그러나 세례자 요한보다 유다인에게 더욱 희망적인 역사의 인물은 처음으로 열두지파의 통일왕국을 이룩했던 다윗이었다. 세례자 요한이 식민지 시대의 현재 인물이라면, 다윗은 미래를 꿈꿀 수 있는 희망을 불러일으키는 과거의 인물이었다. 이런 의미에서 그리스도인들도 예수의 혈연적 기원에 대한 질문에서 유다인의 신앙을 반쯤 공유한다. 다윗을 기회로 역사를 거꾸로 읽는다는 것은 종교적으로 위험한 일이기는 하지만, 역사뿐만 아니라 종교적 신앙의 역동적 의미를 반추할 기회이다. 절망을 경험하던 유다인들에게 다윗이란 이름은 그들의 역사적 기억을 희망으로 채우는 인물이었던 것이다. 희망을 불러일으키는 다윗의 이름은 역설적으로 유다인의 현실이 몇 백 년에 걸친 역사적 절망이었음을 알려 준다. 예수가 살아 있을 당시에도 유다인은 앗시리아(혹은 앗수르) 제국[13]과 신 바빌론 제국[14]에 이어 로마제국[15]의 식민지 통치를 경험하고 있었다. 긴 피지배의 역사 기간 동안 유다민족은 종말의 시기를 견디기 위해서라도 다윗이란 이름을 잊어서는 안 되었다. 실제적으로 역사적 희망의 불씨를 완전히 꺼트리지 않고 있던 유다인의 신앙은 후대인에게 기적 같은 일이다. 따라서 유다-그리스도 신앙 안에서 그리스도마저 다윗의 후손으로 언급되어야 했던 당시 상황은 그리스도 신앙 공동체도 짚어보아야 할 일이다. 다윗에게 거는 희망은 유다계 그리스도인들에게도 신앙으로 면면히 흐르는 이스라엘 전통에서 빚어져 나왔던 것이다. 어둠이 깊으면 깊을수록, 희망의 가능성은 점점 엷게만 보일 수도 있지만, 어둠 속에서 한 줄기 희망의 빛은 더욱 선명하지 않겠는가? 다만 오늘의 절망을 희망으로 바꿀 수 있는 불안이 커질수록 유다인들에게 기다림은 더욱 굳건해졌다.

---

13 고대의 도시 앗수르의 이름을 딴 앗시리아는 아주 긴 역사를 가지고 있으며, 이스라엘의 불행과 직접적 관련이 있다. 서기전 722년에 북 왕국 이스라엘을 멸망시킨 제국이었으나 B.C. 610년경 신 바빌론 제국에 의해 멸망당했다.

14 신 바빌론 제국은 고대의 아싯리아 제국을 이어 성립한 제국(B.C. 626-539)으로, 서기전 587년에 남 왕국 유다를 멸망시켰다.

15 로마제국은 서기전 63년에 예루살렘을 점령(폼페이우스)하여 하스몬 왕국을 멸망시키고 유다와 사마리아 지방을 식민지로 삼았다.

이처럼 유다인들의 가슴에 기억으로 살아 있는 역사적 희망의 불씨는 다윗이란 이름에 감추어져 있다. 이 사실은 앞에서 잠깐 언급했지만, 복음서 곳곳에 살아 있고, 사도 바울로의 편지에도 잘 드러나 있다. 신약성경은 그리스도 신앙을 역사와 연결하는 당대 유다인의 사고 구조를 잘 보여준다. 그리스도는 혈연적으로 다윗 왕의 후손으로 이 세상에 오셨고, 하느님의 아들이라는 주장이 그렇다. 인성과 신성을 보유한 그리스도에 대한 역사 신학적 해석[16]은 나중에 더 세련되게 정식화할 것이지만, 예수는 무엇보다도 다윗의 후손으로 해석되었다.

헬레니즘 문명과 환경에서 살았고, 토라에 밝았던 사도 바오로는 로마인들에게 보낸 편지 서두에서 예수에 대해 '**육으로는 다윗의 후손**으로(로마 1,3)' 태어났다고 선언한다. 예수의 기원에 대해 말해야 한다면, 유다인 바오로에게 다윗이란 이름은 너무도 간절한 표현이었다. 다윗이란 이름은 유다계 그리스도인들에게 예수의 역사적 정체성에 희망을 주는 확실한 근거요, 증거였다. 그러나 이 이름은 역사적 희망이기는 했지만, 다른 면에서는 부인되어야 할 이름이기도 했다. 예수가 다윗의 후손인 만큼, 역설적으로 그리스도인은 다윗에게서 죄 많은 인간의 전형을 발견하지 않을 수 없다. 유다인의 가슴에 살아 있는 다윗에 관한 기억이 크면 클수록 하느님을 배반하고 거역했던 잘못된 인간이 다윗 안에서 살아 움직인다.

그렇다면 숱한 잘못 속에서 하느님과 옳은 길을 두고 숨바꼭질을 했던 다윗이 그리스도 신앙에서 예수의 조상으로 강조된 사실은 무엇을 의미할까? 물론 복음서는 예수를 다윗의 후손만으로 소개하기엔 그리스도 신앙을 완전하게 표현할 수 없었다. 더구나 다윗을 조상으로 혈연

16 박종구, 『그리스도교 교의의 역사적 형성 연구-고대 교회의 삼위일체론과 그리스도론의 성립』, 서강학술총서 44, 2012 참조.

의 끈에 예수를 얽어매어둘 수는 없는 노릇이다.

예수님께서는 성전에서 가르치시며 말씀하셨다. "어찌하여 율법 학자들은 메시아가 다윗의 자손이라고 말하느냐? 다윗 자신이 성령의 도움으로 말하였다. 주님께서 내 주님께 말씀하셨다. '내 오른쪽에 앉아라, 내가 너의 원수들을 네 발아래 잡아 놓을 때까지.' 이렇듯 다윗 스스로 메시아를 주님이라고 말하는데, 어떻게 메시아가 다윗의 자손이 되느냐?" 많은 군중이 예수님의 말씀을 기쁘게 들었다. (마르 12,35-37; 마태 22,41-46; 루카 20,41-44)

복음서는 예수를 다윗의 후손으로 묶어두기보다는 그의 그늘에서 벗어나 있는 분으로 묘사하고 싶다. 예수는 다윗의 후손이 아니라 주님이 되어야 하고, 유다인의 메시아를 넘어서 모든 이의 주님이 되어야 했기 때문이다. 복음서는 유다인의 한계를 넘어 모든 민족을 향하고, 신앙의 그리스도와 역사의 예수 사이에서 오락가락하는 긴장을 드러낸다.

구약에서 신약으로

신약성경의 맥락에서 다윗은 오늘 우리에게 어떤 인물일까? 이 인물을 경험하기 위해 우리는 그가 3천 년 전에 살았던 중동의 조그만 민족의 왕이란 지위에서 벗어나도록 해야 한다. 다윗이 그리스도인의 신앙을 결정하는 예수 그리스도와 관련해서 이해해야 할 인물이라면 우리와 현대인에게 무슨 관계가 있단 말인가?

예수는 그리스도 신앙공동체에게 절대적 신앙을 말해 주면서 깊은 신앙 체험을 요구한다. 마찬가지로 구약성경도 다윗을 통해 우리에게 역사 내적 경험을 알려 주고 무언가 말하고 싶다. 그렇다면 성경은 두 인물을 통해서 오늘 우리에게 무엇을 말하고 싶은 것일까? 간단하게 예수의 틀 안에서 다윗을 관조하기 위해 우리는 다음과 같은 몇 가지 상황을 고려하지 않을 수 없다.

1) 예수와 다윗의 연관성 차원

(ㄱ) 이스라엘의 전통과 예수

(ㄴ) 다윗의 혈통과 예수

(ㄷ) 예언의 성취와 그리스도

(ㄹ) 예수는 그리스도

2) 이스라엘 왕정사의 차원

다윗은 첫 왕 사울의 뒤를 잇는 왕정의 수립을 결정적으로 성취한 인물이다. 이스라엘은 실패한 사울에서 성공한 다윗을 기점으로 신정(神政) 정치에서 왕정(王政)으로, 하느님 중심에서 인간 중심으로 옮겨간 역사를 체험한다.

3) 인간성의 차원-사울과 다윗: 실패한 왕, 성공한 왕

사무엘서의 두 인물 사울과 다윗은 실패와 성공이란 차원에서 전형적인 인간의 심리를 보여준다. 이런 의미에서 다윗과 사울은 삶의 차원에서 우리들의 거울 노릇하기에 충분하다.

위와 같이 세 차원에서 살펴보고자 할 때에도 다윗과 예수의 관계가 충분히 드러나는 것은 아니다. 조금 좁혀서 유다인 다윗과 예수를 생각하면, 사울과 다윗 두 인물은 여전히 한 전통 안에서 만나고 관련된다. 그래서 유다인이자 그리스도인이라면 두 인물에 더 친근하게 접근할 수 있었을 것이 사실이다. 그렇지만 예수를 언급할 때엔 복음서 저자들도 그리스도 신앙을 생각하면서 이야기를 기록했을 것이다. 즉, 그리스도 신앙을 위해 유다교 전통과 어느 정도 거리를 두었을 것이 틀림없다.

그리스도 신앙은 역사적 예수와 함께 그리스도 체험으로 시작하기 때문에 예수의 역사성을 기본으로 삼는다. 그러기에 그리스도 신앙의 더 깊은 이해를 위해서 우리는 예수의 역사적 실존의 근거를 고려한다. 마찬가지로 다윗에 관한 역사 이야기는 예수 그리스도 신앙의 차원에서 바라보는 그의 모습과 상이하게 드러나곤 한다. 다윗을 보여주는 역사적 기록은 유다교나 그리스도교 안에서 전래된 그의 모습과 달리 신앙으로 포장된 거룩한 인물로 묘사되기 때문이다.[17] 따라서 행간에 나타나 있는 다윗의 행적을 따라가다 보면, 선언적 의미의 다윗과 다른 모습도 나타난다. 구약성경은 곳곳에서 다윗이 역사적 실존 인물로서 등장한 이후 다양한 모습을 보여주지만, 동시에 민족적 영웅임이 아주 강력하게 묘사된다. 이 과정에서 성경은 다윗에 대한 서술적 묘사와 선언 사이에서 모순과 역설을 여과 없이 드러낸다.[18]

---

17 이 문제는 Brueggemann, Walter, *David's Truth: In Israel's Imagination & Memory*, Fortress, 1985에서 잘 분석되고 있다.

18 이 표현은 아쉽지만 조금 수정할 필요가 있다. 학문의 영역에서 다윗은 충분히 비판 받을 소지가 많은 인물이다. 신정 정치적 사회적 배경을 전제하면 다윗에 관한 신명기 사가의 역사를 만난다. 신명기적 역사 관점은 구약의 신명기에 기록된 율법의 관점에서 이스라엘 역사를 평가한다. 역사 해석과 관련하여 율법은 하느님의 법인 까닭에 신명기 사가의 역사 관점은 필연적으로 신학을 낳는다. 구약성경에서 이에 속하는 자료들은 신명기, 여호수아기,

신앙의 차원에서 신약성경의 다윗은 구약성경의 역사적 실존 인물로 발견할 때 비로소 진실에 근접한 이해에 가까이 다가설 수 있다. 역사적 예수는 하느님의 아들로서 초월적 신앙의 대상이 되지만, 다윗은 무엇보다도 역사적 실존인물로 신앙하는 인물이다. 달리 말하면, 다윗은 보편적 인간성을 지닌 한 인물로 우리 자신의 일부로 파악될 수 있다. 그의 삶이 우리의 삶이며 그의 신앙이 우리의 신앙이 될 수 있다. 그러므로 우리는 다음과 같은 질문들을 생각해 볼 수 있다.

- 그리스도교 신앙은 다윗과 예수에 대한 이해를 통해서 보편적 인간상을 정립할 수 있었는가?
- 이스라엘의 왕 다윗의 역사적 실존은 초월적 차원으로 넘어간 예수 그리스도 신앙을 정당화하는가?
- 신약성경은 무엇 때문에 다윗이란 인물을 소개하지 않으면 안 되었는가?

신약성경의 복음서들을 일별하면, 예수와 다윗의 관계를 알려 주는 특징을 쉽게 발견한다. 공관복음서는 일관되게, 그리고 강조하듯이 예수를 다윗의 후손으로 소개한다. 예수의 탄생을 예고하는 꿈에서 요셉을 다윗의 후손으로 소개하는가 하면(마태 1,20), 호적 등록의 칙령에 따라 다윗의 후손인 요셉(과 마리아)이 등록하러 가야 했던 베들레헴은 요셉의 본향으로 다윗 고을로 불렸다(루카 2,1-4). 눈 먼 두 사람은 치유의 갈망에서

판관기, 사무엘기, 열왕기 등. Steven L. Mckenzie, *King David, Oxford Univ. Press,* 2000, p. 27 참조. 이런 까닭에 역사 해석의 위험성 때문에 신학도 역사 해석의 위험한 경계에서 멀지 않다. 역사와 신학 사이에 배태된 근본적인 위험성은 언제나 존재하며, 이 상황이 해석의 긴장을 낳는 원인이다. 이런 위험성을 저변에서 느끼면서 다윗을 탐구하는 우리는 인간(심리)-역사-신학의 세 축을 오가며 이야기를 다루게 될 것이다.

예수를 다윗의 자손으로 부른다. 눈먼 사람 둘이 따라오면서, "**다윗의 자손**(*hyos Dauid*)이시여, 저희에게 자비를 베풀어 주십시오." 하고 외쳤다(마태 9,27). 또 딸이 마귀에 들려 고통을 받고 있는 어떤 카나안 여인의 간절한 소망 속에서도 우리는 같은 외침을 듣는다. "**다윗의 자손**이신 주님, 저에게 자비를 베풀어 주십시오. 제 딸이 호되게 마귀가 들렸습니다.(마태 15,22)"[19] 그렇다면 이 표현은 유다 민중의 신심을 드러내는 호칭으로 예수에 대한 이런 소문이 일반 군중에게 널리 퍼져 있던 사실을 말하는 것은 아닐까? 달리 말하면, 이들 인용문에서 우리는 다윗을 거명하지 않고서 예수를 받아들이기 어려웠던 유다인의 심리적 표상을 발견한다.

또 예수께서 마귀 들려 눈이 멀고 말을 못하는 사람을 고치자 입도 열리고 눈도 열렸다. 그러자 이를 본 군중이 모두 질겁하며, "저분이 혹시 **다윗의 자손**이 아니신가?" 하는 긍정적 의구심을 가지고 소문의 진실에 귀를 기울였다는 것이다(마태 12,22-23; 루카 19,39; 마르 10,47-48). 이런 의미는 예리코에서 앞을 못 보는 눈먼 사람 둘이 길가에 앉아 있다가 예수님께서 지나가신다는 말을 듣고, "**다윗의 자손**이신 주님, 저희에게 자비를 베풀어 주십시오." 하고 외쳤다(마태 20,30; 루카 19,38)는 기록에서 더 잘 드러난다. 예수의 이름은 단지 보고 듣는 사람뿐만 아니라, 보지 못하는 사람들에게도 소문의 환청 이상이었던 것이다. 그래서 군중이 그들에게 잠자코 있으라고 꾸짖었지만, 그들은 더욱 큰 소리로 "주님, **다윗의 자손**이시여, 저희에게 자비를 베풀어 주십시오. (마태 20,31; 루카 19,39)" 하고 외치지 않을 수 없었다.

이러한 복음서의 선택적 호칭이 사도 바오로에겐 신학적으로 더욱

---

19 마르 7,24-30에서는 다윗의 자손으로 부르지 않고, 그저 주님이라고 호칭한다. 아마도 복음서 연구자들의 견해를 따른다면, 마태오 복음서가 유다인 독자들을 대상으로 했다면 쉽게 이해할 수 있겠다.

발전되고 형이상학적인 색채를 띤다. 예를 들면, 사도가 로마인들에게 보낸 편지는 예수의 역사적 실존을 상징적으로 다윗의 후손으로 규정하고 이 점을 편지의 첫머리에서 강조한다. 왜냐 하면, 그리스도 신앙 고백으로 예수께서 하느님의 아들임을 고백해야 할 필요가 있었기 때문이다.

> 이 복음은 하느님께서 당신의 예언자들을 통하여 미리 성경에 약속해 놓으신 것으로, 당신 아드님에 관한 말씀입니다. 그분께서는 육으로는 다윗의 후손으로 태어나셨고, 거룩한 영으로는 죽은 이들 가운데에서 부활하시어, 힘을 지니신 하느님의 아드님으로 확인되신 우리 주 예수 그리스도이십니다. (로마 1,2-4)

왜 신약성경은 예수 그리스도를 다윗의 혈통과 굳이 연결하려고 하였던가? 교회는 예수를 이미 그리스도로 이해한 신앙을 가지기 시작했는데 굳이 역사적 인물인 유다인의 왕 다윗의 이름을 거론하는 까닭은 무엇인가? 신약성경은 다윗의 이름이 예수의 정체성과 무슨 관계가 있다고 보고 있는 것일까? 아니면, 예수의 신원을 강조하기 위해 다윗이란 이름이 필요하기에 그를 등장시켰는가? 우리는 이러한 점에 유의하며 다윗이 등장하여 죽을 때까지 어떻게 살았는지 그의 삶의 전 과정을 살펴볼 것이다.

예수의 역사적 실존에서 초월적 신앙이 발생했다면, 역사적으로 예수의 존재를 선행했던 다윗은 우리에게 인간성의 전형을 보여준다. 우리는 예수에게서 인류의 미래를 희망으로 본다면, 다윗에게서는 인간의 어두움을 절망으로 보게 된다. 다윗은 우리에게 보편적 인간상을 보여주겠거니와, 우리는 그에게서 절망적 인간의 모습을 발견하기도 하기 때문이다. 또 실패와 성공의 갈림길에서 어느 한쪽으로 빠지든 좌절의 소용돌이에서 빠져나오는 길도 볼 수 있다.

다윗의 삶과 성경의 해석

다윗 이야기[20]는 사무엘서 1권 16장에서 시작하여 사무엘서 2권을 통째로 포함하며, 열왕기 상권 2장에서 다윗의 죽음이 명시되고(1열왕 2,10) 솔로몬이 왕좌에 올랐다고 선포한 곳(1열왕 2,12)에서 끝난다. 다윗이 구약성경에서 차지하는 의미는 신명기 사가[21]의 역사서들 - 신명기, 여호수

20 다윗 이야기는 역사적 실재 여부에 대한 학문적 의문은 있지만, 이스라엘 역사의 일부로 이해하는 게 정상인 듯하다. 오택현, 신명기 역사에 나타난 다윗, 『신학과 목회』 27(1987/4), 6-8쪽. 다윗과 관련된 성경의 자료는 다음과 같이 세 종류로 분류할 수 있다. 1) 1사무 16-2사무 24장+ 1열왕 1-2장(=모두 42장); 2) 1역대; 3) 시편들. 다윗 이야기의 대부분을 싣고 있는 사무엘서 1·2는 바빌론 유배의 587년 이후 어느 시기에, 역대기 1·2는 기원전 4세기 중반에 편집되었다고 한다. 이들 성경 자료에 대한 간단한 평가와 분석은 Steven L. Mckenzie, 2장을 참조. 1역대 10-29도 다윗 이야기를 담고 있지만, 사무엘서와 달리 다윗 이야기를 일방적인 영웅적 묘사에 집중하고 있다. 다윗의 개인적 차원의 이해와 왕권에 도달한 일대기를 균형 있게 서술하기 위해 우리의 다윗 이야기 독서는 주로 사무엘 1·2에 의존할 것이다.

21 바빌론 유배기(B.C. 587-536년경)는 바빌론 제국의 최고 전성기로 이스라엘에겐 좌절이 최고조에 달했던 시기였다. 따라서 이 시기의 신명기 사가는 백성에게 위로와 희망을 불어넣어야 했던 사명감이 필요했다. 신명기 신학은 두 가지 사항에 초점을 맞춘다. 1) 예루살렘 성전 중심의 제의와 2) 다윗 왕정의 정통성을 옹호하는 일이었다. 신명기 신학은 다윗이 통일왕국을 시작하기 위해 여부스 족의 도시 예루살렘을 빼앗아 수도로 삼은 이후, 다윗 왕정과 예루살렘의 구속사적 의미와 특별한 지위를 긍정했다. 김회권, 통일군주 다윗의 남북화해와 통일정치, 『구약논단』 제 19권 1호(통권 47집), 2013년, 95-132쪽. 사무엘서를 전적으로 신명기 사가의 역사의식이 지배한 기술이라고 보지 않기도 하며, 오히려 기존의 본문에 신명기적 기술을 덧입힌 글쓰기로 이해하기도 한다. 그러나 우리는 다윗을 이해하기 위한 독서에 한정함으로써 복잡한 본문 비판의 논의를 삼간다.

아기, 판관기, 사무엘 1·2, 열왕기 1·2 등을 포함 – 에서 중요하게 다룬 인물들을 단순 비교해 보더라도 쉽게 알 수 있다. 텍스트의 양에 있어서도 모세 이야기가 신명기 34장으로 구성된다면, 다윗이란 한 인물의 이야기는 사무엘서 42장의 분량으로 구성되어 상대적인 중요성을 비교할 수 있다.[22]

우리는 먼저 다윗이 등장하게 된 이스라엘의 정치적 상황을 살펴보면서 이야기를 풀어 나가도록 한다. 처음 이스라엘이 왕정으로 나가는 계기는 주변 민족들과 갈등을 쓰라리게 경험하는 단계에서 시작된다. 더 직접적으로 말하면, 다른 민족들과 갈등이 자주 발생하자 이스라엘은 지파들의 자율성에 근거한 독립적 대응 방식이 군사적이든 정치적이든 비효율적이라는 사실에 직면하게 된 것이다. 이리하여 지파들의 연맹체는 이웃 민족들과 갈등을 효과적으로 대처하지 못하자 자율적 연맹 체제를 포기하고 전제적 왕정의 길을 선택했다. 주변 민족들과 전쟁을 치르면서 이스라엘은 왕을 중심으로 한 통치체제가 효율적인 군사력을 행사한다는 것을 알아보았다. 왕정의 선택은 역사적으로 사회 발전의 필연적 과정으로 보이지만, 이스라엘에서는 기존에 있던 판관제도의 저항을 받게 된다. 판관제도는 적어도 각 지파들의 자율성을 훼손하지 않는 범위에서 군사적 협조와 단결을 추구하였던 제도였다. 어쨌든 왕정제도의 도입은 사울이란 걸출한 인물의 등장을 예고하는 것이긴 하지만, 신정 체제를 마감하던 시기에 이 선택은 잘못된 것으로 비판된다.

그런데 인류 역사의 진행이란 관점에서 보면, 필연적인 수순으로 보이는 왕정의 길이 어째서 이스라엘에서 문제란 말인가? 궁극적으로 인간의 역사를 신의 관점에서 보려고 한다면(신정론), 인류의 길은 신의 길에서 어긋난 불안전한 역사라는 뜻일까? 신명기적 역사관[23]에서 볼 때, 신과

---

22 Steven L. Mckenzie, 27-28쪽.

인간의 갈등은 신을 넘어서려는 인간이 실패할 수밖에 없다는 성경의 경고일까? 이스라엘의 역사는 구두전승에서 출발하여 기록문화의 편집과정을 지나오는 사이에 이미 이념적 정치의 출발을 예고한 것이나 다름없다.

우리는 다윗 이야기를 본격적으로 서술하기 전에, 인생의 말기에 보여주는 다윗의 실패를 먼저 조명해 보고, 후에 다윗의 등장을 기점으로 사울과 다윗의 갈등을 이야기하기로 한다.[24] 이야기의 요점은, 다윗 왕조의 성립이 사울 왕조에 근거하고 있고, 왕정 성립에서 사울의 실패와 다윗의 성공은 두 길이 아니라는 사실이다. 두 인물의 이야기에서 사울은 다윗의 전조이지만, 사울의 실패가 다윗의 성공을 보장하는 이야기도 아니란 점이다. 두 인물의 실패-사울은 정치적 실패, 다윗은 인생의 실패-는 여전히 인간의 욕망에서 원인을 찾을 수 있고, 인간의 욕망은 신탁(야웨의 명령)으로 제어되어야 본래의 인간성을 되찾을 수 있다는 관점이 성립한다.

시간적 순서로 보면, 다윗이 등장하여 사울의 왕권을 이어받는 과정이 선행하고, 유다와 이스라엘 지파들을 아우르는 통일 왕권의 다윗 가문 이야기가 뒤따른다. 그러나 다윗의 왕조가 성립된 후 빚어진 다윗의

---

23 새로운 성경신학사전, 2권, 바오로딸, 2007. 야웨의 순수 신앙을 주장하며 하느님의 법을 이스라엘의 역사적 실존을 이해하는 기본법으로 취한다(1337쪽 이하 참조). 역사신학으로써 신명기계의 역사 서술은 1) 다윗과 맺은 약속, 2) 가장 보잘 것 없는 이들의 선택, 3) 죄의 심판 등 세 가지 기준을 해석의 기본적 발판으로 삼는다(950쪽 이하 참조).

24 글의 순서와 글쓰기의 방법은 한 인물의 이해가 보여주는 보편적 주제를 발견해 나가는 방식으로 정해졌다. 장일선은 월터 브루거만(Walter Bruggemann)의 '*David's Truth In Israel's Imagination and Memory*', Fortress, 1985에서 다윗의 인물을 다음과 같이 요약해 준다. 1) 왕권을 성취하기까지 다윗, 2) 왕이며 아버지인 다윗, 3) 제왕으로서 다윗, 4) 하느님 찬양자 다윗 등으로 요약해 준다. 장일선, 다윗 왕조의 정체, 『신학연구』 34 (1993/5), 197쪽. 우리의 글쓰기는 노년의 다윗을 먼저 바라보고, 사울과 다윗의 초년으로 돌아가 왕권을 두고 벌어지는 갈등과 승패의 삶을 바라볼 것이다. 겉으로 보이는 삶을 깊이 들여다보면 인간의 이해에 필요한 여러 보편적 주제들이 혼란스럽게 섞여 있음을 바라보게 된다.

불행은 신학적 해석의 사무엘서를 통해 왕정제도에 새로운 시각을 제공한다.

우리는 시간의 순서에 따라 다윗의 인생 이야기를 읽지 않고, 점차 불행 속으로 빠져 들어가는 다윗의 전체 삶을 조명해 주는 사건에서 출발한다. 통일 왕정의 왕권을 수립할 즈음에 발생한 다윗과 밧 세바의 사건은 성공의 순간이 유혹의 절정이었음이 밝혀진다. 그래서 사무엘서의 편집자가 보여주는 예리한 눈은 다윗과 밧 세바의 사건을 다윗 생애의 어느 시점에 배치한 신학적 판단에서 드러난다.

이런 시각에서 다윗의 고뇌와 내면을 조명해 주는 이야기들은 다음과 같이 세 가지 흐름으로 전개된다.

(ㄱ) 다윗-밧 세바-우리야 이야기(2사무 11-12): 다윗의 실패와 좌절을 원인론적으로 조명해 준다.

(ㄴ) 압살롬 이야기(2사무 13-19장): 11장의 이야기는 두 개의 에피소드로 구성된 압살롬의 반역 이야기에서 절정에 도달한다.

(1) 압살롬-타마르-암논 사건(2사무 13-14)

(2) 압살롬의 반란(2사무 15-19장)

(ㄷ) 솔로몬의 왕위 승계(1열왕 1-2장): 아도니야와 그 일파의 처형

각각의 이야기는 독립적인 구조와 흐름을 가지고 있는 것이 분명하지만, 커다란 흐름에서 보면 내적으로 아주 긴밀하게 연결되어 있다. 문학적 구성은 시간의 순서를 따를 때, 다윗의 성공기와 인생의 실패로 나누어 보는 이점이 있다. 그러나 때로 다윗의 이야기에서 인생의 실패를 재구성하고 원인을 찾는 방식이 다윗을 이해하는 지름길일 수 있다. 그러려면 다윗 관련 사건들을 시간의 순서를 따르지 않고 시간의 역순으로 배치해

야 한다.

임종의 시점에서 묘사된 다윗은 한순간의 결정적인 우연한 모습이 아니고 그가 살아온 삶의 방식을 집약적으로 보여준다는 점을 알 수 있다. 주제별로 이해하는 것도 아니지만, 다윗의 실패가 극명하게 나타난 순간에서 출발하여 거꾸로 원인을 추적하는 방식은 이야기의 역동성을 발견하는 데 도움이 된다. 이런 판단에 기반을 두고 독서의 한 방법으로 다윗 이야기를 (ㄷ), (ㄴ), (ㄱ)의 역순으로 읽어나갈 것이다. 다윗이 왕권을 탈취해 가는 과정은 이미 이스라엘의 정치적 상황에서 비롯된 사울 왕정에 뿌리를 두고 있기 때문에 다윗 이야기의 성공으로 다룰 수 있다.

사울과 함께 시작하는 이스라엘 왕정의 성립과정에서 다윗이 등장할 것(1사무 16장)이지만 - 전 과정은 사무엘서[25]에 기록되어 있으며, 또한

25 구약성경의 불가타*(vulgata)* 역본은 사무엘서 I·II를 포함하여 '열왕기(列王記) I·II'로 제명을 삼는다. 이스라엘 왕조의 기원(起源)과 다윗이 국토를 통일한 경과를 신앙에 기초하여 기록한 일종의 왕조사로 이해한다. 이스라엘 역사의 기원은 그리스어역 성경*(LXX)*의 표제 '왕국(사, *Regnum*)'로도 설명이 된다. 다윗 왕조의 정통성과 솔로몬의 왕위계승을 정당화하듯이 솔로몬 통치기에 초본이 작성되었다. 기록은 바빌론 유배기에 이스라엘 민족에게 희망을 불러일으키도록 편집되었다. 신학사상의 요점은 "약속의 하느님은 변하지 않으며 이스라엘을 이끄시는 분은 임금이 아니고 하느님이시다!"로 요약할 수 있다.

① 내용 : 이스라엘의 민족사를 구성하는 책의 배경은 사무엘의 탄생부터 다윗 왕의 사망 직전까지 약 1세기 동안으로 대략 기원전 1070년경부터 970년경에 걸친다. 이 시기는 이스라엘이 부족연맹에서 왕정기로 이행된 기간으로, 사무엘과 (사울과) 다윗을 중심인물로 전개된 역사를 전달하고 있다. 사무엘서 I은 주로 사무엘과 사울의 경력, 그리고 다윗의 등장을, 사무엘서 II는 대체로 다윗 관련의 사건들을 기술한다. 사무엘서의 구조: 1) 1사무 1~7장: 판관 사무엘, 2) 8~15장: 사무엘과 사울, 3) 16~31장: 사울과 다윗: 4) 2사무 1-8장: 다윗 왕조의 확립, 5) 9-21장: 다윗의 왕정사, 6) 21-24장: 부록.

② 편집 : 전승 층이 다양한 사료로 구성되어 동일한 사건을 중복해서 기록하고 있다. 상이한 사상과 입장이 뒤섞여 있어 모순되는 기사가 병존하지만, 크게 보아 2개의 흐름으로 분류된다. 하나는 <신명기사가申命記史家>이고 그 시기는 550년경이다. 편자의 사상과 어긋나

역대기도 기술하고 있다(1역대 10-29장) - 우리는 이에 앞서 사울에게서 다윗으로 이어지는 역사적 갈등 과정을 일관된 이야기로 보고, 우선 다윗의 말년에 발생한 왕위 계승을 위한 쟁탈전을 잠깐 살펴보는 것으로 우리의 이야기를 시작한다.

는 것은 배제했고, 불충분하다고 생각되는 부분은 보충하였다. 유배기 이후, 다른 편집자가 손질하거나 가필하였다. 대체로 기원전 400년경에 현재의 형태가 완성되었다.

③ 가치 : 역사 문학적 가치가 높고 구약성서에서 가장 오래된 작품에 속한다. 특별히 1사무 9~20장은 가치가 특별하다. 사무엘서는 이스라엘의 사회적 · 종교적 · 윤리적 상태를 제공해 준다. 또한 사제제도 혹은 선지자(先知者)·예언자 직능(職能)의 발달과정도 보여주고 있다. 인간성의 연구 측면에서 다윗이나 사무엘의 생애는 흥미 깊은 자료이다. J. Turro, *in New Jerome Biblical Commentary, ed.* R. Murphy et al., Englewood Cliffs, N.J. 1965; 『한국가톨릭대사전』 참조.

제1장

아버지 살해와 형제 살인
(*Patricide et Fratricide*)

제1장
아버지 살해와 형제 살인(Patricide et Fratricide)

> 아도니야 임금 만세(1열왕 1,25),
> 솔로몬 임금 만세(1열왕 1,39)!

첫 번째 장의 제목이 된 이 표현은 다윗 생애의 말기에 해당하는 첫 번째 열왕기에 기록된 사건에서 찾아 읽을 수 있다. 두 형제인 아도니야와 솔로몬은 모두 왕자의 신분으로 다윗의 아들들이지만, 서로 어머니를 달리하는 이복형제 간이다. 이복형제란, 아버지는 동일인물이지만 복수의 다른 여인들이 왕의 곁에 있다는 왕궁의 현실을 은근하게 암시한다. 이복형제의 암시는 여러 여인을 측실로 둔 다윗의 생애가 벌써 측실들에게서 난 아들들의 갈등과 다툼을 예고하는 것이다. 이런 의미에서 아도니야와 솔로몬의 이름은 노년에 이른 다윗 왕실에서 왕권을 향한 양보할 수 없는 형제간의 권력투쟁을 떠올리며, 왕의 자리를 차지하기 위해 피를 부른 사건을 상기시킨다.

다윗 이야기를 성공과 실패의 관점에 보면, 다윗의 생애는 (ㄱ) 미천한 신분에서 왕위에 오르기까지 과정을 말해 주는 신분 상승기와 (ㄴ) 왕위 때문에, 왕권의 사용 때문에 인간적 고통으로 허우적대는 인생의 하강기로 구분할 수 있다.[26] 상승기의 다윗은 하느님의 은총을 받는 인물로 묘사되고 있고, 하강기의 다윗은 하느님의 저주에 노출된 벌거벗은 인물로 관점이 전환된다. 시대 교차적인 양상으로 묘사되는 성공한 다윗을 통해서 구약성경은 하느님 앞에서 실패한 존재일 수밖에 없는 다윗의 인생을 섬세한 마음으로 바라보도록 초대한다. 다윗의 상승기는 비천한 처지에서 인생의 최고 정점인 왕의 자리를 차지한 인간의 외적 성공을 강조한다. 다윗의 인간적 성공이 마무리될 것 같았던 이야기와 반대로 인생의 하강기에서 절대 주권자 다윗은 개인적 차원에서 많은 실수와 잘못을 저지르는 허약한 인간임을 보여준다. 근원적인 질문은, 어째서 목숨을 걸고 쌓아온 인간적 성공이 다윗에게 인생의 완성이 되지 못하였는가? 라는 점이다.

다윗에 관한 이야기를 처음부터 훑어보면, 하느님께서 다윗을 동반하면서 다윗에게 커다란 성공을 맛보게 했다는 역사적 서술은 누구나 이해할 수 있다. 이런 관점에서 다윗 이야기는 모든 인간이 인내를 가지고 고통을 이겨내면 도달하게 되는 성공적인 자기성취의 이야기로도 이해할 수 있다. 그렇지만, 다윗 이야기를 한 인간의 성공과 성취만 다룬 기록으로 한정시켜 보기에는 성경의 기록이 모자이크적 요소들로 가득하다. 한 인간에게서 볼 수 있는 밝고 어둔 면이 너무나 분명해서 다윗을 볼 때 우리는 오해하기 쉬운 묘사들을 자주 만난다. 다윗 이야기에는 어둠 속에서 태양을 향해 역경을 뚫고 나온 밝고 긍정적

---

26 이런 논의는 많은 주해서들이 전통적으로 이해하고 해설하는 방식이다. W. Brueggemann, *David's Truth in Israel's Imagination & Memory,* Fortress Press, 1985, 41쪽 이하 참조. 첫 부분(1사무 16,1-2사무 5,5)에서 공적인 다윗의 모습에 초점을 맞추고 있다면, 두 번째 부분(2사무5,6장-1열왕 2,10)은 신학적 의도를 가지고 다윗의 내면에 초점을 맞추고 있다고 이해한다.

인 면이 있는가 하면, 오히려 성공의 정점에서 갑자기 삶을 서늘한 그늘로 덮어버리는 사건들이 있다. 성경의 편집 측면에서 보더라도 왕정 신학적 측면이 있지만, 역사의 기록으로써 왕정 신학이 은폐할 수 없는 의문들이 숱하게 드러난다.

그렇다면 다윗 이야기를 통해서 성경이 드러내고 싶은 바는 무엇일까? 과연 다윗은 자신이 이룬 성공의 이면에 자신의 욕망이 얼마나 크게 자리하고 있는지 깨닫기나 했을까? 욕망이 다윗 자신을 삼키고 있는데도 그는 자신이 이룬 인간적 성공에 길들여져 다가오는 어둠의 그림자를 피할 줄 몰랐던 것은 아니었을까? 우리는 다윗 이야기를 본격적으로 서술하기 전에 '아도니야 임금 만세, 솔로몬 임금 만세!'라는 주제로 먼저 그의 삶을 돌아보는 시간을 가지도록 한다. 다윗을 말하기 위해서 이 표현을 사용한 까닭은 다윗의 인간됨을 노년의 관점에서 바라볼 수 있고, 시기적으로도 평생의 사건들을 정리할 시간대에 발생한 사건이기 때문이다. 또 이 사건은 다윗 인생의 최고 지점에서 어느 정도 거리를 지니고 있기 때문에 그의 인생 전 과정을 관조할 수 있는 이점이 있다.

노년의 다윗을 구하기

사건의 과정을 확인하면서 우리는 다윗을 우리 자신과 크게 다를 까닭이 없는 평범한 인물로 볼 수 있다. 또 왕의 역할보다 한 인간의 행동에 초점을 맞춤으로써 우리의 인성을 대변해 주는 전형적인 예증으로도 다룰 수 있다. 역사적 성취 과정에서 다윗이 이룩한 성공은 왕위의 획득에서 절정에 이르지만, 절정의 유지가 어려운 상황을 만나면서 하느님 앞에서 고통스러워하는 한 인간의 모습을 보여준다. 다윗은 예상치 못했던 상황을 몸과 마음으로 체험하며 내적으로 고통 받는 전형적인 인물로 나타난다.

앞서도 말했지만, 아도니야와 솔로몬 사이에 벌어졌던 왕자들의 난은 개인적인 승리와 실패로 이해할 수 있다. 동시에 왕자들의 권력 투쟁은 실패와 성공, 살아남는 길과 죽음의 길이 엇갈리는 장(場)이었다. 더구나 왕자들의 권력투쟁은 다윗의 생애 마지막 시간대를 수놓는 사건이었다. 두 왕자의 왕권 계승 경쟁은 다윗 왕가에 무질서를 가져왔고 죽음을 불러왔다. 아들들 사이에 벌어진 사건은 평생 성공적인 정치적 기량을 보여주었던 왕 다윗을 더욱 혼란스럽게 만들었다.

왕자들의 난은 다윗의 인생과 별로 관련 없는, 단지 왕가를 이루는 가족 구성원 사이의 불행한 다툼이었을까? 우리는 두 왕자의 사건을 통해 다윗의 인생이 어떤 의미에서 실패였고 승리였는지 살펴볼 수 있는 자리에 있다. 아들 솔로몬의 승리는 다윗 왕권의 정통성 확보와 연장을 의미하지만, 기대했던 아들 아도니야의 실패는 불행의 절정을 보여준다. 아도니야의 실패는 솔로몬 왕권의 유지와 별도로 다윗 개인과 왕가의 어두운 그림자를 보여준다. 왕가에 피비린내 풍기는 승리와 영광은 그것이 실패이든 성공이든 전면에 드러내고 싶지 않은 어두운 이야기를 내포한 역사를 부인할 수 없게 만든다. 왕권을 쥔 솔로몬의 화려함과 다윗 왕권의 정통성 유지 뒤에 그의 이복형 아도니야의 비참한 죽음이 있는 까닭이다. 다윗 생애의 말년에 벌어진 두 아들의 갈등이 세상 성공의 최고 목표인 왕권을 향한 살육을 불러왔던 것이다. 이와 같은 다윗 왕가 구성원들 사이의 권력쟁투는 갈등의 폭발과 살생을 현실화했고 다윗의 삶을 빛과 어둠으로 얼룩지게 만들

었다.[27]

결과적으로 보면, 서로 다른 어머니를 두고 다윗의 아들로 태어난 두 왕자의 성공과 실패는 화려함과 죽음의 상극으로 묘사되지만, 이것이 다윗 이야기의 모두는 아니다. 이야기의 시작 속에 끝이 이미 예정되어 있고, 이야기의 끝에 교정되어야 할 시작이 숨어 있다. 다윗의 인생 처음에 잘못된 부분이 있다면, 잃어선 안 될 미래를 담보하기 위해서 교정되었어야 했던 아쉬움이 있지 않겠는가? 궁극적으로 예수의 이야기가 역사의 커다란 자리를 차지했던 까닭은 우리가 사는 세상에서 악의 고리가 끊어져야 했기 때문이다. 마찬가지로 다윗 이야기가 성경의 품 안에서 현대인에게 인생의 의미를 준다면, 세상의 고통과 고통을 야기하는 악의 문제가 연결되어 있기 때문이다. 적어도 우린 이런 인간에 관한 보편적 질문을 가지고 다윗 이야기에 귀를 기울여야 하지 않을까? 과연 선악이 격동하는 세상을 살아가는 우리가 삶의 악연을 제어할 수 있는 길은 무엇인가?

아도니야와 솔로몬의 갈등, 솔로몬의 탄생 등의 이야기는 다윗 이야기의 한 뼈대를 구성하지만, 이야기 흐름의 내적 정점은 다윗-우리야-밧 세바 사건으로 소급된다. 이 사건은 후에 다루어질 내용으로 이 자리에서 미리 언급해 두는 이유는 다윗의 인생에서 뼈아픈 단순한 실수가 아니기 때문이다. 겉으로는 삶에서 발생할 수도 있는 우연한 작은 실수처럼 개인

27 1열왕 1-2장에서 벌어지는 왕권경쟁에서 솔로몬이 다윗의 유언에 따라 반대파인 요압과 시므이 등을 사사케 한 이야기들은 주의하지 않는다. 이에 대해서 김진수, 다윗의 유언: 상호본문간 읽기에 의한 열왕기 상 제 2장 1-9절의 이해, 『성경연구』 64(2012), 1-31쪽을 참조할 것. 이 글의 초점은 다윗의 성격이 냉혹했는지 여부에 대한 논의이지만, 우리의 관심은 개인의 성품에 대한 판단보다는 다윗을 빌미로 한 보편적 인간성의 이해에 있다.

적 차원의 무책임한 행동으로 볼 수도 있다. 그렇지만, 우발적으로 보기엔 이성을 뛰어넘는 거짓과 욕망에서 비롯된 교묘하게 공모된 살인이 개재되어 있다. 더구나 사건은 겉으로 단순해 보이지만 두 사람의 욕망만을 탓으로 돌리기에는 사건의 결말은 너무나 많은 사람을 관련시키고 말았다. 왕과 여자의 문제는 무죄한 이를 살인하는 공모를 발생시키고, 성경의 관점에서 더욱 심각하게 보이는 것은 하느님의 백성을 살인 음모의 실현에 관련시킨 사건이 되었기 때문이다. 따라서 특별히 사무엘서가 이 사건을 역사적 이야기에서 신학적 해석의 대상으로 다루고 있다는 확신이 우리 이야기의 출발점이다.

아도니야(*Adonijah*)의 등장

이야기를 이끌기 위해 먼저 알고 지나가야 할 사실, 다윗 이야기의 마지막 자리에서 언급된 이름, 아도니야[28]는 누구인가? 성공한 솔로몬의 이야기는 1열왕기에서 지속할 것이지만, 아도니야는 오직 다윗의 이야기를 마감하기 위해 소개된 실패한 이름이다. 실패한 이름은 아도니야 개인에게서 끝나는 것이 아니라, 그의 아버지 다윗의 실패를 마지막까지 보여주는 이름이다.

처음 아도니야의 이름이 등장하는 자리는 2사무 3,4이지만, 그의 이야기가 본격적으로 소개된 곳은 1열왕 1-2장이다. 2사무 3,4에서 아도니야는 여러 아들 중의 하나로 거명되고, 1열왕 1-2장에서 그는 왕의 승계에

28 *Adoni+Yah*, '야웨는 나의 주님.'

가까이 접근한 왕자로 소개된다. 말하자면, 열왕기에서 마감되는 다윗 이야기의 틀에서 아도니야의 이름이 의미를 가지고 삽입된 것이다.

아도니야의 행동이 부정적으로 묘사되기 직전에 노년에 든 다윗이 젊은 수넴 여자 아비삭의 시중을 받는 장면이 선행한다. 수넴 여자 아비삭의 이름은 다윗 이야기를 전개하기 위한 복선을 가지고 등장하는데, 그 하나가 아도니야가 제거될 운명에서 거론된다는 사실이다. 두 번째는, 1열왕 1장 4절(*그 젊은 여자는 매우 아름다웠다. 그가 임금을 모시고 섬기게 되었지만, 임금은 그와 관계하지는 않았다.*)에서 아비삭의 등장이 다윗의 남성성을 시험한다는 정치적 뜻을 가진다. 달리 말하면, 이스라엘은 다윗 대신에 나라를 통치할 새로운 왕이 필요해졌다는 것을 간접적으로 암시한다. 4절은 1절(*다윗 임금이 늙고 나이가 많이 들자...*)의 의미를 넌지시 확인하는 정치적 방법이요 술수이기도 한 것이다. 그리하여 다윗이 무기력하다는 사실이 드러난 뒤에 비로소 아도니야가 자신이 왕이라고 천명하고 나선 것이다(5절).

이처럼 이야기의 전개를 서술적으로 돕기 위해 사무엘서의 저자는 아도니야란 이름을 준비해 놓았다. 다윗의 생애에서 특별히 주목을 받지 못하다가 뒤늦게 등장한 아도니야는 다윗과 하낏 사이에서 태어난 네 번째 아들(2사무 3,4)이다. 비록 그의 이름은 다윗의 말년에 주목을 받고 열왕기 상권 1장 5절에 나타나지만, 왕권 계승에서 솔로몬과 경쟁자의 위치에 있었다. 압살롬이 반역을 시도(2사무 15장)한 뒤에 불행히도 전투에서 죽자(2사무 18,15), 아도니야는 현실적으로 왕위 계승에 가장 가까이 가 있던 아들이었다. 아도니야는 다윗이 헤브론을 중심으로 활동하던 옛 시절에 낳았던 다섯 아들 중에서 네 번째로 이미 장성한 아들이었다. 결과적으로 아도니야는 왕위 경쟁에서 솔로몬의 연합 세력에게 밀려나게 되지만, 사실 나이로나 경력으로 보면 그에게 왕권이 넘어올 차례였다.

> 다윗이 헤브론에서 아들들을 낳았다. 맏아들은 이즈르엘 여자 아히노암에게서 난 암논이다. 둘째는 카르멜 사람 나발의 아내였던 아비가일에게서 난 킬압이고, 셋째는 그수르 임금 탈마이의 딸 마아카의 아들 압살롬이다. 넷째는 하낏의 아들 아도니야이고, 다섯째는 아비탈의 아들 스파트야이다. 여섯째는 다윗의 부인 에글라에게서 난 이트르암이다. 이들이 헤브론에서 다윗이 낳은 아들들이다. (2사무 3,2-5; 1역대 3,1-4 참조)

구약성경은 둘째, 다섯째, 여섯째 아들에 대해서 아무 말이 없는 것을 보면, 아마도 이들을 중요하게 여기지 않았던 것 같고, 그래서인지 아무런 이야기도 전해 주지 않는다. 성경은 왕권과 다윗과 관련해서 오직 첫째, 셋째, 넷째 아들의 이름과 이들이 관련된 왕가의 피비린내 나는 사건들만 알려 준다.[29]

다윗의 왕위 계승 이야기에 따르면(주로 2사무 9-20장까지), 사울이 죽기 직전에 다윗은 유다 집안을 배경으로 반쪽 왕권을 행사할 성공적인 자리에 도달했다(2사무 2,7). 동시에 사울 왕가의 이스보셋은 유다 집안을 제외한 지파들의 지지를 토대로 사울의 뒤를 잇는 이스라엘의 왕이 되었다(2사무 2,8-10). 말하자면, 사울 왕가가 열한지파의 지지를 토대로 성립

29 여섯 아들들 중에서 첫째 암논과 둘째 킬압이 역대기에는 암몬과 다니엘로 기록되어 있다. 헤브론에서 여섯, 헤브론을 떠나 예루살렘에서 밧 세바에게서 네 아들(솔로몬 포함), 그리고 또 다른 여인들에게서 아홉 아들들, 그 외에도 소실들에게서 많은 아들들과 그들의 누이 타마르를 낳았다고 한다. 2사무 5,13-16; 1역대 3,5-8. 타마르를 소실의 딸로 기록하고 있는 역대기의 생각에서 보면, 타마르의 오빠 중의 하나인 아도니야도 소실의 아들로 규정했던 것으로 여겨진다. 이런 관점에서 밧 세바가 1열왕 1장에서 정실 왕비로 등장한 것이라면, 솔로몬이 왕이 될 가능성은 높았을 것이다.

한 기존의 왕정을 유지했다면, 다윗은 남부의 유다 가문의 지지를 바탕으로 새로이 성립한 반쪽 왕정을 통치하기 시작했던 것이다. 따라서 다윗은 왕정 초기에 아직 열두지파의 보편적 지지를 얻은 상태는 아니었다. 그런 이유로 두 왕국 혹은 지파들 간에 해소하기 어려운 긴장과 갈등 관계가 계속되고 있었다(2사무 3,1). 사울의 아들 이스보셋을 왕으로 세운 북쪽의 이스라엘 왕국이 자중지란으로 무너진 뒤에 비로소 다윗은 통일왕국을 형식적으로나마 이룩하게 된다(5장).

아도니야와 솔로몬

정치적 상황이 어떠했는지 우선 아도니야의 사건이 벌어지기 전에 그가 가지고 있던 왕권 내부의 위상을 점검해 보자.

첫째 아들 암논과 셋째 아들 압살롬이 죽었기 때문에,[30] 남은 아들 중에서 능력이 뛰어난 아도니야는 사실상 왕위 계승권에 가장 근접해 있었다. 이에 반해 솔로문은 헤브론에서 낳은 아들이 아니라, 다윗이 왕이 되어 예루살렘에 정착한 뒤(2사무 5,14; 1역대 3,5), 왕권을 행사할 즈음에 밧 세바를 통해 얻은 아들이다. 솔로몬의 모친은 부왕인 다윗이 왕정을 장악하기까지 친구이자 부하장수로 데리고 있던 헷 사람 우리야의 아내였다. 다윗과 밧 세바의 이야기(2사무 11-12)는 나중에 7장에서 더 자세히 다룰

30 2사무 13장. 암논과 타마르는 이복 오누이 관계인데, 암논이 꼼수를 써서 타마르를 범하고 내쫓았다. 이 사건에 대한 다윗 왕의 태도에 분노한 압살롬은 타마르의 오빠였던 까닭에, 기회를 만들어 이복형제인 암논을 쳐 죽였다. 더 나아가 압살롬은 아버지 다윗을 거슬러 반란을 일으켰으나, 반란의 결과는 압살롬의 불행한 죽음이었다. 이 과정은 2사무 14-18장에 비교적 장황하게 묘사되어 있다.

것이기 때문에 여기서 길게 언급하지는 않겠다. 다만 친구이자 부하인 우리야를 의도적으로 전투가 심한 곳에 내보내어 살인을 교사한 다윗과 그의 아내 사이에 벌어진 사건이란 사실을 강조한다. 달리 말하면, 다윗의 아들이자 왕권 계승자인 솔로몬은 인간의 애욕과 갈등이 빚어낸 살인의 음모가 성공한 뒤에 태어났던 것이다. 따라서 아도니야가 (왕 이전의) 다윗의 아들에서 왕자가 되었다면, 왕위를 계승한 솔로몬은 왕비가 된 밧세바와 다윗의 아들, 곧 왕자의 신분으로 태어났다.

이렇게 이해한다면, 헤브론 시절의 아들들과 정통왕권을 행사할 시절에 태어난 솔로몬은 전혀 다른 환경에서 태어난 왕자들이다. 아도니야는 다윗이 사울 왕정에서 쫓겨난 뒤 광야를 떠돌며 살아남기 위해 목숨을 건 싸움을 마다할 수 없었던 거친 시절의 아들이었다. 반면에 솔로몬은 다윗이 왕권을 누리며 안정된 삶을 유지하던 시절에 밧 세바에게서 얻은 평화 시기의 아들이었다. 아마도 아도니야와 솔로몬 두 왕자 사이의 관계는 서로 무관하게 여겨지거나, 혹은 환경, 경력, 또 나이만큼이나 거리가 있었을 것이다.

따라서 솔로몬은 우리야의 여자 밧 세바에게서 낳은 아들(2사무 12,24)[31]로 아도니야보다 훨씬 어린 배다른 동생이었다. 다윗의 왕정사에서 보듯이, 솔로몬의 어머니 밧 세바는 정실 왕비였기 때문에 다윗 가까이서 솔로몬을 보호하고 있었을 것이다. 그래서 솔로몬에게 가장 강력한 지지자는 아마도 솔로몬을 낳은 정실 왕비 밧 세바와 그의 측근 세력이 아니었을까? 다윗 왕의 지근거리에서 왕의 눈과 입처럼 살펴보고, 헤아릴

31 솔로몬은 다윗이 예루살렘에 정착한 이후 밧수아(밧 세바)에게서 낳은 네 아들 중 막내였던 것 같다. 1역대 3,5.

수 있었을 것이니 말이다.

그런데 1열왕 1–2장은 아주 소략하지만, 솔로몬에게 넘어가는 다윗의 왕권 전환기 상황을 가감 없이 묘사해 준다. 편집자는 다윗 왕이 죽어가고 있는 동안, 아도니야는 어리석은 자나 취할 그런 행동을 했다고 전한다. 만약 이 간략한 묘사가 역사적 사실을 기술하고 있다면, 왕권 경쟁을 앞에 둔 아도니야의 행동은 충분히 조직적이지 못했던 것으로 이해할 수 있다. 아버지 다윗을 따라다니면서 온갖 풍상을 다 겪었을 아도니야가 왕정사의 기록대로 어리석게 행동했다면, 이해하기 어려운 논리적 모순을 불러일으킨다. 아마도 왕조사의 특성상, 솔로몬 왕정을 정당화하고 아도니야를 폄훼하는 정도에서 편집된 결과가 아닐까 생각할 수 있다.[32] 특히 솔로몬이 다윗의 사후에 벌인 주변 정리는 정치적으로도 잔인할 정도로 완벽하게 처리된 것으로 전해지고 있다(1열왕 2장). 불행하게도 아도니야는 왕권경쟁에서 자신을 지지하며 결정적인 역할을 해 줄 내부의 결탁 세력이 솔로몬보다 못했던 것으로 보인다.

따라서 예언자 나탄과 왕비 밧 세바의 비호를 받았던 솔로몬이 왕좌에 오르는 과정은 절묘한 음모의 소산인 것처럼 보인다. 솔로몬이 이제는 노년에 이른 다윗에게서 왕권을 얻어낸 것은, 장자제도를 선호했던 고대사회에서, 야곱이 눈먼 아버지를 속이고 장자권을 얻어낸 이야기와 유사하다. 다윗이 암논의 죽음을 부른 사건에서 보여준 다윗의 태도를 보면, 솔로몬의 왕위 계승에는 정치적으로 상당히 커다란 파문을 불러일으켰을 것이 틀림없다. 왜냐하면, 왕권 승계 과정에서 솔로몬은 지파 대표들의

32 W. Brueggemann, *David's Truth* 참조. 왕정의 정통성을 확보해야 할 역사적 필요 때문에 다윗 이야기의 편집이 솔로몬 왕정기에 이뤄졌기에 가능한 서술이다.

회의가 추천한 것도 아니었으며, 장남이 승계하는 왕조 제도를 따른 것도 아니었기 때문이다. 그렇다면 정상적인 권력의 승계 과정이 문제될 법도 하며 이에 대해서 권력층의 일부가 왕정의 정통성에 이의를 제기할 수도 있는 일이었다.[33] 게다가 더욱 이해하기 어려운 사실은 솔로몬의 왕위 등극을 위해 예언자 나탄이 밧 세바와 결탁했다고 전하는 내용이다.[34] 2사무 11-12장이 묘사한 나탄의 모습이 1열왕의 상황과 전혀 달라서 이해하기 어려운 것이 사실이다(1열왕 1,11-14). 어쨌든 열왕기의 묘사를 그대로 수긍하면서 이 과정이 어떻게 진행되었는지, 1열왕기 1,5-53에 나타난 이야기를 살펴본다.

아도니야의 임금 행세

이상하리만치 임금 행세를 돋보이게 하는 장면은 1열왕기의 5-10절이 전하고 있는데, 기록만 본다면, 아도니야가 얼마나 어리석게 행동하는지 첫눈에 알아볼 수 있다. 어리석다고 말한 것은 열왕기가 아도니야를 일견 깎아내리며 단순 묘사로 일관하고 있기 때문이다. 하낏의 아들은 열왕기의 묘사가 어리석다고 여길 수 있을 만큼 거만을 부렸다고 하며, 마치

---

33 장일선, 다윗 왕가의 역사 이야기, 616쪽 참조. 더 나아가 노쇠한 다윗에게서 혁명적 쿠데타를 통해서 왕권을 얻어냈다고 주장하는 이들도 있다. 그래서 다윗 계승 설화가 후대에 인위적으로 집필되었다고도 주장한다.

34 아도니야와 솔로몬의 왕권 경쟁에서 아도니야가 헤브론 지역 중심의 세력, 곧 남부 유다 지파의 세력을 결집하고 있다면, 솔로몬은 밧 세바와 나탄을 중심으로 예루살렘 중심의 통일왕국체제를 유지하려는 세력을 결집하고 있다. 특별히 밧 세바와 나탄이 주동자이며, 그들의 속임수는 혁명적이었다고 여긴다. 장일선, 『다윗 왕가의 역사 이야기』, 622쪽.

자신이 임금이 될 것처럼 떠들어댔다고 한다.

> 한편 하낏의 아들 아도니야는 "내가 임금이 될 것이다." 하면서 거만을 부렸다. 그러고는 자기가 탈 병거와 말을 마련하고, 호위병 쉰 명을 두었다. (1열왕 1,5)

열왕기는 아도니야의 행동이 거만하다는 사실을 '자기가 탈 병거와 말을 마련하고, 호위병 쉰 명을 두었다.'는 것으로 요약한다. 말하자면, 아도니야는 왕이 아직 숨이 붙어 있는데도 자중하지 못하고, 왕처럼 행동했다는 것이다. 아직 왕의 계승권이 결정되지 않은 상황에서 죽어가는 다윗의 마음에 크게 상처내면서 얻을 게 무엇이란 말인가? 표현대로라면, 다윗 왕권에 충실했을 사람들 중에서 누가 아도니야의 이런 행동을 선뜻 따를 수 있었겠는가?

그러나 아도니야가 바보가 아닌 이상 이런 행위를 하리라고 생각할 사람이 있을까? 아도니야의 행동을 긍정적으로 바라보면, 1) 호위병을 두는 것은 왕권의 위상을 나타내며, 2) 아도니야는 압살롬처럼 아름다우며, 3) 압살롬이 죽고 난 뒤엔 장자의 자리에 있었다. 그러나 다윗 왕정의 정통성이 필요한 솔로몬의 왕권 승계를 옹호하는 발언은 아도니야를 부정적으로 보도록 유도하지 않을 수 없었을 것이다. 따라서 열왕기의 저자는 왕권이 승계되어야 할 결정적인 시기에 아도니야가 취한 행동을 부정적으로 서술함으로써 이미 앞으로 벌어질 사건에서 그의 운명을 예고했다고 보인다.[35]

---

35 여기서 유의해야 할 점은 아도니야의 행동을 부정적으로 묘사하고 있지만, 궁극적으로 아도니야가 왕권에 근접해 있고, 현실적으로 왕위 계승의 적자는 아도니야였다란 사실이다. 솔로몬이 왕위에 도전하는 양상은 결국 일종의 쿠데타일 것이지만, 열왕기 저자는 이런 사실을

열왕기는 아도니야란 인물을 세심히 묘사하는 것은 아니지만, 그의 단점은 이렇게 지나칠 정도로 간단하게 그려낸다. 성경이 아도니야를 전체적으로 소개하지도 않지만, 이상하게도 다윗이 아도니야의 이런 행동에 아무런 제동을 걸지 않았다고 전한다. 그렇다고 다윗이 왕권에 버금가는 아들의 행동에 제동을 걸 수 없는 형편이었다고 생각할 수 없다. 다만 장성한 아들의 공공연한 태도를 보고도 아비의 노릇, 혹은 왕의 권위를 포기한 것일까? 그러나 아들에 대한 다윗의 이런 태도는, 나중에 거론될 이야기이긴 하지만, 암논과 타마르 사건에서 다윗이 보여준 행동을 상기시켜 준다. 어쨌든 열왕기는 5절에 이어 바로 6절에서 넷째 아들 아도니야의 행동에 대한 다윗의 반응을 이렇게 전하고 있다.

> 그런데 그의 아버지는 평생 한 번도 그에게 "네가 어찌하여 그런 일을 하느냐?"고 물으며 듣기 싫은 소리를 하지 않았다. 아도니야 또한 용모가 뛰어나고 압살롬 다음에 태어났던 것이다. (1열왕 1,6)

위에서 인용한 6절은, 아마도 편집자가 왕조사가이지만 객관성을 유지하려는 듯이 보이며, 두 가지 독립된 사실을 언급하고 있다. 노년에 이른 아버지로서 다윗의 태도와 성품이 그 하나요, 장성한 아도니야의 가려진 모습이 두 번째이다. 먼저 앞에서 지적한 아도니야에 대한 부정적 평가가 이곳에서 오히려 평가의 상반된 잣대를 제시한다. 아도니야에 대한 왕조의 부정적 평가가 장황했다면, 6절은 아주 단출하게 아도니야의 용모가 압살롬만큼이나 뛰어난 사실을 언급하고 있다. 아도니야에 대한 부정적인 언급은 장황하게, 긍정적인 언급은 지나치게

드러내지도 않고, 독자들의 시선을 다른 방향으로 돌려놓으려고 한다.

짧게 다루고 있다는 인상을 지울 수 없다. 그러나 비교의 차원에서 압살롬을 거명함으로써 아도니야가 앞에서 언급한 것처럼 어리석지 않다는 사실을 단순명쾌하게 암시해 준다. 이런 점에서 사무엘서를 포함한 열왕기가 왕조사를 대변하도록 편집되었다는 연구자들의 주장에 동의할 수 있고, 아도니야에 대한 당시의 평가가 왕조사에 짜깁기되어 삽입된 사실도 추측할 수 있다.

다윗의 성품에 대해서 말한다면, 다윗은 당연히 해야 할 말을 하지 않는 아버지요 아들에 대한 관심이 부성을 드러낼 만큼 세세하지 못했다고나 할까? 여기서 열왕기는 다윗 왕의 이름을 부르지 않고, 굳이 아도니야를 상대로 다윗을 '그의 아버지'라고 호칭하고 있는 점이 특이하다. 특별한 의도를 가지고 왕의 호칭을 거론하지 않는다면, 아버지라고 부르는 것은 특별한 의미를 강조하고 있는 게 아닐까?[36]

그렇다면 열왕기 저자는 독자에게 다윗을 아버지 입장에서 바라보기를 초대하고 있는 것이 아닐까? 다윗의 호칭에 특별한 관심을 보이는 것은 왕과 왕자의 관계 이전에 아버지-아들의 관계에 의미를 부여하고 있다고 보기 때문이다. 다윗이 전장 터를 누비고 다니던 시절이나, 왕이 되어 왕권을 다지고 있던 시기에 아버지와 아들 사이의 관계를 강조한 기록은 없다. 혹은 다윗이 아버지의 역할을 하기엔 환경이 뒷받침을 해주지 못할 수도 있다. 다윗은 통일왕국의 첫 번째 군주가 되어 왕권을 유지하고 확장해 나가는 것이 첫 번째 임무였을 터이니까 말이다.

그러나 1열왕 1장을 보면, 다윗이 왕으로서, 혹은 아버지로서 의무나 권리에 관심을 보였다는 기록은 없다. 왕권을 유지하는 동안 왕권을 향한

36 아마도 다윗이 아들들-암논, 압살롬, 아도니야-에게 엄격하지 않았던 모습을 강조하는 표현으로 사용될 수 있다. 그 위에 다윗을 왕권을 쟁취한 인물로 보지 않고, 자식을 키우는 아버지로 말하고 있다고 볼 수 있다. 여기서 문제되는 것은 '아버지' 다윗이다.

관련 인물들의 시선 집중은 왕위에 앉아 있는 자의 심정을 늘 불안하게 만들 수 있다. 이 말은 아마도 다윗의 경우, 노쇠하고 육체적인 피로를 자주 느꼈을 그에게 해당하는 표현들이 아닐까?

다윗이 아도니야의 아버지이기 때문에, 왕 이전에 아버지의 의무와 아들의 역할은 독자의 시선을 피할 수 없다. 아들에 대한 아버지의 의무와 책임은 다윗일지라도 평범한 인간의 사회적 범주를 벗어날 수 없다. 아버지인 다윗! 이 말은 아주 많은 것을 생각하게 하지만, 무엇보다도 그 많은 것들은 아주 단순하게 왕-왕자의 관계를 아버지-아들의 관계로 우리의 시선을 수렴시킨다. 아버지의 역할은 무엇이고, 아들의 역할은 무엇인가? 아버지는 노년에 들고 점차 기력을 잃어가는 왕의 모습을 보여 준다면, 아도니야는 다윗을 보호해야 할 위치에 있다. 그런데 늙어가는 왕을 보며 후계자를 생각할 다윗 주변의 인물들은 왕의 능력을 점검하고 싶었을 것이다.

> 다윗 임금이 늙고 나이가 많이 들자, 이불을 덮어도 몸이 따뜻하지 않았다. 신하들이 그에게 말하였다. "주군이신 임금님께 젊은 처녀 하나를 구해 드려 임금님을 시중 들고 모시게 하였으면 좋겠습니다. 그 처녀를 품에 안고 주무시면 주군이신 임금님의 몸이 따뜻해지실 것입니다." 그리하여 신하들은 이스라엘 온 지역에서 아름답고 젊은 여자를 찾다가, 수넴 여자 아비삭을 찾아내고는 그 처녀를 임금에게 데려왔다. 그 젊은 여자는 매우 아름다웠다. 그가 임금을 모시고 섬기게 되었지만, 임금은 그와 관계하지는 않았다. (1열왕 1,1-4)

독자는 다윗의 태도와 관련해서 노년에 들어 쇠약해진 다윗을 보면서, 다윗이 그렇게 행동한 이유를 분명히 암시해 주는 구절들을 만난다. 말하자면 우리는 이 시기에 다윗 왕이 이미 노년에 들어 있었다는 사실을 기억해야 하겠다. 늙고 나이가 들었다는 사실과 남성으로서 기능할 수 없다는 사실이 다윗의 현재 상황을 말해 주는 것이다. 왕으로서 백성과 나라를 통치할 능력을 상실해 가고 있었다면, 이 상황이 무엇을 의미하겠는가? 왕정체제에서 다윗 이후의 새로운 통치자가 필요해졌다는 정치적 암시가 아니고 무엇이었겠는가? 새로운 왕의 필요성은 다윗에게 세월의 무상함과 자기를 대신할 왕의 선택이 임박했음을 알게 하였을 것이다. 이처럼 신하들의 제언이 다윗에게 긍정적이라는 점도 있지만, 다윗의 후계자를 선택하기 위한 정치적 경쟁이 시작되었다는 것을 알리는 전조이기도 했다.[37]

열왕기의 저자는 아도니야의 태도를 묘사해 주는 6절에 앞서 1-4절에서 다윗의 상태를 이렇게 말해 주고 있는 것이다. 세월의 무게 때문에 찾아온 노년의 인간 다윗은 여러모로 젊은 날의 다윗은 아니었을 것이 틀림없다. 그렇다고 해도 다윗이 아도니야의 아버지 역할을 잊고 있었다면, 그것은 지나친 말이 될까?

그런데 앞서 6절은 아도니야에 대한 용모를 죽은 셋째 아들 압살롬에 비교하여 빼어난 인물이라고 덧붙였다. 더구나 그 아들 아도니야는 죽은 셋째 아들 압살롬에 이어 왕권을 계승할 잠재적 승계자인데, 그의 용모를 두고 성경은 무슨 말을 하고 싶었던 것일까?

---

37 수넴 여자 아비삭의 설정은 이야기의 구조 상 1) 다윗의 노년을 암시하고, 2) 왕권 경재에서 패배한 아도니야의 죽음을 예비한다. 특히 아도니야가 정실 왕비인 밧 세바에게 아비삭, 곧 다윗의 여자, 아버지의 여자, 왕의 여자를 요청했다는 기록은 대단히 의도적이다. 곧 왕의 자리를 탐하는 것과 동일한 의미가 될 아도니야의 요청은 아도니야가 다윗 왕권을 계승하는 솔로몬에게 죽어 마땅하다는 결론을 유도하기 때문이다.

압살롬: 아도니야의 이복형제

'용모가 출중하다.'는 성경의 표현은 하느님에게 뽑히기 전에 왕이 될 인물들을 묘사한 표현이었다. '잘 생긴 사울'(1사무 9,2)이 그러하고, '볼이 불그레하고 눈매가 아름다운 잘 생긴 아이'(1사무 16,12) 다윗이 그렇다. 단어의 선택과 용법에 일정한 차이가 있을 수는 있지만, 이런 표현들은 묘사 대상에게 긍정적 인상을 만들어 낸다. 더구나 이 말은 예언자 사무엘이 기름을 부어 왕으로 선택받은 자로 선언할 때 다윗에게 사용한 표현이었다.

그런데 아도니야에게도 주어진 이 표현은 적어도 부분적으로 아버지 다윗의 마음을 드러낸 표현이 아니지 않겠는가? 그렇지 않다면, 편집자의 평가에 따르면 방자한 행동을 하는 아도니야에 대해서 어찌 할 말을 참고 침묵할 수 있었을까? 그렇다고 야웨 하느님이 인간을 보실 때 '겉모습을 보지 않고 속마음을 본다.'는 말과 어떻게 다른 것일까? (1사무 16,7 참조). 이 표현의 논의는 압살롬 이야기를 진행하며 더 언급하기로 하자.

1열왕기는 1장 6절에서 아도니야를 언급하면서, 그의 뛰어난 용모를 두고 압살롬 다음으로 태어났다고 덧붙였다. 성경처럼 짧은 문단에서 세세한 설명이 생략되어 있다면, 작은 이름 하나라도 무심코 지나칠 수 없다. 다윗의 아들 아도니야를 이해하려면, 그가 연관된 인물 압살롬이 누구인지 알 필요가 있다는 말이다.

그렇다면 아도니야를 묘사하기 위해 굳이 사무엘서가 거론한 다윗의 아들 압살롬[38]은 누구일까? 압살롬은 다윗의 헤브론 시절, 말하자면, 다윗이 사울 왕의 추적을 피하면서 여기저기 떠돌며 생명을 부지하던 시절에 낳은 아들이다. 압살롬은 다윗의 셋째 아들로 '그수르 임금 탈마이의 딸 마아카의 아들'(2사무 3,3)이었다. 압살롬이 다윗의 아들인 사실이 많은 의미를 전제하지만, 그의 모계가 아주 자세히 언급되었다는 점은 가문 안에서 그의 영향력이 무시할 수 없었을 것이라는 사실이다. 당시 왕권을 수립해 나가던 시절에 다윗이 맺은 결혼 동맹은 그에게 적지 않은 도움을 주는 외부의 지원세력이었기 때문이다. 그러므로 압살롬이 이름 있는 한 세력가의 딸에게서 낳은 아들이었다는 사실은 다윗 왕가 내부에서도 무시할 수 없는 세력을 의미했다. 이런 사실을 확인해 줄 수 있는 2사무엘의 기록에 의하면, 다윗은 왕이 되기 전에 이미 여섯 명의 부인을 두었다(2사무 3,2-5)고 하지 않는가?

아도니야의 불행한 운명을 말해 주는 압살롬의 이야기는 2사무 13장에서 시작된다. 그런데 압살롬의 이야기가 시작되기 전에 다윗의 인간 됨됨이를 암시해 주는 일화(11장)가 바로 직전에 삽입되어 있다. 하나하나의 사건들은 독립적으로 다룰 수 있지만, 다윗의 내면을 읽기 위해서라면, 일화들이 어떤 지점에서 만나서 하나의 고리를 형성하는지 살펴볼 필요가 있다.

11장의 이야기는 나중에 다시 다룰 사건이기에 여기서는 압살롬 사건의 범주 안에서 간단히 언급한다. 성경의 기록에 의하면, 다윗은 남의 아내를 범한 자신의 잘못을 감추기 위해 잘못된 선택을 한다. 그는 자신의 충동적 욕망으로 빚어진 잘못-수하 장수의 아내와 간통한 사건-을 은폐할 요량으로 자신의 충직한 오랜 친구 우리야를 사지에 보내 죽게 한 것이

---

38 압살롬의 정확한 발음은 아마도 아비샬롬(*abishalom*)이었던 것 같다. 칠십인역 그리스어 성경이 '아베살롬'(*abessalom*)으로 음사하는 것을 참조할 수 있다. P. Kyle McCarter, *Jr*, *II Samuel*, 101쪽. 이름의 발음이 어떻든 다윗과 압살롬 사이에 벌어진 사건을 생각하면, 그 의미가 '평화의 아비'라는 사실이 역사적 사건을 생각하면 역설적이다.

다. 우리야가 죽자 꺼릴 것 없이 다윗은 그의 아내 밧 세바를 자신의 첩으로 빼앗았고, 그의 욕망을 채웠다(2사무 11장). 불행하게도 잘못된 임신의 첫 아이는 태어나자마자 야웨 하느님의 저주를 받은 것처럼 큰 병이 나서 죽었고(2사무 12,18), 다윗과 밧 세바 사이에 또 다른 아들 솔로몬이 태어났던 것이다(2사무 12,24). 지금 이 자리에서 길게 다룰 주제는 아니지만, 이야기 소재의 의미는 짚고 넘어가야 하리라.

말하자면, 예언자 나탄이 정면으로 비판한 다윗의 불륜 이야기는 암논과 타마르 사건의 전조로 해석할 수 있는 이야기의 전개 방식이다. 다윗-밧 세바 사건에서 모순처럼 이해하기 어려운 것은 잘못을 범한 인간에게 직접 징벌이 내리지 않고, 제삼자가 벌을 대신 받은 것처럼 묘사되고 있다는 사실이다. 제대로 인간이 되기 전에 사라져야 할 운명의 아기는 태어나서는 안 될 죄의 결과로 해석된 것이다. 이와 반대로 우리야의 죽음 후에 밧 세바는 다윗의 아내가 되었고, 이후 태어난 아기는 하느님의 축복으로 여겨졌으니, 여디드야(주님의 사랑 받는 이, 2사무 12,25)라고 불렸다. 이 아기가 솔로몬이다. 신탁의 저주와 은혜가 죽음과 생명으로 갈리고, 왕조의 정통성을 해석하는 길이 되었으니 쉽게 이해할 수 있는 것은 아니다. 역사가 사실을 기록하고 왕권의 정통성을 강조하는 위험을 감행한다면, 신학은 역사의 일방적 위험성을 공개시킬 용기가 필요하다.

역사적 사건의 의미를 해석하기 위해서 소박한 신학이 발생하지만, 신학의 위험성은 올바른 길을 가기 위해 택한 역사적 방법을 이해하려고 한다. 비록 죽음이 다윗에게 직접 발생하지는 않으나, 이후 그의 가문에 죽음의 칼날이 멈추지 않고 이스라엘 왕정사 전체를 불행으로 몰아간다. 때로 너무 직설적이어서 이해하기 어려운 신명기 사가의 신학적 단언들이 역사적 사건들을 위험하게 만들기도 한다. 하지만, 왕권의 정통성을 해석해 주는 신정체제의 언어라고 생각하면 신학의 해석학적 표현으로 긍정할 수 있다.

이처럼 다윗의 충동적 욕망의 첫 번째 결과가 (첫 아기의) 죽음(2사무 12,18)이라면, 암논과 타마르의 사건에서 이복동생을 범하고 사회적 살인을 행한 다윗의 맏아들 암논은 죽어야 한다. 결국 사회적 살인자인 암논은 타마르의 친 오라비 압살롬에 의해 살해당한다는 징벌적 보상의 결말을 받아들이지 않을 수 없다.[39] 사건의 주모자인 다윗이 살아남고, 그가 관계한 여인의 아기가 신학적 의미에서 (대신) 죽었다는 기록은 지극히 해석학적이고 다의적이다.

그렇다면, 잘못을 저지른 자가 살아남고 무죄한 생명이 죽어야 한다면, 이야기는 어떤 의도를 가지고 무엇을 가리키고자 하는 것일까? 어떻게 죄를 범한 자는 용서받고, 그 대신에 (혹은 그를 위해서) 무죄한 생명은 죽어야 한단 말인가?

암논과 타마르 사건

다윗의 셋째 아들로 타마르의 친오빠 압살롬은 암논의 죽음을 직접 불러온 이름이다. 암논은 다윗이 이즈르엘 여자 아히노암에게서 낳은 장자요 왕위 계승권자이며 압살롬의 이복형이다. 압살롬의 역할이나 존재는 다윗과 관련될 때 비로소 본래적인 의미가 살아난다는 것을 이해해야 한다. 헤브론 시절의 어려움을 함께해 온 셋째 아들 압살롬은 다윗의 생애가

39 신명 21,19 (너희는 그를 동정해서는 안 된다. 목숨은 목숨으로, 눈은 눈으로, 이는 이로, 손은 손으로, 발은 발로 갚아야 한다.) 탈출 21,14; 레위24,20 등 참조.

지닌 어둡고 밝은 면들을 들추어내는 이름이기 때문이다.

사무엘서는 아버지 다윗이 우리야의 아내를 강제로 취한 사건(11장) 다음에 암논이 제 이복 여동생을 범한 이야기(13장)를 제시한다. 이야기의 흐름을 이렇게 편집한 이유는 단순히 시간적 순서를 따른 것이 아니라 사건의 해석을 위한 의도적인 배치라고 볼 수 있다. 아버지의 사건을 따라서 아들의 사건이 이해될 수 있다는 편집자의 고차원적 고의성이 엿보이는 이야기 서술 방식이다. 더구나 11장은 왕의 주변에서 발생하는 다윗의 전체 삶을 조명해 주는 위치에서 이해된다. 외적인 성공이 마무리되는 시점에서 다윗의 이야기는 왕의 내면과 외면을 해설하듯이 방향이 갈라지며, 외적인 사건들이 다윗의 내면적 삶을 의미론적으로 해석해 주는 기능을 한다.

암논과 타마르의 사건을 열어 주는 단초는 다윗의 맏아들 암논의 욕망이었다. 말 못할 그의 고민을 듣고 음모를 챙겨 주는 인물이 있었으니, 다윗의 형인 시므아의 아들로 이름은 여호나답이었다(1사무 16,9; 17,13). 그릇된 길은 언제나 잘못된 음모가 여럿의 공모로 확대되고, 공모는 많은 사람을 다치게 한다는 교훈이 있다. 압살롬의 누이동생을 능욕할 암논에게 바로 이런 인물이 들붙어서 이야기는 왕위계승자가 어떻게 무너져가는지 알려 준다. 여호나답은 그럴듯한 '지혜의 인간'(*ḥakam ish*: '영리한'으로 번역, 2사무 13,3)으로 불리며, 암논의 숨은 욕망을 합법적인 왕권을 이용하여 실현토록 한 인물이다. 인간의 지혜는 선악 어느 방향으로도 사용될 수 있지만, 여호나답의 지혜는 악이 지배한 경우이다. 인간의 지혜가 세상사의 성공을 위해 사용될 때 늘 유의해야 할 요소가 있다면, 바로 암논과 여호나답의 경우라고 할 수 있다.

사건이 발생된 내외 조건을 보면 다윗 왕가의 분위기를 짐작할 수 있다. 사건의 희생자가 된 다윗의 딸이 압살롬의 누이 타마르라고 부르는 것을 보면, 아들들이 모두 배다른 왕자들인 것이 확실하다. 암논과 압살롬이 한 아버지 밑에서 태어나서 어머니가 다른 형제지간이라면 다윗 왕가의 혈연적 관계는 복잡한 양상임을 알 수 있다. 왕가는 다윗의 여인들이 왕을 중심으로 포진한 형상이며, 자녀들은 어머니를 중심으로 왕을 둘러싸고 있다.

그런데 암논이 압살롬의 누이동생 타마르를 욕심냈다니, 한 지붕 밑의 이복형제자매들 사이에서 어떻게 그런 일이 가능했던 일일까? 다윗이 살아남기 위해서 생명을 건 모험을 하는 동안엔 도저히 생각할 수 없었던 일이 아닌가? 왕자의 신분은 이미 특권층의 특권을 행사하는 것이 아주 당연해진 환경을 말해 주며, 왕정에서 특별한 위상을 드러낸다. 암논의 행동은 안정된 평화의 시기에 왕가의 특권이 자연스럽게 행해진 불행한 이야기를 떠올리며, 이야기는 불행을 야기한 주인공이 처한 상황을 묘사해 준다. 오누이 사이에 벌어진 이 불행은 고대세계에서 권력을 행사하던 왕들의 가문에서만 가능했던 일이었을까? 어렵지만, 특정 사회의 특정 계급에서 이복의 형제자매들 사이에서 혼인이 가능했던 시절을 상기하면서 이야기를 분석해 보자.

암논과 타마르 이야기의 전개는 대략 이렇다(2사무 13,1-19).

암논은 꾀병치레를 하면서, 아버지 다윗에게 요청하여 이복동생 타마르가 자기의 수발을 들도록 요청했다. 이야기의 전개 과정에서 암논의 요청도 이상하지만 요청을 허락하고 명령한 다윗의 태도도 분명하지 않다. 이야기의 편집자는 다윗과 밧 세바 사건을 알고 있기 때문에, 무엇인가 다윗이 이 사건에 어떤 식으로든 개입했을 것이라는 논리를 펴고 싶은 것일까? 불행한 사건은 다윗이 압살롬의 누이동생 타마르를 암논에게 보내도록 중간 역할을 하면서 전개되었다. 우리에게 놀라운 사실은 아들딸의 비윤리적 관계 내지는 성폭행 사건이 아버지의 허락에서 출발했다는

(우연한?) 사실이다. 다윗 자신의 범법행위도 그러하지만, 자식들 사이에 벌어진 금지된 욕망도 아버지가 출발점이 된 것이다.

구체적으로 암논의 욕망은 아버지-아들 사이의 관계가 아니라, 왕-종의 관계를 바탕으로 전개된다. 이야기의 편집자는 문병 온 다윗을 왕(임금)으로 호칭하며, 타마르의 음식을 요청할 때도 다윗을 아버지가 아니라 왕으로 불렀다(2사무 13,6). 아버지와 아들의 관계가 아들딸의 잘못된 관계를 거부한다면, 왕과 종의 관계는 윤리적 요소를 배제하는 주종관계를 나타낸다. 말하자면, 욕망은 남매 사이의 결혼이 전제된 정상적인 통로를 통해서 오지 않고, 다윗-밧 세바의 사건처럼 (왕의) 권력을 통해서 전개된다는 부정적인 암시이다. 아버지-아들의 관계가 가족 윤리의 관계라면, 왕-종의 관계는 사회적 계급의 명령과 복종의 관계이다. 성경이 다윗과 암논의 관계를 왕-종의 관계로 표현한 사실은 지극히 의도적이며, 다윗의 잘못이 어디에서 출발했는지 해석학적 비판의 단초를 알려 준다.

마침내 암논의 욕망을 실현시킬 왕의 명령은 왕의 딸을 등장시켰고, 타마르는 암논의 시중을 들게 되었다. 암논은 자신의 욕망대로 시중들기 위해 자기에게 온 타마르를 강제로 욕보였고, 수치를 뒤집어쓴 여동생을 폭력의 현장에서 쫓아내고 말았다. 여동생 타마르가 암논의 방에서 쫓겨나간다고 해서 암논의 문제가 감추어지거나 해소될 수 있었던가? 오히려 이 사건은 다윗 왕가의 어두운 속내를 겉으로 드러내고 무서운 소문이 되어, 다윗 왕가의 미래를 불안하게 만들었다. 만약, 타마르의 말대로 다윗에게 암논이 요청하여 이복누이 동생을 아내로 받을 수 있었다면(2사무 13,13절), 사건은 왕가의 혼인 잔치로 화려하게 조명을 받을 수 있었을까? 아니면, 왕가의 구중궁궐에서 일어난 비화로, 그저 확인할 수 없는 소문으로 마무리되면서 이 단계에서 이야기가 잊힐 수도 있었을까?

오누이 사이에 벌어진 이 운명적인 사건을 돌아보면, 암논이 타마르를 능욕하려고 하자 여동생은 오빠에게 이렇게 말했다. "*제발 임금님께 청하십시오. 그분께서 저를 오라버니에게 주시기를 거절하지 않으실 것입니다.*"(2사무 13,13) 이 말은 여호나답이 암논에게 조언하기를, 아버지 다윗에게 타마르를 왕자의 방으로 청하라는 말을 상기시킨다. 게다가 타마르의 말은 오누이 사이의 결혼을 가능하게 하려면 왕의 허락이 필요하다는 것이다. 이렇게 타마르의 말을 이해한다면, 오누이 사이의 혼인이 이 시절에 가능했던 관습이었을까? 아니라면 적어도 여러 처첩을 거느릴 수 있었던 왕가에서 드물지만 가능했던 사실이었을까? 다윗의 경우를 생각해 보면, 1사무 25장의 아비가일이 2사무 17,25의 아비가일과 동일인물이라면, 아비가일의 남편 나발은 이트라(2사무 17,25. 1역대 2,16에선 예테르)와 동일 인물일 것이다. 따라서 '요압의 어머니 츠루야의 자매인 나하스의 딸 아비가일'은 다윗과 오누이 관계(1역대 2,16; 다윗의 아버지 이사이와 아비가일의 아버지 나하스는 형제 사이)로 보인다. 그러므로 이런 관점에서 본다면, 타마르가 암논에게 한 말이 어느 정도 이해될 수 있다.[40]

그런데 욕망이 사건이 되고, 사건이 문제가 되어 터지고 난 뒤, 암논의 행동은 탐욕에서 빚어진 추잡한 행위였을 뿐이란 게 드러났다. 암논은 사랑이 아닌 (왜냐하면, 암논은 타마르를 사랑한다고 했는데(4절) 그게 사실이 아니었다.) 탐욕으로 자신의 욕심을 채웠을 뿐이다. 오직 배설적 희망사항인 욕망의 고조는 신속했고 강요된 겁탈이 빠르게 진행된 만큼

40 Marti J. Steussy, *David*, 76-77쪽; 김이곤, 『다윗의 딸 다말 애도송』, 기독교사상 29(11, 1986,11), 95-114쪽 참조. 남매 사이의 성관계를 엄격히 금지하고 있는 레위 18,9.11과 20,17이나 신명 27,22은 이스라엘이 멸망 후 포로기에 편집되었다고 한다. 따라서 이스라엘의 고대 사회에서 사무엘서가 전하는 타마르의 말은 수긍할 수 있는 내용(창세 20,12 참조)으로 이해할 수 있겠다. Oxford Bible Commentary, 223쪽 참조.

일회성 욕망이 식어가는 것도 빨랐다.

> 그런 다음 암논은 타마르가 지독히 미워졌는데, 타마르를 미워하는 마음이 전에 타마르를 사랑하던 마음보다 더 컸다. 그래서 암논은 타마르에게, "일어나 나가라!" 하였다. (2사무 13,15)

탐욕이 채워진 뒤에 암논의 마음은 자기가 사랑했다고 느꼈던 행위가 순전한 욕망이었고 탐욕이었음을 알게 되었다.[41] 암논의 가슴에선 자신도 이해할 수 없는 미움이 치솟았고, 이 미움은 피해자 타마르에게 퍼부어졌다. 왜 그랬을까? 아마도 암논은 자기 행동의 잘못을 보여주는 거울이 되어 버린 타마르를 '사랑했다'던 마음으로 바라볼 수 없었던 것이 아닐까? 암논에게 타마르를 본다는 것은 자기의 잘못된 욕망이 얼마나 추한지 쳐다보는 꼴이 되었으니 당연한 귀결일 수밖에 없다.

이처럼 이야기의 흐름에서 타마르의 존재는 암논에게 자신의 행동(사실)을 보여주는 '거울이 되었다.'고 말해야 하리라. 그 결과 타마르는 오빠인 암논에게서 강제로 수치를 당했을 뿐만 아니라, 억울하게도 강제로 내쫓김을 당하고 말았다. 당시 가부장 중심의 사회에서 타마르는 여성으로서 살아 있는 존재가 아니라, 사회적으로 죽은 삶을 살게 되었다. 성경이 의도성을 가지고 이야기를 구성하고 있다면, 암논은 결국 살인자가 아닌가? 그는 왕정의 사회적 신분체제에서 타마르를 죽인 자가 되었고, 결국 그 자신도 죽어야 할 비극적 운명이 되었다고 말할 수 있지

---

41 창세 34,7: "마침 야곱의 아들들이 들에서 돌아와 있었는데, 이 남자들은 소식을 듣고 분개하여 화가 치밀어 있었다. 스켐이 야곱의 딸과 동침하여 이스라엘에서 추잡한 짓을 저질렀기 때문이다. 그런 짓은 해서는 안 되는 것이었다." 그 결과는 가해자나 피해자 모두에게 불행한 결과를 가져왔다는 교훈이다. 신명 22,13-21 참조. 이 경우 피해자 타마르도 암논도 사형을 면치 못할 수 있다.

않을까?

아버지 다윗

사건은 여러 의미를 드러내며 독자의 눈에 비치지만, 우리의 눈에 더욱 놀라운 일은 사건 자체도 그러하지만, 이복 오누이 사이인 가해자와 피해자의 아버지인 다윗 왕의 태도이다.42

다윗 임금이 이 모든 일을 전해 듣고 몹시 화를 내었다. (2사무 13,21)

분명 장자인 암논의 사건을 들었을 다윗이 화를 내었다고 했는데, 누구에게 어떻게 화를 냈다는 말인가? 자기 자신에게? 아니면 장자인 암논에게? 아니면 타마르에게? 성경은 사건의 당사자들을 모두 언급하며 서술했지만, 다윗의 화가 누구를 향하는지, 누구에게 화를 냈는지 명백하게 드러내지 않는다. 이후 다윗은 타마르 사건에 대해서 어떤 말도 하지 않았고, 행동도 취하지 않았으며, 일은 발생했으나 마치 없었던 사건처럼 되어 버렸다.

사건의 정황으로 볼 때, 다윗이 몹시 화를 냈다는 사실 하나로 이복 여동생을 강간한 암논 사건이 마무리될 수 있었는지 분명치 않다. 형

42 Steven L. Mckenzie는 이 점을 해설하면서 다윗이 아버지로서 장자에 대한 지극한 사랑을 언급하며 암논의 죄를 묻지 않았다고 한다(162-163쪽). 이 해석은 칠십인역(*LXX*)과 NRSV가 "*자기 아들 암논을 꾸짖지 않았는데 암논이 자신의 첫 아들이어서 그를 사랑했기 때문이다.*"로 덧붙인 내용이다. 하지만 이 해석의 심층적인 의미를 파악하려면, 아버지-아들의 문제가 아니라 죄의 성격, 즉 심리적 차원에서 징벌 이전의 문제를 간과하고 있음도 인정해야 한다.

제자매 사이의 혼인이 가능한 시대였다면, 적어도 "*어떤 사람이 정혼하지 않은 처녀를 꾀어 그와 동침하였을 경우, 신부 몸값을 내고 그 처녀를 아내로 맞아들여야 한다*."(탈출 22,15)는 토라의 율법은 지켜져야 하지 않는가? 더구나 "*네 아버지의 아내가 낳은 딸은 네 아버지의 자식으로 네 누이니, 그의 치부를 드러내서는 안 된다*."(레위 18,11)는 명령은 기억되어야 한다. 신탁의 저주가 달리 없어도 당시 사회에서 타마르는 여자로서 죽임을 당한 것이니 암논은 타마르의 여성을 죽인 살인자와 진배없다. 타마르는 제 이복형제 암논 때문에 더는 여성으로서 살 기회를 잃었을 뿐만 아니라, 사회적 죽임을 당한 비극을 살게 된 여인이 되었다. 다윗 스스로 왕가의 문제를 덮어둠으로써 왕가의 질서와 평화를 짓밟았고, 권력의 비인간적 성격은 다윗 자신의 딸마저 창녀처럼 내몰고 말았다.[43]

한편, 다윗은 일국의 통치자로 가정을 다스리지 못한 책임을 아들 대신에 자기에게 물을 수는 없었을지 모른다. 그러나 아들과 딸 사이에 벌어진 잘못된 사건에 대해 아무런 조치를 취하지 않았다면, 다윗은 진실로 암논과 타마르의 아버지라고 불릴 수 있는가? 젊은 시절부터 다윗이 수많은 여인들과 맺은 관계 때문에 그는 아들딸의 친부로서 정상적인 인간의 역할을 잊었는가? 혈연적 아버지란 사실이 중요한 것이 아니라면, 다윗은 올바른 아버지에게 필요한 올바른 의무와 책임을 의식하는 아버지가 되어야 하지 않겠는가? 한 사회와 한 가정이 유지되기 위해서 각 구성원이 자기 위치에서 맡는 역할은 인간사회를 지켜가는 데 필요한 최소한의 의무요 책임이다.[44] 기본적인 의무와 책임이 실행되지 않는 사회라면, 다른

---

43 2사무 13,19(타마르는 재를 머리에 뒤집어쓰고 자기가 입고 있는 긴 겉옷을 찢었다. 그리고 머리에 손을 얹은 채 울부짖으며 계속 걸었다.). 암논이 타마르를 내쫓은 사실은 거리의 여자처럼 다루었음을 의미한다. 김이곤, 『다윗의 딸 다말의 애도송』, 108쪽 참조.

44 다윗-암논의 관계는 부자지간이지만, 다윗이 우리야의 아내 밧 세바와 간통했고, 우리야를

어떤 역사적 사건이 중대하다고 할지라도 결코 그 사회는 혼란에서 벗어날 수 없다. 결국 다윗의 경우, 이 혼란은 권력자 개인의 혼란에서 나라의 혼란으로 진행될 것이며, 마침내 성경은 다윗의 태도를 들어 이야기의 방향이 왕의 운명으로 향하도록 진행시킬 것이다.

다윗이 왕으로서, 아버지로서 애매하게 화를 낼 수 있었을지 모르지만, 다윗의 화가 사건의 문제를 해결했던 길은 아니다. 아들 때문에 생긴 화는 단지 다윗이 심리적으로 불안하고 정신적으로 혼란에 놓여 있었다는 사실을 보여주는 표현일 뿐이다. 분노는 개인적인 차원에서 얼마든지 표현할 수 있지만, 잘못은 결코 감정의 차원이 아니라 구체적인 실천적 조치가 필요한 것이다. 아버지로서 책임을 다하지 않았을 때, 이로 인해 빚어질 결과가 어떤 방향으로 진행될지 아무도 예측할 수 없다.[45] 정당하게 마무리되지 않는 한, 사건은 당사자들의 문제로만 한정되지 않고 무한정 파급되는 부정적인 효과를 낳기 때문이다. 다윗이 아들과 딸의 문제를 정당하게 처리하지 않았기 때문에, 이 문제는 소리 없이 자라서 다윗 왕가 전체의 운명과 엮이고 말았다. 신명기 사가는 왕의 잘못된 처신이 이스라엘 민족과 국가의 불안한 운명을 끊임없이 키워갔던 것으로 판단했다.

굳이 왕가의 측면에서 살펴본다면, 암논과 타마르는 이복 형제자매이기 때문에 각자 자기 가족을 따로 두고 있었다고 말할 수 있다. 다윗의

죽인 뒤 아내로 맞아들인 사건 때문에 암논을 꾸짖지 못했다는 해석도 가능하다. Baruch Halpern, *David';s Secret Demons*, 40쪽. 다윗이 자기 문제를 제대로 해결하지 못한 것처럼, 암논의 경우도 그렇게 되었다면, 이를 두고 부전자전이라고 할 것인가?

45 다윗의 불안과 혼란은 결국 압살롬의 반란과 죽음, 왕가의 불안과 국론의 분열, 마침내 왕국은 아들 솔로몬의 통치가가 끝나자 민족과 국가는 분열되고 말았다. 다윗과 솔로몬이 예상하지 못했던 불행을 아마도 신명기 사가는 역사가로서 판단을 하고 있는지도 모른다.

아들들은 아버지만 하나일 뿐, 왕자들은 자신들의 어머니를 정점으로 독립된 가정을 꾸리고 있었던 것이다.[46] 따라서 아버지 다윗을 중심에 두고, 암논과 압살롬(타마르)의 두 모계가 긴장 속에 대결하지 않을 수 없었을 것이다. 두 모계 가정은 쉽게 해소되지 않은 갈등으로 긴장했을 것이며, 아들들 사이에선 필연적으로 복수의 칼날이 준비되고 있었을 것이다. 복수의 칼날은 음모를 낳고, 준비된 음모는 긴장 속에서 실현될 날만 기다리는 무서운 독침으로 자랐다.

달리 말하자면, 타마르의 친오빠 압살롬은 자기 동생 타마르가 당한 일로 다음의 왕이 될 수도 있는 다윗의 장자 암논을 미워하지 않을 수 없었다. 암논은 장자이기 때문에 압살롬의 판단에 따르면, 다윗의 뒤를 이을 계승자요 왕권의 수혜자가 될 것이 분명했다. 왕이 되는 순간부터 압살롬은 암논의 왕권 아래에서 숨을 죽이고 살아야 할 것이 분명했기 때문에 그의 불안과 미움은 더욱 컸을 것이다. 실제로 암논이 왕이라도 되는 날에는 타마르 사건은 언급할 수도 없을 뿐만 아니라, 살아남기 위해서 압살롬과 타마르는 평생 입을 다물어야 할 것이 틀림없다. 다윗에겐 암논과 압살롬이 아들들이지만, 왕이 계승자를 선택하기 전까지 필연적으로 암논과 압살롬은 서로 불확실한 왕권을 앞에 둔 경쟁자였다. 왕권이 경쟁의 목표가 되는 것도 사실이지만, 왕권 경쟁이 불행한 사건을 빌미로 촉발될 때 사태는 더욱 심각해진다.

---

46 압살롬이 암논을 살해한 뒤에 어머니의 친가로 도망쳤다(3년 동안)가 돌아온 뒤에 다윗은 압살롬의 거주를 제 처소에 한정시켰다. (2사무 14,24).

아버지 살해(*Patricide*)와 형제 살인(*Fratricide*)

이런 사실을 염두에 둘 때 놀랍게도 다윗 왕가에 마치 아무 일도 없었던 것처럼 두 해가 흘렀다(2사무 13,13). 그렇다고 동생 타마르의 일로 마음에 깊은 한을 가슴에 새기고 있었던 압살롬도 그저 그렇게 지냈을까? 아니다. 압살롬은 숨을 죽이며 두 해 동안 기회가 오길 기다렸던 것이다. 그는 양털을 깎는 일로 에브라임 근처 바알 하초르로 아버지 다윗을 초대하였다. 그러나 다윗은 아들에게 부담된다고 아들의 초대를 한사코 거절하며 복을 빌어 주었다고 사무엘서는 기록하고 있다. 이제부터 편집자의 이야기는 속도를 내기 시작하며, 마침내 형제 살인의 불행을 향해 위험한 흐름을 조성하고 만다.

압살롬은 다윗이 왕으로서 자기의 소유지에 와 주기를 계속 간청하였지만 다윗이 초대에 응하지 않았다. 그러자 압살롬은 다윗을 초대하려는 생각을 포기하고 상대를 바꾸어 암논을 초대하겠다고 강청하였다.

'암논 형이라도 우리와 함께 가게 해 주십시오.' (13,26)

그렇다면 압살롬은 암논을 살해하기 전에 어째서 끈질기게 아버지 다윗을 초대하려고 했을까? 왕가의 위기를 조장하려던 압살롬의 생각은 암논의 초대를 쉽게 허락받기 위해 그러했을까? 아마도 이런 질문은 압살롬의 말 속에서 답을 찾지 못할 것이다. 그렇지만, 그가 아버지 다윗을 거역하여 반란을 일으켰던 역사적 사건을 참작한다면, 압살롬의 속내를 짐작해낼 수 있을 것 같다.

앞에서 지적했던 것처럼 다윗의 호칭이 압살롬의 말에서 색다른 의미를 주며 독자의 마음에 의문을 일으킨다. 압살롬이 아버지인 다윗을 끈질기게 초대하면서 다윗을 왕으로, 자신을 왕의 종으로(2사무 13,24) 호칭한 사실은 무엇을 의미할까? 어쩌면 왕정체제에서 그럴 수 있었을 것이지만, 아버지-아들의 관계가 아닌 주-종의 관계는 다윗과 압살롬의 불편한 관계를 나타내는 신명기 사가의 의도적 표현이다. 달리 말하면, 다윗 당신은 내 아버지가 아니라, 나는 당신의 종이고 당신은 군주일 뿐이라는 압살롬의 의식을 함축한다. 가족 윤리의 범주가 깨어진 이후, 다윗과 압살롬의 관계는 주인과 종의 관계에 머물고 둘 사이의 관계는 명령과 복종의 타인의 관계가 되었던 것이 아닐까? 만약 압살롬의 정신세계를 지배했던 것이 이런 관계라면, 왕-종 혹은 주-종의 관계는 아버지-아들 관계를 왜곡한 관계가 된다. 다윗이나 압살롬도 둘의 관계를 윤리적 책임을 배제한 영역으로 몰아갈 수밖에 없다. 아버지-아들의 관계가 유지되어야 할 근본적인 관계라면, 주-종의 관계는 사회적으로는 언제든지 깨질 수 있는 지배와 피지배의 관계이지 않는가?

게다가 앞에서 암논이 타마르를 제 방으로 오도록 명령해 준 다윗을 왕이라고 호칭했던 사실을 다시 여기서 만난다. 가족 윤리가 무너지려는 지점에 다윗이 존재하고, 결정적으로 질서를 무너뜨린 자도 다윗이 되었던 것이다. 아버지 다윗을 중심으로 두 개의 화법, 즉 여동생을 성폭행한 암논의 화법이나 압살롬의 화법이 호칭에서 일치하는 사실은 무엇을 의미하는가? 암논의 행동으로 무너진 가족 윤리가 회복될 수 있었던 기회가 다윗의 애매한 태도-화를 내었다!-에서 상실된 것이 아닌가? 이처럼 다윗을 향한 암논이나 압살롬의 화법은 이미 앞으로 벌어질 사태의 심각성을 내포하고 있었던 것이다. 다음에 나타날 사태를 미리 예단할 수 없다 할지라도, 최소한 아버지-아들 관계에서 가족 윤리를 벗어난 주-종의 사회적 관계로 환원시킨 (신명기 사가에 의한) 압살롬의 의도는 이미 예정된 계획의 심리적 표출이었다.

25절에 가면 다윗은 압살롬을 '내 아들'로 부르지만, 압살롬은 결단코 아버지 다윗을 아버지라고 부르지 않았다. 다윗이 아버지라면, 압살롬의 여동생을 겁탈한 암논에게 그에 따른 벌을 주고 죗값을 물었어야 하지 않은가? 그러나 다윗은 필요한 조치를 취하지 않았을 뿐만 아니라, 마치 아무 일도 일어나지 않았던 것처럼 세월을 흘려보냈다. 인륜을 거스르는 사건을 두고 마치 방관자처럼 처신한 다윗의 태도를 생각해 보면, 심리적 차원에서 압살롬은 자기를 낳아준 아버지를 살해(*patricide*)할 계획을 추진했던 것이 아닐까?[47] 여동생 타마르를 직접 범한 암논도 용서할 수 없기 때문에 결과적으로 그를 죽였지만, 압살롬은 암논을 죽이기 전에 아버지를 조르다시피 초대하지 않았던가? 2사무 13,25('*압살롬이 계속 간청하였지만*')가 다윗의 거절이 여러 번 반복되었음을 암시한다면, 압살롬의 초대 요구도 끈질겼으리라고 짐작한다. 그렇지 않다면 압살롬이 무엇 때문에 아버지가 아닌 왕으로서(주-종의 관계) 다윗을 그렇게 초대하려고 했겠는가?

처음 생각과 달리 아버지 다윗을 죽일 계획이 틀어지자, 압살롬이 암논을 초대한 요구는 상대적으로 쉽게 허락되었다. 다윗은 압살롬의 초대에

---

47 압살롬의 반역은 아버지 다윗을 시해하려 했던 상상불허의 극적 사건으로 나타났다(2사무 15장 이하). 여기서 아버지 살해(*patricide*)는 역사적으로 드러난 실증적 주제는 아니지만, 심리 차원에서 충분히 가능한 논리적 요소이다. 왜냐하면, 압살롬의 반역 과정은 아버지 다윗을 적극적으로 살해하고자 추격하는 아들의 모습을 묘사하고 있지 아니한가? 한편, 다윗이 왕권을 획득하고 권력을 행사하는 과정에서 지극히 잔인하고 정치적이었던 사실은 후에 다윗의 왕정체제에서 확인되는 사항이다. 따라서 암논과 타마르의 사건에서 다윗이 가족에 대해서 얼마나 부드러운 가슴의 소유자였는지 강조하는 것은 부자연스러운 왕조사가의 의도적 진술로 보인다. 오히려 다윗의 관용은 내면적 혼란과 무질서가 혼합된 인간적 어둠을 암시해 준다고 하는 게 낫다. 이 점을 심도 있게 논의하고 있는 Walter Brueggemann, *David's Truth: In Israel's Imagination & Memory*를 참조할 수 있다.

장자 암논을 보낼 이유가 탐탁하지 않은 줄 알면서도 의문의 시선을 버리지 못한 채 어쩔 수 없이 보내야만 했다. 초대와 관련된 다윗과 압살롬의 대화를 살펴보면(2사무 13,24-27), 이런 암시적 분위기를 쉽게 추정할 수 있다. 비록 왕이 오기를 압살롬이 계속 간청하였지만, 다윗은 초대에 응하지 않아 자신이 살해당하는 최악의 사태를 벗어났고, 그 대신 의혹을 거두지 못한 채 맏아들 암논의 초대를 허락하고 말았다.

> 그러자 압살롬이 "*그러면 암논 형이라도 우리와 함께 가게 해 주십시오.*" 하고 청하였다. 임금이 그에게 물었다. "*어찌하여 암논이 너와 함께 가야 하느냐?*" (2사무 13,26)

다윗은 압살롬의 끈질긴 초대는 거절할 수 있었지만, 장자 암논을 초대하고자 하는 요청마저 거절할 수 없어 응낙하고 말았던 것이다. 아버지의 초대가 불발에 그치자, 압살롬은 다윗의 장자 암논의 초대를 강력하게 요청했고, 복수할 기회를 잡게 되었다. 다윗은 자기 대신에 장자인 암논을 보내기로 허락하면서도 자문하듯이, 어찌하여 암논이 너와 함께 가야 하느냐? 하고 꺼림칙한 마음을 토로했다. 그렇지만 다윗의 말을 들었으면서도 압살롬은 간절하게 간청하였고, 다윗은 거절하지 못하고 암논과 모든 왕자를 압살롬과 함께 떠나보냈다. 비록 모든 왕자들을 초대했다(13절)고는 하지만, 겉으로 보면 압살롬의 초대는 처음부터 부자연스러운 이상한 초대였다.

성경은 이와 관련해서 직접 아무런 말을 하고 있지 않지만, 다윗도 부지불식간에 압살롬의 살해 의도를 느끼고 있었던 것이 아니었을까? 압살롬은 암논이 여동생 타마르를 범한 사건을 당했음에도 불구하고, 아버지 다윗의 눈에 2년 동안 지나칠 정도로 차분하고 조용히 지냈기 때문이다.[48]

성경의 저자는 압살롬의 의도를 읽고 있었기 때문에 다음과 같은 말을 유념하고 있었을 것이다: (압살롬은 동생에게) '*애야; 지금은 입을 다물어라.*'(2사무 13,20)라고 말했을 뿐만 아니라, 당사자인 '*암논에게 좋다 나쁘다 아무 말도 하지 않았다.*'(22절) 압살롬은 사건이 발생했던 당시 어찌해 볼 도리가 없는 왕의 장자 암논에 대한 미움과 증오를 마음속 깊이 감추고 있었다. 결국 사건 당사자이자 가해자인 암논은 압살롬이 계획한 살인 음모의 결과로 죽임을 당하고 말았다(28절, *fratricide*). 비록 모계를 중심으로 두 가문이 다르긴 했지만, 이복형제 사이인 압살롬과 암논은 한 아버지의 아들로 형제 살인 사건의 주역들이 되고 말았다.[49] 압살롬이 아버지 살해라는 극단적인 계획을 세웠으나 실패해서 다윗은 죽음을 면하긴 했지만 다윗 대신에 장자 암논이 죽었다. 장자가 둘째 아들에게 살해당한 형제 살인 사건은 불행하게도 다윗 가문에 비극적인 신탁이 성취되는 사건이 되고 말았다.

그렇다면 왜 압살롬은 아버지 다윗을 죽이려는 생각 혹은 음모까지 해야만 했을까? 그리고 과연 압살롬은 자기 생각이 실현될 수 있을 것이라고 확신했었을까?

앞에서 보았다시피, 다윗은 자기 아들과 딸(암논과 타마르) 사이에 벌어진 잘못된 사건을 제대로 다루지 않았다. 게다가 다윗은 타마르에게

---

48 암논-타마르 사건이 왕가엔 커다란 사건이었고, 복수를 위한 압살롬의 초대가 있기까지 꽤나 시간이 흘렀음에도 다른 이야기가 소개되지 않았다. 말하자면, 압살롬이 조용하고 차분하게 지냈다는 표현은 그가 복수를 준비하는 시간이었던 것이다.

49 인류 최초의 형제 살인은 카인과 아벨의 경우이다. 카인과 아벨의 경우엔 카인이 아벨의 형으로서 동생을 살해했지만, 압살롬과 암논의 경우엔 처지가 역전되어 동생이 형을 죽인 경우가 된다. 무죄한 아벨의 경우 피 맺힌 원한의 소리는 야웨가 대리하지만, 암논의 경우엔 그가 저지른 죄 값을 두고 아무도 보상을 요구하지 않았다. 다만 암논을 죽인 압살롬도 결국 아버지를 죽이려고 반란을 일으킨 과정에서 아버지의 부하에게 살해당하는 비극을 맞고 말았다.

행한 암논의 잘못을 꾸짖거나 명백한 맏아들의 죄를 묻지도 않았다. 다윗이 아버지로서 딸에게 아무런 위로의 말도 건네지 않았다면, 왕조차 위로를 줄 수 없는 곤란한 상황이었을까? 아비가 딸에게 아들의 잘못을 용서하라고 청하게 하지도 않았고, 아비로서 딸의 상처를 완화해 줄 어떤 위로도 하지 않았다.

아버지는 아들과 딸 사이에 벌어진 말하기 어려운 잘못된 사건을 언급하지도 않았고, 마치 없었던 일처럼 사건은 지나갔다. 다윗은 왕가의 가정 안에 아무 일도 벌어지지 않았던 것처럼 처신했고, 말로 다 할 수 없는 깊은 상처받은 약자를 대변해 주지도 않았다. 한 가정에서 이런 일이 발생했을 때 아버지가 딸에게 해 줄 수 있는 위로나 책무는 어떠해야만 할까?

다윗은 왕으로서 친구 우리야를 죽이고 빼앗은 밧 세바에게서 아들 솔로몬을 얻었고 그의 왕권을 이어가게 했다(1열왕 1,39). 암논의 경우, 다윗은 장자의 권리가 오류가 있더라도 책임도 지지 않고 행사되어야 할 것처럼 처신했던 것이다. 이처럼 사무엘서는 형제 살인 사건의 발생과정을 서술하되 다윗이 남의 가정을 파괴했던 사건으로 거슬러 올라가게 한 것이 아닌가?[50] 장자는 무조건 존중받고 보호받아야 할 것처럼 행동한 다윗왕은 도대체 어떤 인물이란 말인가? 가정을 이루는 형제자매들 사이에 금지된 잘못이 벌어지면 아버지는 당연히 잘못에 대한 속죄적 징벌을 부과해야 하지 않았을까? 교정 받아야 할 장자 암논의 폭력이 가정 내에서, 왕권 내에서, 아버지의 권위로 뒷받침되었다면, 앞으로 벌어질 잘못

---

50 Michael Avioz, *Divine intervention and Human Error in Absalom Narrative*, in *JSOT 37*(3), 2013, 339-347쪽 참조. 2사무 11장의 사건이 다윗의 왕정에서 발생한 모든 사태의 원인으로 이해한다.

들에 대해서 누가 책임을 질 것인가?

압살롬의 도망과 귀환

압살롬은 자기의 누이동생이 이복형제의 폭력에 희생된 사실을 참을 수도 없었겠지만, 앞에서 본 것처럼 더욱 참기 어려웠던 사실은 아버지 다윗의 행동이었다. 다윗은 아버지의 책임을 방기했을 뿐만 아니라, 아버지가 아닌 권력의 화신인 군주로 행동했던 것이다. 마침내 압살롬은 배다른 형제이자 왕의 세자를 살해한 이유로 다윗 왕의 책임 추궁이 두려워 외할아버지에게 도망치고 말았다(2사무 13,37-38). 압살롬의 도망은 다윗 이야기가 아들의 반역이라는 위험천만한 단계를 마무리하기 전에 귀환으로 처리될 것이다. 다윗의 시선에서 압살롬의 도망과 귀환을 말한다면, 왕 다윗은 암논과 압살롬의 사건을 정리하지 못한 채 심리적 혼란을 겪고 있었다고 말할 수 있다.

앞에서 분석한 것처럼, 암논의 살해 사건에서 우리가 알게 된 것은 암논의 죽음이 압살롬에게 다윗의 대리 죽음을 상징했던 것이 아니었을까? 압살롬은 암논을 죽이고 난 뒤에, 시간이 한참 흐른 뒤이지만, 왕인 다윗에게서 암논을 죽인 잘못에 대한 용서를 받아야만 했다. 장자인 암논이 왕(다윗)의 딸(타마르)을 범하고도 무탈했던 것처럼(비록 왕자의 신분이지만 마치 왕처럼 행동했듯이), 압살롬은 이제부터 장자의 권리를 자기 것으로 행사하게 될 것이다. 암논이 다윗의 전범을 따라서 행동했듯이, 압살롬은 암논의 뒤를 이어 차기 왕이 될 자리에서 장자처럼 행동할 공간을 마련했다.

압살롬은 암논 살해 사건 직후에 바로 자기 어머니의 친정으로 도망쳤고, 보호를 받으며 그곳에 몸을 의탁하였다. 다윗은 날마다 죽은 암논 '자기 아들을 생각하며 애도하였다.'(2사무 13,37)고 하지만, 몇 년 전 폭행당한 딸(여성으로서 살해당한 사건)에 대해서는 전혀 조치를 취하지 않았다. 암논에 의해 현실적으로, 그리고 사회적으로 죽음을 당한 딸에 대한 보상적 조치를 취했다는 다윗의 처신에 대해서 성경은 전혀 말하지 않는다. 이런 사건 후에 타마르가 정상적인 사회생활이 어려운 것을 생각하면, 여자로서 딸은 죽은 생활, 비참한 일생을 보내야 하지 않았을까? 가부장사회라고는 하지만, 딸의 죽음을 부정하고 오로지 죽은 암논에 대한 일방적인 슬픔을 표현하는 다윗의 태도는 어찌 이해할 수 있단 말인가? 이런 다윗의 태도를 서술하고 있는 성경이 가부장중심 시대의 사건을 반영하는 것이라고 해도 다윗의 처신은 받아들이기 어려운 게 사실이다.

단지 이 사건은 과정이야 어떻든 죽은 아들에 대한 아비로서 가질 수밖에 없는 슬픔을 묘사한 것이었을까? 아니면 이 사태를 가부장중심 사회의 비극이라고 불러야 할까? 더 나아가 장자에게 쏠린 왕의 권력이 빚을 수밖에 없는 불행한 결과라고 말할 수 있을까? 이해할 수 없는 다윗의 행동은 어쩌면 장자를 제외한 모든 자녀는 장자의 그늘에 묻혀도 된다는 고대 사회의 암시를 주는 것인지도 모른다.

아무튼, 압살롬은 세 해 동안 망명지에서 머물렀고, 성경은 다윗이 죽은 장자의 충격에서 벗어나자 셋째 아들 압살롬을 그리워하기 시작했다고 한다. 장자를 잃은 사건을 인정하고 나니 다윗은 왕권의 유지를 위해서라도 압살롬을 받아들이려고 했던 것일까?

어쨌든, 압살롬은 측근인 요압의 지혜로 다윗 왕가로 되돌아올 수 있었다(14장). 그러나 장자 암논을 죽인 셋째 아들 압살롬에 대한 다윗의 미움이 완전히 사라진 것은 아니었다. 다윗은 압살롬이 '*제집으로 돌아가게*

하되, 내 얼굴은 보지 못하게 하라.'(14,24)고 명령한 것이다. 이런 것을 보면, 다윗은 인간적으로 아버지로 행동한 것은 사실이지만, 양가적 감정에 흔들리고 있었던 것 또한 분명하다. 잃은 장자를 생각하면 미운 셋째 아들 압살롬을 받아들일 수 없고, 장자의 죽음을 인정하고 나면 자기를 떠난 셋째 아들 압살롬이 보고 싶었다.

삼 년여의 시간이 흐르자, 압살롬은 예루살렘으로 돌아오고 싶었고, 다윗은 '*암논의 죽음이 가져온 충격에서 벗어나자, 압살롬을 애타게 그리워하였다*(2사무 13,39).' 요압은 압살롬을 위하여 다윗이 한순간 압살롬에게 마음이 기울어진 틈을 이용했다. 결국, 점진적인 과정을 거쳐 압살롬은 아버지에게 돌아올 허락을 얻었고, 어렵지만 다윗과 일차적인 화해에 도달했다.

> 그리하여 요압이 임금에게 나아가 사정을 아뢰니 임금이 압살롬을 불렀다. 압살롬은 임금에게 나아가 그 앞에서 얼굴을 땅에 대고 엎드려 절하였다. 그러자 임금은 압살롬에게 입을 맞추었다. (2사무 14,33)

화해는 형식을 갖췄으나 아들과 아버지의 심리적 갈등을 감소시켰을 뿐, 둘 사이의 참된 화해가 이루어지려면 아직 시간이 필요했다. 아버지와 아들은 당장에 형식적 화해를 넘어서 진심으로 둘 사이의 미움을 극복한 결정적인 화해를 이룰 수 없었다. 우리가 확신할 수 있는 것은, 다윗은 자신과 화해를 할 수 없었기 때문에 아들 압살롬과 충분한 심층적 화해를 할 수 없었다는 사실이다. 다윗은 겨우 자기 위로의 필요성 때문에 아들 압살롬과 표면적으로만 화해할 수 있었을 뿐이다. 쉽게 미움의 벽을 넘어설 수 없었던 공식적인 화해 뒤에 두 사람 사이에 무엇이 변했을까?

다윗은 암논에 대한 상실감에서 어느 정도 벗어났고, 미움이 아직 남아 있었지만 아들 압살롬을 부분적이나마 가슴에 품을 수 있었다. 오히려 암논의 죽음 이후의 덕을 본 아들 압살롬은 '아버지' 다윗에게 가까이 갈 수 없었지만, 예전에 누리던 공식적인 왕자의 자리를 되찾았다. 압살롬은 한때 잃었던 왕자의 권위를 되찾았을 뿐만 아니라, 이제부터 모든 사람에게서 (왕세자 암논이 없는 상태에서) 더 큰 왕자의 권위와 지위를 누릴 수 있게 되었다. 이로써 압살롬은 왕 다윗과 마지막 결전을 벌일 때까지 자신의 힘을 모으고 비축할 시간을 벌게 되었다.

압살롬이 아버지 다윗에게 가까이 갈 수 없었다는 것은 아버지-아들의 온전한 관계를 회복할 수 없었기 때문이다. 따라서 다윗과 압살롬은 아버지와 아들이긴 하지만, 왕-종의 관계(2사무 13,24)에서 크게 벗어나지 못한 것이 분명하다.

압살롬의 반란, 아히토펠과 후사이 사이에서

이제 압살롬의 아직 드러나지 않은 숨은 의중에 구체적으로 무엇이 있었을지 생각해 볼 차례이다. 압살롬은 다윗 왕가로 성공적으로 복귀했으며, 공간적으로 심리적으로 왕권에 더욱 가까이 다가갔다. 압살롬은 (대리 장자의) 왕자로서 지위도 회복했기 때문에 제한적이지만 자신의 영향력을 행사하기 시작했다. 이제 그에게 남은 것은 아버지 다윗의 왕좌에 가까이 갈 공간이 아니라, 왕의 권력, 왕의 자리 자체였다. 왕의 자리에 도달하기까지 압살롬에게 장애가 있다면, 그것은 무엇이었을까? 과연 왕위에 이르기까지 모든 것이 순조롭게 진행될 수 있을까? 그러나 이 시절에 왕이 된다는 것은 후계자의 선정이 왕의 의지에 달려 있다는 것을 기억해야 한다. 그렇지만 왕위를 계승할 인물이 왕위의 조건을 충족한다면, 왕이 될 희망을 품을 수도 있지 않겠는가?

> 온 이스라엘에서 압살롬만큼 잘생기고 그만큼 칭찬을 받는 사람은 없었다. 그는 머리끝에서 발끝까지 흠잡을 데가 없었다. (2사무 14,25)

사실 이쯤에서 압살롬의 이야기를 더 구체적으로 이해하려면, 그가 일으킨 반란, 곧 아버지 다윗을 넘어뜨리고 왕의 자리를 차지하려고 했던 사건과 압살롬이 불행하게 살해당한 사실을 언급해야 한다(2사무 18장). 압살롬의 반역을 길게 설명할 필요는 없지만, 그의 편에서 반역을 도모했던 인물과 그를 결정적 파탄에 이르게 한 인물은 지적하고 넘어가는 게 나을 듯하다. 압살롬의 실패는 죽음을 불러오는 것이었지만, 결정적인 순간에 압살롬은 승리를 가져올 충언(?)을 거부하고 말았다. 결과적으로 그는 잘못된 선택으로 속임수를 진실로 받아들여 목표했던 길을 어이없게도 놓치는 운명에 떨어지고 만다.

먼저 생각해 보아야 할 사실은 압살롬의 편에 섰던 인물 중에 아버지 다윗이 간통한 여인의 가계가 걸려 있다는 것이 비극적이다.[51] 이 비극은 압살롬과 관련해서 암논의 살해(2사무 13,23-29)로 압살롬 자신도 요압에 의해 같은 방식으로 살해당했다는 사실과, 압살롬의 반역(2사무 15-19장)이 나탄의 신탁이 성취된 것(2사무 12,10)으로 나타난 점이다. 더욱 비극적인 사실은 후사이의 충동으로 아들이 아비의 후궁들과 잠자리를

---

51 Michael Avioz, *Divine intervention and Human Error in Absalom Narrative*, 특히 343-344쪽 참조. 저자는 압살롬의 행위를 아버지 다윗의 사건에서 원인을 찾고 (인간의 실수와 신의 개입이라는 관점에서) 신탁의 성취를 해석해 준다.

한 운명과, 이 참혹한 운명을 실현한 압살롬(2사무 16,21-22)의 행위가 거꾸로 다윗의 불륜사건(2사무 11,11-12)을 암시한다는 점이다.

다윗과 밧 세바, 그리고 우리야의 사건이 완결된 직후부터 서술된 압살롬의 이야기는 2사무 13-19장 안에 장황할 정도로 서술된다. 적지 않은 분량으로 기술된 압살롬의 반란은 민중 사이에서 어느 정도 지지를 받았던 것으로 보인다. 그렇지만 반란의 어지러운 와중에서 다윗 왕정에 참여한 대다수 핵심적인 신하들은 왕에게 충성을 보였다. 그런데 다윗에게 충성을 보인 신하들 가운데서 유독 아히토펠(*Ahitopel*)만 다윗을 거슬러 그의 아들 압살롬을 지지했다. 다윗 왕의 신임을 놓치지 않았던 아히토펠이 다윗을 버리고 압살롬을 선택한 이유는 무엇이었을까? 굳이 이유를 설명하지 않고 사건을 서술하고 있다면, 아버지와 아들의 정치적 이상이 선택의 조건은 아니었을 것이다.

2사무의 기록만으로 충분히 드러나지 않는 답변은 다윗에 대한 개인적 원한, 곧 밧 세바 사건에서 찾아야 할 듯하다. 말하자면, 사랑스러운 손녀 밧 세바가 다윗의 주도로 발생한 간통과 손녀사위인 우리야의 죽음이 아히토펠에게 수치가 되었을 것이다.[52] 더욱이 아히토펠의 고향 길로(*Gilo*)는 헤브론의 인근인 까닭에 유다 지파의 핵심적인 역할을 한 곳이다. 그래서 다윗이 헤브론에서 예루살렘으로 옮겨갔을 때, 유다 지파의 영향력 있는 가문 칼렙(*Caleb*)족은 다윗이 자신들을 배반하고 헤브론의 전

---

52 다윗과 밧 세바의 불륜 사건은 나중에 다시 상세한 분석과 함께 거론될 것이다(본서의 7장). 밧 세바는 엘리암의 딸이고(2사무 11,5), 아히토펠은 뛰어난 용사였던 엘리암이란 아들을 두고 있었다(2사무 15,12;23,34). 만약 이 두 엘리암이 동일 인물이라면, 밧 세바는 길로 사람 아히토펠의 손녀가 된다. 연구자들 사이에 이런 해석에 만족하지 않는 견해가 있지만, 이런 이해를 전제하지 않으면, 아히토펠이 다윗을 배반하고 압살롬을 지지한 이유는 찾기 어렵게 된다. 더구나 아히토펠이 다윗의 죽음을 강력하게 추구했던 이유와 자신의 주장이 관철되지 않자 자살로 생애를 마감한 이유는 답을 찾을 수 없다.

통마저 무시했다고 느꼈을 것이다. 이런 역사적 배경에서 다윗의 아들 압살롬의 반역은 칼렙족의 지지로 시작되었지만, 아히토펠에게는 가슴 아픈 가족사가 얽히고설킨 사건이 된 것이다.

아히토펠은 압살롬에게 다윗을 무너뜨리기 위한 결정적인 제안을 하지만(2사무 17,1-3) 압살롬은 어쩐 일인지 그에게서 돌아섰다. 압살롬은 오히려 그를 죽음에 이르게 할 다윗의 신하 후사이의 말을 듣고 아히토펠의 의견을 무시한 것이다(2사무 17,14). 다윗에게는 다행스럽게도 행운이 아직 그를 떠나지 않았던 순간이었고, 압살롬에게는 불행하게도 반역의 실패를 가져온 순간이었다. 압살롬이 다윗에게 반격의 시간을 벌어준 후사이의 의견을 듣고 아히토펠의 주장을 물리치자, 아히토펠은 압살롬의 시역사건이 실패로 돌아갈 것을 알고 끝내 자살하고 말았다(2사무 17,23).

악행의 원인을 제공한 자에게 죽음을 선고하는 것처럼 보이는 놀라운 성경의 신탁을 이 경우에도 보게 된다. 잘 알다시피 자살에 앞서 아히토펠은 개인적인 원한으로 다윗에게 복수하기 위해 압살롬에게 인륜을 깨뜨리는 충동을 제안했다.

> 아히토펠이 압살롬에게 말하였다. "부왕이 궁을 지키라고 남겨 놓은 그분의 후궁들에게 드십시오. 임금님께서 부왕에게 미움 받을 일을 한 것을 온 이스라엘이 듣게 되면, 임금님을 따르는 모든 이가 손에 힘을 얻을 것입니다." (2사무 16,21)

어리석게도 압살롬은 아히토펠의 말에 넘어가 죽음의 길로 빠지는 행동을 했다고 성경은 기록하고 있다.[53] 아히토펠의 제안은 다윗에게 내린

53 예를 들면, 신명 23,1: "아무도 자기 아버지의 부인을 아내로 맞아서는 안 된다. 어떤 남자도 자기 아버지의 옷자락을 들추지 못한다."

신탁[54]이긴 하지만, 더욱 불행한 사실은 아들 압살롬이 신탁이 저주한 다윗의 이웃으로 드러난 것이다. 아버지에게 내린 저주는 아무도 예상할 수 없던 신탁이었지만, 실현 과정에서 아들이 이웃으로 등장한 비극적 상황이 되어 버렸다. 아히토펠은 압살롬에게도 다윗에게도 하느님의 말씀을 내놓던 중요한 사람이었지만(2사무 16,23), 불행하게도 그는 다윗과 압살롬에게 신탁의 저주를 중재한 인물이 되었다. 한때의 충성이 복수를 위해 신탁의 저주를 불러일으키는 행동을 낳도록 충동질했지만, 복수심은 아히토펠에게도 죽음을 불러들이는 불행의 문이 되고 말았다. 다윗을 잘 아는 아히토펠의 말이 거부되고 후사이의 의견이 수락되자, 아히토펠은 자기 집으로 돌아가 삶을 정리한 뒤 자살했던 것이다. 신명기적 생각에 아히토펠에게서 나온 제안이나 압살롬이 취한 행위는 이미 율법적인 차원에서 분명 저주받을 생각이요 행위였으니 그 둘은 죽음으로 대가를 치러야 했던 것일까?[55]

아히토펠과 반대편에서 다윗을 살리려는 다른 인물 후사이는 압살롬의 반역 행위가 실패하도록 이끄는 결정적인 역할을 한다. 아히토펠이 개인적 원한을 반역과 결부시키고, 압살롬이 인륜을 깨뜨리도록 엉뚱한 방향으로 이끌었다면, 후사이는 압살롬도 인정한 다윗의 벗으로(2사무 16-17)

54 2사무 12,11-12(주님께서 또 이렇게 말씀하십니다. '이제 내가 너를 거슬러 너의 집안에서 재앙이 일어나게 하겠다. 네가 지켜보는 가운데 내가 너의 아내들을 데려다 **이웃**에게 넘겨주리니, 저 태양이 지켜보는 가운데 그가 너의 아내들과 잠자리를 같이할 것이다. 너는 그 짓을 은밀하게 하였지만, 나는 이 일을 이스라엘의 모든 백성 앞에서, 그리고 태양이 지켜보는 가운데에서 할 것이다.')

55 2사무 17,14: "그러자 압살롬과 온 이스라엘 사람이 "아히토펠의 의견보다 에렉 사람 후사이의 의견이 더 좋다." 하고 말하였다. 이는 주님께서 압살롬에게 재앙을 끌어들이시려고, 아히토펠의 그 좋은 의견을 좌절시키셨기 때문이다." 이는 사건에 대한 성경의 신명기적 신학의 결의론이라고 말할 수 있다.

왕에게 충성했던 인물이다. 결정적인 순간에 압살롬은 자신이 원하는 결과에 반하는 선택을 하였으니, 그것도 운명이라고 말해야 할 것인가?

압살롬은 이런 사실을 알면서도 아히토펠의 견해 – 다윗이 약해져 있을 때 공격해야 한다(2사무 17,2) – 를 물리치고, 반대 의견을 내놓은 후사이의 말을 좇았다. 후사이는 용사들이 보호하고 있는 다윗을 공격하기 위해 전국에서 군인들을 불러올려 더 큰 부대가 될 때까지 기다려야 한다고 주장했다(2사무 17,11). 압살롬 군대의 기세를 꺾고, 다윗에게 시간을 벌어주기 위한 후사이의 책략이었지만 압살롬은 이를 간파하지 못했다.

게다가 후사이는 이런 견해를 주장했을 뿐만 아니라, 다윗 편에 서 있는 차독과 아브야타르에게 정보를 주어 다윗의 도망을 도왔다. 압살롬 군대와 결전을 준비하는 동안, 다윗은 힘을 차렸고 주변 암몬인들의 도움도 받았다. 왕이 되기까지 평생을 전장 터에서 살아온 다윗의 부하들에게 압살롬은 적수가 될 수 없었다. 평생을 전투와 전쟁을 겪어온 다윗이 도망친 경로가 이를 증명한다. 그는 민중의 불만이 쌓여 있을 북쪽(이스라엘)이나 남쪽(유다), 혹은 서쪽(필리스티아)을 피해서, 동쪽으로 요르단을 건너 마하나임으로 도망쳤고(2사무 17,24), 그곳에서 도움을 받았다(2사무 17,27-29). 다윗은 전략가답게 승리의 확률이 높은 지리적 이점이 있는 곳을 선정하여 압살롬의 군대를 격파할 수할 수 있었다. 예를 들면, 마하나임의 벌판은 숲이 있어 소규모의 군사를 효과적으로 운용할 수 있는 곳이어시 압살롬의 대군이 제대로 움직일 수 없었던 것이다(2사무 18,6 참조). 참으로 압살롬은 다윗의 눈에 '어린 압살롬'(2사무 18,5.12.29.32)일 뿐, 사람의 마음을 움직일 수 있는 다윗을 압살롬은 이겨낼 수 없었다. 결국, 압살롬의 반역은 처음의 기세와 다르게 실패로 끝났고, 압살롬은 후사이의 거짓에 속아 넘어가 그의 희생 제물이 되고 말았다.

압살롬의 반역 사건은 왕가의 운명이 얼마나 잔인한지 보여주는 이야기이기도 하지만, 교훈 이상의 기록이다. 아들들 사이의 보복과 살인이 다윗 자신에게서 출발했고, 그로 이해 왕권과 국가가 바람 앞의 촛불처럼 위태했던 순간의 사건이다. 압살롬의 반역은 다윗 왕권의 허약함을 드러내는 사건이기도 했지만, 통일 왕국에서 유다와 이스라엘의 남북 갈등과 긴장이 그대로 남아 있었다는 사실도 확인해 준다. 이와 같이 성경은 다윗-압살롬의 관계, 아버지-아들의 뼈아픈 내적 갈등과 고통의 사실을 기억하고, 독자에게 사태의 원인에 대한 깊은 성찰을 요구한다.

운명의 반복

불행하게도 압살롬을 모방하듯 뒤를 따르는 아도니야의 운명은 시작과 끝이 자신에게 한정된 것이 아니었다. 아도니야는 압살롬에게서 시작된 잘못된 운명을 살았고, 셋째 아들 압살롬은 맏아들 암논의 운명을 반복했다. 장자인 암논은 아버지 다윗의 삶을 따르다가 타마르의 오빠인 압살롬에게서 형제 살인(*fratricide*)의 불행을 겪고 말았다. 아도니야는 겉으로 솔로몬에게 패배한 인생이 되었지만, 우리는 성경이 그가 압살롬의 운명을 반복했다는 점을 강조하고 싶다. 압살롬의 행동이 아도니야에게서 반복되고 있었다면(2사무 15,1; 1열왕 1,5), 압살롬의 운명은 아도니야에게 피할 수 없는 운명이 된 것이다. 아주 작게는 압살롬의 용모에 대한 묘사(2사무 14,25)가 아도니야에게 그대로 적용된 사실(1열왕 1,6)이 결과적으로는 아버지-아들의 갈등이 민족과 왕국의 분열을 가져왔고 이들 사건과 관련된 이스라엘의 삶을 피폐케 만들었다. 아버지를 거부하는 압살롬의 반란은 아들의 죽음으로 정리되었지만, 다윗의 마음은 반란이 진정되는 것으로 정리될 수 있었을까?

이로써 아도니야를 이해하고자 언급했던 압살롬의 이야기는 극적인 정점에서 죽음으로 마무리되고 말았다. 배다른 동생 솔로몬과 대결했던 아도니야의 이야기도 결정적인 순간에 마찬가지 결과를 가져왔다. 압살롬의 반란은 다윗에게 예상할 수 없었던 사건처럼 보일 수도 있었다. 그러나 다윗과 장자 암논의 행동을 보면, 압살롬의 행동은 부전자전의 연속된 흐름의 연장이다. 압살롬이 아버지를 죽이려고 반란을 일으킨 극단적인 사건이 이런 추정을 쉽게 확인해 준다.

1열왕기 1장의 이야기에서 아도니야와 솔로몬의 갈등은 다윗 왕가의 미래 운명을 알려 주는 전조이지만, 무엇보다도 이 운명은 다윗이 자초한 운명이었다. 다윗의 성공은 화려한 겉옷을 걸친 영광의 시간이었지만, 이미 그 안에 아무도 예상하지 못한 실패의 원인을 배태하고 있었다. 다윗의 외적 성공이 왕정의 지속성을 보장하지 못했던 원인이 다윗의 삶 안에 꿈틀거리고 있었던 것이다.

이스라엘 왕정을 형성해 가던 고대세계에서 왕권의 성격상 한 아들의 성공은 다른 아들의 죽음을 의미했던 것일까? 아도니야와 솔로몬의 경쟁을 겉으로 보면, 이야기는 두 왕자의 갈등과 권력투쟁이라고 말할 수 있지만, 성경은 그렇게 쉬운 결론을 내리지 않았다. 피를 튀기는 두 아들의 갈등은 이야기가 어떻게 출발했든 다윗의 외적인 성공에 그 뿌리를 두고 출발했다는 사실을 암시하기 때문이다. 외적인 성공이 전 인간적 성공을 의미하는 게 아니라면, 우리는 다윗에게서 성공의 정점 어디선가 시작된 내면의 불편함을 지각하지 않을 수 없다. 왕이 된 것도 전 인간적 성공과 상관없다면, 다윗의 인간적 실패는 한 남자의 아내를 취하기 위해 우리야를 죽음에 몰아넣었던 사건에서 그 원형적 모습을 찾게 된다. 왕정 이야기를 편집한 사가의 관점에서 다윗과 밧 세바의 이야기는 편집 주제나 차례의 구성에서 대단히 의도적임을 알 수 있다. 개인적 차원이 강조된 다윗의 사건은 시간이 흐를수록 더 분명해져서 왕가 내부에서 벌어진 암논의 사건에서 더욱 분명해졌다. 어쩌면 아버지의 의무와 책임은 자식들 사건 앞에서 무기력해진 다윗을 고개 숙이게 하는 작용을 했을 것 같다.

어쨌든 암논을 살해했던(*fratricide*) 압살롬이 왕 다윗을 죽일(*patricide*) 계획은 어처구니없이 실패하고 말았다.[56] 신화에서도 그러하지만 성경은 두 문제의 근원을 가정생활에서 찾을 수 있다고 말하는 듯하다. 인간의 비밀은 사실 인류의 비밀스러운 어둠이며, 생명의 시작인 가정 밖으로 드러낼 수 없는 부끄러움이다. 침묵 속에서 모두가 인지하고 있으나 아무도 쉽게 말할 수 없는 비밀인 까닭이다. 그러나 비밀은 드러나게 마련이고, 드러난 비밀은 사실이 밝혀질 때 비로소 반복되지 않을 수 있다. 사회의 여러 현상들도 마찬가지로 사실이 드러나지 않는 한, 이런 사건은 지속될 수밖에 없는 인간의 어둠이다.

다음에서 우리는 다윗의 삶을 처음부터 묘사해 주는 사무엘서(상)에서 그의 생애 초기로 돌아간다. 평범한 집안에서 태어나 양 치던 어린소년이

---

56 부친살해와 형제살해를 사회심리학적 의미에서 이해하자면 이런 설명이 가능하다. 특히 서구 문명에 익숙한 이들에게 그리스 신화는 아주 좋은 소재이며 주제들의 원천이다. 권택영, 부친살해, 『문학용어사전』; S. 프로이트, 이윤기 역, 『종교의 기원』, 열린책들, 1997. 요약하면 아버지는 모든 권력과 쾌락의 독점을 상징하는 존재다. 아버지는 흠모와 동시에 증오의 대상이고, 아들들에게 제거의 대상이 된다. 살해된 아버지는 죽은 뒤 더 강한 아버지가 되어 아들들에게 돌아온다. 예를 들면, 크로노스는 아버지인 우라노스를 거세하고(크로노스의 반란), 제우스는 아들들을 먹어치우는 크로노스를 몰아낸다(제우스의 반란). 반대로 형제 살인은 아버지가 무력하고, 형제간에 권력을 매개로 경쟁이 성립하고 상대를 쓰러뜨린다는 구도이다. 전형적인 예는, 미케네의 왕좌를 놓고 대립을 벌인 아트레우스와 튀에스테스(티에스테스) 형제의 갈등 구도이다. 아버지 살해와 형제 살해 구도의 공통점은 모두 권력을 독점하려는 목표를 가진다. 신화에서 대개의 경우 아버지를 죽이는 아들은 성공하고, 형제를 죽이는 자는 비극적인 결말을 맞는다.

긴 세월 동안 투쟁을 거치면서 왕위에 올랐던 기적 같은 이야기이다. 그러나 1열왕 1장에서 보듯이 성공한 인생의 노년기에 들어서 다윗은 두 아들의 비극적인 죽음을 겪어야 했다. 다윗이 왕권을 획득하는 과정은 긴 세월 목숨을 내건 투쟁의 연속이었지만, 왕권을 지키는 일은 더욱 어렵다. 왕권을 승계시키는 과정도 앞에서 보았듯이 예상치 못한 사태들로 점철된 험난한 과정이었다. 하나의 자리를 두고 복수의 경쟁자들이 등장할수록, 혹은 그럴 가능성이 높을수록 경쟁은 더욱 치열해지고 피를 부를 가능성은 더욱 농후해진다. 정치와 권력의 세계에서 작용하는 이런 원칙이 다윗의 경우라고 예외일 수는 없었던 것이다.

제2장

사울의 등장과 이스라엘 왕정의 시작

제2장
사울의 등장과 이스라엘 왕정의 시작

> 다른 모든 민족들처럼 우리를 통치할
> 임금을 우리에게 세워 주십시오.
> (1사무 8,5)

이스라엘 역사의 본격적인 의미는 다윗 왕에게서 찾아야 하겠지만, 그의 왕조를 선행하는 시절의 주변 상황을 이해하는 것 또한 필요하다. 이해의 출발은 판관(*shopetim*)들의 시대가 끝나고 어쩌면 이스라엘이 주변 민족과 갈등을 빚으며 적극적으로 대처하려던 역사의 전개에 있지 않았을까? 새로운 역사적 상황에 적응해 나가기 위해서 이스라엘의 지파들이 취한 방법과 정황 묘사가 본장의 관심사이다. 이스라엘의 마지막 판관들이라 할 수 있는 엘리와 사무엘, 그리고 사무엘의 시대를 마감시키는 인물의 등장은 이스라엘 왕정이 나타나는 것과 궤를 같이한다.[57]

옛 시대가 지나가고 새로운 시대가 열리는 시점에서 두 시대를 대표하

---

57 NJBC, 145쪽. 사무엘서는 예언자와 왕정의 두 요소를 중심으로 이야기를 전개한다. 어찌 보면 이스라엘의 왕정이 시작되는 순간 예언자 세력과 갈등이 있는 것처럼 보인다. 겉으로는 판관시대처럼 순수한 신정체제가 아닐지라도, 궁극적으로 왕도 야웨 하느님과 그의 신탁(*oracles*)에 복종하는 왕정체제의 성립이다. 그러므로 사무엘서가 왕정체제를 부정하는 듯이 보이는 것은 성경의 궁극적인 목표는 아닌 듯하다.

는 사무엘과 사울은 긴장과 갈등을 살았다. 신정체제에서 왕정체제로 이행되는 역사적 진행과정에서 두 인물은 어쩔 수 없이 임무를 다해야 했던 것이다. 시대사적으로 보면, 사무엘이 앞 시대를 마감하는 인물이라면, 사울은 새 시대를 여는 위치에 놓여 있다. 사울은 이러한 의미에서 새로운 시대를 맞이한 이스라엘이 낳은 영웅이자 다윗 왕권의 탄생 과정에 징검다리 역할을 한 중요한 인물이다. 사무엘에게 사울은 결코 반길 수 있는 인물이 아니었으며 자신의 운명을 바꾸는 새로운 시대의 단초를 여는 상징이었다. 이스라엘 역사는 많은 인물을 등장시키고 진행되지만, 사울은 이스라엘의 운명을 바꾼 시대적 사명을 가지고 태어났다고 말해도 좋다. 다만 자신이 세운 왕정이 다윗에게 넘어가는 징검다리 역할을 하며 불행하게도 비극적 인물로 처리되는 것이 안타까울 뿐이다.

실질적으로 판관의 시대는 엘리에서 사무엘로 넘어간 시대에 마감되며,[58] 1사무 1-7장이 이런 정황을 잘 그려 주고 있다. 이어서 8장은 새로운 시대, 즉 왕정시대의 출현이 사울의 등장과 더불어 시작됨을 알려 준다. 마지막 판관으로서 사무엘은 죽음을 맞기까지(1사무 25장) 사울 왕권을 비판하는 예언자의 역할을 다 할 것이지만, 그 자신도 스승인 엘리처럼 자신의 예언자 임무를 아들들에게 물려 주지는 못한다. 이유는 아들들의 부도덕한 행동에서 원인을 찾을 수 있지만, 시대적 흐름에 역행할 수 없는 거시적 움직임을 아무도 무시할 수 없었기 때문이다.

우리는 옛 시대와 새 시대가 엇갈리는 역사의 현장에서 성공하지 못한 왕처럼 소개된 사울의 등장과 그의 삶을 적극적으로 살펴본다. 사울의

---

58 사무엘을 낳은 어머니 한나의 노래 마지막 결구는 다음과 같다. '...당신 임금에게 힘을 주시며 기름부음받은이의 뿔을 높이신다.'(1사무 2,10). 사무엘이 기름부음받은이, 곧 그리스도를 세우고 이스라엘의 첫 왕과 둘째 왕을 세울 것을 암시한다.

시대를 지워 보려는 왕조의 사가들은 운명처럼 다윗과 함께 마치 신정정치의 계승을 완성하는 것처럼 묘사한다. 비록 신명기적 전통의 옷을 입혀 보려는 시도가 있기는 하지만, 우리는 사울의 등장을 가까이 살펴보는 것으로 정치적 상황을 조명해 본다.[59]

이스라엘의 정치적 환경:

당시 이스라엘을 둘러싼 정치적 주변 상황은 열두 지파의 연맹체를 구성하고 있던 유다인들에게 호의적이지 않았다. 이스라엘과 필리스티아인들[60]은 서로 적대적 관계(1사무 4-7)로 긴장과 갈등을 일으키며 자주 전투를 치르곤 했다. 사회적 기반이 이미 확립된, 그래서 이스라엘보다 더 강력한 문화와 정체체제를 유지하던 필리스티아인들은 전제적 왕정을 기반으로 후진적 이스라엘에 호전적이었다. 이에 대처할 현실적인 방법으로 이스라엘은 자기 방어를 위한 왕정체제의 효율성을 절감하고 있었다. 이런 현실적 절박감은 이스라엘 백성이 사무엘에게 왕을 요구하는 것(1사무 8)으로 나타난다. 이스라엘의 요구는 구시대에서 새 시대로 변화하는 역사적 흐름을 나타낸 자연 발생적 상황이었고, 신정정치에 익숙했던 사무

---

59 사무엘서에 의존한 다윗의 이해는 이미 19세기 중반부터 본격화되었다. 고전적인 J. Wellhausen, *Die Text der Bucher Samuelis, Gottingen*, 1871이 효시라고 할 수 있겠다. in *JNBC*, 145쪽. 이스라엘의 역사를 다룬 책들이 이 장을 이해하는 데 도움이 될 수 있다. John Bright, 김윤주 역, 『이스라엘의 역사』, 분도, 1973; A.H.J. 군네벡, 문희석 옮김, 『이스라엘 역사』, 한국신학연구소, 1986.

60 이스라엘을 둘러싸고 있는 주변 민족들 중에서 동쪽으로 암몬, 서쪽으로 필리스티아가 있었으므로, 성경은 이스라엘의 역사 진행에서 이 두 민족들과 이스라엘의 친소관계를 주로 다루게 된다. 성경의 필리스티아는 이스라엘과 대척지점에 있으며 오늘 날의 팔레스타인의 근원이다.

엘도 거스를 수 없는 시대의 요청이었기 때문에 거부만 할 수 없었다.

체제의 변환은 한마디로 자율적 부족연맹체제가 일인 독제의 왕정체제로 전환되는 것을 의미한다. 부족연맹이 부족의 독립성에 기반을 둔 협의체제라면, 왕정체제는 왕의 전제적 통치체제로 권력의 일방성을 의미한다. 따라서 왕정체제의 등장은 부족연맹체의 자율성을 훼손할 것이며, 중앙집권적 권력이 체제의 중심이 될 것이다. 연맹체제가 정치적으로 느슨한 협의체라면, 왕정체제는 강력한 권력을 기반으로 백성들 위에 군림할 왕을 내세울 것이다. 이와 같이 사울의 등장(1사무 9,1-25)이 의미하는 바는 부족과 지파들이 독립성과 자율성을 잃고 지파 단위의 고유한 정체성을 잃게 되는 것이다. 이리하여 유다와 이스라엘은 주변 환경에 적응하기 위해서 지파 단위의 고유성을 상실하게 되고, 새로운 시대적 환경을 적극적으로 맞이하지 않을 수 없게 된 것이다.

그렇다면 성경이 왕정시대에 앞선 판관들의 시대를 어떤 상황으로 판단하고 있는지 유의해 볼 필요가 있지 않을까?61 영웅적 민담들로 가득한 판관들의 시대는 사무엘을 마지막으로 그의 죽음과 함께 종결되고, 시기적으로는 자연스럽게 왕정의 수립과정과 겹친다. 이 시기의 종언(終焉)을 알리는 기록은 사회적 상황의 무질서를 아주 단순하게 전하고 있다. 다음의 기록은 판관들의 제한된 통솔로는 이스라엘 민족의 운명을 더는 효과적으로 지탱할 수 없었다는 역사적 인식을 보여준다.

그 시대에는 이스라엘에 임금이 없었다. 그래서 사람들은 저마다 제

61 판관기에는 판관 드보라(4-5장), 기드온(6-8장), 입타(11장), 삼손(13-16장) 등의 영웅적인 이야기가 실려 있다. 아직 왕정으로 진행되기 전, 민담 차원의 이스라엘 역사를 구성하고 있다. 특히 기드온이 왕권을 거부한 이야기(8장)와 왕정으로 진행되려던 시절의 상황을 우의적으로 표현한 '요탐의 우화'(9장)는 지파 중심의 이스라엘의 역사적 긴장을 알려 준다.

눈에 옳게 보이는 대로 하였다. (판관 21,25)

이 구절은 주변 상황에 적극적으로 대처하기 위한 새로운 통치체제가 필요하다는 사실을 암시한다. 판관들이 다스리던 시대, 이 시대에 판관들은 각 부족 안에서 발생하는 문제들을 해결해 주는 한시적이며 제한적 역할을 담당했다. 판관은 군사적 의미에서 군대의 통솔자로 전투를 선도하기도 했지만, 이런 활동은 대체로 방어적 행동에 불과했다. 제한적 역할을 행사했던 판관들이지만, 백성의 불충(죄)에 대해서는 징벌의 차원에서 백성의 고통을 해석하고 주님께 더욱 충실할 것을 권고할 수 있었다. 징벌을 받은 백성이 주님께 회심하면, 주님은 이에 응답하여 고통에 빠진 백성에게 희망을 주는 인물을 보내 주셨다. 일시적이지만 주변 민족의 억압에서 벗어나게 해 줄 인물들이 등장했고, 이 역할을 맡은 이들을 이스라엘은 판관이라 불렀다.

그러나 판관 19-21장에서 보듯이, 이스라엘 지파들 사이에 갈등이 발생했을 때 이 갈등을 해결해 줄 수 있는 실질적이고도 효과적인 방법이 없었다. 아마도 이런 의미에서 판관 21,25의 발언(*그 시대에는 이스라엘에 임금이 없었다.*)은 왕의 필요성을 역설하는 구절일 것이며, 사무엘의 이야기에서 새로운 주제로 나타날 왕정의 역사적 필요성을 정당화하는 선언이었을 것이다. 그러므로 엘리와 그 가문의 이야기는 이런 선언을 구체적으로 뒷받침해 주는 사례로 주어지며 왕정이 필요한 근거로 작용한다.

엘리의 후손들

토라의 판관들은 개인의 삶과 상관없이 이스라엘 전체를 위해서 하느님이 보낸 인물들이었다. 여느 판관들과 달리 어느 한 부족에 매이지 않고 활동했던 사무엘은 엘리의 뒤를 이어 한 시대를 통치했다. 그렇다면 어째서 이 판관들의 시대가 특별히 사무엘의 시대에 와서 마감되어야 했는지 단서라도 찾아야 하지 않을까? 우리의 관점은 역사의 변천에 대한 문헌적 고증이 아니라, 토라가 이스라엘 역사를 이해하고자 하는 신학적 해석학적(*theologico-hermeneutic*) 관점을 현재의 시점에서 이해하는 것이다. 즉 사무엘서를 편집한 저자의 역사 이해를 지금의 눈으로 바라보고 현대인의 시각으로 이해하는 것이다. 사무엘서는 이 점에 대해서 간접적이지만 확실한 암시를 드러내고 있어서 이스라엘 왕정의 도래를 충분히 예감할 수 있도록 도움을 준다.

먼저 사무엘서는 사무엘을 받아들여 키운 엘리와 달리 그의 자손들이 주님을 제대로 모시지 않았다고 고발한다. 성경이 어느 상황이나 특정 인물을 고발할 때엔, 하느님의 은총이 당사자의 잘못으로 거두어질 수도 있다는 경고이다. 사무엘서의 고발도 마찬가지이며, 엘리 집안의 망조를 아주 단순하게 이렇게 기술하고 있다. 어린 사무엘이 엘리 앞에서 주님을 섬기고 살았으나,

> 엘리의 아들들은 불량한 자들로서 주님을 알아 모시지 않았고… 주님 앞에서 이 젊은이들의 죄가 매우 커졌다. (1사무 2,12.17ㄱ)

엘리의 아들들은 그 아버지 엘리의 지위를 이용하여 하느님께 바치는 봉헌물을 탐내 제멋대로 뺏거나 가져가버렸다. 주님께 바치는 제물을 업신여기는(17절ㄴ) 아들들의 이런 행위는 날이 가면 갈수록 더욱 심해졌다. 엘리는 매우 늙었기 때문에 자기 아들들이 온 이스라엘 백성에게 온갖 짓을 저지르고 다니는 것을 막을 수 없었다. 그뿐만 아니라, 만남의 천막

어귀에서 봉사하는 여인들과 잠자리를 같이한다는 소문을 듣고서도 막을 수 없었다. 엘리는 아들들을 꾸짖으며 힘없이 이렇게 말했다.

> 사람이 사람에게 죄를 지으면 하느님께서 중재하여 주시지만, 사람이 주님께 죄를 지으면 누가 그를 위해 빌어 주겠느냐? (1사무 2,22)

노년에 든 엘리는 할 수 있는 만큼 아들들을 꾸짖고 회개를 독려했을 것이지만, 아들들은 잘못된 길에서 돌아서지 않았다. 아쉽게도 아버지는 아들들의 잘못을 나무랄 수는 있었으나 그들의 마음을 돌려 행동을 멈추게 할 수는 없었던 것이다. 아버지의 뜻을 거스른 아들들, 곧 하느님의 뜻을 거스른 자들에게 찾아오는 결과는 비참한 죽음일 뿐이다. '*주님께서 그들을 죽이실 뜻을 품으셨기 때문이다.*' (1사무 2,25ㄷ). 하느님을 모독하는 행위는 단순히 그분과 관련된 제물에 대한 모멸적 행동뿐만이 아니다. 하느님께 제물을 통해서 자신을 바치는 인간의 거룩한 행위를 속화하는 행동이며, 한 걸음 더 나아가 죽음을 불러오는 죄를 범하는 것이다. 마침내 하느님 앞에서 그분을 모시고 살아야 할 인간으로서 하느님을 모독하는 행위는 인간으로서 지켜야 할 인간관계마저 망치는 행동으로 나타난다.

엘리의 말은 엘리 자신의 집안에 대한 경고이자 일종의 저주가 되어 아들들에게 돌아온다. 그리하여 엘리의 집안은 엘리 자신이 평생 주님을 섬겼지만, 하느님의 무서운 경고를 알아듣지 못하는 자식들 때문에, 자식들을 제대로 키우지 못한 아버지와 함께 파멸의 운명을 맞게 된다(1사무 2,27-36). 이런 결과는 신명기계 저자의 신학이 아주 뚜렷하게 보여주는 숙명론적 결과이기도 하지만, 다윗이 범한 숱한 잘못된 행위를 이해하는 단서이기도 하다. 이런 관점에서 판관의 지위가 대물림할 수 없는 조건은 엘리 가문뿐만 아니라 사무엘 집안에도 적용되고 만다.

하느님의 부르심은 그 부르심 때문에 소명 받은 자가 하느님의 보호를 받도록 보장하는 게 아니다. 그가 하느님의 올바른 길을 걸어가는지, 그 길에서 자신의 자식들을 제대로 다스리고 있는지 여부가 잣대가 된다. 엘리뿐만 아니라, 엘리의 뒤를 이어 예언자의 길을 걷게 된 사무엘에게도 동일하게 적용된 토라의 원칙이다. 알고 있는 만큼 두려운 신탁은 두 예언자 모두에게 적용되었으며, 오늘의 예언자가 내일의 저주 받은 자로 전락할 수도 있었다.

여기서 우리는 토라-특별히 신명기계 저술-가 무엇을 말하려는지 짐작할 수 있다. 평생 하느님의 입으로 살던 자는 마지막 순간까지 언행을 조심하지 않으면 안 된다. 그래서 소년 사무엘이 주님의 소명을 받는 장면에서 토라는 다시 한 번 엘리의 잘못이 무엇인지, 그리고 그 대가가 무엇인지 아주 강력하게 단죄하고 있다.

> 나는 엘리에게, 그의 죄악 때문에 그 집안을 영원히 심판하겠다고 일러주었다. 그 죄악이란, 엘리가 자기 아들들이 하느님을 모독하는 것을 알고 있으면서도 그들을 책망하지 않은 것이다. 그러므로 나는 엘리 집안에게, 그 집안의 죄악은 제물이나 예물로는 영원히 속죄 받지 못하리라고 맹세하였다. (1사무 3,13-14)

엘리의 죄가 직접 지은 죄는 아닐지라도 그의 죄악이라고 선고된 것은 아들들이 하느님을 모독하는 것을 알고 있으면서도 충분히 책망하지 않았다는 사실이다. 나중에 사무엘과 다윗에게도 동일하게 적용된 이 말씀은 사무엘이 엘리의 뒤를 이어 성장하는 동안에 두 아들이 필리스티아인들에게 살해당한(1사무 4,11) 소식을 듣고 엘리도 죽은 것으로 나타난다(4,18).

사무엘 시대의 고통

사무엘은 자신의 스승인 엘리의 뒤를 이어 하느님이 사랑하는 올바른 판관으로 성장해 갔다. 사무엘이 자라는 동안 주님께서 그와 함께 계시어 그가 한 말은 한마디도 땅에 떨어지지 않게 하셨다(1사무 3,19). 사무엘은 하느님의 예언자로서 백성의 신뢰를 받게 되었고, 그의 말은 그대로 온 이스라엘에 전해졌다(4,1). 한 사람의 역할은 세월의 흐름에 따라 끝나가지만, 그 역할이 끊이지 않도록 하느님은 새로운 인물, '당신의 종'(3,10)을 보내 주셨던 것이다.

우리는 엘리가 수행했던 역할을 하느님의 부르심을 받은 사무엘에게서도 보게 된다. 사무엘은 그의 스승 엘리처럼 이스라엘을 위하여 주님의 종 판관으로 일했다(1사무 7,6). 이번엔 사무엘 자신이 나이가 많아지자 자기 아들들을 이스라엘의 판관으로 내세웠다(8,1). 그러나 엘리의 아들들이 하느님과 이스라엘 앞에서 그러했던 것처럼, 사무엘의 아들들도 그의 길을 따라 걷지 않았다. 아들들은 자기 잇속에만 치우쳐 뇌물을 받고는 판결을 그르치게 내리곤 했다(8,3). 사무엘의 아들들이 이러했으므로 엘리의 자손들처럼 멸망할 운명을 따라가게 될 것은 분명했다.

이와 같은 상황에서 우리는 엘리와 그 자손들의 운명에 비추어서 사무엘과 그 자손들의 운명을 함께 바라볼 수 있다. 엘리의 후계자로서 하느님의 사람으로 사무엘이 선정되었다면, 사무엘의 후계자는 단지 판관의 역할에 그칠 것이 아니었다. 이스라엘의 정치적 주변 상황이 예전과 달라졌고, 주변 민족들의 침탈이 지파들의 고통을 더욱 가중케 하였던 것이다. 이런 상황에서 이스라엘은 전 부족들의 연맹체를 조정하고 통제할 수 있는 효율적인 정치체제가 필요했다. 사울이란 인물이 등장하게 된 것도 바로 이런 시기였고, 외부의 적들에게서 고통을 받던 이스라엘은 내적으로 사울과 같은 인물을 기다렸다. 그 위에 주변상황이랄 수 있는 외적 동인이 이스라엘의 느슨한 연맹체제가 왕정체제로 나가게 하는 이중적 요소를 구성했다. 사울의 등장은 바로 이러한 이스라엘의 내부적인 요인과 외부적 필요성이 함께 어우러진 정치적 상황에서 비롯되었다.

따라서 우리는 이스라엘의 왕정이 성립하게 된 요인으로 단순하지만 두 가지 이유를 꼽을 수 있었다. 이스라엘을 둘러싼 필리스티아인들과 갈등상황에 놓인 정치적 주변 상황을 첫째로 꼽을 수 있는 것이다. 그래서 정치적 실존 위기를 맞이한 이스라엘 지파들의 연맹체는 이러한 체제로는 더는 위기의 상황을 효율적으로 이겨나가기 어렵다는 위기의식을 공유하게 되었다. 두 번째의 이유를 꼽는다면, 지파들의 의식공동체를 내적으로 단결시키고 이끌고 나갈 지도자의 출현일 수 있다. 위기의식이 고조된 가운데 토라가 자주 강조하는 것은 판관의 대를 이어나갈 능력 있는 인물이 없었다는 점이다. 엘리나 사무엘과 같은 훌륭한 인물들도 자기 자식들을 제대로 키우지 못했으니, 이제는 기대할 만한 인물이 없었다. 그래서 외견상 부족하게 여겨졌던 두 가지 요인은, 더 구체적으로 사울의 등장으로 왕정체제의 출현을 정당화하는 정치적 바탕이 되었다.

정치적 주변 상황을 가까이 살펴보면, 필리스티아인들과 이스라엘의 적대적 관계는 백성 모두에게 긴급한 사태가 되었다(1사무 4-7장). 우선 판관기에서 읽게 되는 이스라엘 지파들과 주변 민족들 사이의 갈등은 차치하더라도, 우리는 1사무엘 4-7장에 걸쳐서 이스라엘과 필리스티아인들

사이의 적대적 관계가 악화하고 있음을 부인할 수 없다. 1사무엘 4장이 전하고 있는 전투에서 이스라엘은 필리스티아인들에게 커다란 패배를 맛본다. 이 전투에서 민병대라고 할 이스라엘 군사 4천 명 이상이 속절없이 죽었던 것이다(2절). 이 패배는 신정 정치적 의미에서 이스라엘의 주님이신 하느님에 대한 신뢰문제를 제기하는 계기가 된다. 우리에게 패배를 안기시고 고통을 주시는 하느님은 우리에게 어떤 분이신가? 그분이 정말 계신다면 이런 참극은 일어날 수 없어야 하지 않는가? 하느님의 존재에 대한 신뢰에 위기가 밀어닥친 이스라엘은 대답을 듣기 위해 실로에서 계약의 궤를 가져온다.

> 군사들이 진영으로 돌아오자 이스라엘의 원로들이 말하였다. "주님께서 어찌하여 오늘 필리스티아인들 앞에서 우리를 치셨을까? 실로에서 주님의 계약 궤를 모셔 옵시다. 주님께서 우리 가운데에 오시어 원수들 손에서 우리를 구원하시도록 합시다." (1사무 4,3)

과연 곤란에 당하여 인간이 극복하려는 노력을 하지 않고 인간의 일에 개입하도록 하느님의 능력을 요청할 수 있을까? 어쨌든, 이스라엘에 주님의 계약 궤가 주님의 현존으로 여겨지는 한, 계약 궤와 함께 한다면, 이스라엘에게 무서울 것이 없다. "*주님의 계약 궤가 진영에 도착하자, 온 이스라엘은 땅이 뒤흔들리도록 큰 함성을 올렸다.*"(1사무 4,5). 전쟁에서 승리를 가져오고, 질곡에서 해방을 가져오는 주님이시기에 이스라엘은 필리스티아인들에게 패한 고통을 일시에 잊어버린다. 사무엘서는 이 현상을 이스라엘의 직접 고백으로 들려주지 않고 필리스티아인들이 이해하는 이스라엘의 고백을 들려준다.

필리스티아인들은 두려움에 사로잡혀 말하였다. "그 진영에 신이 도착

했다." 그리고 그들은 이렇게 외쳤다. "우리는 망했다! 이런 일은 일찍이 없었는데. 우리는 망했다! 누가 저 강력한 신의 손에서 우리를 구원하겠는가? 저 신은 광야에서 갖가지 재앙으로 이집트인들을 친 신이 아니냐! (1사무 4,7-8).

어떻게 보면 이상한 이야기가 되지만, 필리스티아인들이 이스라엘의 하느님을 두려워하게 되었다. 이스라엘의 고백이 되어야 할 야웨 하느님이 필리스티아인들의 고백 속에서 드러났다. 왜 그랬을까? 이스라엘의 적군은 이스라엘을 이미 제압하고 있다고 하지 않았는가? 그렇다면 이스라엘의 하느님이 필리스티아인들에게 전쟁 신으로 알려져 있었는가? 고대 세계에서 전쟁 신 개념이 팽배해 있었다면, 이스라엘과 필리스티아의 관계는 쉽게 이해할 수 있는 것일까? 이스라엘뿐만 아니라 필리스티아인들도 전쟁 신은 쉽게 알아들을 수 있는 신 개념이었을 것이다. 그러나 어찌 하느님이 전쟁 신이랴! 전쟁은 인간들이 벌이는 이기주의의 결정이며 무지의 소산이다. 인간의 사회적 경험에 따르면, 힘센 자가 이기고, 약자는 경쟁에서 밀려나게 마련이다. 약자인 이스라엘이 강자인 필리스티아인들에게 전투에서 졌다는 것은 어찌 보면 아주 당연한 기록이지 않은가?

고대세계에서 약자의 신은 강자의 신과 대등할 수 없고, 강자의 신만 고백될 수 있었다. 그렇다면, 이스라엘이 실로의 계약 궤마저 빼앗겼다는 기록은 주님이 전쟁 신이 아니라는 암시는 아닐까? 이 전투에서 이스라엘군은 보병이 삼만이나 쓰러졌고, 필리스티아엔들에게 하느님의 궤도 빼앗겼다. 이 전투로 자식을 제대로 키우지 못한 엘리와 주님의 길을 따르지 않던 엘리의 아들들도 죽었다. 주님의 예언대로(1사무 2,25.33-34) 두 아들뿐만 아니라, 엘리 자신도, 출산하던 그의 며느리도 불행하게 죽었다고 이야기는 전한다. 이렇게 전쟁의 패배로 이스라엘의 신은 이스라엘의 패배와 함께 사라져야 했는가?

그러나 이스라엘이 빼앗겼던 하느님의 궤가 필리스티아인들의 땅에서 그들에게 불안한 징조를 나타내었다(5장). 다곤 신상이 궤 앞에 떨어져 깨진 징조는 그들에게 두려움으로 변했고, 두려움은 하느님의 궤를 이스라엘로 되돌려 보내자는 결정에 이른다. 필리스티아인들의 결정으로 계약 궤는 제자리를 찾았고, 일시 평화가 찾아왔다. 궤는 여러 곡절을 겪은 후에 마침내 키르얏 여아림 사람들이 아미나답의 집에 옮기어 그의 아들 엘아자르를 성별해서 모시게 했다(1사무 7,1).

이와 같은 상황에서 1사무 7장의 기록은 아마도 엘리가 죽고 난 뒤 오랫동안 이스라엘이 필리스티아 사람들에게서 고통을 겪었던 것을 가리키는 듯하다.

> 궤가 키르얏 여아림에 자리 잡은 날부터 이십 년이라는 긴 세월이 지났다. 이스라엘 온 집안은 주님을 향하여 탄식하고 있었다. (1사무 7,2)

역사는 반드시 같은 방식으로 반복하는 것은 아닐지라도, 사건들의 기록을 통해 중요한 교훈을 준다. 사무엘은 엘리의 자리를 이어서 판관으로 역할을 하고 있었지만 그의 아들들은 엘리의 아들들처럼 아버지의 길을 걷지 않았다. 고통과 좌절의 시기를 이스라엘과 함께하고 있던 이 시절에 사무엘은 이스라엘에 주님께 대한 충성을 요구했다. 필리스티아인들에게 이스라엘 백성의 소중한 신앙의 증거와 같은 계약의 궤를 빼앗겼으니(1사무 4) 사실 사무엘도 고통스러웠을 것이다. 신뢰의 희망이 끊어진 것처럼 이스라엘이 받은 정치적·사회적 고통은 이루 말로 다 할 수 없었을 것이다. 이와 같은 상황에서 이스라엘은 필리스티아의 지배에서 벗어나길 고대하지 않을 수 없었다.

사무엘이 이스라엘 온 집안에게 말하였다. "여러분이 마음을 다하여 주님께 돌아오려거든, 여러분 가운데에서 낯선 신들과 아스타롯을 치워 버리시오. 여러분의 마음을 주님께만 두고 그분만을 섬기시오. 그러면 그분께서 여러분을 필리스티아인들의 손에서 빼내어 주실 것이오." (1사무 7,3)

이스라엘이 필리스티아인들의 손에서 벗어나려고 할 때마다 필리스티아인들은 이스라엘을 수수방관하지 않고 그대로 내버려두지도 않았다. 또한 필리스티아인들이 이스라엘보다 강력하다고 믿는 만큼 그들의 신을 받아들인 이스라엘인도 있었던 것이다. 그러나 주님의 궤를 모시고, 오직 주님만을 섬기던 이스라엘은 주님께 의지할 때엔 적을 물리칠 수 있다는 신뢰도 있었다. 이스라엘은 필리스티아인들이 자신들을 지배하려고 쳐들어오자 사무엘의 지도력으로 그들을 물리치기도 했던 것이다. 그래서 사무엘이 살아 있는 동안, 필리스티아인들은 전적으로 이스라엘을 그들의 손아귀에 넣고 부릴 수 없었다. 사무엘의 신탁에 의한 통치는 어느 정도 이스라엘에 평화를 가져왔던 것도 사실이었다.

필리스티아인들은 이렇게 꺾이고 나서 다시는 이스라엘 영토로 들어오지 않았다. 사무엘이 살아 있는 동안에는 주님의 손이 필리스티아인들을 억누르셨던 것이다. (1사무 7,13)

판관시대의 종언: 사무엘에서 사울로

앞에서 언급했던 것처럼, 이스라엘은 주변 환경에 적응해 가면서 빠르게 판관시대를 끝내가고 있었다. 사무엘이 나이가 많아지면서 관습처럼 자기 아들들을 판관으로 세웠으나, 엘리의 아들들처럼 그들은 주님의 길을 제대로 걸어가지 않았다. 오히려 이들의 부정과 부패는 도를 지나쳐서 마침내 원로들의 반발을 사게 되었다.

> "어르신께서는 이미 나이가 많으시고 아드님들은 당신의 길을 따라 걷지 않고 있으니, 이제 다른 모든 민족들처럼 우리를 통치할 임금을 우리에게 세워 주십시오." (1사무 8,5)

사무엘서가 묘사해 주듯이 엘리와 사무엘의 후손들 2대에 걸친 판관직의 무능이 이스라엘 지파들의 사회에 독이 되었다고나 할까? 사무엘이 그렇게도 거부하고 싶었던 왕정체제의 도래가 사무엘의 아들들에게서 비롯되었다고 성경은 기록하고 있다. 사무엘서는 이스라엘 최초로 왕정체제의 도래가 사무엘 가계의 잘못에서 비롯된 것처럼 기술하고 있는 것이다.

역사의 관점에서 보면, 새 시대가 오고, 옛 시대가 지나가고 있으니 사무엘도 시대의 변화를 부인할 수 없었을 것이다. 다만 사무엘의 관점에서 아쉬운 것은 자신이 살아 있는 동안에 야웨 하느님 신앙이 배반을 당하고 있다는 불편함이었다. 그러나 하느님의 통치를 대변하던 사무엘의 개인적 불편함은 단순한 불편함이 아니었다. 기록을 자세히 들여다보면, 이제까지 지파들의 내부 이야기만 다루던 성경에서 이스라엘이 다른 민족들과 똑같아지려는 욕망을 이야기하기 시작한 것이다. 이스라엘이 '*다른 모든 민족들처럼*'(1사무 8,5.20) 닮아가는 것을 사무엘서의 신학은 이스라엘의 죄라고 날 선 비판적 판단을 세우고 있다.[62] 비판의 근거는 다른 민족들을 닮아 왕정체제를 세우는 것은 곧 '야웨의 통치권을 배척'(1사무 8,7; 12,12)하는 행위가 될 것이기 때문이다.

이렇게 주변 민족들과 접촉하면서, 야웨를 공경할 줄 모르는 이민족의 잘못을 이스라엘도 위험스럽게 닮아가고 있었다. 물론 역사적 기록은 신학적 모티브를 사용하는 것이니 반드시 사실의 근거로 삼아야 할 이유는 없다. 그러나 왕정을 비판하는 기록과 왕정 도입의 원인을 균형감을 가지고 이해한다면 체제의 변화에 대한 신정적 판단은 역사적 모순이 아닐 수 없다.

'*우리를 통치할 임금을 우리에게 세워 주십시오.*'(1사무 8,5) 왕권의 등장은 현실적으로 당면한 주변 민족과 이스라엘 사이의 긴장과 갈등의 문제를 해결하는 효율적인 방법이 필요한 상황에서 출발했다. 야웨의 신탁에 의한 통치체제를 유지하던 이스라엘은 신정론적 삶의 길에서 왕의 통치에 직접 기대는 길로 들어서게 되었다. 이리하여 이스라엘은 오로지 야웨 신앙에만 의존하던 길에서 인간적 왕정체제에 의존하는 운명을 선택했던 것이다.

판관의 시기까지 주님이 선택한 인물이 주님의 이름으로 이스라엘을 다스렸다면, 이제부터 이스라엘은 주님의 통치가 아니라 자신이 선택한 왕의 통치를 받아야 함을 의미한다. 비록 예언자의 신탁을 완전히 배제하

---

62 이스라엘 왕정을 비판적으로 보는 신명기 사가의 관점은 사무엘서가 이스라엘의 첫 왕 사울에 관한 기사로 증명된다. 1사무 9,1-10,16; 10,27ㄴ-11,15의 본문은 사울을 왕으로 선택한 역사적 사실을 서술하고 있다면, 후기의 편집 본문 1사무 8장, 10,17-27ㄱ, 그리고 12장은 왕권이 일반 백성의 주도권에서 나온 사실에 놀란 사무엘이 왕권에 대해 부정적인 관점을 보여준다. G. 폰 라트, 『구약성서신학』, 1권, 326-327쪽 참조. 신정론적으로 말하면, 전자의 서술이 기름부음받은자를 통해 야웨가 역사를 장악하려고 한다면, 후자의 서술은 이스라엘의 자율적 정치의지를 부정하려고 애쓴다.

지 않았다고 하더라도, 왕정은 이스라엘의 운명이 본질적으로 왕에게 맡겨진다는 것을 의미한다. 체제의 변화로 사무엘에서 사울로 대체되는 통치 권한은 이제부터 왕이 이스라엘 안에서 야웨 하느님의 자리를 대신하게 된 것이다. 이스라엘의 전통적 시각에서 보면, 야웨 신앙의 불충이 왕정의 등장으로 대체된 정치적 사건으로 해석되는 것이다. 그렇다면, 정치와 신학의 두 차원에서 상충을 일으키는 상황이 전개되는데도 주님은 이스라엘이 원하는 대로 왕을 세워 주실 것인가?

간단히 말해서, 이스라엘이 고통에 빠졌을 때 구원해 주시는 분이 주님이라면, 이제부터 왕이 주님의 역할을 할 것인가? 왕권과 신권이 조화를 이룬다면 다행일 것이지만, 그렇지 않을 경우에 상충하는 불행은 누가 감당해야 할 것인가? 주님의 이름으로 왕을 세우는 날부터 이스라엘은 주님의 자리에서 왕의 보호를 대가로 미처 생각할 수 없는 희생을 치러야 할 것이다.

하느님에게 의존하는 것이 인간에게 의존하는 것보다 낫다는 것을 이스라엘은 잊었던 것일까? 그렇다면 신정론의 비효율성을 대신한 왕정체제의 이스라엘이 치룰 대가는 무엇일까? 사무엘은 이스라엘에게 왕이 된 자가 자기 백성을 어떻게 다룰 것인지 이렇게 설명했다.

> "이것이 여러분을 다스릴 임금의 권한이오. 그는 여러분의 아들들을 데려다가 자기 병거와 말 다루는 일을 시키고, 병거 앞에서 달리게 할 것이오. 천인대장이나 오십인 대장으로 삼기도 하고, 그의 밭을 갈고 수확하게 할 것이며, 무기와 병거의 장비를 만들게도 할 것이오. 또한 그는 여러분의 딸들을 데려다가, 향 제조사와 요리사와 제빵 기술자로 삼을 것이오. 그는 여러분의 가장 좋은 밭과 포도원과 올리브 밭을 빼앗아 자기 신하들에게 주고, 여러분의 곡식과 포도밭에서도 십일조를 거두어, 자기

내시들과 신하들에게 줄 것이오. 여러분의 남종과 여종과 가장 뛰어난 젊은이들, 그리고 여러분의 나귀들을 끌어다가 자기 일을 시킬 것이오. 여러분의 양떼에서도 십일조를 거두어 갈 것이며, 여러분마저 그의 종이 될 것이오. 그제야 여러분은 스스로 뽑은 임금 때문에 울부짖겠지만, 그때에 주님께서는 응답하지 않으실 것이오." (1사무 8,11-18)

한마디로 사무엘의 선언은 왕정체제의 부정적인 측면을 강조하지만, 지파들이 간절히 원했던 이스라엘의 안녕은 한마디도 하지 않았다. 왕정체제를 선택한 이스라엘은 왕이 자기 아들들과 딸들을 빼앗아 가더라도 호소할 데가 없을 것이다. 아들들은 왕에게 체제의 수호를 위해 군사적 복종을 해야 하고, 딸들은 왕의 개인 생활을 위해 복종해야 한다. 아들들과 딸들이 집합적으로 이스라엘 전체를 대변한다면, 이스라엘 개개인은 야웨를 떠나 왕에게 복종하는 꼴이 된 것이다. 더구나 이스라엘 각 가문이나 씨족이 소유하던 모든 재산이 이젠 왕과 그가 고용한 신하들을 위해서 상실될 위기에 놓이게 되었다.

왕권의 성립은 이스라엘의 지파들이 누리던 자율성을 억압할 뿐만 아니라, 개인적 자유를 잃고 왕의 종이 됨을 의미했다. 야웨를 거부한 이스라엘은 더 이상 주님의 종으로 남을 수 없으며, 이집트 탈출로 정치적 핍박을 벗어난 뒤 얻었던 자유민의 지위도 상실한다. 정치적 체제가 아직 분명하지 않은 길에서 이스라엘은 자유를 잃고 왕의 종이 되는 길을 선택한 것이다. 달리 말하면, 2사무 8장의 선언문은 두 개의 신학적인 내용을 담고 있다고 요약할 수 있다. 하나, 이렇게 시작된 왕정의 길은 이스라엘이 야웨 하느님을 배척하는 길이 되었으며, 둘, 이스라엘이 야웨 하느님을 배신한 것은 역사적으로 반복되어 온 불행이란 점이다.[63]

주님의 길은 자발적 순종에 대한 자유를 보답으로 받지만, 왕의 길은 강제적 복종과 희생을 요구한다. 주님의 길이 각자에게 필요한 은총의 삶을 허락한다면, 왕은 모두의 희생을 바탕으로 독재의 권세를 부릴 것이다. 세상의 소수만이 누릴 수 있는 권력은 많은 사람들의 노력과 고통 위에 성립하지만, 왕을 포함한 모두가 함께 누릴 수 있는 위로는 주어지지 않는다. 왕정체제는 오직 한 사람의 자만을 채워 주는 모두의 고통 위에 성립하며, 위에서 오는 위로를 마다하는 속성을 지닌다. 한 사람에게 속한 권력은 다수를 희생하는 고통을 요구하고, 다수는 권력을 공유하는 자들의 폭력을 감내해야 한다. 그럼에도 불구하고 이스라엘 백성이 사무엘의 경고를 무시하였던 배경에는 아마도 다음의 말에서 그 이유를 다시 한 번 확인할 수 있을 것 같다.

> 그러나 백성은 사무엘의 말을 듣기를 마다하며 말하였다. "상관없습니다. 우리에게는 임금이 꼭 있어야 하겠습니다. 그래야 우리도 다른 모든 민족들처럼, 임금이 우리를 통치하고 우리 앞에 나서서 전쟁을 이끌 수 있게 될 것입니다." (1사무 8,19-20)

우리가 확인할 수 있는 것은 인간 사회의 구조적 모순이 두려움과 효율성에 토대를 두고 있다는 점이다. 이스라엘은 강성한 이웃 민족이 자신들에게 두려움의 대상이었으며, 그들이 가지고 있는 체제가 일차적으로 효율적인 전투체제라는 사실을 감지하였다. 오로지 왕정만이 유지할 수 있는 통일된 효율적 군사력의 운용이 이스라엘의 관심사항이 된 것이다. 따라서 이스라엘의 대항방식은 주변 민족들을 닮아서 더 효율적인 체제를 세우는 것만이 유일한 길로 인식된 것이 아닐까? 왕정과 신정의 충돌

---

63 장일선, 『다윗 왕가의 역사 이야기』, 대한기독교서회, 1997, 369쪽.

이 이스라엘의 선택에서 피할 수 없는 갈등이었다면, 이스라엘에게 왕정의 선택은 앞날을 내다볼 수 없는 두려움이 그 원인이었을 것이다.

불행한 사실은 이민족의 왕정을 모방하는 길이 이스라엘이 야웨를 배신하는 길이며 불행을 자초한 행위였다는 점이다. 주변 민족과 대립하는 속에 이스라엘이 취한 현실적 인식은 왕정이 암울한 미래의 그림자를 뿌리며 다가오는 것을 거부하지 못했다. 궁극적으로 이스라엘에게 왕정의 길은 야웨의 이름을 부인하는 길, 곧 십계명의 첫 번째 계명을 거부하는 출발점이 되었다. 그러나 이미 이민족의 지배를 통하여 그 고통이 어떠한지 경험한지라 이스라엘에 왕정체제는 더는 피할 수 없는 역사적 유혹이었다.

눈앞에 보이는 왕국의 화려함은 손에 닿지 않는 주님의 나라보다 더욱 성대하게만 보였다. 적을 멋지게 제압하고 자신의 위용을 장엄하게 드러내는 조직적인 군사와 그 체제를 부러워하지 않을 수 없게 된 것이다. 효율적으로 적을 때려 부수고, 자신의 승리를 눈으로 확신할 수 있는 체제는 조직과 조직을 이끄는 일인 지배의 왕정에서 가능한 일처럼 보였다. 고통 받는 개인의 호소는 중요하게 여겨지지 않을 만큼, 이스라엘은 공동체적 지파들의 실존이 위협을 받고 있었다고 생각했다.

사울, 왕으로 선택 받다

지파들의 생존을 위해 이스라엘이 유일한 지도자를 원한다면, 지도자는 어느 지파의 누가 될 것인가? 신명기 신학에서 판관이나 예언자는 통치 차원에서 조직을 지향하지 않고 오직 하느님께 모든 것을 위임한다.

하느님의 이름으로 하느님의 정의를 실천할 지도자가 새로운 정치체제인 왕정에서도 가능할 것인가?64 왕정체제를 도입하는 순간부터 무엇보다도 하느님의 이름으로 선택되어야 할 인물을 탐색하는 것이 필요하다.

이스라엘이 억압의 고통에서 벗어나기 위해 이제 남은 일은, 누구를 왕으로 뽑아 내세울 것인가? 마지막 판관이며 예언자인 사무엘에게 후계자는 없고 아들들 또한 이미 백성들에게서 기피 대상이 되었다. 이제 사무엘을 대신하여 불안한 이스라엘을 위해 전권을 행사할 영웅이 필요한 시기가 도래한 것이다. 이렇게 도래한 새로운 시기에 새로운 체제의 통치자를 어디서 찾을 수 있을 것인가?

우리는 사울 이야기의 배경이 되는 이스라엘의 정치적 상황을 이미 어느 정도 알고 있다. 이제 마지막 판관이 될 사무엘의 선택에서 사울이 통치자가 되는 조건을 알아듣는 것이 중요하다. 그것은 사울에 대한 이야기의 시작이요, 끝이기도 하다. 이스라엘의 초대 왕이 될 사울의 모습은 이렇게 기술된다.

> 이름은 사울인데 잘생긴 젊은이였다. 이스라엘 자손들 가운데 그처럼 잘생긴 사람은 없었고, 키도 모든 사람보다 어깨 위만큼은 더 컸다. (1사무 9,2)

잘 생긴 외모, 이상적인 모습에 더하여 다른 사람을 압도할 수 있는 체격은 키(1사무 10,23 참조)로 나타난다. '잘 생겼다.'는 신체적 묘사는

---

64 신학의 질문은 현실과 동떨어질 수 없지만, 현실과 동일시될 수 없다. 왕정을 거부한 신정적 주장은 왕정의 도래를 현실적으로 긍정하면서 새로운 질문을 낳는다. 세상의 권력체제를 인정하면서 그 내부에서 하느님의 뜻을 실현할 것인가? 이스라엘의 불행이 될 왕정의 길을 선택했지만, 불행이 더 확산되지 않고 하느님의 길이 가능한 방법은 없는가?

후에 어린 다윗의 모습을 언급할 때에도 다시 등장한다(1사무 16,12). 사울은 일차적으로 잘 생긴 데다 그의 큰 키 때문에 왕으로 선택받을 기대감은 더욱 커졌다. 사울이 큰 키를 자랑으로 삼을 수 있다면, 다윗은 잘 생겼지만 키에 대한 언급은 절제되어 있다. 다윗은 사울의 신체적 특징을 일부 가졌지만 실패한 인물의 위용은 다윗에게 어울리지 않았다. 실제로 다윗은 크지도 않았지만, 우람한 용사의 모습을 지니지 않았을 것으로 짐작된다. 오히려 다윗의 경우엔 여느 사람과 같은 보통의 체격을 지녔으리라는 짐작을 할 수 있다.

사울은 마침내 사무엘을 만나 "*지금 이스라엘의 모든 기대가 누구에게 걸려 있는지 아시오? 바로 그대와 그대의 집안에 걸려 있소.*"(1사무 9,20)라는 말을 듣는다. 이 말과 함께 사무엘은 사울에게 기름을 부어 그를 왕으로 세우는 의례를 거행했다. "*사무엘은 기름병을 가져다가, 사울의 머리에 붓고 입을 맞춘 다음 이렇게 말하였다. 주님께서 당신에게 기름을 부으시어, 그분의 소유인 이스라엘의 영도자로 세우셨소*"(1사무 10,1)

두 사람 사이에 생긴 이 비밀스러운 사건은 모든 이스라엘 앞에서 공식화되어야 했다. 지극히 사적으로 이루어진 사건이었으므로 공식화하기까지 조심스럽게 기회를 기다려야 했다. 또 사무엘이 사울을 지도자로 추대했다고 해서 단 한 번에 모든 게 현실로 변한 것은 아니다. 사울은 지금까지 없었던 변화를 겪어야 할 것이고 새로운 체제의 주인공이 되어야 할 준비가 필요했다. 사울은 지도력과 자신의 능력을 모든 사람 앞에서 검증받을 때까지 기다려야 한다. 기다림[65]은 사울

65 1사무 15장의 결정적 사건은 사울 왕정의 불행을 말해 주지만, 이미 13장에서 전조가 언급된다. 사울이 사무엘의 사제직분을 넘어 군사들이 흩어지기 시작한 시점에서 위기를 극복하려고 번제물을 바친 사건이다. 사무엘이 사울을 시험하려고 했던지, 아니면 우연히 그리 되었던지 알 수 없지만, 사울에게 필요했던 것은 사무엘이 도착해서 사제직분을 수행할 때까지 '기다려

이 왕이 되기 위해 유지해야 할 귀중한 요소이지만, 사울의 실패를 말해 주는 원인이 되었다.

무엇보다도 사울은 이제부터 한 가문에 속한 아들이 아니라 하느님의 사람으로 거듭 태어날 필요가 있다. 그런 의미에서 1사무 10,6의 이야기는 사울도 하느님의 사람이 되었음을 알려 주는 징조였다. '*그때 주님의 영이 당신에게 들이닥쳐, 당신도 그들과 함께 황홀경에 빠져 예언하면서 딴사람으로 바뀔 것이오.*' 하느님의 영이 사울을 하느님의 사람으로 변하게 했다면, 사무엘의 예언대로 그는 하느님에게 속한 인물이 된 것이다. 사울은 사무엘의 신탁대로 무슨 일을 하더라도 야웨 하느님이 함께 계시는 것이니 자신을 가지고 모든 일에 임해야 한다. 이 경우 야웨의 영이 사울을 동반하는 삶은 이스라엘에 왕정이 도입되더라도, 왕정을 움직이는 분은 사울이 아니라 여전히 하느님이시다.

어쨌든 사무엘은 이스라엘 백성을 미츠파로 불러 모으고 지파별로 세운 다음 사울이 속한 벤야민 지파에서 그를 불러냈다. 사무엘이 찾아 헤매던 사울을 만나고 개인적으로 메시지를 준 뒤(1사무 10,1), 이제는 공식적으로 사울을 내세울 때가 온 것이다.[66]

> 사무엘이 온 백성에게 "주님께서 뽑으신 이를 보았소? 온 백성 가운데 이만한 인물이 없소." 하고 말하자, 온 백성이 환호하며 "임금님 만세!" 하고 외쳤다. (1사무 10,24)

야' 했던 사실이다.

66 사무엘이 사울을 만난 이야기는 1사무 9,17에서 시작해서 10,16에서 일단 마감된다. 마무리 구절(16절)에서 사울은 '사무엘이 왕권에 관련하여 말한 것에 대해서는 아무 말도 하지 않았다.'고 한다. 사무엘이 사울을 왕으로 선택한 사실은 철저히 사무엘의 개인적 선택이란 사실이 여기서 강조된다. 사적 선택은 곧 공적 선택으로 공표되어야 할 논리로 이야기는 진행된다(1사무 10,16-24).

물론 여느 경우처럼 여러 경쟁자 중에서 한 사람의 선택 과정이 순조롭게 진행된 것만은 아닌 듯하다. 비록 사울이 베냐민 가문의 영향력 있는 부자 집(농사)에서 성장하였고 그를 따르는 용사들이 있었다고 하지만, 다른 편에서는 그를 멸시하는 이들도 있었다고 전하기 때문이다.

> 그런데 몇몇 불량한 자들은 "이 친구가 어떻게 우리를 구할 수 있으랴?" 하면서, 사울을 업신여기고 그에게 예물도 바치지 않았다. 그러나 사울은 아무 말도 하지 않았다. (1사무 10,27)

아무튼, 이스라엘이 왕정으로 나가는 과정에서 사울이 단번에 모두의 신임을 얻게 된 것은 아닌 듯하다. 왕정이 시작되는 과정에 서 있던 모든 사람은 어쩔 수 없이 찬성과 반대와 주저 사이에 있었을 것이다. 그리고 일치를 이룰 수 없는 상황에서 이들 사이에 피할 수 없는 긴장과 갈등이 내재해 있었으리라는 것을 짐작할 수 있다.

위에서 지적한 이스라엘의 내외적인 요인들이 왕정으로 나가는 데 일조를 한 것은 부인할 수 없는 사실이다. 사울을 중심으로 형성되기 시작한 권력체제는 당장 눈에 띄게 드러나지는 않았고, 처음부터 이스라엘 지파들 공동체엔 분명하게 설명하기 어려운 미묘한 갈등구조를 태동시켰다. 이런 분위기에 예민할 수밖에 없던 사울은 자신이 통치자가 되기 위해서 통과해야 할 과정을 잘 알고 있었다. 아무도 대놓고 그를 반대하거나 무시할 수 없는 기회를 잡을 때까지 사울은 경멸하는 이들의 말을 들으면서도 참아야 했다. 그렇다면, 어떻게 해서 사울은 왕의 지위, 통치자의 자리를 확고히 시작할 수 있었을까?

사울이 왕위에 오르다

사울이 왕이 되기 위하여 이스라엘 지파들의 인정을 받으려면, 우선 그는 능력을 입증해야 했다. 사울의 능력은 비록 야웨의 예언자 사무엘이 거부하고 싶더라도, 객관적으로 이스라엘에 도움이 되는 왕정체제의 구축에 필요하다. 비록 지파들의 요구에 의한 왕정체제이지만, 필요성이 대다수의 이스라엘 사람들에게 공적으로 인정을 받아야만 마지막 관문을 통과하듯이 성립할 수 있다. 이 과정은 몇 개의 이야기로 구성되어 있고 아주 짧지만, 1사무엘 11장과 13-14장에서 그 내용을 들을 수 있다.

필연적으로 15장은 예언자이자 마지막 판관인 사무엘과 갈등을 표출시키는 사울의 왕권이 승리하고 있음을 보여준다. 아말렉족과 싸워 이긴 사울에게 사무엘의 불행한 신탁이 떨어지지만, 역사적 차원에서 사울의 왕정은 이미 사무엘을 넘어선다. '*임금님이 주님의 말씀을 배척하셨기에 주님께서도 임금님을 왕위에서 배척하셨습니다.*'(1사무 15,23). 이와 같은 사무엘의 선언으로 사울의 선택과 배척 사이에 어떤 간극이 생긴 것은 확실하다. 사울이 사무엘의 선택을 받았을 때, 그는 이렇게 대답하였다. "*그렇지만 저는 이스라엘의 지파 가운데에서도 가장 작은 벤야민 지파 사람이 아닙니까? 그리고 저의 가문은 벤야민 지파의 씨족들 가운데에서도 가장 보잘것없습니다. 그런데 어찌하여 저에게 그런 말씀을 하십니까?*"(1사무 9,21) 사울을 왕으로 선택하는 과정에서 사무엘에게 한 이 대답은 사울의 겸양 이상의 답변으로 보인다. 보잘 것 없고 자기의 약점들을 잘 알고 있는 자만이 하느님의 도구가 될 수 있다는 구약성경의 생각을 드러낸다. 따라서 하느님의 선택은 올바르지만, 왕이 하느님에게서 거부될 때엔 그럴 만한 이유가 있는 것으로 해석해야 한다.

판관의 시기에 백성의 죄가 하느님 징벌의 대상이었다면, 왕정체제에서 왕의 죄는 백성의 고통을 낳는 원인이다. 판관의 시기에 백성은 하느님 말씀이 선포되는 대상이었지만, 왕정 시기엔 왕이 하느님의 직접적 심판의 대상이 된 것이다. 이제부터 전통적으로 지파들의 연맹이 유지되던 시기에 하느님만을 의지하는 판관들의 시대는 저물고, 인간의 능력에 의지하는 왕정체제가 윤곽을 본격적으로 드러낸 것이다.

먼저 우리는 1사무 11장에서 암몬 사람 나하스가 야베스 길앗을 포위하고 이스라엘을 위협한 이야기를 듣는다. 왕정이 체제를 잡아가는 과정에서 등장한 사울이 자신의 능력을 발휘할 좋은 기회가 찾아온 것이다. 사울은 아직 자신이 이스라엘의 '기름부음받은이'(1사무 10,1)로서 능력을 드러낼 기회가 없었다. 사실 어떤 능력을 보일지 모르지만, 사울은 평범한 가문의 이스라엘인으로 농사를 짓던 사람으로 이해할 수 있다. 아버지의 요청으로 찾아 나섰던 나귀도 사울이 농사짓는 사람임을 알려 주며, 암몬족의 나하스가 야베스 길르앗을 공격한다는 소식, 곧 '*마침 사울이 소를 몰고 밭에서 오다가*(1사무 11,5)' 들었다는 기록도 사울이 농가의 출신임을 알려 준다.

사무엘서는 농부인 사울이 삼십삼만 명(이스라엘 30만, 유다 삼만)[67]의 대군을 이끌고 암몬군을 무찔렀다고 한다. 기록의 과정이 지나쳐서 의심스러운 바가 있지만, 사실 여부와 상관없이 지도자가 된 사울이 처음으로 필리스티아인들을 물리친 군사적 승리를 전해 준다. 사울의

---

67 1사무 11,8. 왕정이 시작될 무렵의 숫자치고는 과장된 숫자일 것이 분명하다. 더구나 논리적으로 생각하면 농부인 사내가 한꺼번에 이 많은 군대를 지휘할 수 있었는지 의문이 아닐 수 없다. 13장은 사울이 이끄는 이스라엘 군이 필리스티아 군대에 맞서 두려움에 사로잡혀 흩어질 위기에 처한 상황을 보여준다. 말하자면 이스라엘 군사 조직은 조직도 체계도 잘 짜이지 않은 민병대 수준의 자원군이었음을 생각해야 한다. 월터 브러거만, 『사무엘 상·하』, 157쪽. 다만 이 기록이 유다왕국과 이스라엘 왕국이 지상에서 사라진 뒤에 편집된 사실을 감안하면 사건의 불확실성과 주관적 민족주의가 혼재된 표현일 수 있다.

통솔 하에 군사적 승리를 경험한 백성은 그를 대신하여 사무엘에게 거부하기 어려운 요구를 했던 것이다.

> 백성이 사무엘에게 말하였다. "'사울 따위가 우리 임금이 될 수 있겠느냐?' 하던 자들이 누굽니까? 그런 자들을 죽여 버리겠으니 우리에게 내주십시오." (1사무 11,12)

이 전투로 사울은 기존의 신정체제적 사회를 대표하던 사무엘을 뛰어넘는 신임을 얻게 되었고, 백성의 일치된 힘을 왕정으로 가는 발판으로 삼을 수 있게 되었다. 아말렉족에 대한 사울의 군사적 승리는, 이스라엘 지파들의 역사적 관점에서 보면, 옛 시대가 새 시대로 전환되는 결정적 사건이 되었다. 이 과정에서 사무엘은 지나간 구시대의 표적처럼 변했고, 어느 사이 사울은 새 시대의 영웅적 인물로 변해 있었다.

> 그러나 사울은 "오늘은 주님께서 이스라엘에 구원을 이루어 주신 날입니다. 이런 날 아무도 죽임을 당해서는 안 됩니다." 하고 말하였다. (1사무 11,13)

군사적 승리를 이끈 사울에 열광하는 분위기 때문에 사무엘도 더는 백성들의 요구를 거절하거나 부인할 수 없게 된 것이 아닐까? 판관이자 예언자의 영향력은 배경으로 물러나게 되었고, 사무엘은 전처럼 독자적으로 백성들을 인도하거나 지도자로 행동할 수 없게 되었던 것이다. 판관의 자리는 더 이상 사무엘에게 예전과 같은 유효한 영향력을 가져다주지 않았고, 그 힘은 군사적 승리를 가져온 사울에게 쏠리게 되었다. 첫 번째 위험한 전투를 승리로 이끈 후 비로소 사울은 이스라엘의 왕정체제를 본격적으로 구축하는 길에 들어서게 되었다. 사무엘과 백성 모두가 사울을 왕으로 인정하고 내세웠으며, 사울은 이스라엘 지파들이 일치단결하여 수긍한 왕이 되었다.

> 사무엘이 백성에게 "자, 길갈로 가서 왕정을 새롭게 다집시다." 하고 말하자, 온 백성은 길갈로 가 주님 앞에서 사울을 임금으로 세우고, 주님께 친교 제물을 바쳤다. 거기에서 사울과 이스라엘 사람들이 모두 크게 기뻐하였다. (1사무 11,14-15)

그러나 희망을 품고 시작한 왕정체제가 이스라엘 각자에게 무거운 짐이 될 줄을 누가 알았겠는가? 역사적으로 보면, 왕정체제를 통하여 예언자의 정의가 실현될 가능성이 완전히 사라진 것은 아니었다. 그렇지만 이스라엘의 왕정이 끝나는 날까지 두고두고 왕과 예언자 두 세력 간의 갈등은 쉼 없이 작용하게 된다. 이 갈등은 사울의 왕정체제가 시작된 직후부터 드러나기 시작하여 사무엘이 물러날 때까지 지속하였던 것으로 보인다.

사울의 군대는 한 번의 대승으로 필리스티아인들과 더욱 큰 적대적 관계를 가지게 되었고, 이 때문에 이스라엘은 이들에게서 더 큰 위협을 받게 되었다. 외부의 위협에서 사울의 성공이 쉽게 지속될 것 같지 않은 와중에 더욱 미묘한 사건이 사울과 사무엘 사이의 긴장으로 드러났다. 지속된 필리스티아의 공세적 긴급한 위협에 직면해서 사울의 군대는 전투에 앞서 주님께 번제물을 바쳐야 했다. 그런데 사무엘이 없는 가운데 사울은 위급한 마음에 예언자를 대신하여 주님께 번제물을 바치는 의례를 거행하고 말았다(1사무 13장). 성경은 사태의 과정을 분명하게 설명하지 않고, 사무엘이 이 일을 두고 자신의 역할을 빼앗은 사울에게 그의 운명을 저주했다고 기록한다.

이제는 임금님의 왕국이 더 이상 서 있지 못할 것입니다. 주님께서 명령하신 것을 임금님이 지키지 않으셨으므로, 주님께서는 당신 마음에 드는 사람을 찾으시어, 당신 백성을 다스릴 영도자로 임명하셨습니다." (1사무 13,14)

사울이 왕이 되는 과정에서 판관의 지위도 상실했을 뿐만 아니라, 예언자의 권위도 실추당하고 있던 사무엘은 자신의 권위가 마침내 바닥까지 떨어졌다고 생각했다. 비록 전시적 상황의 필요 때문이라고 여길 수도 있었으나, 왕이 사무엘의 권위를 상징하던 의례를 대신한 행위를 사무엘은 더는 참을 수 없었다. 사무엘이 선언한 불행한 사울의 미래는 시간을 두고 왕을 괴롭힐 것이며, 죽음에 이르러서 비로소 끝나게 될 일이 되었다. 그러므로 사울이 갓 시작한 왕의 자리에서 내쳐진다는 사무엘의 위협적인 선언은 주님의 명령일지라도 사울에겐 저주 이상의 불행이 되고 말았다.

사무엘서가 다윗 왕권을 정당화하던 시절에 편집이 시작되었다고 하더라도, 사울의 왕권이 붕괴하리라고 저주한 일은 사울이나 사무엘 모두에게 심각한 일이 아닌가? 다윗이 사울을 대신하는 과정은 사무엘서가 전하는 것과 어느 정도 일치한다고 해도, 사울 왕가의 붕괴는 필연적으로 다윗 왕가의 성립을 뒷받침해 주는 것이었다.

사무엘의 고별사

마침내 왕정의 시작은 사무엘의 영향력을 결정적으로 감소시키고, 사무엘의 입지를 흔들어버리고 말았다. 이스라엘 지파들의 관심사가 왕정체제로 이동했고, 사무엘은 지나간 시대를 상징하는 인물로 전락한 것이다. 이런 상황에 놓이기 시작한 사무엘과 사울의 왕정체제를 염두에 두고 사무엘의 긴 고별사를 읽다 보면(1사무 12장), 왕권과 예언자 사이의 갈등과 긴장을 처절하게 느끼지 않을 수 없다.

먼저 사무엘은 판관으로서 자신의 입지를 변호하듯이 자신의 행위가 공정했었다는 것을 백성과 주님 앞에서 새삼스럽게 확인한다. 이는 이스라엘의 통치자로서 주님 대신에 왕을 통치자로 요구하고 섬기게 된 이스라엘의 운명에 대한 사무엘의 경고로 들린다. 하느님의 통치를 대신하는 판관들의 시대를 마감시키고 주변 민족들과 똑같이 왕정을 선택한 이스라엘이 왕을 요구한 잘못이 어디에 있는지 일깨워 준 것이다. 새 시대를 거스를 수는 없어도 비판적인 말까지 삼갈 수 없었던 구시대의 대표성을 사무엘은 고별사 안에서 피해 갈 수 없는 것이었을까?

> 온 백성이 사무엘에게 호소하였다. "당신 종들을 위해서 주 당신의 하느님께 기도하여, 우리가 죽지 않게 해 주십시오. 사실 우리는 이미 저지른 모든 죄에다 임금을 요구하는 악까지 더하였습니다." (1사무 12,19)

이 잘못에 대한 자각은 백성의 이름으로 고백하고 있지만, 왕과 예언자 사이의 갈등과 긴장을 첨예하게 드러내고 있다. 왕권에 대한 견제는 오로지 예언자의 존재 이유가 되겠지만, 현실적으로 왕권이 백성의 운명을 결정한다는 사실을 부인할 수 없다. 이제부터 왕의 타락은 백성의 타락으로 간주될 것이며, 백성의 타락은 왕권의 실추를 의미할 것이다. 예언자는 왕권의 견제를 통해서 존재 이유를 가질 것이지만, 현실적으로 왕권을 하느님의 통치로 역전시킬 수는 없는 노릇이었다.

> 만일 여러분이 주님을 경외하여 그분을 섬기고 그분의 말씀에 순종하며 주님의 명령을 거역하지 않으면, 여러분뿐 아니라 여러분을 다스리는 임금도 주 여러분의 하느님을 따르게 될 것이오. 그러나 여러분이 주님의 말씀에 순종하지 않고 주님의 명령을 거역하면, 주님의 손이 여러분과 여러분의 임금을 치실 것이오. (1사무 12,14-15)

왕권을 선택한 이스라엘의 운명은 왕의 운명을 결정지을 것이고, 왕의 운명은 이스라엘의 운명을 결정지을 것이다. 주님의 공정을 거역하는 왕의 불의는 왕 개인의 문제가 아니라, 왕정체제의 문제이며 백성의 문제이다. 그렇다면 이스라엘을 위한 왕권의 성립과 더불어 입지가 좁아진 예언자에게 남은 역할은 무엇일까? 주님은 인간을 물리치지 않으시며, 이스라엘을 당신의 백성으로 만들고자 하시는 분이란 원칙을 전하는 것일까? 아니면, 예언자는 이스라엘이 주님의 백성으로 남아 있을 수 있도록 끊임없이 기도하는 것, 이것이 그에게 남은 유일한 길일까? '*그러나 만일 여러분이 여전히 악행을 일삼는다면, 여러분도 여러분의 임금도 모두 쫓겨날 것이오.*' (1사무 12,25). 이제는 예언자의 경고를 실천하는 것도 백성의 의무요 책임이고, 주님을 거스른 결과도 백성이 책임져야 할 몫이다.

신명기 신학의 초점은 어느 경우에서나 이스라엘이 주님께 순종하고 축복을 받는 것이다. 축복은 지켜야 할 계명이 있고, 계명은 축복과 저주의 길을 명시해 놓고 있다.

> 보아라, 내가 오늘 너희 앞에 축복과 저주를 내놓는다. 내가 오늘 너희에게 명령하는 주 너희 하느님의 계명들을 너희가 듣고 따르면 복이 내릴 것이다. 그러나 너희가 주 너희 하느님의 계명들을 듣지 않고, 내가 오늘 너희에게 명령하는 길에서 벗어나, 너희가 알지도 못하는 다른 신들을 따라가면 저주가 내릴 것이다. (신명 11,26-28)

이와 같이 다윗 이야기를 이끄는 사울 이야기의 시작부터 우리는 축복과 저주의 주제를 만난다. 이 주제는 앞으로 더욱 주목받을 주제로 생명의 길과 죽음의 길을 강조하는 신명기 신학의 성격을 잘 드러낸다. 이 특징은 구약성경 전반에 걸쳐 많은 일화에서 충분히 드러나고 있고, 더욱이 사울과 다윗 이야기에서 역사적 절정을 드러내고 있다.

우리는 아주 간단하게나마 이스라엘 왕정의 초기에 등장하는 엘리와 사무엘, 그리고 사울의 왕위 등극 과정을 간단히 살펴보았다. 사무엘서의 편집자(아마도 바빌론 유배 이후의 저자)는 패망의 설움에 눈물겨워 하며 이스라엘의 멸망, 백성의 분산과 치욕의 원인을 여기서 찾으려고 했을 것이다. 이런 의미에서 신학은 역사의 의미를 찾기 위해서 인간의 시선만 강조하지 않으며, 하느님의 시선에서 인간이 실패한 역사를 바라보도록 촉구한다.

앞에서 보았다시피, 사울과 사무엘, 왕권과 예언직은 왕정으로 전환된 이후 갈등의 구조를 이루는 두 세력으로 성장해 갔다. 하느님과 인간이 수직적 대척점에 위치하고, 예언자와 왕이 서로 견제하는 힘으로 마주 보고 선다. 대각을 이루며 발생하는 갈등 구조의 이야기에서 어떤 인물도 일방적으로 우세할 수 없는 구도가 생겨난 것이다. 이스라엘의 역사는 갈등 구조의 상황에서 왕권의 성공이나 실패가 영속하지 않는다는 것을 보여준다. 인간의 성공도 영속하지 않으나, 인간의 실패도 영속하는 것이 아니다. 실패의 경우에도 하느님께 돌아선다면, 실패는 그곳에서 멈출 수 있다. 하느님께 돌아서는 것이 회심이라면, 인간의 회심은 하느님과 함께 다시 시작하는 가능성이다. 그러므로 실패는 인간을 영원히 추락에 머물게 하는 것이 아니라, 잘못된 길에서 행동하는 것을 잠시 멈추고 쉬게 할 뿐이다.

신정 정치적 관점에서 이런 사실을 이해하는 것은 아주 단순하지만 중요한 요소이다. 하느님께 순종하느냐, 불순종하느냐 갈림길에서 선택해야 하는 게 인간의 길이기 때문이다. 다음에서 보게 될 두 요소, 즉 사울의 왕권과 사무엘의 예언직이 어떻게 갈등하며 인간의 성공과 실패를 말하는지 보게 될 것이다. 비록 인간적 요소가 갈등을 표출시키는 직접적 요인처럼 보일지 모르지만, 인간을 움직이시는 하느님의 의지는 갈등을 봉합하고 위기를 넘어서는 근본적인 힘으로 작용한다.

제3장

왕권과 예언자: 사울과 사무엘

제3장
왕권과 예언자: 사울과 사무엘

> 사무엘은 라마로 가고,
> 사울은 기브아에 있는 자기 집으로 올라갔다.
> (1사무 15,34)

앞에서 우리는 이스라엘이 사울과 함께 왕정이 어떻게 성립해 가는지 그 과정을 눈여겨보았다. 여기선 같은 과정을 보지만, 다른 시각, 즉 왕권과 예언자 세력의 긴장과 갈등이라는 측면에서 왕정의 불안정성을 성찰한다. 왕정이 정착해 가는 과정에 발생한 두 세력 간의 갈등은 결국 새로운 인물의 도래를 준비해 주기 때문이다. 우리는 하느님이 선택하신 '기름부음받은이'의 행동이 하느님의 길에서 넘어질 때 어떻게 행동해야 하는지 보게 될 것이다. 판관시대와 이스라엘 최초의 왕정을 여는 두 세력을 대변하는 사무엘과 사울은 하느님의 명령을 전하는 자와 수행하는 자의 기능을 성실히 이행하도록 요구받는다. 권력을 분점할 수 없는 상황에서 사울과 사무엘로 대변되는 왕권과 예언자는 두 세력의 견제와 균형이라는 긴장된 역할을 유지해야 한다. 하지만, 균형의 추가 한쪽으로 기울어 무너지는 순간, 두 세력은 동시에 힘을 잃고 쓰러지고 만 역사를 만들었다.

역사의 기록은 주변 민족의 침탈에 대항하는 방법으로 효율적인 왕권이 성립하자 예언자의 힘은 이스라엘에서 생기를 잃기 시작했다고 보고 한다. 하느님 대신에 인간의 정치에 의존한 통치체제의 변화는 이스라엘의 운명을 바꿔 놓기 시작한 것이다. 마침내 사울은 왕의 군대를 징집하고(1사무 13,2), 처음에는 칼도 창도 없는 이름만의 군대(1사무 13,19-22)를 데리고 필리스티아인들과 전투를 벌였다. 매 순간 이스라엘의 생존이 걸린 숱한 전투를 통하여 사울과 그의 군대는 이스라엘을 주변 민족들의 약탈에서 구하곤 했다. 그러나 사울이 왕권을 확립하고 왕위를 굳히는 계기가 될 아말렉과 벌인 전투에서 결정적으로 왕권과 예언자의 갈등이 폭발하고 말았다(1사무 15장).

15장은 사무엘과 사울 사이의 갈등이 최고조에 달했다는 사실과 결정적으로 사울의 왕권이 몰락할 것이라고 예고한다. 아말렉과 벌인 전투에 대한 묘사는 단 두 구절(7-8절)에 불과한 것으로 보아 15장의 관심 사항은 아말렉과 벌인 전투가 아니다. 다른 주제, 곧 갈등의 폭발로 야기된 사울의 배척을 언급하고자 한 것으로 보인다. 아말렉과 벌인 전투 일화가 있기 전, 13장의 길갈 이야기에서 예고된 주제는 사무엘이 사울을 배척한다는 것이지 않았던가? 바로 사울의 배척이 15장을 지배하는 주제이며, 사울 왕가의 하강과 다윗의 등장과 상승이 이야기의 흐름을 이끌 것이다. 따라서 다윗과 사울의 대립과 갈등이 이야기의 전면에 부각될 것이다.

이리하여 길갈 이야기는 이스라엘 민족이 왕을 요구하고 사무엘이 사울을 선택한 이야기의 연장선상에서 읽게 된다. 처음으로 왕이 된 젊은이가 무엇을 행해야 하고, 무엇을 삼가해야 하는지 알 수 없었던 불안한 상황에서 불길한 전조는 너무 일찍 찾아온 것이다.

불길한 전조

길갈 이야기(13장)는 사울이 아직도 젊은 나이 서른 살에 발생했던 사건으로 왕이 된 사울에게 너무 일찍 예고된 불행의 전조이다. 갓 초대 왕으로 선택된 사울은 왕으로서 위엄보다는 백성을 수호하고 적들의 침입을 방어해야 하는 임무에 골몰해 있었다. 이와 달리 사무엘은 예언자적 판관의 지위는 앗기지 않았지만, 백성의 관심이 사울에게 쏠린 뒤라서 자신의 영향력을 기대할 수 없었다. 자신의 사회적 지위는 지파들의 요구로 자신이 선택한 인물을 앞세워야 했던 상황으로 낮아질 대로 낮아진 상태였고, 반면에 사울의 위상은 높아만 갔다. 인간적으로 사무엘은 예언자의 역할을 수행해야 했지만, 사울과 비교해서 격하된 사회적 위상을 자각하고 있었다고나 할까? 긴장과 갈등의 원인이 분명하게 언급되지 않은 상황을 성경은 명백하게 설명하지 않는다. 다만 이스라엘 안에서 두 사람의 관계가 종교적 차원에서 추론하고 이해할 수 있는 범위를 넘어선다는 것을 짐작하게 할 뿐이다. 오히려 사회적 위상을 염두에 둔다면, 오늘의 사무엘(예언자)은 어제의 사무엘(판관)이 아니며, 오늘의 사울(왕)은 어제의 사울(농부)이 아니었다. 달리 생각하면, 농사를 짓던 평범한 젊은이가 백성의 통치자(나기드, *nagid*)처럼 살아온 사무엘의 지위를 차지했고, 그 때문에 기존의 영향력을 앗기게 된 사무엘은 예상하지 못한 낮추어진 사회적 위상을 겪어야 했다.

1사무 13장은 이렇게 두 사람의 사회적 위상이 완전히 역전된 상황을 기본적인 이야기의 틀로 사용한다. 두 사람의 처지가 전도된 상황에서 자신의 능력을 분명하게 드러내기 위한 위기가 사울에게 일찍 찾아왔다. 예상할 수 없었던 상황에서 사울은 서른에 임금이 되었고, 이스라엘을 다스린 지 겨우 두 해가 지났다(1절). 그는 통치자로서 사무엘의 예고처럼 이스라엘에서 군사를 선발할 수 있었고, 자신과 함께 미크마스와 베텔 산악지방에 이천의 군사를 주둔케 하였다. 그리고 아들 요나탄에게 천 명의 군사를 맡겨 벤야민 땅 기브아에 머물게 하여 이스라엘의 군사조직을 이끌도록 하였다. 그런데 젊은 요나탄이 필리스티아인들을 공격해서 원한을 사자 이스라엘과 필리스티아 사이에 전투가 발생하게 되었다(3절).

필리스티아인들이 이스라엘을 공격하려고 몰려들자, 사울과 요나탄이 이끄는 이스라엘 군에 위기감이 지배하기 시작했다. 성공적으로 전투를 치르기 위해서 전쟁 전 희생제를 바치는 사무엘의 의례가 필요했고, 정신적 지원이 필요했다. 사무엘서는 위급의 시기를 맞이한 이스라엘 군 진영의 분위기를 이렇게 표현하고 있다. '*이스라엘 사람들은 자기들이 포위되어 위급하게 되었다는 것을 알고, 저마다 굴이나 덤불이나 바위틈, 또는 구덩이나 웅덩이를 찾아 몸을 숨겼다.*'(6절) 사태는 더욱 심각해져서 '*사울은 사무엘이 약속한 이레를 기다렸으나, 사무엘은 길갈에 오지 않았다. 군사들은 사울 곁을 떠나 흩어지기 시작하였다.*'(8절) 사무엘을 초조하게 기다리던 사울은 참지 못하고 이스라엘 군대의 사기를 북돋우려고 번제물과 친교 제물을 가져오게 하여 자신이 사무엘을 대신하여 번제물을 바쳤다.(9절)

마치 예고된 이야기의 순서처럼, 왕이 번제물을 바치고 난 직후에 사무엘이 등장했고 사울의 불행이 선언되었다. 사울의 행동을 긍정적으로 말한다면, 이스라엘 군대의 불안과 혼란이 가중되기 시작한 시점에서 사울은 분위기를 바꾸고자 번제물을 바쳤을 뿐이다. 그런데 위기의식이 지배하던 사울의 전쟁 의례적 행동이 끝나자마자 사무엘이 어느 사이엔가 나타났다. 이제부터 전투의 분위기에 대한 서술은 배경으로 물러나고 사울에 대한 사무엘의 신탁이 우리의 시선을 압도한다. 마치 모든 게 미리 예정되어 있던 수순처럼 사울의 운명이 사무엘의 신탁으로 선언된다.

> "임금님은 어리석은 일을 하셨고, 주 임금님의 하느님께서 내리신 명령을 지키지 않으셨습니다. 그것을 지키셨더라면 지금쯤 주님께서 이스라엘을 다스리는 임금님의 왕국을 영원히 굳게 세워 주셨을 터인데, 이제는 임금님의 왕국이 더 이상 서 있지 못할 것입니다. 주님께서 명령하신 것을 임금님이 지키지 않으셨으므로, 주님께서는 당신 마음에 드는 사람을 찾으시어, 당신 백성을 다스릴 영도자로 임명하셨습니다." (1사무 13,13-14)

엄격한 의미에서 사울이 범한 행위를 죄로 선언한 사무엘의 신탁은 이해하기 어려운 점이 많을 뿐만 아니라, 사울이 범한 죄의 성격을 규정하는 어려움이 있다.[68] 앞에서 언급했다시피 겉으로 보면, 사무엘과 사울 사이에 발생한 두 사람의 새로운 사회적 위상이 갈등처럼 불거진 상황이 벌어졌다. 왕과 사제직의 특권을 동시에 수행한 사울에게 사무엘은 결코 새 통치자에게 왕권의 지속성을 축복할 수 없었다. 다른 측면에서 보면 1사무 10,8(*당신은 나보다 앞서 길갈로 내려가시오. 나도 뒤따라 당신 있는 곳으로 내려가서, 번제물을 바치고 친교 제물을 드리겠소. 내가 당신에게 갈 때까지 이레 동안 기다리시오. 그때에 가서 당신이 해야 할 일을 내가 알려 주겠소*")은 야웨 하느님의 명령을 중재한 사무엘의 명령을 따르지

---

68 V. Philips Long, *The Reign and Rejection of King Saul. A Case for Literary and Theological Coherence*, SBL Dissertation Series 118, Scholars Press, 1989, 87쪽 참조. 여러 연구자들은 사울의 죄를 사제직의 특권을 범한 죄(*Noth, Soggin, Blenkisopp, Heyes, Jobling* 등)와, 불순종의 죄(*Beyerlin*)로 요약한다. 그러나 Long은 명령(*Command*)보다 임무(*Charge*)의 실패로 판단한다. 그러나 사울의 죄를 어떻게 규정하든 불확실성만 커간다는 점을 부인할 수 없다.

않은 사울에게 불순종이 죄의 내용을 구성하는 듯이 보인다.

그렇다면 사무엘이 비판적 어조로 선언한 것처럼 사울이 그렇게 잘못을 범할 특별한 이유가 있었을까? 혹은 사울에 대한 사무엘의 신탁이 어째서 왕에게 무자비한 계획처럼 들리는 것이 되었을까?[69] 어쨌든, 이제 시작된 통치자(*nagid*)의 길은 어려운 왕권의 수립으로 진행될 것이지만, 이 길이 본격적으로 시작되기도 전에 사울의 통치방법이 문제가 되었음을 듣게 되었다.

사울의 행위가 불러온 사무엘의 힐난을 이해하기 위해 사무엘의 말에서 우리는 두 가지 요인을 찾아 읽을 수 있다. 하나, 번제물과 친교 제물을 받치기 위해 이레(7일)를 기다리시오. 둘, 번제물과 친교 제물을 받치기 위해 내(사무엘)가 올 때까지 기다리시오. 두 경우를 두고 사울이 잘못했다면 다시 하나로 수렴시킬 수 있다. 이스라엘 신정정치의 근본적 성격은 왕(판관과 전사의 역할)과 예언자(제사장)의 역할과 임무가 구분되어야만 성립한다. 왕은 야웨의 백성을 통치하고 보호하는 임무를, 예언자는 야웨의 신탁(말씀)을 전하는 임무를, 즉 두 임무의 구분이라는 이중걸개가 이스라엘의 신정정치를 규정한다.[70] 사무엘이 지적한 것은 바로 사울이 이스라엘 신정정치의 구조를 무시한 행동에 대한 질책이었다고 말할 수 있다. 달리 말하면, 사울의 위험한 행동은 왕정이 신정 체제적 의미를 흔들고 하느님을 대변하는 예언자의 역할을 무시하며, 예언자의 직무를 거스른 왕정의 일방성을 의미했던 것이다.

---

69 월터 브루거만, 『사무엘 상·하』, 160쪽.

70 '만일 여러분이 주님을 경외하여 그분을 섬기고 그분의 말씀에 순종하며 주님의 명령을 거역하지 않으면, 여러분뿐 아니라 여러분을 다스리는 임금도 주 여러분의 하느님을 따르게 될 것이오. 그러나 여러분이 주님의 말씀에 순종하지 않고 주님의 명령을 거역하면, 주님의 손이 여러분과 여러분의 임금을 치실 것이오.' (1사무 12,13-14)

어쨌거나 사무엘은 사울의 변명을 듣고 '*임금님은 어리석은 일을 하셨고..*' (1사무 13,13)라고 꾸짖었다. 사무엘의 이 말[71]은 사울이 도덕적으로 어리석었다고 비판한 것이 아니다. 오히려 사울이 '바보처럼 어리석다'든가, 야웨께 바치는 제례의 의미를 '깨닫지 못했다'는 인식능력의 무능함을 가리킨다. 그렇다면 사무엘의 비판은 사울이 왕이 된 현실에서 야웨 하느님의 전쟁, 곧 성전의 의미를 제대로 깨닫지 못했다는 경고인 것이다. 결과적으로 사무엘의 신탁을 이해하지 못하고 행동한 사울은, 위기의 순간에 야웨 하느님의 명령에 순종할 수 없었다. 그리하여 비록 사울이 고의적으로 사무엘의 사제직분을 빼앗으려고 하지 않았다고 할지라도 사울의 행위는 종교적으로 되돌릴 수 없는 잘못이 되었다. 아마도 이런 의미에서 사무엘의 비판이 어리석은 자를 꾸짖는 듯한 어조를 띤 까닭을 이해할 수 있을 것이다.

갈등의 폭발: 결정적 과오

왕정의 시작이 얼마 되지 않은 시점에서 사무엘과 사울의 긴장과 갈등은 사회학적 관점에서 충분히 예측할 수 있다. 모든 게 불분명한 왕정은 2년을 갓 넘긴 체제였고, 새 체제를 지지하는 세력과 반대하는 세력이 엄연히 존재하고 있었던 불안을 처음부터 안고 있었다. 사무엘이 다스리던 옛 체제에 안온했던 사람들과 불만을 가진 사람들이 사울 왕정의 성공

71 여기서 사용한 히브리어의 번역어 '어리석은 일을 했다(*niskalta*)'는 한 단어로 skl이 어근이며, 도덕이나 윤리의 무능력이 아니라, 인지능력의 무능을 의미한다. V. Philips Long, *The Reign and Rejection of King Saul*, p. 90 참조.

과 실패를 유의해서 관망하고 있었을 것이기 때문이다. 그래서 새 체제에 대한 반대와 불만은 사무엘을 통해서 드러났고, 잠재해 있던 목소리들은 언제든지 폭발할 힘으로 남아 있었다.

사무엘서는 사울의 선택을 역사 환경의 변화로 설명하고 있으며, 왕으로서 사울의 전성기를 이야기한다. 왕정의 초반부터 두 시대를 대표하는 세력들 사이의 긴장을 통해 사울의 몰락을 예고하는가 하면, 순탄치 않을 새 시대의 변화를 긴급하게 묘사하기도 한다. 따라서 15장은 신정 정치의 고유한 특성에 따라서 예언자 집단이 야웨 하느님의 명령을 수행하지 못한 왕들의 운명을 선언하고 보여주는 예표적 성격을 잘 드러내 준다.[72]

이런 관점에서 사무엘서는 역사 신학적 성찰을 토대로 왕권이 성립하는 긴 과정을 위대한 야웨 신앙의 관점에서 서술한다. 1사무 12장은 왕권이 축복받을 수 있기 위한 조건을 *<만일 여러분이… 한다면>*으로 요약하고 있다.[73] 이 조건이 충족되지 않는다면 왕으로 선택받은 자와 더불어 백성은 그들이 선택한 잘못으로 하느님의 벌을 받게 된다. 그들은 왕권의 성립이 무엇을 의미하는지, 그리고 이렇게 성립한 왕정이 하느님의 길을 벗어난 죗값이 무엇인지 알게 될 것이다. 이스라엘은 오직 하느님만 인간에게 왕이었던 체제에서 벗어난 인간의 길이 얼마나 큰 죄악인지 비로소 심각하게 깨닫게 될 것이다.

1사무 15장의 신명기적 기술[74]은 이렇게 12장을 거쳐 13장에서 구체적

72 프리츠 슈톨츠, 박영옥 옮김, 『사무엘 상·하』, 163-164쪽 참조.

73 12장의 1-5절과 6-25절은 두 개의 생각을 나타낸다. 앞 절은 왕권의 수립을 긍정하지만, 두 번째 연설은 왕권의 부정적인 성격을 강조한다. 성경을 편집사적으로 보면, 두 개의 생각은 편집 과정에서 하나의 관점으로 융합되었음을 짐작할 수 있다.

74 1사무 15장은 역사성 자체도 의심 받는 등 본문에 대한 평가가 상당히 엇갈리고 있다. 그러나 전통적으로 신명기 신학에 속한다는 주장에도 불구하고, 오히려 사제계(P, 혹은 제관계) 문헌

으로 그리고 분명하게 드러나는데, 바로 왕권이 어떤 경우에 거부되는지를 예고한다. 사울 왕권에 대한 사무엘의 거부는 하느님의 뜻을 선포하는 세력과 왕권을 수호하고 유지하려는 세력 간에 표출된 일종의 갈등이다. 사무엘과 사울의 갈등이 심화하면서 드러난 사울 왕권의 거부는, 역사 신학적으로 보면, 마침내 새로운 (다윗) 왕조의 등장을 암시한다.

더구나 14장은 신탁의 대변자 사무엘이 사울의 왕권을 거부하게 함으로써, 그 왕권의 중심에 서 있는 사울이 얼마나 비극적인 인물[75]이 될 것인지도 암시한다. 사울이 군대에 저주를 씌우는 맹세를 했을 때(24절), 이 저주로 하느님의 저주-신탁이 발생하게 된 연유를 묘사하면서 사울과 사울 왕정의 운명을 예고하고 있다. 어찌 보면 왕권과 예언자 사이의 정치적 갈등은 신정정치에서 세속 왕정으로 나가는 시점에서 발생한 예고된 갈등 현상일 수도 있겠다.

이런 관점에서 본다면, 15장은 이스라엘의 통일국가체제를 완성했던 다윗을 염두에 두고 있다. 말하자면, 사울 왕권의 실패를 부정적으로 암시함으로써 동시에 다윗 왕권을 준비하고 있는 것이다. 이스라엘의 첫 왕이 등장하자마자 실패를 예고함으로써, 왕정의 연속성과 불연속성을 동시에

으로 역대기 신학에 가깝다는 주장도 있다. 이렇게 다양한 연구에도 불구하고 요약해 보면, 대체로 신명기적 사상을 드러내는 문서 속에 이야기가 삽입되어 있다고 본다. 원진희, 사무엘 상 15장의 전승사적 위치, 『구약논단』 제 14권 13호(통권 29집), 2008; V. Philips Long, 135-169쪽을 참조. 우리는 15장을 읽으며 역사 비평이나 문학 비평이 찾아낸 좋은 결과를 인정하지만 전적으로 이에 구애되지 않을 것이다. 이야기 편집자의 흐름에 초점을 맞추며 무엇보다도 의미를 찾기 위한 해석을 통해 이야기의 자연스러운 흐름과 일관성을 중요하게 여긴다.

75 사울의 비극은 이야기가 전개되어 가는 과정에서 다윗과 관련 하에서 극적 요소들로 꾸며질 것이다. 이야기의 비극성은 다윗과 관련된 사건들을 내용으로 하지만, 비극성을 극화하는 구체적인 내용은 어처구니없게도 사울 자신에게 가까운 주위 인물들의 배반에서 비롯된다. 사울의 대화 상대인 사무엘, 딸 미칼(1사무 19,8-17: 다윗의 도망을 도와준다), 아들 요나탄(1사무 20장. 다윗과 우정을 통해 사울의 압박에서 벗어나게 해준다.) 등이 자신의 적수이자 경쟁자인 다윗을 위해 왕을 배신하였던 것이다.

감안한 서술이 교묘하게 이곳에서 준비된 것이다. 사실상 15장 이후의 장면들은 두 인물 간의 갈등과 투쟁의 사실적 기록들이라 말할 수 있다.

따라서 1사무 15장은 다윗 왕권이 등장하기 전에 이미 사울 왕권의 몰락을 예고하는 소재를 담고 있다고 하겠다. 이곳에서 우리는 사울이 아말렉 족속(네겝 사막 남쪽에 거주하던 유목민. 복수 혹은 단수로 표기)과 벌인 전투 이야기를 듣는다. 어떤 의미에서 아말렉과 벌인 전투는 지리적 상황을 고려하면 사울에게 이상한 명령일 수도 있다. 사울이 통상적으로 거주하는 곳과 전투의 상대인 아말렉이 거주하는 유다 남부는 아주 먼 거리이기 때문이다. 원거리 전투를 치러야 할 사울은 사무엘의 신탁을 듣고 문자 그대로 수행해야 할 의무를 지닌 임무 수행자의 역할을 해내야 했다. 신탁의 명령을 수행함에 있어 지극히 작은 오차라도 날 경우 사무엘의 신탁에 대한 사울의 소극적인 불복종은 어떤 의미에서 하느님의 명령에 대한 저항으로 비판이 될 수 있었다.

어쨌든 성경은 아말렉이란 이름으로 이스라엘이 왕정으로 나가는 과정에서 드러나는 역사의 내적 모순과 요인들을 들려주고자 한다. 그것은 한마디로 불순종의 결과는 한 인물의 몰락일 뿐만 아니라, 그가 통치하는 왕정과 백성의 몰락을 의미한다.

아말렉족: 이스라엘의 원한

아말렉 족속은 이스라엘이 이집트에서 탈출하여 겨우 목숨을 부지하며 사막과 광야를 헤맬 때 이스라엘 앞에 적대적 세력으로 등장했다. 이스라엘의 탈출을 웅장하게 묘사하고 있는 갈대 바다 사건(탈출 14장)은 이집트의 파라오 압제 하에서 핍박 받던 이스라엘이 노예생활에서 벗어나던 역사적 사건의 백미이다.

2사무 15장에서 언급하고 있는 아말렉은 역사적으로 이스라엘을 위험에 빠뜨렸던 원수이지만 단순한 부족 사이의 전투라는 차원을 넘어서 있다. 이 전투는 이스라엘이 노예 집단으로써 죽음의 위험을 무릅쓰고 이집트를 탈출해서 생존의 위협에 시달리던 시절에 벌어졌다. 이스라엘이 위험한 생존 조건에 시달리며 어려움을 겪고 있을 때 아말렉 족속이 걸어온 전투로써 민족 형성기에 겪었던 대표적인 고난이었다. 이 시기에 이스라엘은 사막과 광야를 지나면서 먹고 마실 것조차 충분히 마련할 수 없었다. 일차적인 생존 조건의 불안은 이스라엘이 극복해야 할 자연 조건이었지만, 아말렉의 공격은 이스라엘이 역사적 실체로 진입하던 초기에 가중된 민족적 위협이었다. 생존의 갈림길에 서 있던 이스라엘은 사막과 광야에서 겪은 쓰라린 이 고통을 세대를 거치면서도 상기해야만 했다(탈출 15-17장).

탈출과 관련된 토라의 기록에 의하면, 모세가 이끄는 이스라엘 백성은 광야에서 사흘을 걸었지만 마실 물은 마라의 쓴 물밖에 찾지 못했다. 또한 먹을 것이 부족하여 이스라엘 자손들의 온 공동체가 그들의 지도자인 모세와 아론에게 끝없는 불평을 해대었다. 이스라엘 자손들은 그들의 지도자인 모세와 아론에게 이렇게 소리쳐댔다.

> "아, 우리가 고기 냄비 곁에 앉아 빵을 배불리 먹던 그때, 이집트 땅에서 주님의 손에 죽었더라면! 그런데 당신들은 이 무리를 모조리 굶겨 죽이려고, 우리를 이 광야로 끌고 왔소?" (탈출 16,3)

생명의 위협 속에서 광야를 떠돌던 이스라엘 백성에게 생존 조건인 마실 물은 늘 부족했던 것 같다. 그래서 이들이 지역을 옮겨가면서 마실 샘물을 찾는 것은 생명줄을 찾는 것과 마찬가지로 중요했다. 그래서 마싸와 므리바에서 갈증을 참을 수 없던 백성은 모세와 아론을 향해서 기어이 불만을 터뜨렸다. 백성은 물이 없어 갈증에 시달리며 사막으로 인도한 그들에게 듣기 어려운 불평을 쏟아냈던 것이다.

> "어쩌자고 우리를 이집트에서 데리고 올라왔소? 우리와 우리 자식들과 가축들을 목말라 죽게 하려고 그랬소?" (탈출 17,3)

이런 자연환경에서 갈등을 겪던 이스라엘에 더욱 불행한 사실은 앞에서 언급한 아말렉 족속의 위협이었다. 이스라엘 백성이 이처럼 굶주림과 갈증 속에서 헤매고 허우적거릴 때 아말렉이 공격해 온 것은 이스라엘에게 설상가상의 위협이었던 것이다. 이 사건은 상세한 역사적 기록을 바탕으로 한 것이 아니라 이스라엘의 구두 전승에 의해서 이어져 온 것으로 토라의 본문 밖에서 찾아볼 수 있는 사건은 아니다. 아말렉의 위협은 지리적으로 갈대 바다를 건너 탈출한 집단이 사막을 거칠 때 만날 수밖에 없었던 사건이다. 왜냐하면, 이스라엘이 지나가야 했던 남부 유대 지방이나 네겝 지역은 아말렉이 출몰하던 지역이었던 것이다.

그렇지만, 토라의 이야기들 중에서 아말렉에 관한 저주와 원한 맺힌 기록에 의하면, 아말렉에 대한 이스라엘의 한(恨)이 얼마나 컸는지 상상해 볼 수 있다.

> "너희가 이집트에서 나오던 길에 아말렉인들이 너희에게 한 짓을 기억하여라. 그들은 너희가 피곤하고 지쳐 있을 때에 너희와 길에서 마주치자, 하느님 두려운 줄도 모르고 너희 뒤에 처진 사람들을 모두 쳐 죽였다.

> 그러므로 주 너희 하느님께서 너희가 차지하도록 상속 재산으로 주시는 땅에서 너희 주위의 모든 적을 물리쳐 너희에게 안식을 주시면, 너희는 하늘 아래에서 아말렉인들에 대한 흔적조차 없애버려야 한다. 이것을 잊어서는 안 된다." (신명 25,17-19)

그 원한이 얼마나 깊었으면, 한 부족의 씨를 지상에서 멸절시켜야만 그 한을 메울 수 있다고 생각했겠는가? 이스라엘이 기억하는 아말렉족은 창세기에서 에사우의 혈통에 속하며 이스라엘이 이집트를 도망쳐 나오던 위급한 상황에서 첫 번째로 맞닥뜨려 싸우게 된 부족이었다.

> 주님께서 모세에게 말씀하셨다. "이 일을 기념하여 책에 기록해 두어라. 그리고 내가 아말렉에 대한 기억을 하늘 아래에서 완전히 없애버리겠다는 것을 여호수아에게 똑똑히 일러 주어라." (탈출 17,14)

모세가 여호수아에게 전한 명령으로 볼 때, 하늘 아래에서 아말렉족을 완전히 없애버리겠다는 이스라엘의 절규는 언젠가 이루어져야 할 이야기였다. 그리고 이 경고는 불행을 겪고 있는 이들에게 설상가상으로 불행을 가하는 모든 인간에게 실존적 의미를 줄 것이었다. 게다가 지상에서 사라질 부족의 이름을 신의 명령으로 문자로 기록해야 한다는 것도 인간 역사의 모순이 아니지 않은가? 이렇게 아말렉 족속과 벌였던 싸움은 이스라엘 백성이 죽음을 무릅쓰고 온몸으로 막아내야만 했던 쓰리고 아린 기억이었다. 지상에서 없어져야 할 정도로 이스라엘에 절치의 한을 맺히게 했던 아말렉 족속은 사무엘과 사울이 살았던 시절에도 역사적 현실이었던 것이다.

그렇다고 해도 어떻게 한 민족이 다른 민족에 대해서 이런 파괴적 권리를 주장할 수 있는가? 토라가 하느님의 이름으로 이렇게 주장하고 있다면 분명한 이유가 있을 것이다. 하느님의 이름으로 진행되는 전쟁은 일종의 거룩한 전쟁[76]으로 주장하지 않는가? 더구나 하느님과 인간 사이에 맺어진 계약이 지배하는 거룩한 전쟁에서 계약은 준수되어야 한다. 따라서 이런 관념을 바탕으로 생각하면, 아말렉과 이스라엘의 충돌은 때로 발생될 수 있는 우연한 갈등의 문제가 아니다. 이민족 사이의 충돌이 전쟁이 된 이 사건은 잊어버릴 만한 지엽적인 다툼이 아니다. 고대 세계에서 기억되는 사건이라면 인류가 성찰해야 할 보편적인 역사적 의미를 제기하지 않겠는가? 절멸의 요구는 일방적인 폭력의 행사일 수 있기 때문에 그에 합당한 권리를 주장할 수 있어야 한다. 이스라엘이 만약 그런 주장을 할 수 있다면, 절멸의 쓰라린 기억을 가지고 있는 집단으로써 그런 주장과 문제 제기를 감히 할 수 있다고 말할 수 있다. 그래서 아말렉 족속의 공격을 받고 백성 모두가 전멸될 위기에 처했던 구체적 경험이 주장하는 보편적 의미의 차원을 잊어선 안 된다. 아마도 이스라엘이 자신이 겪은 고통스러운 기억을 간직한 채 이러한 주장을 해야만 했던 아말렉족의 전투는 불행한 일일 수밖에 없다. 어쨌든 이런 기억은 민족의 생존에 아주 깊은

76 구약성경을 보면, 아말렉의 경험은 이스라엘에게 갈등이 전쟁으로 비화되었을 경우, 전쟁을 야웨 하느님이 주도하는 전쟁으로 이해하기 시작했다. 이스라엘 민족과 이방 민족의 갈등이 전쟁으로 진행되었을 때, 신의 이름으로 행하는 전쟁은 역사적으로 거룩한 전쟁-성전으로 불리기 시작했던 것이다. 성경의 개념에서 볼 때, 성전의 조건은 (어떤 이유에서든) 야웨 하느님이 직접 혹은 간접적으로 개입하는 전쟁이고, 전쟁에 참여한 이들은 보상이 뒤따르는 것으로 채워진다. 역사적으로 성전의 관념은 고정불변의 개념이 아니라, 1) 정복전쟁과 군대의 하느님, 2) 전쟁은 파탄이라는 생각에서 야웨 하느님은 전쟁을 원하지 않는다는 평화주의적 전향으로 변화를 거친다. 이후 벌어진 인간의 성전은 신의 이름을 내걸면서 인간의 목적과 계획을 숨기고 진행된 역사를 보여준다. 쟈크 G. 루엘랑, 성전, 『문명충돌의 역사』, 16쪽과 특히 21-28쪽 참조.

상처로써, 두 번 다시 반복되어서는 안 될 이야기이고 사건이다.

사무엘의 신탁, 사울의 실패

아말렉 족속을 치는 것은 왕이 되어 왕권의 위엄을 드러내야 할 필요가 있던 사울에게도 필요한 일이었다. 신탁의 이름으로 사무엘은 다시 한 번 몇 백 년 전에 발생했던 이스라엘의 깊은 상처, 생존의 위기를 상기시킨다. 노예생활에서 벗어나 정치적 압제에서 탈출과 해방을 이끌었던 주님의 활동을 가로막으려고 했던 아말렉, 탈출의 불안에 시달렸던 이스라엘 민족의 생존을 위협했던 아말렉에 대한 기억은 이렇게 지울 수 없었다.

> 사무엘이 사울에게 말하였다. "주님께서 나를 보내시어 당신에게 기름을 부어서 그분의 백성 이스라엘 위에 임금으로 세우게 하셨습니다. 그러니 이제 주님의 말씀을 들으십시오. 만군의 주님께서 이렇게 말씀하셨습니다. '아말렉이 이스라엘에게 한 짓, 곧 이스라엘이 이집트에서 올라오는 길을 막았던 그 일 때문에 나는 그들을 벌하겠다. 그러니 너는 이제 가서 사정없이 아말렉을 치고, 그들에게 딸린 것을 완전히 없애버려라. 남자와 여자, 아이와 젖먹이, 소떼와 양떼, 낙타와 나귀를 다 죽여야 한다.'" (1사무 15,1-3)

이야기는 아주 빠르게 진행되어 명령의 수행인 전투에 관해서는 필요가 없다는 듯이 설명이나 묘사를 생략한다. 결과만 알려 주는 방식으로, 사무엘의 명령을 받은 사울이 이스라엘 민족을 괴롭히는 아말렉족과 전투를 치르면서 완벽한 승리를 거두었다고 마무리한다. 사무엘의 명령은 주님의 명령이며, 이는 수행되어야 할 뿐만 아니라 완전하게 실행되어야 했던 것이다. 사무엘의 명령대로 사울은 아말렉 족속 모두를 쳐 죽이고 그 왕 아각을 사로잡는 대승리를 거두었다. 사울은 사무엘이 선포한 왕이 되는 조건, 곧 하느님의 뜻을 실행하는 자가 되기 위해 아말렉을 절멸시키는 역사적 사명을 수행했다. 말하자면, 사무엘의 비판적 태도에도 불구하고 사울은 실질적으로 아말렉을 대상으로 치른 전투의 승리로 백성에게 영웅적인 모습을 충분히 보였다.

그러나 이 과정에서 완전히 이해할 수는 없지만, 사울은 하느님의 뜻이 아니라 자기 뜻을 실현하는 결정적인 잘못을 범한 것으로 비판받는다. 사울과 그의 군대는, 사무엘의 비판적 선언에 따르면, 야웨 하느님의 명령을 제대로 수행하지 않았고, 사울 자신의 뜻을 실현한 전투를 수행했다. 사무엘의 명령은 사울이 문자 그대로 아말렉 족속에게 딸린 것은 사람이건 재물이건 "모두" 없애버려야 했다. 사무엘이 전한 하느님의 명령을 이해하든 이해 못하든 한 치의 오차도 없이 수행했어야 할 그 명령은 주님의 명령이었기 때문이다.

> 그런데 사울과 그의 군사들은 아각뿐 아니라, 양과 소와 기름진 짐승들 가운데에서 가장 좋은 것들과 새끼 양들, 그 밖에 좋은 것들은 모두 아깝게 여겨 완전히 없애버리지 않고, 쓸모없고 값없는 것들만 없애버렸다. (1사무 15,9)

주님의 명령을 전한 사무엘에 의하면, 왕은 이스라엘의 전통적인 신앙체계 안에서 하느님의 뜻을 따르는 종의 신분이라는 사실이 강조된다. 그런데 사울은 사무엘의 명령을 철저히 수행한 듯 보였지만 완전하지 못하였고, 두 가지 잘못을 저질렀다는 비판을 받았다. 첫째는 아말렉의 왕 아각을 살려 두었고, 둘째는 값지고 유용해서 버리기 아까운 것들을 남겨 두었다.

위 구절의 표현에서 사울이 하느님의 명령을 지키지 않았다는 사무엘의 비판과 비판에 대한 사울 자신의 답변은 비교할 만하다(15절). 사무엘서는 전투를 마치고 난 뒤, 사울은 전투의 승리와는 별도로 "좋은" 것과 "아까운" 것들을 전리품으로 챙겼다고 강조한다. 사무엘서는 당연해 보이는 이런 행동, 곧 전쟁의 승리자만이 행할 수 있는 행동이 이 전투가 가진 본래의 의미를 훼손하는 것으로 본 것이다.

사무엘은 분명히 '*아말렉이 이스라엘에 한 짓, 곧 이스라엘이 이집트에서 올라오는 길을 막았던 그 일 때문에 나는 그들을 벌하겠다. 그러니 너는 이제 가서 사정없이 아말렉을 치고, 그들에게 딸린 것을 완전히 없애버려라. 남자와 여자, 아이와 젖먹이, 소떼와 양떼, 낙타와 나귀를 다 죽여야 한다.*' (1사무 15,2-3)고 사울에게 주님의 명령을 전했던 것이다. 그런데 사울은 아쉽게도 아말렉과 관련된 모든 것, 곧 진멸의 명령을 간단히 전쟁 승리자의 전투로 대체한 것이다. 사울은 자기가 이긴 전쟁에서 없애버리기엔 너무 아까운 것들을 버릴 수 없어 전리품으로 삼을 수밖에 없었다고 변명했다. 변명으로 들리는 사울의 주장은 그 이유가 어떠하든 주님의 길과 인간의 길이 왜 다른지, 어떻게 달라야 하는지 보여주는 대목이기도 하다. 사실 사무엘의 신탁은 사무엘서 편집자의 신명기적 신학의 전개이지만, 근본적인 내용은 배타적이며 비타협적인 야웨의 명령이다.

야웨의 명령은 이스라엘의 고대 계약개념에서 어느 누구와도 타협 불가능한 절대주의를 표방한다. 신권의 절대주의는 이스라엘이 이해하든 이해하지 못하든 야웨 하느님께 절대 순종을 요구한다. 신권의 절대주의적 표명은 세속 권력의 상징인 왕권을 앞서며, 사무엘은 신탁에서 사울의 우위를 제압해야만 했던 것이다. 그런데 사울의 정치적 현실에서 사무엘의 명령은 지나치게 비효율적이며, 현실을 외면한 처사이지 않은가? 왕정을 확립해 나가는 과정에서 유다 남부 변경을 유랑하는 유목민을 학살한다는 게 무슨 의미가 있단 말인가? 이런 의문을 가지고 생각해 보면, (나중에) 유다 출신인 다윗에겐 아말렉이 현실적인 문제였지만, 사울에겐 어쩌면 사무엘이 던진 시험이었을지도 모른다. 어쨌거나 사울은 사무엘의 시험에 걸려 넘어진 꼴이 되었으니 둘 사이의 갈등이 첨예한 상태에서 비판은 고조되었던 것이 틀림없다.

이로써 사무엘을 통해 하느님이 명령한 전쟁에서 승리한 사울에게 하느님은 승리의 하느님이 되었다. 순종해야 할 그분이 아니라, 사울에게 오로지 좋은 것을 가져다주는 "전리품의 하느님"이면 충분한 것이 되었다. 인간의 눈에 버릴 수 없고, 또 유용한 좋은 모든 것을 없애라는 야웨 하느님의 명령은 도저히 이해할 수 없다. 이 좋은 것들을 취하지 않고 아무도 사용하지 못하도록 없애버리라니! 사울에게 목숨을 걸고 행한 전투에서 아무것도 얻을 수 없는 것이야말로 정말로 이해할 수 없는 일이지 않은가? 사무엘의 비판적 신탁에 따르면 사울은 명령 수행의 마지막 단계에서 아말렉을 쳐부순 전투를 자기의 판단대로 불순종을 감행한 전투로 만들어버렸다.

사울의 실패는 왕권의 추락으로 확대될 것이지만, 아말렉과 벌인 전투가 야웨의 요구와 사울에게 부여된 임무라는 사실이 무시된 것이다. 야웨의 신탁은 그분이 선택한 왕일지라도 변경할 수 없으며, 신탁의 실행 여부는 오직 그분께만 속한다. 신탁의 권리가 무시된 사울의 불순종으로 사무엘은 이스라엘이 사활을 걸고 치른 전투를 애석하게 여겼다. 사무엘은 사울의 승리를 야웨의 명령을 수행하지 않은 전투로 여겼고, 예언자의 주장을 완전히 무시한 전쟁으로 선언했으며, 사울을 이스라엘 왕권에서 배척하게 되었다.

갈등

사울과 사무엘의 갈등은 결과적으로 다윗의 등장을 염두에 두고 서술된 이야기이지만, 사무엘의 비판적 태도는 사울에게 현실적 부담이었다. 그렇지만 사무엘과 사울 사이의 내적 갈등에도 불구하고, 아말렉과 벌인 전투는 현실적으로 사울에게 왕권 강화의 기회였다. 그래서 사울에게 아말렉과 벌인 전투는 사무엘과 갈등을 더욱 악화시키는 계기가 되었지만, 이 사건을 통하여 전투의 승리자로서 처신할 수 있게 되었다.

따라서 왕권이 강화되고 견고해질수록 사울과 사무엘 사이의 긴장은 높아가고 왕권을 틀어쥔 자는 예언자를 철저히 무시할 수 있지 않았을까? 이처럼 왕권과 예언자 세력 사이의 갈등은 더욱 심각해지고, 왕권의 일방성이 백성을 대신한 예언자의 목소리를 첨예하게 만들었다. 비록 왕권에 대한 주님의 심판은 지금 실행되지 않지만, 시간만 늦출 뿐 잠시 연기된 확실한 현실이었던 것이다.

요약하자면, 왕권과 예언자 사이에 발생된 긴장과 갈등은 서서히 진행된 사실임을 유의해야 한다. 우리는 이미 1사무 13장에서 사울이 아말렉과 벌인 전투에서 승리를 거둔 사실을 알고 있다. 왕권이 형식적이나마 자리를 잡기 시작한 시절에 치른 전투여서 주변의 상황이 심히 어려웠던 것은 사실이었다. 왕이 된 지 갓 2년이 지난 사울(1사무 13,1)에게 왕권과 예언자 사이에 발생한 긴장과 갈등은 체제의 안정과 결부된 본질적인 사태였다. 이 상황이 풀리지 않는다면 이스라엘의 안전을 수행하는 전투마저 위태로운 사태로 변질될 수 있는 것이다. '*사울은 사무엘이 약속한 이레를 기다렸으나 사무엘은 길갈에 오지 않았고, 군사들은 사울 곁을 떠나 흩어지기 시작하였다.*'(8절) 그래서 사울은 이스라엘이 사기를 잃고 흩어질 상황에서 사기를 돋우고 분위기를 반전시킬 요량으로 전투의 승리를 기원하는 '*번제물*'을 바쳤던 것이다. 현실적 상황판단이 운명을 바꾸는 사건이 되었으니, 이 행위 때문에 예언자의 역할을 대신한 왕에게 사무엘의 신탁은 불행한 전조를 알리는 운명이 되고 말았다.

13장의 사건에 이어 15장은 사울이 사무엘의 신탁에 따라 아말렉과 벌인 전투에서 명령대로 수행되지 않았다고 심각한 경고를 선언했다. 사울은 비록 전투의 승리를 확인했지만, 한 번의 승리가 왕권을 유지하는 데 필요한 이스라엘의 전적인 지지를 확보할 수 있는 길은 아니었던 것이다. 사울이 예언자의 지지를 외형적으로나마 얻기 위해 끊임없이 애쓰는 행위는 왕정의 유지가 불안한 만큼 어려웠다는 사실을 반증한다.

갈등이 고조되는 가운데에 사울은 백성 앞에서 승리의 의례를 사무엘에게 강요하다시피 요구하면서 붙잡다가 그의 겉옷 자락을 찢게 되었다. 우연처럼 보이는 이 일은 불행하게도 사울의 파탄을 예고하는 신탁(28절)이 되어 버리고 말았다. 사무엘은 어쩔 수 없이 사울의 초대를 수용할 수밖에 없었지만(31절), 이후 그는 죽는 날까지 사울을 보지 않았다. 사무엘은 이스라엘을 생각하면, 자신이 세우고 사울이 확립한 왕정이 서서히 몰락할 것이라는 운명을 기뻐할 수만도 없었다. 갈등이 심화된 상황에서 다시 찾아야 할 두 번째 '기름부음받은이'가 필요해진 사무엘은 사울을 두고 슬퍼하였다(35절).

잊을 수 없는 민족의 역사적 기억은 왕보다 신탁을 전하는 예언자의 어깨에 달려 있는 듯하다. 신탁의 명령을 수행하는 사울은 어째서 아말렉 족속을 절멸시켜야 하는지 제대로 이해하고 있었는가? 불완전하게 명령을 수행한 사울의 존재는 야웨의 예언자인 사무엘의 신탁으로 왕권에서 배척받고 왕정은 마감되어야 하는가? 우리는 토라의 정신에 바탕을 두고 전쟁 상황과 명령의 원인을 생각해 볼 수 있다. 현실에서 한 부족의 절멸을 위해 군사적 힘을 사용한다는 게 무슨 의미일 것인가? 특별히 살인과 같이 극단적인 행동이 필요하다면, 그것은 그에 상응하는 이유나 필요가 언급되지 않은 채로 있다는 의미일 것이다. 그렇다면 성경이 주장하는 아말렉의 진멸은 무엇을 말하고자 하는 것일까?

우리는 아무래도 성경의 이야기에서 문자적 의미를 찾아야 할까? 이집트를 탈출하는 과정에서 유일하게 이스라엘을 괴롭혔던 적대적 세력을 기억하자. 아말렉은 억압을 벗어나 해방의 길에 나섰던 이스라엘의 생명과 실존을 위협했던 적대적 세력이다. 신학적 이해에 따르면, 무고한 생명을 위협하는 폭력은 하느님의 창조 섭리를 거스르는 행위이다. 돌봄이 필요한 이들을 파괴하려는 일체의 행위는 어떤 상황에서든 부정되어야 한다는 숨은 목소리를 들을 수 있다.

진멸하라는 예언자의 선언을 역사적으로 어떻게 이해해야 할 것인가? 복수를 금하는 행위가 아니라 복수를 강제하는 신탁의 수행은 일차적으로 하느님의 뜻인가? 알 수 없는 하느님의 뜻을 실천해야만 하는 사울은 사실 어떤 질문도 가지고 있지 않다. 사무엘에게 사울은 단지 전투의 거룩한 의미를 인간적인 이유로 깨뜨린 인물로 여겨질 뿐이다. 마치 하느님께 더 잘 복종하기 위한 것처럼 위장했던 사울의 전 생애는 이런 행동의 인식을 기반으로 해석되어야 할 것이다.

다음에서 논의될 것이지만, 사울은 전리품으로 취한 것들은 어떻게 처리하였던가? 사울은 전투를 치르면서 얻게 된 것을 제 것으로 삼았으며, 마치 소유권을 가진 듯이 군사들에게 처분권을 주었다. 하느님이 흔적도 남기지 말고 모두 없애라는 명령은 전투의 목적이 어디에 있는지 분명하게 의식해야 하고, 인간적 이해와 상관없이 주어진 신탁이란 점을 잊어서는 안 된다. 사울의 행동을 일관해 보면서 우리는 그에게 전투를 명령한 하느님을 그가 어떻게 이해하고 있었는지 짐작할 뿐이다. 사울은 신탁의 내용을 듣기는 하지만 자기 방식으로 이해했으며, 그 결과 하느님은 전쟁 신으로서 "소유의 하느님"으로 전락하고 말았다. 어떻게 하느님이 남의 소유를 빼앗아 자기의 것으로 삼는 "전쟁 신"이 되어야 했던가? 사울에게는 남의 것을 빼앗아 마치 자기 것처럼 주는 하느님, 오직 자기의 명령을 따르는 자들에게 시혜를 베푸는 하느님이 되었다.

사무엘의 절망, 하느님의 절망

성경의 이스라엘 역사를 보면 예언자의 힘은 늘 정치와 군사력에 이길 수 없었고 밀리곤 했다. 하느님도 마찬가지로 겉으로는 인간의 욕망과 갈등을 잠재우지 못하고 실패를 감수하며 밀리곤 했다. 그러나 경우가 어떠하든 인간은 겉으로 이기는 것처럼 보이지만, 온 생애를 두고 보면 마침내 실패하고 만다. 이 역설이 우리 인류의 역사를 구성하고, 우리 개인의 역사를 수놓는다. 이스라엘 왕정사가 보여주듯이 사울뿐만 아니라 다윗에게도 인간적 성공은 이미 결정적 패배의 원인이 되어 있었다.

사울의 잘못된 행동 이후에 주님의 말씀이 사무엘에게 이렇게 내렸다.

나는 사울을 임금으로 삼은 것을 후회한다. 그는 나를 따르지 않고 돌아섰으며 내 말을 이행하지 않았다. (1사무 15,11ㄱ)

사무엘의 신탁을 통해서 야웨 하느님은 임무를 부여하며 왕으로 세운 사울에 대해 '*후회*'한 것이다.[77] 야웨의 후회는 15,35에서 다시 들을 것이지만, 무엇보다도 창세기의 관점을 그대로 가져온 표현이다. '*사람뿐 아니라 짐승과 기어 다니는 것들과 하늘의 새들… 내가 그것들을 만든 것이 후회스럽구나!*'(창세 6,7) 사울이 아각을 살려둔 것(궁극적으로 사무엘의 신탁과 반대로)은 사울이 카르멜 산 위에 전승비를 세운 행위(12절)의 연장선에서 이해할 수 있을 것 같다.[78] 사울의 전적비가 자기의 이름을 남기기 위한 것이라면, 이스라엘이 광야에서 헤매는 동안 아말렉족과 전투에서 승리한 후, 쌓은 '제단'(탈출 17,15)은 야웨께 바쳐진 제단이었다. 따라서 야웨 하느님의 후회는 사울이 부여받은 임무 의식과 동떨어진 행위를 했다는 사실을 알려 주는 단서로 해석할 수 있다. 그래서 1사무 15장의 야웨 하느님은 이스라엘을 위하여 사울을 왕으로 세운 사실을 후회하셨다. 사울이 아니라면 새로이 '하느님의 마음에 든 사람'(1사무 13,14; 시편 2,7; 이사 42,1 참조)을 왕으로 세울 수 있다는 의미로 읽을 수 있을 것 같다.

---

77 야웨 하느님의 후회(*nhm*)는 본래의 뜻을 바꾸는 것과 동일한 의미이다. 그렇다면 15장의 29절(*이스라엘의 영광이신 분은 거짓말을 하시거나 뜻을 바꾸시는 분이 아니십니다. 그분은 사람이 아니시기에 뜻을 바꾸지 않으십니다.*)과 어긋나는가? 민수 23,19 참조. 대답은 1사무 12,15(*그러나 여러분이 주님의 말씀에 순종하지 않고 주님의 명령을 거역하면, 주님의 손이 여러분과 여러분의 임금을 치실 것이오*)의 언명처럼 야웨의 말씀은 변하지 않음을 의미한다.

78 사울이 세운 전승비의 성격은 사적이든 감사비(야웨께 바치는 헌가)이든 전쟁의 승리에 대한 사울의 의식을 반영한다는 의미에서 사무엘의 시각에서 부정적으로 평가될 수밖에 없다.

역사의 거대한 흐름도 시작과 끝의 시각에서 볼 때 올바른 방향이 아니면 자멸의 길에 빠지기 십상이다. 이제 역사의 관점에서 사울의 왕권은 하느님의 목소리인 사무엘에 의해서 심각하게 다루어질 수밖에 없게 된 것이다. 인간을 위한 하느님의 후회는 사실상 사무엘의 반응에서 나타난다. 사울에 관한 사건에서 사무엘의 행동을 어떻게 묘사하고 있는지 볼 것이다.

> 사무엘은 화가 나서 밤새도록 주님께 부르짖었다. (1사무 15,11ㄴ)

사무엘의 분노는 독자가 이해하려면 사울의 행동이 가지는 의미를 충분히 깨달아야만 한다. 사울이 치른 전쟁은 거듭 말하지만 구약성경의 의미에서 야웨 하느님의 의로운 전쟁이 아니었다. 사울은 야웨의 말씀을 듣고 전쟁을 치른 것이 아니라, 왕의 뜻을 실현한 전쟁을 치렀다. 분명한 것은 사울의 행동을 제어할 수 없는 사무엘의 가슴은 분노로 가득 찰 수밖에 없었던 것이다. 사울의 세속 왕권이 하느님께서 받은 예언자의 주권적 권한을 제한하고 있기 때문이다. 하느님의 주권이 아닌 사울의 왕권이 이스라엘 백성을 지배할 뿐만 아니라, 사무엘의 권위를 넘어 백성을 통치했다. 왕권과 긴장을 유발하는 사무엘은 주님의 이름으로도 더는 이스라엘 백성을 움직일 수 없는 처지였다. 게다가 사울의 왕권은 사무엘을 통해 선언될 수 있는 하느님의 주권을 벗어난 듯이 보인다. 사무엘은 사울을 주님의 이름으로 명령하고 신탁을 전할 수 있었지만, 이제는 사울의 정치적 권한을 제한할 수 없게 된 것이다. 사무엘의 절규는 하느님 분노의 표현이기도 하지만, 하느님의 좌절을 드러내는 사무엘 개인의 좌절이기도 하다. 사울의 후견인이 될 수 없는 사무엘은 하느님을 왕정의 통치권자로 모실 수 없는 좌절을 표현한 것이다.

우리는 앞에서 사무엘이 사울을 만나기 전에 사울의 행동을 미리 알려주는 구절을 만났다. 사울은 자기의 전승지에 승전비라고 말할 수 있는 기념비를 카르멜에 세워 놓았고(12절)[79] 군사적 승리를 기념했다. 이러한 행동은 역사적으로도 많은 인간의 전투행위에서 볼 수 있는 승리자의 행위이기도 하지만, 무엇보다도 왕의 권력을 과시하는 행위이다. 사울의 행동은 이런 점에서 모든 전쟁 혹은 전투의 끝에 승리를 자찬하는 오만한 인간적 행동의 전형이다. 승리에 도취한 인간이 자신의 영광을 기록으로 남기고 이름을 새겨서 전적비를 세우는 행위이기 때문이다. 사무엘의 시각에서 볼 때, 하느님의 말씀에 따라 수행되어야 할 전투가, 하느님의 거룩함이 우선되어야 할 전쟁[80]이 사울의 행위로 일방적인 인간의 승리로 둔갑하고 만 것이다. 하느님의 신탁으로 전개된 전쟁은 이스라엘에게 성전(聖戰)으로 이해되어야 했다. 이와 관련된 구약성경의 주제로 신명 20,10-18에 전쟁에 관한 규례가 있다. 특히 16-18절은 카나안 땅에서 적을 진멸하도록 하는 규례가 있고, 종교적으로 보면 신들의 갈등이라 부를 수 있다. 숨이 붙어 있는 모든 것들을 없애라는 명령은 이방신들을 거부하는 이스라엘의 극단적 태도로 발전된다. 이런 전쟁을 '야웨의 전쟁'이라 부르는데 민수 21-14, 1사무18,17; 25,28에 3번 정도 나타난다. 이 전쟁은

---

79 이와 유사한 경우: '*생전에 압살롬은 "내 이름을 기억해 줄 아들이 없구나." 하며 기념 기둥 하나를 마련하여 세워 두었는데, 그것이 '임금의 골짜기'에 있다. 그가 이 기념 기둥을 자기 이름으로 불렀기에, 오늘날까지도 그것이 '압살롬의 비석'이라 불린다.*'(2사무 18,18) 압살롬은 거의 왕좌에 근접했다가 다윗과 결전을 치룰 마지막 순간에 패배하고 말았다.

80 강사문, 전쟁에 관한 성서적 이해, 『선교와 신학』 26집. 21세기 현실에서도 우리는 이 말을 이스라엘과 아랍국가 사이에서 벌어지는 전쟁을 통해서 듣게 된다. 역사적 불행이기도 하지만, 종교가 개입되거나 종교적 이념이 강조된 전쟁은 어떤 의미에서든 성전의 이름으로 행해졌다.

일차적으로 이스라엘 백성의 생존을 위한 전쟁으로 야웨께 복종하는 것이 우선적 조건이다. 왕권 확장이나 영토 확장 내지는 체제 수호를 위한 전쟁은 '왕들의 전쟁'(2역대 12,15)으로 이와 확연히 구별된다.

요약하자면, 하느님의 거룩함과 정의가 드러나야 할 전쟁에서, 사울은 자신의 정의를 드러내는 전쟁으로 바꾸었던 것이다. 사울은 (1) 예언자 사무엘의 말, 곧 주님의 명령을 어겼고, (2) 또한 자신을 왕으로 과시하기 위해서 전투의 승리를 자신의 영광으로 만들었다. (3) 사울은 야웨 하느님을 전쟁 신의 범주에서 이해했고, 전리품의 신으로 전락시켰다. 이로써 사울은 자기 과시적 행동을 통해서 아말렉과 치른 전쟁이 주님의 명령으로 시작된 것임을 잊었거나 아니면 무시했다. 사울은 하느님 의지의 결과를 자기 것으로 가로채 버리고 거룩한 전쟁의 의미를 군사적 승리로 훼손했다. 하느님의 길이 인간의 수단으로 전락하고 말았고, 이것이 예언자 사무엘의 절망을 가져온 것이다.

다음에서 우리는 1사무 15장의 내용을 더 가까이서 살펴보고 이야기의 내용을 문헌적으로 분석해 보도록 한다.

사울의 변명

사무엘이 길갈로 간 사울을 만나자 사울은 짐짓 자신의 승리를 주님의 공로로 돌렸지만, 사울은 전쟁의 의미를 잊고 있다. 사울은 이렇게 사무엘에게 보고했다.

"저는 주님의 말씀을 이행하였습니다." (13절)

그러나 사무엘의 반응은 어떠한가? 사무엘은 이미 상황을 파악하고 있었고 사울 진영의 어지러운 모습을 지적하지 않았는가? 사울의 군대는 사무엘이 전한 주님의 명령을 이행한 군대의 모습이 아니었다. 사울의 군대는 아말렉에게서 빼앗아 온 재물을 전리품으로 여기고 희희낙락하고 있는 침략군의 모습을 보여줄 뿐이었다. 사무엘은 사울의 군대가 더는 하느님의 군대가 아니라, 사울 개인의 영광을 위해 싸운 군대임을 지적한 것이다. 이미 전투 상황을 파악한 사무엘의 질문은 비판적이고 아주 간단하다.

제 귀에는 양 울음소리가 들리는데 어찌 된 일입니까? 또 소 울음소리도 들리는데 어찌 된 일입니까? (14절)

사무엘의 지적에 대한 사울의 답변에서 우리는 사울이 감추고 싶은 자신의 모습을 본다. 그렇다고 사무엘의 비판에 주눅이 들어서 승리의 기쁨을 누리지 못하고 있는 것은 아니다. 아직 사울은 승리에 취해 당당할 뿐만 아니라 자신의 행동에 대해서 주저함이 없다. 그는 주님의 명령을 수행했고, 자신의 군사들이 한 행동은 그리 잘못된 것이 아니라고 판단하고 있다. 아직 사무엘에게 전하지는 않았지만, 예언자를 위한 전리품도 따로 보유하고 있다. 하느님께 제물로 바칠 것이기 때문에 이보다 더 훌륭한 행위는 없지 않은가? 이제 이스라엘을 괴롭힐 적은 사라졌고, 그 위에 하느님께 바칠 제물도 생겼으니 얼마나 좋은 일이가? 하느님이 명령하신 전쟁에서 승리했고, 게다가 전리품까지 획득했으니 이젠 두려울 것이 없다. 오히려 사울은 자신의 승리에 대해서 확고했고 예언자 사무엘에게 자랑스럽게 보여주고 싶었다.

사울의 말은 사무엘과 부하들 앞에서 승리자로서 당당하고 우렁차게 울린다. 사무엘의 반응이 어떨지 모르나 사울은 지금까지 진행된 상황을 부끄럽게 생각하지 않았다. 비록 사무엘의 반응 때문에 조금 께름칙한 바는 있지만.

> 아말렉족에게서 끌고 온 것들입니다. 군사들이 주 **어르신의 하느님**께 제물로 바치려고, 양 떼와 소 떼 가운데에서도 가장 좋은 것을 아껴 둔 것이지요. 그 밖의 것은 완전히 없애버렸습니다. (15절)

사울은 아직 자기의 행동이 어디에서 잘못되었는지 깨닫지 못한 것일까? 그는 아주 당당하게 전리품으로 가져왔다는 사실을 보고하고 있다. 사울의 말투는 하느님이 명령한 전투의 목적이 마치 전리품을 얻기 위한 것처럼 들린다. 사울은 자신의 행동이 남의 물품에 손을 대는 강도나 도둑의 행동이란 것을 의식하지 못한 것일까? 하느님과 사무엘을 위해서 전리품 중 가장 좋은 것만을 남겨 두고 하찮은 나머지는 모두 없애버렸다는 사울의 당당한 말!

사울은 하느님의 명령을 전한 사무엘의 말을 듣기는 하였지만, 자기 방식으로 알아들었던 것일까? 결과적으로 사울은 전투하라는 명령을, 많은 물건 중에서 "가장 좋은 것만"을 추리라는 명령으로 알아들었던 것인가? 비록 적군을 격퇴하고 왕까지 사로잡았으니 사울은 분명 전투를 승리로 이끈 것만은 확실하지 않은가?

사울은 말을 덧붙여서 아말렉을 죽이고 빼앗은 전리품을 희생 제물로 바치겠다는 말까지 하고 있다. 무의식 속에서 사울에게 하느님은, 앞에서도 언급한 것처럼, 승리를 가져다주는 전쟁 신이요, 적군을 없애주는 죽음의 신이다. 텍스트는 더 나아가 주님은 "사울 자신의 주님"이 아니고 "사무엘의 하느님"일 뿐임을 강조한다. 사울에게 선을 행하시는 하느님은 존재하지 않으며, 오로지 전쟁을 승리로 이끄는 막강한 존재로서 하느님이 계실 뿐인가? 사울의 말을 듣다 보면 사울은 단지 이 전쟁 신의 명령을 수행했을 뿐이어서 자신을 위해서 자신에게 삶의 의미를 주시는 하느님은 보지 못한다. 이런 의미에서 사울은 자신의 행동이 무엇을 의미하는지 의식하지 못하는 게 아닌가? 그러나 당당한 사울의 보고에 사무엘의 답변은 아주 냉정하다.

> 임금님은 자신을 하찮은 사람으로 여기실지 몰라도, 이스라엘 지파의 머리가 아니십니까? 주님께서 임금님에게 기름을 부으시어 이스라엘 위에 임금으로 세우신 것입니다. 주님께서는 임금님을 내보내시면서 이런 분부를 하셨습니다. '가서 저 아말렉 죄인들을 완전히 없애버려라. 그들을 전멸시킬 때까지 그들과 싸워라.' 그런데 어찌하여 임금님은 주님의 말씀에 순종하지 않고 전리품에 덤벼들어, 주님 보시기에 악한 일을 하셨습니까? (17-19절)

사울 같은 사람에게 전쟁의 목적이 승리가 아니라면, 하느님의 명령은 종종 이해할 수 없는 수수께끼가 된다. 하느님과 관련된 많은 것들이 신비이기에 이해할 수 없는 것도 사실이지만, 이해되지 않더라도 신탁의 명령은 이행되어야 한다. 이런 의미에서 전쟁의 명령은 철저히 수행되어야 하지만, 전쟁의 목적을 잊어선 안 된다. 이런 관점에서 만약 사울에게 문제가 있다면, 그것은 무엇일까? 사울이 하느님의 명령을 이해할 수 없다면, 이유는 무엇일까? 사울의 행동과 말은 우리에게 사울의 의식에 문제가 있다는 것을 말하고 있음이 분명하다. 그렇다! 사무엘의 선언이 문제를 제기하고 있다면, 사울의 행동이 원인을 제공하고 있다. 따라서 15장은 아말렉과 벌인 전쟁 이야기가 주된 초점이 아니라, 하느님의 전쟁 명령의 수행 여부에 초점이 맞춰지고 있다. 궁극적으로 사무엘이 지적한 사울의 문제는 무엇일까?

우선 사무엘의 지적은 사울이 하느님이 세우신 이스라엘 지파의 머리임을 상기시킨다. 사울이 이스라엘의 임금이라면 그것은 하느님의 이름으로 사무엘이 선택해서 세우셨기 때문이다. 하느님이 세운 자만이 이스라엘 지파의 우두머리가 될 수 있고, 하느님의 말씀을 수행할 수 있다. 하느님의 백성인 이스라엘의 머리가 된 자는 하느님의 명령을 수행하는 역할을 자임해야 한다. 말하자면, 사무엘은 사울에게 자기 자신이 누구인지 알고 있는지 질문하고 있다.

순종과 불순종

이즈음에서 15장 전체에서 벌어질 사무엘과 사울의 갈등 과정을 개략적으로 도식화해 볼 수 있겠다. 이 도식을 통해서 우리는 사실상 사무엘의 순종과 사울의 불순종 사이에서 갈등하고 고민하는 인간의 심리적 과정을 간단하게나마 엿볼 수 있다.

사무엘과 사울의 갈등 (1사무 15,1 - 31)

구분/ 단계	사무엘의 선언	사울의 주장
1단계	야웨의 명령을 이해하지 않았다 (11절)	주님의 명령을 수행했다 (13절)
2단계	양 울음소리와 소 울음소리 반	주님께 바칠 희생 제물이다:

	증한다(14절)	군인들의 선한 의도이다(15절)
3단계	불순종의 행위 재차 비난(19절)	순종 주장: 아각을 사로잡았고, 아말렉 족속을 절멸시켰다(20절) 다만 군사들이 제물로 쓸 좋은 양과 소만 끌고 왔다!(21절)
4단계	사울의 변명 거절: 사울 왕권의 거부 (22-23절)	용서를 구함: 주님께 예배를 드려줄 것을 청함 (24-25절)
5단계	사울의 탄원을 거부 (26절)	사무엘의 겉옷 자락이 찢어짐 (27절)
6단계	사무엘의 예언: 주님의 심판 불변(28-29절)	죄의 고백과 체면치레를 위한 주님예배 요구(30절)
7단계	사울의 요구 수용(31절)	

아마노 성경 본문은 이렇게 질문하고 있는 듯하다. 사울, 너는 누구냐? 네 자신이 누구인지 모른다면, 네 역할을 어찌 바르게 수행할 수 있겠는가? 주님은 이렇게 말씀하시지 않으셨느냐?

'가서 저 아말렉 죄인들을 완전히 없애버려라. 그들을 전멸시킬 때까지 그들과 싸워라.' (18절)

이제 왜 사울의 승리가 사무엘의 비난을 받아야 하는지, 마침내 사울이 잘못했다고 고백해야 하는 이유가 드러난다. 우리는 주님의 명령에서 무엇보다도 이스라엘이 아니라 아말렉족이 죄인이란 선언을 듣는다. 이집트의 종살이를 하며 고통에 힘겨워하던 이스라엘을 공격했던 아말렉족은 하느님의 눈에 죄인이기 때문이다. 탈출기의 기록을 통해 알게 되었듯이 아말렉족이 죄인이 된 이유가 그들이 절멸되어야 하는 이유이다.[81]

앞에서도 언급했듯이, 광야를 떠돌던 시기에 아말렉족은 배고픔과 갈증에 허덕이던 이스라엘을 공격했다. 이 사건의 전후 맥락은 탈출기에 충분히 기술되어 있지 않지만, 탈출 14,14의 기록은 이스라엘과 아말렉족이 벌인 전투는 해방을 찾아 광야를 떠돌던 이스라엘에게 잊을 수 없던 사건임을 암시해 준다. "*주님께서 모세에게 말씀하셨다. "이 일을 기념하여 책에 기록해 두어라. 그리고 내가 아말렉에 대한 기억을 하늘 아래에서 완전히 없애버리겠다는 것을 여호수아에게 똑똑히 일러 주어라." 이어서 이 전쟁은 한때의 전투로 마감되지 않을 것이라는 예언을 선포한다. "손 하나가 주님의 어좌를 거슬러 들리리니, 주님과 아말렉 사이에 대대로 전쟁이 일어날 것이다.*"(탈출 14,16) 여기서 아말렉은 점차 주님과 반대되는 적대적 표상을 은유한다. 성경이 언급하고 있는 이 사건을 보면, 역사적 사건은 기록을 남기지만 사건은 점차 역사의 진행과정에서 상징성을 획득해 가면서 보편적 원칙과 의미를 얻어가는 것을 알 수 있다.

그렇다고 하나의 이유가 모든 사건을 설명할 수 없듯이 성경은 하느님께서 왜 죄를 지은 부족이 절멸당해야 하는지 그 까닭을 충분히 설명하지는 않는다. 아무리 죄인일지라도 생명의 하느님이 어째서 무지막지하게 보이는 죽음의 세례를 받아야 하는지 특별한 설명이 없다. 성경은 오히려 설명 대신에 죄인에 대한 단호한 주님의 말씀에 어긋나게 비켜선 사울의 태도에 초점을 맞춘다. 아말렉과 벌인 전투 이전에 사울은 분명히 그가 해야 할 일을 사무엘의 신탁을 듣고 알았을 것이기 때문이다. 이런 관점에서 사무엘이 사울을 왕으로 인정하면서 왕에 대해 비판의 소리를 높이고 있는 까닭을 짐작할 수 있다.

그런데 어째서 사울은 사소하게만 보이는 명령, 그래서 명령을 수행하

81 탈출 17,8-16 참조.

는 데 아무런 지장이 없을 것 같은 순간에 주님의 명령을 거스른 것일까? 사무엘서가 말하지 않는 자신만의 특별한 이유가 있는 것일까? 우선 우리는 사울의 대답을 들으면서 사울의 태도를 심리적 차원에서 추론해 볼 수 있을 것 같다.

> 저는 주님의 말씀에 순종하였습니다. 주님께서 저에게 가라고 하신 그 길을 따라 걸으며, 아말렉 임금 아각은 사로잡고 그 밖의 아말렉 사람들은 완전히 없애버렸습니다. 다만 군사들이 완전히 없애버려야 했던 전리품 가운데에서 가장 좋은 양과 소만 끌고 왔습니다. 그것은 길갈에서 주 어르신의 하느님께 제물로 바치려는 것이었습니다. (20-21절)

사울의 답변에서 독자는 무엇을 알아챌 수 있을까?

사울의 답변을 요약하면 이렇다. 사울은 주님의 명령에 순종했지만(20절), "**다만**" 이것만은 제 뜻대로 했다(21절). 사울이 뜻대로 행한 이 행위도 사실은 사무엘의 하느님께 제물로 바치려고 했었다는 변명이었다. 사울은 사무엘이 전한 하느님의 명령을 수행했고, (사울의 판단으로) 아주 좋은 의미에서 이 변명은 사무엘의 하느님께 사울에게 요구되지 않은 희생 제물도 바치기로 했다는 것이다.

사울의 말을 어떻게 이해해야 할까? 그는 사무엘의 말 이상으로 무엇인가 더 행해야 할 이유를 찾았던 것일까? 그 이유가 예언자가 길갈에서 하느님의 제단에 바칠 제물을 준비하는 것이었을까? 그러나 사울은 사무엘의 명령에 부합하는 행동보다는 완전히 자기 방식대로 행동했다는 것이 드러난다. 말하자면, 사울은 명령받은 전쟁을 자기를 위한 방식대로 치렀고 행동했을 따름이다.

사울의 표현을 그대로 수용한다면, 무엇보다도 그 자신은 사무엘의 요구대로 주님의 말씀에 순종했다. 하느님 앞에서 취할 인간의 태도 가운데서 이보다 더 적절한 표현을 찾을 수 있겠는가? 사울은 주님이 가라고 하신 길을 그대로 따랐다는 것이다. 그래서 명령대로 전투에서 승리해서 아말렉의 왕 아각을 사로잡았고, 그 밖의 아말렉 사람들은 완전히 없애버렸다. 그 외에 "**다만**" "군사들이" 완전히 없애버려야 했던 전리품 가운데서 가장 좋은 양과 소만 끌고 왔다는 것이 사울의 변명이다. 전투에서 이긴 사울은 승리자로서 얻은 전리품을 하느님의 제물로 바치고자 했다. 말하자면, 그는 길갈에서 사무엘을 통하여 패배자의 소유를 가장 거룩해야 할 하느님께 제물로 바치려 했다.[82] 사울의 생각을 따르면, 그가 행한 전투와 승리의 전리품을 하느님께 바치려는 거룩한 뜻이 도대체 잘못이 될 수 있는가? 그 정도는 생명을 바쳐서 싸워야 했던 전투를 치른 장수가 할 수 있는 일이 아니냐? 신정론적 관점을 고려하지 않으면, 사울의 언변은 참으로 그럴듯해 보인다.

책임의 회피

사울의 말은 그럴듯해 보일 뿐만 아니라, 사울 자신은 패배자의 소유를 탈취한 행동의 주체가 아닌 것처럼 주장한다. 전리품을 탈취한 행동의 책임이 마치 자신을 제외한 이스라엘 군대에 있는 것처럼 미루고 있다.

82 마지막 장에서 언급할 2사무 24장의 이야기 말미에서 다윗은 아라우나의 타작마당에 제단을 세우려고 왕의 돈을 내고 샀다. 사울이 전리품으로 하느님께 바치려 했다면, 다윗은 아라우나의 무료 제공을 거부하고 제값을 주고 사서 제단을 봉헌했다. 이 차이는 사울의 태도와 다윗의 태도를 현격하게 갈라놓는 요인이다.

왕정체제의 군대에서 자기주장을 펼 수 있는 목소리가 사울 자신이 아니고 누구라고 생각할 수 있는가? 사울은 말과 행동이 서로 모순되는 것을 의식하지 못하는가? 어째서 사울은 군이 자신의 주장대로 '정당한 행동'으로 얻은 전리품에 대한 비난에서 벗어나려는 듯이 행동하는가?

놀랍게도 사울의 심리적 전개 과정은 창세기 3장이 고발하는 아담과 하와의 이야기를 기억하게 한다. 사울의 답변에서 보듯이, 첫 인간들은 잘못된 행위의 책임을 타자에게 전가하고 있지 않은가? 하와나 아담은 자신들이 행동의 책임 주체임을 거부하고 마치 야웨가 짝 지워준 상대방에게 책임을 전가했다. 마찬가지로 자신이 취한 행동을 사울은 명령을 받아야만 행동할 수 있는 "군사들"이 범한 행동으로 책임을 미룬다. 군사들이란 이스라엘을 의미하고 사울은 그들의 말에 동조한 것이란 의미로 이해할 수 있다. 백성의 소리가 하느님의 소리보다 사울에게는 더 가깝고 더 효과적이라고 여긴 점, 이것이 죄를 불러왔다. 이렇듯이 사울의 초상을 그려보면 사무엘서는 생각하는 인간, 때로는 자신이 쉽게 결단을 내리지 못한 인물이란 인상을 남긴다. 이런 인상은 1사무 16장에서 다윗이 등장한 이후로 심리적 혼란에 빠진 사울의 모습에서 더욱 뚜렷하게 부각될 것이다.

결국, 사울은 하느님의 명령을 거스른 군사들이 취한 행동의 결과, 곧 전리품을 하느님께 제물로 바친다는 교묘한 이유를 만들어 냈다. 어찌 보면, 잘못된 행동은 타인에게 책임을 전가하고, 선한 행위는 자기 뜻에서 비롯된 것으로 위장하는 것이다. 결과적으로 사울은 전리품을 챙기고 군사들의 요구를 들음으로써 불행한 자를 선으로 인도한 주님을 전쟁 신으로 만들어 버렸다. 자신의 이익을 대변해 줄 수 있고, 자신의 승리를 담보해 주는 가장 강력한 존재로서 전쟁 신이 사울에게는 유혹이 되지 않을 수 없었다. 판관의 시대를 거치면서 겪었던 이스라엘에게 왕정체제가 강력한 유혹이었던 것처럼, 전쟁 신은 주변 민족과 경쟁해야만 했던 이스라엘이나 사울에게 피할 수 없는 매력이었다. 그러기에 사울 왕정은 이스라엘을 효과적으로 보호하고 실질적인 승리를 담보할 수 있었던 전쟁 신과 군사력을 필요로 했다.

이런 측면에서 책임을 피할 수 없는 더 큰 이유는 사울 자신이 해야 할 일을 알고 있었다는 점이다. "군사들이 완전히 없애버려야 했던 전리품"을 사울은 하느님의 명령으로 보류하고 왜곡한 것이다. 사울은 자신이 그르지 않다는 변명을 위해서 "다만" 사라져 갈 전리품 중에서 그래도 유용할 듯한 "가장 좋은 양과 소"를 구했다. 유용성이 주님의 명령, 하느님의 명령을 어긴 이유요 원인이 될 수 있는가? 더구나 사울은 사무엘에게 좋은 일을 하려고 한 것처럼 변명하고 있지 않은가? 전리품을 취한 이유는 "길갈에서 주 어르신의 하느님"에게 제물로 바치려는 것이라는 변명이다. 변명의 핵심은 "사울, 나는 사무엘 당신과 당신의 하느님을 위해서 한 행동이었다."는 주장이다. 사울의 변명은 하느님의 명령을 수행하는 것보다 인간의 판단에 유용해 보이는 것에 의미를 두었다. 진멸이라는 이유를 알 수 없는 하느님의 명령을 수행한 자기의 행동에 사울은 자기만의 이해와 이유를 제공한 것이다.

사무엘은 사울의 장황한 변명에 분명하고도 엄정한 선언을 내린다.

주님의 말씀을 듣는 것보다
번제물이나 희생 제물 바치는 것을 주님께서 더 좋아하실 것 같습니까?
진정 말씀을 듣는 것이 제사 드리는 것보다 낫고
말씀을 명심하는 것이 숫양의 굳기름보다 낫습니다.
거역하는 것은 점치는 죄와 같고

고집을 부리는 것은 우상을 섬기는 것과 같습니다.
임금님이 주님의 말씀을 배척하셨기에
주님께서도 임금님을 왕위에서 배척하셨습니다. (22-23절)

사울이 하느님의 말을 배[illegible]였기에 하느[illegible] 사울을 [illegible]한다는 저주스러운 말을 사무엘은 [illegible]침없이 쏟아냈다. 자기의 이기적인 욕심에 근거한 사울의 변명이 여지없이 깨지는 순간이다. 사울은 사무엘의 지적에 응답하면서 마침내 [illegible]의 잘못을 고백한다. 그렇지만, 사울은 진정으로 자신의 행동에 대해[illegible]적인 후회나 책임의식을 드러내 보이지 않는다. 그는 자신이 죄를 지었[illegible] 고백하면서도 여전히 그 책임을 자기 휘하의 군사들에게 돌리고 있었[illegible]

[illegible]사들이 두려워서 주님의 분부와 어르신의 말씀을 어기고 그들의 말을 들어 주었던 것입니다. (24절)

자신이 통솔하는 군사들이 두렵다고 고백하다니 될 말인가? 누가 왕을 위협하고 사울 위에 있단 말인가? 사울은 자기가 왕으로서 군사들을 이끌고 아말렉족을 쳐부수지 않았던가? 사울은 아직도 자신의 잘못을 참으로 인정하지 못하고 있다. 그가 자신의 잘못을 충분히 깨닫지 못하는 이유는 무엇일까? 하느님은 인간이 진정성을 발휘하기까지 인내하는 기다림의 하느님이다. 인간이 마땅히 고백할 때까지 기다리시는 하느님! 이야기의 원문을 따라가다 보면, 아직도 회심의 자리에 서지 못하는 사울에게는 자신의 체면이 초대의 문제인 양 사무엘에게 애원하는 모습을 보게 된다.

제가 죄를 지었습니다만, 제 백성의 원로들과 이스라엘 앞에서 제발 체면을 세워 주십시오. 저와 함께 돌아가시어, 제가 주 어르신의 하느님께 예배드리게 해 주십시오. (30절)

인간은 죄를 내면에서 깨닫고 회심으로 정화해야 할 존재라면, 체면[83]은 아직 수치나 부끄러움을 자신 때문에 피해가려는 일차적 감각이다. 체면의 사회적 형식은 인간을 살리기는 하지만 임시방편에 머물게 할 뿐이다. 더구나 사울은 이스라엘 백성과 원로들 앞에서 자기 체면을 살리기 위해서, 사무엘이 하느님을 이용해 주기를 원한 것이다. 사울의 말 속에서 인간은 자기를 위해서라면 하느님조차 충분히 이용할 수 있다는 것이다. 그래서 인간의 선을 위해서라면 하느님은 인간의 삶 속에서 얼마든지 이용되도록 허락하신다. 사무엘은 억지로 사울의 체면을 살려 주기 위해서 왕을 따라 돌아가서 주님께 예배를 드렸다(31절).

이야기의 마지막에 와서 독자들은 왜 아말렉족을 절멸시켜야 하는지 그 이유를 다시 듣는다. 사무엘은 아말렉 임금 아각을 끌어내도록 한 다음, 아각 왕에게 이렇게 선언한다.

너의 칼이 뭇 여인을 자식 없게 만들었으니, 네 어미도 여인들 가운데에서 자식 없이 지내야 마땅하다. (33절)

탈출기 17장에서 갑작스럽게 소개된 아말렉족과 벌인 전투 이야기에도 언급되지 않고 지나간 내용이 사무엘의 선언에서 드러난다. 아말렉족이 학살했던 이스라엘의 아들들, 이스라엘의 가슴에 사무친 역사적 원한이

---

83 동사의 원형 kbd는 다양한 의미를 가지고 있으며 부정적 혹은 긍정적으로 사용된다. '체면'으로 번역된 이 말이 여기선 사울 자신의 '얼굴을 세워 달라.'는 의미로 사용되었다.

여기서 드러난다. 이 구절은 아주 짧은 선언문으로 소개되지만, 이스라엘이 파라오의 억압에서 도망쳐 겨우 숨을 돌리려는 틈에 겪어야 했던 위험한 고비의 구체적인 상황을 상상할 수 있게 해 준다. 그렇다고 아말렉의 잘못을 징벌하려는 하느님이 복수의 신이란 것을 가리키는 것은 아니다. 하느님은 악을 물리치는 신이요, 악을 통해서도 선을 이끌어내시는 신이다. 인간의 생명이 번성하시길 원하시는 하느님은 죽음을 불러오는 신이 결코 아니다. 그러므로 이 경고는 역사적 맥락에서 깊이 알아들어야 할 것 같다.

사울의 전투에 등장했던 아말렉족은 악과 대결해야 하는 이스라엘의 태도를 분별해 주는 시험대가 되었다. 시험대를 제공했던 사무엘과 시험대를 통과하지 못한 사울은 이제부터 서로 다른 길을 갈 수밖에 없다. 지리적 환경의 차이를 나타내지만, 사무엘은 라마로, 사울은 기브아로 각자 제 길 길을 갔다. 마무리 단계에서 사울의 운명을 밝혀 주는 1사무 15장은 다음과 같은 구절로 사울의 불행한 이야기를 마감한다.

> 사무엘은 죽는 날까지 사울을 다시 보지 않았다. 그러면서도 그는 사울을 두고 슬퍼하였다. 주님께서도 사울을 이스라엘 위에 임금으로 세우신 일을 후회하셨다. (35절)

사무엘의 길, 사울의 길

사무엘서의 이야기 요소로써 중요한 사항 중의 하나는 판관의 시대를 지나 왕정의 성립기를 서술하는 전환기적 시대의 묘사이다. 1사무 1장에서 서술하고 있는 판관기의 마지막 시기는 7장에서 사무엘이란 판관이자

(15절) 예언자를 등장시켰다. 판관기의 마지막 시기는 필리스티아인들과 긴장과 갈등으로 이스라엘이 인내하기 어려운 고통을 겪던 시기로 왕정을 촉구하는 목소리가 고조되던 시기이다. 따라서 8장은 주변 민족들과 빚는 갈등에 효과적으로 대응하고 극복하기 위한 체제의 수립이 준비되고 있었음을 보여준다. 이 시기의 판관은 사무엘이었고, 이스라엘은 판관의 기능보다 왕의 기능을 더 요구하였다. 이런 상황은 비록 사무엘이 한 시기의 종언을 알리는 불행한 판관이자 예언자였지만, 역사적 환경의 변화에서 초래된 이스라엘의 요구에 응하지 않을 수 없었다.

마침내 백성의 요구는 사울을 왕으로 내세우는 정치적 변화를 현실화하였다(9장). 그러나 왕정 초기에는 판관이자 예언자가 백성의 주장으로 중심에서 밀려나긴 했지만, 아직 왕권의 견제세력으로 기능할 수 있었다. 사울은 암몬족을 물리치는 등(11장) 주변 세력과 맞서서 이스라엘의 힘을 세력화하는 데 성공했다. 왕정의 성공적인 체제화가 진행되면서 사무엘이 차지했던 백성의 중심부는 사울이 들어서고 왕정이 지배하기 시작했다(12장). 사울은 이스라엘이 처한 환경을 더욱 공고히 하면서 필리스티아인들과 전투에서 왕권의 효율적인 힘을 사용할 수 있었고 백성의 기대에 부응했다(13-14장). 사울의 성공적인 왕권이 안정한 과정에서 사울과 사무엘 사이에 벌어진 갈등의 정점이 앞에서 본 야웨 하느님의 명령과 관련된 이야기였다.

이스라엘 왕정의 시초에 너무나 빨리 찾아온 갈등의 소산은 이야기의 진행에서 볼 때 다윗 왕권의 수립을 정당화하는 편집사적 결과이다. 이런 관점에서 사울과 사무엘의 갈등은 왕정을 견제하는 사무엘의 예언자적 기능이 더욱 돋보인 경우이다. 왜냐하면, 왕의 권력은 하느님의 길을 거부할 때 반드시 쇠락할 것이라는 경고를 받기 때문이다. 예언자의 경고는 사실 사울 왕정의 실패가 다윗 왕정의 성공으로 이어져야 할 도식을 말한 것이 아니다. 이스라엘의 첫 왕이 실패한 것은 하느님의 길을 배반한 자의 길을 말하는 것이지, 다윗 왕정의 도래를 정당화하는 것은 아니다. 다만 다윗 왕정의 정당성이 필요했던 솔로몬 왕정의 정당화 과정이 만들어 낸 역사적 편집의 결과일 뿐이다. 그렇지 않다면, 야웨의 길을 결정적으로, 그리고 근본적으로 배반했던 다윗의 삶은 사울의 관점에서 이해할 수 있는 길이 될 수 없다. 만약 사무엘의 관점에서 사울이 실패했다면, 실패의 원인을 극복하는 길은 무엇인가? 이 질문의 대답은 너무나도 명백해서 사울의 실패를 피해서 다윗의 성공으로 가는 길이 후대의 왕권 승계자들에게 요구되었던 것이다.

사무엘이 사울을 떠났기 때문에(1사무 15,34) 하느님의 정의가 사울에게서 떠났다면, 새로운 인물이 기대될 것은 너무도 당연하다. 이 기대를 한 몸에 받고 등장하는 인물이 다윗이며, 사무엘과 사울의 갈라선 이후에 즉각적으로 1사무 16장은 다윗 이야기를 시작한다. 사울은 왕으로서 이스라엘을 수호하는 입장이라면, 새로운 인물은 왕의 실추를 경험하며 자신의 입지를 다져갈 것이다. 왕권이 교체되는 순간에 이르는 긴 과정을 통관해 보면, 사무엘서는 부정적인 시선에서 사울의 하강을, 긍정적인 시선에서 다윗의 성공을 묘사하게 된다. 따라서 16장 이후의 묘사는 성공하는 자의 상승과 실패하는 자의 하강을 명백한 과정으로 대조시키면서 도식처럼 그려낼 것이다.

16장에서 31장까지 1사무엘서는 다윗이 비천한 처지에서 어떻게 최고 권좌인 왕권에 가까이 갈 수 있었는지 긍정적 시선에서 사건들을 기술한다. 사무엘서에서 인생의 상승기 국면은 낮은 자리에서 높은 자리로 옮겨 가는 다윗의 생애를 개인적 고민이나 평가 없이 사건 중심으로 묘사한다. 이 부분은 비록 솔로몬 왕권의 시각에서 서술하고 있지만, 사건의 객관적 상황을 드러내고 있기 때문에 전통적으로 '다윗의 상승기'라고 일컫는다. 고통에 힘겨워하던 이스라엘인이라면 누구나 이런 상승기의 다윗 모습을 읽으면서 자신의 미래도 생각해 볼 수 있는 희망을 가졌던 것이다.

그렇다고 해서 우리의 직접적 주제의 주인공으로 등장한 다윗의 역사적 윤곽이 완전하게 드러나는 것은 아니다. 전체적으로 그리고 때로는 부분적으로 다윗 이야기는 서술자의 어떤 의도를 담고 있기 때문에 단순 묘사에 그치지 않는다. 역사의 자료는 편찬자의 역사적 구성 의도를 통해 사용되듯이, 다윗은 텍스트가 원하는 변화를 겪는다. 여기서 결정적 역할을 하는 이들이 신명기 사가의 신정론적 판단이다. 현대에 오면 성경의 이야기가 객관적 상황을 묘사하고 있는 것이 아니라 편집자의 해석학적 관심이 스며든 결과라고 이해한다. 주인공에 대한 문학적 수사가 저자의 의도를 위해 선별되는 과정을 거치면서 작품의 주인공은 창작된 인물로 변모한다. 역사적 사실을 왜곡하려는 것이 초점이 아니라, 역사적 사실에서 의미를 찾고 부여하는 과정에서 발생하는 현상이다.

근대 이후 현대의 연구자들은 역사성의 추구라는 맥락에서 이런 현상을 일컬어 역사적 사실이 내포한 다중적 가치(*polyvalent*)를 드러낸다고 했다. 달리 말하면, 역사적 서술 안에 정치적 혹은 신학적 의도를 삽입하면서 다중적 의미가 발생되었던 것이다. G. 폰 라트도 다윗 이야기의 서술이 신학적 서술이라는 점과 모든 것을 좋게 만드는 신의 섭리사화로 보지 않았다[84]는 사실은 이런 의미를 가리킨다.

이러한 문학적 기법을 염두에 두면, 다윗 관련의 성경 본문의 해석에서 모순과 역설의 수수께끼들이 조금이라도 의미를 가지고 얼굴을 드러내는

---

84 G. 폰 라트, 『구약성서신학』, 1권, 317쪽 참조.

것을 볼 수 있다. 즉, 다윗과 그의 왕조의 영광과 정치적 정통성을 합법화하는 과정에서 자연스럽게 발생한 변호, 혹은 정치적 방어와 왕조의 명예를 보호하려는 시도를 읽어낼 수 있다. 이런 시각에서 우리는 '창작된 다윗(*constructed David*)'과 '다중적 가치'라는 의미에서 정치적 선전(*political propaganda*)의 의도[85]가 물씬 풍기는 다윗 이야기를 읽지 않을 수 없다. 다윗에 관한 최초의 서술은 적어도 솔로몬 왕조에서 시작되었기 때문에 이런 전제를 염두에 두면서 다음 단계에서 다윗의 득세 과정을 읽어가기로 한다.

85 *W. Brueggemann, David's Truth*, 14쪽. 창작된 다윗을 '이상화된 다윗'이란 말로 바꾸어 부를 수 있다면, 신명기 사가의 의도가 반영된 신학적 성찰의 대가로 제공되었다고 생각할 수 있다. G. 폰 라트, 허혁 옮김, 『구약성서신학』, 제 1권, 309쪽.

제4장

다윗의 득세와 사울의 몰락

제4장
다윗의 득세와 사울의 몰락

> 다윗은 자기 갈 길을 가고,
> 사울도 제 자리로 돌아갔다.
> (1사무 26,25)

우리에겐 모두 살아야 할 삶이 있으며, 각자의 삶은 자신이 누구이든, 부모로서, 남편으로서, 아들로서, 딸로서, 친구로서… 각자의 역할을 하며 살아간다. 이런 사실에 덧붙여 우리의 삶은 어느 누구에게도 위임할 수 없고, 빌려줄 수도 없으며, 빌려올 수도 없는 길이다. 인생에서 성공과 실패는 단순한 '사실'이며, 혼란 속에서도 사실을 인정할 때 새로운 길이 열리고 걸어갈 길이 보인다. 우리는 사울과 다윗의 경쟁 구도를 읽어가면서 매번 자신을 보기보다 상대를 시기하다가 인생의 의미를 잃어버린 슬픈 인물을 만나게 된다.

이스라엘은 사울의 등장으로 부족 연합체적 성격을 잃고 왕정체제로 진입하는 과정에서 1인 독재체제가 무엇인지 절실히 경험한다. 다윗은 왕정체제의 시작을 알리는 8장 이후, 사울 왕권이 성장하고 소멸해 가는 중간 과정에 등장한다. 1사무 16장에 소개된 다윗은 끊임없이 사울에게 긴장과 갈등을 불러일으키는 인물로 소개된다. 반면에, 사울은 처음부터 다윗 때문에 애증의 고통을 겪는 심리적 인물로 묘사된다. 다윗과 경쟁 관계로 진행된 사울 왕권은 마침내 31장에 이르러 이스라엘의 첫 왕이 죽는 사건으로 마무리된다.

사울과 다윗

사울과 다윗의 직접적 관계는 다윗이 등장하던 시기(1사무 16장)에서 시작하여 사울이 필리스티아인들과 전투에서 죽을 때(1사무 31장) 끝난다. 사무엘서는 다윗의 등장 설화와 관련해서 세 가지 서로 다른 설화를 아말감처럼 덧붙여 놓았다.[86] 1) 비파 타는 자로서 사울의 궁정에 등장시키는가 하면, 2) 골리앗과 전투를 통해 어린 다윗을 공적으로 등장시키기도 한다. 혹은 3) 청년기의 어느 시기에 다윗을 선택해서 기름부음을 받는 예식을 통해 등장시킨다. 기름부음의 예식이 역사적 사실성과 더불어 항상 종교적 의미가 있었는가? 의문을 불러일으키기에 충분하다.

본문의 구성으로 보면 다윗의 상승기는 사울의 몰락기로 이해할 수 있으며, 다윗이 왕권에 이르는 상승기의 생애는 세 단계로 요약할 수 있다. 사울의 도움으로 왕궁에 살게 된 시기(16–18장), 왕궁을 도망쳐 라마로 떠나서 시작한 도망자 생활(19–27장), 사울의 죽음과 다윗이 왕권을 획득한 시기(28–2사무 5장) 등으로 구분할 수 있다. 다윗 생애의 세 단계

86 G. 폰 라트, 『구약성서신학』, 제 1권, 310쪽. 신학은 이런 의미에서 역사적 사실에서 출발하지만, 해석학적 성찰을 제공하는 것이 우선적 임무임을 숨기지 않으며, 우리는 이를 '신학적 역사 서술'(317쪽)이라 부를 수 있다.

는 마치 정반합의 변증법적 시기를 보낸 삶을 보여주는 듯해서 극적으로 보인다.

한편, 왕조를 처음으로 일군 사울의 고난은 죽을 때까지 지속되었고, 그의 인생은 이스라엘과 왕정을 지키기 위한 전쟁으로 점철된 길이었다. 그때까지 사울은 이스라엘에 존재하지 않았던 왕정체제를 처음으로 확립해야 했던 인물이었기 때문에 적을 외부에 두고 왕이 되었다. 내부적으로는 사무엘을 의식한 왕정이었으나, 어디까지나 예언자는 왕정의 방향을 가리키는 방향타의 역할에 머물렀다. 아주 짧은 기간에 사울이 주역이던 이스라엘 왕정사에서 다윗이 대항자로 등장하면서 역사는 흐름을 바꾼다. 현실에서 사울이 주역이고 다윗이 대립자였다면, 이야기 속에서 다윗은 주역이 되고 사울은 주역을 쫓는 역할에 머문다. 말하자면, 사울에게서 쫓겨난 뒤 이곳저곳 떠돌게 된 다윗은 오히려 이야기의 주인공이 되었고 사울은 대립자의 역할을 키워 갔다. 다윗의 등장과 함께 이야기의 주인공인 사울과 다윗은 서로 왕정의 주인공과 대립자의 역할을 맞바꾸게 된 것이다. 역사적 내용에 대한 해석은 사울과 다윗의 역할을 문학적으로 대조시킴으로써 현실의 권력자와 미래의 권력자를 조절하는 것이다.

이미 확립된 이스라엘의 왕정체제에서 다윗은 사울의 측근으로서 권력을 획득해 가는 득세의 과정을 누리고 있다. 대조적으로 사울은 젊어서 위임된 권한, 곧 사무엘이 행사하던 권위를 완성하기도 전에 권력을 잃어 가는 비극적인 인물로 묘사된다.[87] 따라서 사울의 죽음을 보고하는 1사무 31장을 지나고 과도기적 진통을 겪은 뒤 2사무 5장에 이르면 다윗은 이미 왕이 되어 있다. 사울의 죽음이 선언된 순간부터 자연스럽게 다윗은 경쟁

---

87 다윗의 등장으로 사울과 다윗의 갈등과 긴장을 묘사하는 시기는 분명 다윗이 득세하고 사울은 세력을 잃어가는 과정임은 틀림없다. 이에 대해서 이스라엘의 역사가들과 많은 연구자들은 공통된 생각을 가지고 있다. 장일선, 『다윗왕가의 역사 이야기』, 435쪽 참조.

자 없는 통일 왕권을 획득하도록 준비된 것이다. 그렇지만 다윗이 전체 12지파로 대변되는 이스라엘을 즉시 통합하거나 지지를 얻어내지 못한 것만은 확실하다.[88]

비록 사울 가문의 왕통에 대한 부정적 묘사와 다윗 왕정의 긍정적 묘사가 대조되기는 하나 긴장은 상당 기간 지속되었다. 사울 가문에 충성하던 지파와 가문들은 사울의 후계자를 중심으로 권력을 유지하면서 다윗의 통합 정책에 저항할 수 있을 만큼 세력도 만만치 않았던 것이다. 어렵게 유다 지파의 통치자가 되고 7년의 세월이 흘러서야 다윗이 사울 왕권을 온전히 이어받을 수 있었다는 기록이 이를 반증한다. 비로소 이스라엘의 열두 지파의 지지를 받으며 통솔할 수 있게 되었을 때, 본격적인 다윗의 통일왕정 시대가 열렸다.[89]

1사무 16-31장은 사울이 몰락해 가는 데 반비례해서 다윗이 깜짝 등장해서 성공해 가는 장면을 보여준다. 다윗은 상승해 가고 사울은 몰락해 가는 과정은 엄격한 의미에서 모두 역사적 사실로 받아들이거나 이해하려고 애쓸 필요는 없다. 왜냐하면 이야기는 승자의 논리에 따라 구성되고, 그에 따라서 극적 효과가 더욱 크게 드러나도록 기술되기 때문이다. 그러

88 다윗이 남쪽 유다와 북쪽 이스라엘을 통합해 가는 과정은 지파들의 전적인 지지라기보다는 개인적인 정치력과 군사력의 승리에 기인한다고 여겨진다. 장일선, 『다윗 왕가의 역사 이야기』, 424-425쪽 참조. 먼저, 다윗은 유다 지파의 지지를 바탕으로 근거지를 확보했고, 전략적인 지혜를 사용하여 마침내 기존의 왕조를 자기 품 안에 얻었다. 즉 다윗은 남쪽 유다 지파와 북쪽 이스라엘 지파들을 하나의 통일왕국으로 엮어 냈던 것이다.

89 1사무 31장은 필리스티아인들과 이스라엘의 전투를 전하면서 사울 왕의 마지막 장면을 전한다(4절). 사울이 죽고 난 뒤 다윗은 헤브론에서 유다 지파의 지지를 바탕으로 왕으로 추대 받았다(2사무2장). 사울 왕권에서는 사울의 아들 이스 보셋이 왕위에 올랐고 다윗과 갈등 속에서 왕권을 강화해 나갈 수 있었다. 그러나 이스 보셋의 장수 아브네르의 배반과 요압에 의한 그의 때 이른 죽음으로 결국 왕권은 다윗에게 넘어가고 말았다(4장). 5장은 다윗이 일곱 해 반 동안 헤브론에서 다스렸고, 나머지 33년 동안 예루살렘에서 유다와 이스라엘을 다스렸다고 전한다.

나 역사적 사실과 가치를 조금은 의심하더라도 이야기의 서술자가 의도하는 신학적 의미는 조심스럽게 참고할 필요가 있다. 사울과 다윗 두 인물의 대립과 갈등 구조가, 비록 과장되게 묘사되었다고 하더라도, 우리에게 말해 주는 바를 깨닫는 것이 이 부분의 목적이다.

또 다윗은 어떻게 삶을 시작했고, 왕권을 두고 오랜 세월 사울과 벌인 경쟁 구도에서 살아남아 승리의 길을 갈 수 있었을까? 왕권의 시샘에서 벗어나 제 길을 갈 수 있었던 다윗은 얼마나 전략적이었기에 성공에 이를 수 있었을까? 사무엘서가 묘사하고 있는 다윗의 생애를 반추하면서, 다윗이 어떻게 살 길을 찾아갔는지 그의 언행을 통해서 시사점을 발견하도록 하자.

우리는 앞서 사울 왕권과 사무엘 예언자의 갈등이 점차 악화된 상황을 보았다. 사무엘로 대표되는 예언자의 정의는 왕권에 의해서 쉽사리 무시되었으며, 신탁의 기능은 기대하기 어려워져 갔다. 사실상 왕권이 신권을 대신하는 왕정에서 제도권 안에 편입된 예언자의 주장은 무력할 수밖에 없다는 것을 부인할 수 없다. 그렇지만, 이와 동시에 백성에 대한 영향력을 일정 부분 행사하는 예언자를 무시한 왕권은 자신만의 힘으로 자리를 보존하기 어렵다는 것도 알았다.

왕권의 독점적 권력이 배타적 신권을 무시하는 경향을 보이는 이유는 무엇이었을까? 형이상학적으로 보면, 인간은 자신의 욕망대로 흘러가고 싶지만, 진실은 그런 인간의 욕망이 지배할 수 없는 영역에 위치한다. 진실이 인간의 욕망을 거부하는 것이 아니라, 인간이 욕망을 성취하기 위해 마침내 '모두가 알게 될' 진실을 외면한다. 민심은 천심(*vox popoli, vox dei*)이라고 하지 않는가? 왕권이 건강하게 유지되려면, 왕권을 향한 백성의 자발적 순종이 필요하다. 그런데 천심을 거스르는 왕의 어떠한 행동이나 말도 민심을 자발적 순종으로 이끌어 내기 어렵다. 자유를 억압하는 힘의 강요는 자발적 순종을 가로막는 최대의 적이다. 힘의 효율적 사용은 백성의 충성을 이끌어 내고 싶은 왕권에 치명적 유혹이자 왕권이 패망에 이르는 첩경이다.

갈등의 위기

사울 왕권이 실패하리라는 전조를 앞 장에서 본 우리는 예언자 사무엘의 행동을 이런 시각에서 읽을 수 있다. 왕권의 실패는 왕의 실패일 뿐만 아니라, 왕의 통치를 받는 이스라엘 백성과 사회를 불안하게 만드는 요인이다.

> "너는 언제까지 이렇게 슬퍼하고만 일을 셈이냐?" (1사무 16,1)

신권을 배제하려는 사울의 실패를 두고, 사무엘은 그저 실망에 젖어 있을 수밖에 없는가? 예언자를 거부하고, 하느님의 길을 거스르는 왕권의 독자적 행위에 대해 사무엘은 이스라엘을 위하여 무엇을 해야 하는가? 반역의 길을 위해서 사울을 대신할 새로운 인물을 찾아 나서야 하는가? 사무엘은 상황의 위태함을 홀로 짊어진 듯이 하느님의 길을 걷고 행동하고 생각할 수밖에 없다. 그렇다면 왕권에 대한 사무엘의 절망은 개인적인가, 아니면 민족적인가? 사무엘의 절망감은 야훼 하느님의 말씀을 따르지 않는 지상의 왕권이 더욱 큰 불의를 범하고 부패할 것이라는 불안을 증대시킨다.

예언자 사무엘은 하느님의 이름으로 기름을 부어 왕으로 세운 사울을 미련도 없다는 듯이 라마로 떠났다. 더는 사울을 왕으로 인정하고 그의 곁에 머물 수 없는 이런 상황은 왕권과 예언자의 건강한 병존이 위협 받고 있음을 의미한다. 신탁의 명령을 이행하지 않은 사울은 이제 예언자 사무엘을 자신의 지지자로 묶어 둘 수 없게 되었다. 민심을 하나로 결합해 줄 수 있는 사무엘이 자기를 지지하지 않는다면, 이건 왕에게 위험한 사태가 아닌가? 비록 사울이 왕권을 행사하며 백성을 통솔하고 있지만, 백성의 마음을 얻을 수 있는 길은 사무엘에게 있지 않은가? 사울은 자신의 정치적 생명이 사무엘의 반대로 끊어질 수도 있다는 위협을 느끼기 시작했다. 사울과 사무엘은 어느 사이에 서로 긴장과 갈등을 느끼며 적대적 관계로 변모해 가는 그들의 상황을 두려워했던 것이 아닐까?

이런 관점에서 성경은, 비록 반대자들이 있었지만, 처음 사울이 그의 건장한 체격으로 많은 사람들의 호의와 신뢰를 받을 만했다고 말하고 있다(1사무 10,23). 그런 사울이 권력을 집중화하는 과정에서 정치적 생명에 대한 위협을 느꼈다면, 사무엘은 어떠했을까? 예언자 사무엘도 똑같이 정치 권력자 사울과 그의 동료들에게서 생명의 위협을 느끼기 시작했던 것이 아닐까?

> 제가 어떻게 갑니까? 사울이 그 소식을 들으면 저를 죽이려고 할 것입니다. (1사무 16,2)

현재의 왕을 버리고 그를 대신할 새로운 미래의 왕을 선택한다는 생각이나 행동은 사울의 왕정체제에 대한 배신이다. 더구나 미래의 왕권을 위해 현재의 왕권을 배신함은 목숨을 걸지 않으면 행할 수 없는 일이다. 신탁을 무시한 사울에 맞선 사무엘의 상황은 매우 긴급하게 바뀌었다.[90]

아마도 이 시기에 왕권에 비판적인 사무엘은 절박감에 사로잡혔을 것이고, 사울의 행동을 비판하면서 생명의 위협을 느꼈을 것이 틀림없다. 이러한 사례는 역사적으로 비일비재하며, 엘리야가 아합 왕을 비판하다가 생명의 위협을 느끼며 도망친 예(1열왕 19장)도 이와 같다.

사무엘이 사울의 행동을 비판했던 이유는 신탁의 명령을 받고 출전한 사울이 아말렉과 벌인 전투 행위 자체였다(1사무 15,1이하). 사울은 이스라엘의 통치자로서 야웨 하느님의 명령을 받고 치른 전투에서 신탁을 철저히 준수하지 못했다. 1사무 15장의 이야기는 어찌 보면 이해할 수 없는 사건 – 거룩한 전쟁의 일부로 –을 말하고 있지만, 독자인 우리는 사실상 아무것도 알 수 없다. 다만, 사울이 이스라엘 왕으로서 주님의 명령을 따르지 않았다는 사실만 듣고 있을 뿐이다. 신정정치의 절대주의는 절대적 순종과 복종을 요구하고 질문을 허용하지 않기 때문이다.

사울과 사무엘의 갈등은 이스라엘 최초의 왕정이 시작되자마자 왕권과 예언자의 대립이 발생했다는 의미였다. 갈등은 위기를 불러오고, 위기 속에서 갈등은 불안하게 진행될 수밖에 없다. 위험한 상황에서 사무엘은 사울을 배신하고 그를 대신할 왕을 야웨 하느님의 이름으로 선택해야 했다. 왕권과 신권의 대립에 결부된 예언자, 왕, 백성 모두에게 이 사태는 불안을 일으키는 갈등이었던 것이다. 이러한 불안한 분위기는 여러 소식통을 통하여 이미 사울과 사무엘에게 감지되었을 것이다. 주님의 명령대로 사무엘이,

베들레헴에 다다르자 그 성읍의 원로들이 떨면서 그를 맞았다. 그들은

90 사무엘과 사울의 관계는 비판적 관계에서 적대적 관계로 변하면서 더욱 위험한 관계로 변했다. 위험한 관계는 다시 사무엘이 사울을 대신할 인물을 찾아야 할 상황에서 정점에 이른다. 비판 → 거부 → 새 인물 다윗의 등장이라는 상황 변화에서 사울의 운명은 점점 기울어 간다.

"좋은 일로 오시는 겁니까?" 하고 물었다. (1사무 16,4절)

사무엘이 베들레헴에 도착하자, 어떤 사태를 지레짐작한 그곳의 원로들은 두려움에 떨면서 그를 맞았다. 왕과 사무엘 사이에 위험한 긴장이 발생한 것은 확실한데, 원로들에게 그게 무엇인지 겉으로 드러나지 않았기 때문에 불안은 더욱 두려웠다. 이러한 와중에 사무엘의 행동이 그들에게 어떤 돌발적인 사태를 불러올지 몰랐고, 왕권을 쥔 사울의 행동도 예상할 수 없었다. 사무엘은 혹시나 자기 때문에 벌어질 가상의 위험한 사태 때문에라도 베들레헴의 원로들을 위로해야 했을 것이다.

다윗의 등장

예언자와 왕권의 갈등이라는 새로운 상황이 전개되었을 때, 이 상황은 새로운 시대가 열리는 전조였다. 그리고 왕정 초기에 발생된 사무엘과 사울의 갈등은 심각하게 발생한 문제이지만, 그렇다고 역사적 해법이 없는 것은 아니었다. 사울의 잘못으로 제기된 문제를 해결한다는 것이 직접 사무엘에게 승리를 보장하는 것은 아니다. 그런데 사울과 사무엘, 왕권과 예언자의 갈등이 새로운 차원으로 옮겨 가기 위해 제삼자의 등장이 필요한 상황이 되었다. 갈등의 해법이 될 왕권의 교체는 오랜 시간이 걸릴 것이지만, 새로운 인물 다윗의 등장은 그가 성공에 이르기까지 인내해야 할 시간이 있다. 경쟁 구도에 놓인 인물들 사이에서 벌어지는 갈등처럼, 다윗의 성공은 사울의 정신적 불안을 배경으로 진행된다. 사무엘서는 다윗의 성공을 전제한 사울의 실패를 암시하는 단서들을 이야기

속에 여기저기 풀어놓고 있다.

사무엘서의 이야기가 암시하는 다윗의 성공은 일차적으로 사울의 왕권에 일조하는 것이 아님이 분명하다. 사울에게 다윗의 작은 성공들은 점차 왕의 주의를 끌고 다윗이 세를 불려간다는 의혹과 불안을 일으킨다. 마침내 다윗에 호의적인 반응들이 사울의 시기를 불러일으키며, 사무엘서는 사울 왕권의 몰락에 이르는 과정을 설명하기 위한 목적을 드러내기 시작한다.

사울과 다윗의 실패와 성공을 말하기 위해서, 예언자 편에서 실패와 성공의 기준은 무엇일까? 그것은 아마도 '하느님의 길'을 얼마나 가깝게 걸어가는지, 이것이 판단 기준이며 비판의 척도가 될 것이다. 그렇다면, 이러한 성경의 기준이 얼마나 사울에게 적용될 수 있었을까? 아마도 하느님의 길을 말하려면, 결국 신탁의 철저한 수용과 이행만이 성공을 주장할 힘을 얻을 것 같다. 사무엘서는 사울의 실패가 하느님께 대한 불순종의 결과라고 주장하고 있기 때문이다. 그렇다고 사울의 실패가 곧 다윗의 성공을 의미하는 것도 아니며, 그에 반비례하는 것도 아니다. 인생은 성공과 실패가 예정되어 있다거나 불변하는 것이 아니라, 특히 성경의 신관에 따르면,[91] 인간의 태도 여하에 따라 하느님의 태도는 언제라도 바뀔 수 있음을 기억해야 한다.

성경에 따르면, 다윗의 성공은 불순종에 따른 사울의 실패와 달리, 하느님께 순종함으로써 성취된다는 강조가 잇따른다. 그러나 주님의 말씀에 순종했다는 다윗이 언제나 사울보다 더 성공하는 것은 아니며, 또 성공을

91 다윗의 회심을 다룬 2사무 11장, 24장을 보더라도 그렇고, 특히 욥기가 이를 증언한다. 요나서는 12 소예언서에 포함되지만, 많은 성경학자들은 지혜문학으로 다루기도 한다. 이에 대한 간단한 성찰적 분석에 따르면, 인간의 태도는 하느님의 결단도 바꾼다는 의미심장한 결론도 있다. 졸저, 『요나서 읽기』, 이냐시오 영성연구소, 2010.

보장받는 것도 아니다. 성공과 실패는 인간의 외적 삶을 구성하지만, 성공과 실패의 원인 제공자도 인간이다. 중요한 것은 성공과 실패가 결정적인 사실이 아니며, 언제나 뒤바뀔 수 있는 불확정성의 성격을 가진다는 것이다. 인간은 성공할지라도 한 번의 실패로 나락으로 떨어질 수 있으며, 동시에 태도의 변화로 실패에서 회복도 가능하다. 그렇기 때문에 모든 성공과 실패는 인간의 행동과 태도에 달려 있고, 회복은 개인적인 결단에 달려 있다. 다윗과 사울의 성공과 실패 또한 매 순간 다시 일어서거나 무너질 수 있던 기회이다.

다윗의 성공 이야기는 우리에게 다윗이 왕권에 접근해 가는 그의 세련된 책략과 위험을 무릅쓴 노력을 보여준다.[92] 다윗은 비천한 양치기 소년에서 건장한 청년으로, 건장한 청년에서 떼거지들의 두목으로, 민중의 마음을 읽고 성장해 가는 정치가 다윗으로 변모해 간다.[93] 물론 성경 본문은 다윗과 솔로몬의 정통성을 확대하고 강조하려는 경향을 보이는 것이 분명한 사실이다.[94]

앞에서 간단히 언급했던 것처럼 역사적으로 다윗과 사울의 관계를 알려 주는 것은 거의 어둠에 감춰져 있다. 양을 치던 다윗과 나귀를 찾아

---

92 다윗을 긍정적인 측면에서 묘사하려는 사무엘서가 논리적으로 충돌을 일으키는 본문들로 구성되어 있다는 것은 쉽게 알 수 있다. 이에 대한 논의는 Marti J. Steussy, *David*, 53-70쪽 참조. 필자는 다윗이 얼마나 세속적 욕망에 민감한 인품인지 알려준다고 해석한다(70쪽).

93 엄원식, 다윗의 전기에 대한 분석적 비판-전투적 메시아니즘을 중심으로, 『구약논단』 9집(2000년 10월), 구약학회, 111-112쪽 참조. 고대 근동민족들 중에 벤야민 지파의 근친 부족들은 다윗(다위둠, *Dawiduum, Dawidaam, Dawidasunu, Dawidiim,* 군 지휘관 혹은 사령관의 의미)이라 불리는 부족 지도자들이 통치했다. 이들은 고대 세계의 마리(Mari) 왕국을 끊임없이 위협했던 공포의 유랑민족이었다. 단어들의 어미들을 떼어내면 다윗(*Dawid*)이 되고 학자들은 성경의 다윗 왕 이름의 원형으로 본다. 따라서 '다윗'이란 이름은 어원적 의미에서 성경의 인물 다윗 왕을 이해하는 데에 도움이 될 수 있다.

94 Walter Brueggemann, *David's Truth: In Israel's Imagination & Memory*, Fortress, 1985.

나섰던 사울의 차이는 가문의 경제력 정도의 차이가 있을까? 어린 소년이 양떼를 쳐야만 생활이 가능했던 가정과 나귀를 소유하고 종을 부릴 수 있는 가문은 처음부터 사회적 자세가 다를 수밖에 없다. 사울처럼 출신 가문을 자랑할 만했다면, 성공한 다윗 이야기는 조금 더 화려하게 장식되었을 수 있다. 사울의 존재 가치를 감쇄하고 다윗을 출중한 인물로 부각시키기 위해서라면, 사울의 출신 환경을 부각시킬 필요가 없기 때문이다.

결과적으로 다윗의 성공은 사울의 실패와 맞물려 있기 때문에 성공한 다윗을 중심으로 기록을 남길 확률이 높다. 그러므로 사건의 역사성만을 생각한다면, 성경의 역사는 그만큼 성공한 자의 어두운 면을 덮어둘 가능성이 크다. 성경은 이런 점에서 성공한 다윗의 어둠을 보여주고 있다는 사실에서 일방적인 기록을 남기고 있지 않다는 사실에 의미를 두어도 좋다. 적어도 역사 이야기가 왕조의 정통성을 주장하는 틀에서 신학으로 넘어가는 위험성이 있지만, 적어도 인간의 길을 제시한다는 측면에서 신학적 해석의 긍정성을 인정해야 한다.

한편, 다윗의 개인적인 역사적 환경에 대해서 독자가 알 수 있는 것은 거의 없다 해도 과언이 아니다. 다만 다윗이 사울의 측근이 되어 그의 무기 당번이었다는 사실만 기록으로 분명하게 확인할 수 있을 뿐이다.[95] 더구나 다윗의 성공신화인 1사무 17장의 골리앗을 쓰러뜨린 이야기는 단편 전승으로 독립된 이야기 구조로 되어 있고, 전체 이야기 흐름에서 벗어나 있다는 사실을 지적해 둔다. 이 점은 다윗의 성공 과정을 묘사하는 본문을 따라가면서 확인할 수 있을 것이다.

95 A.H.J. 『군네벡』, 문희석 옮김, 한국신학연구소, 1986, 102-3쪽.

다윗의 모습

사울에 대한 실망을 경험한 사무엘은 이사이 집안을 찾아가 그의 아들들을 모두 불러 모았다.[96] 그들 중 막내가 되는 다윗을 어떻게 선택하는지, 그 과정을 1사무엘 16장은 길게 서술하고 있다. 16장은 다윗이 골리앗을 쓰러뜨린 영웅담을 서술하고 있는 17장에 선행하는 이야기다. 공적 인물이 되는 과정이 기름부음을 받는 의례였다면, 이 점은 정치적 의미를 피할 수 없다.

다윗과 비교해서 사울이 기름부음을 받는 장면이 공식적이었다면, 다윗의 첫 번째 기름부음받음(1사무 16,13)은 대단히 사적이다. 사적 형식을 넘어서 다윗은 공식적으로 유다 지파의 왕이 되기 위해 두 번째로 기름부음을 받았다(2사무 2,4). 그리고 다윗은 통일된 이스라엘의 왕이 되기 위해 이스라엘과 계약을 맺고 백성들 앞에서 세 번째로 기름부음을 받았다(2사무 5,3). 두 번째와 세 번째 기름부음받음은 반쪽 왕국에서 통일왕국으로 나가는 공식적인 의례였던 것이다. 세 번째 기름부음을 받은 자가 됨으로써 다윗은 유다의 왕이자 이스라엘의 왕, 곧 공식적으로 통일왕국의 군주가 된 것이다.

그렇다면 사적 행위로 여겨지는 첫 번째 의례는 도대체 무엇을 의미하는가? 실질적 의미에서 불필요한 의례라면, 사적 성격을 띤 첫

96 '유다 지파 이사이의 아들 다윗'(집회 45,25)처럼 사울이 북쪽 지파들을 지칭한 이스라엘을 대표한 첫 왕이었다면, 다윗은 남쪽의 유다 지파를 대표한 인물이다. 지리적 환경에서 비롯된 남북의 갈등은 다윗을 이은 솔로몬이 죽자 다시 남과 북으로 갈렸다는 사실을 기억할 필요가 있다. 다윗이 남북 지파들의 긴장과 갈등을 통합한 노련한 정치적 능력을 발휘했다면, 솔로몬 대에 이르러 남북의 갈등은 끝내 덮어둘 수 없는 상태로 고조되었다. 이후의 역사는 성경이 보여주는 대로 다시는 통일왕국을 회복하지 못하고 두 왕국으로 분열된 채 차례로 이민족의 침략에 사라져 갔다.

번째 의례는 다윗의 정통성을 확보하기 위한 예비적 단계라고 해야 할까? 다윗이 이야기의 흐름을 조절하는 주인공이라면 사적 의례의 의미는 본문의 편집자가 무엇을 의도하는지 짐작할 수 있다. 다윗 이야기는 철저히 성공한 자의 의도를 강조하는 왕정 사가의 붓끝에서 흘러나온 것일 수 있다.

사무엘서의 선택은 사적 성격의 의례를 위한 방향으로 이야기를 진행시킨다. 사무엘은 이사이의 일곱 아들을 모두 거부하고 어쩐 일인지 홀로 양을 치고 있는 막내(*hakatan,* 작은 자)인 여덟 번째 아들을 찾는다.

> 그들이 왔을 때 사무엘은 엘리압을 보고, '주님의 기름부음받은이가 바로 주님 앞에 서 있구나.' 하고 생각하였다. 그러나 주님께서는 사무엘에게 말씀하셨다. "겉모습이나 키 큰 것만 보아서는 안 된다. 나는 이미 그를 배척하였다. 나는 사람들처럼 보지 않는다. 사람들은 눈에 들어오는 대로 보지만 주님은 마음을 본다." 다음으로 이사이는 아비나답을 불러 사무엘 앞으로 지나가게 하였다. 그러나 사무엘은 "이 아이도 주님께서 뽑으신 이가 아니오." 하였다. 이사이가 다시 삼마를 지나가게 하였지만, 사무엘은 "이 아이도 주님께서 뽑으신 이가 아니오." 하였다. 이렇게 이사이가 아들 일곱을 사무엘 앞으로 지나가게 하였으나, 사무엘은 이사이에게 "이들 가운데에는 주님께서 뽑으신 이가 없소" 하였다. 사무엘이 이사이에게 "아들들이 다 모인 겁니까?" 하고 묻자, 이사이는 "막내가 아직 남아 있지만, 지금 양을 치고 있습니다." 하고 대답하였다. 사무엘이 이사이에게 말하였다. "사람을 보내 데려오시오. 그가 여기 올 때까지 우리는 식탁에 앉을 수가 없소." 그래서 이사이는 사람을 보내어 그를 데려왔다. 그는 볼이 불그레하고 눈매가 아름다운 잘생긴 아이였다. 주님께서 "바로 이 아이다. 일어나 이 아이에게 기름을 부어라." 하고 말씀하셨다. (1사무 16,6-12)

먼저 주목해야 할 대목은 7절에서 사무엘에게 전하는 주님의 말씀(*겉모습이나 키 큰 것만 보아서는 안 된다. 나는 이미 그를 배척하였다. 나는 사람들처럼 보지 않는다. 사람들은 눈에 들어오는 대로 보지만 주님은 마음을 본다.*)이 강조된 점이다. 다윗과 관련해서 주님이 정한 선택의 원칙은 인간의 눈과 하느님의 눈은 원천적으로 다르다는 사실에서 출발한다. 인간은 눈에 들어오는 대로 겉을 보고 판단하지만, 인간의 기준을 넘어서는 하느님은 사람의 마음을 본다. 주님의 눈에 맞갖은 사람이 과연 누구인지 예언자 사무엘은 알아볼 수 없지만 주님은 아신다. 이리하여 사무엘이 선택한 자가 거부되고, 주님이 알려 주는 어린 다윗이 선택된다.

그렇다면 다윗에 앞서 처음 선택되어 기름부음을 받았던 사울은 어떠했던가? 왕으로 선택되었던 멋진 젊은이, 주님의 눈에 들었던 그가 어찌하여 이런 상황에 몰렸던가? 겉모습만으로 알 수 없는 인간의 속마음을 아시는 주님은 선택도 하시고 거부도 하신다. 사울에 이어 두 번째로 기름부음을 받을 다윗 이야기는 사울이 어떻게 실패한 군주로 추락하게 될지 짐작하게 한다. 짐작은 현실로 나타날 것이고, 그것은 이미 15장에서 드러나기 시작한 것이다. 다윗을 선발하던 사무엘의 선택 기준이 부인되면서 사울의 실패가, 실패의 원인이 한눈에 드러난다.

먼저 이야기 서술자는 '*겉모습이나 키 큰 것만 보아서는 안 된다. 사람들은 눈에 들어오는 대로 보지만 주님은 마음을 본다*(7절).'는 점을 강조했다. 사울이 선택되었을 때, 사울을 묘사하던 큰 키, 즉 사울의 '*키는 모든 백성보다 어깨 위만큼 컸다*(1사무 10,23)'는 진술이 다윗을 선택하는 과정에선 부정된 것이다.[97] 달리 이야기하면, 사무엘이

---

97 다윗의 모습이 시대를 거치면서 이상적 인물, 체격으로나 정신적으로, 신앙의 차원에서 표준화되지만, 사울과 비교할 때 큰 키가 부인된다. 이 점은 성경의 본문만으로 추상할 수 없지만, 다윗의 체격이 작을 것으로 생각할 수는 없어도 특별히 컸을 것이란 생각은 접을 수 있다.

처음 이스라엘의 왕으로 사울을 선택했을 때 가졌던 외적 기준이 하느님의 기준이 아니라는 의미이다.

장남 엘리압의 모습은 사울의 모습을 떠올리기 때문에 사무엘은 야웨의 선택이 되리라고 생각했다. 그런데 사무엘을 사로잡고 있는 생각, 즉 은연중에 사울을 선택했던 인간적 기준이 거부되고 전혀 다른 기준이 암시된 것이다. 겉모습이 큰 키와 함께 남성성을 대표하는 강건함이었다면, 주님은 영웅적 남성성에 의존하는 인간의 생각을 거부했다. 사울을 거부한 사무엘의 눈에 들어오지 않던 연약한 소년, 주님은 다윗이 작은 자[98]임에도 불구하고 그를 선택했다. 사무엘은 자신이 쏟아낸 신탁의 내용을 아직 내면화하기 전, 사람의 겉모습은 주님이 원하는 사람과 반드시 일치하지 않을 수 있다. 이런 의미에서 사울의 영웅적 남성성(큰 키) 대신에 주님은 아직 어린 소년(작은 자) 다윗을 선택했고, 주님의 마음에 드는 사람으로 만드실 것이다.

사무엘서는 다윗이 오히려 '*볼이 불그레하고 눈매가 아름다운 잘생긴 아이*'(12절)로 묘사하면서 전혀 다른 차원으로 사무엘의 시선을 바꾸어 놓는다. 육체적 조건에서 건장한 사울과 비교될 수 없지만, 소년 다윗은 주님이 '선택하신 자'가 되리라는 암시적 의미를 부여받는다. 같은 표현이 골리앗과 싸우기 위해 나선 다윗을 묘사하는 데 다시 사용된다. 골리앗은 다윗이 '*볼이 불그레하고 용모가 아름다운 소년에 지나지 않았으므로*(1사무 17,42)' 업신여겼다. 여기서 우리가 알 수 있는 것은 인간적 확실함이 사무엘서가 말하고 싶은 하느님의 선택 기준이 아니란 점

말하자면, 체격으로 외적인 경외감을 불러일으킬 만큼 장신의 인물은 아니었다는 판단이다.

98 작은 자(*hakatan*)는 다윗이 어린 소년임을 말하는 것이기도 하지만, 다윗이 별 볼일 없던 처지의 다윗을 가리키는 것이기도 하다. 이사이의 가문이 그러하고, 형제들 중에서 눈에 띄는 인물이 아니었고, 남을 압도할 만큼 체격이 우수하지도 않았다는 의미이다.

이다. 현실적으로 주님이 선택한 소년은 민족을 이끌 지도자의 조건을 충분히 가진 것도 아니다. 더구나 인간적 신뢰를 줄 우락부락한 강인한 체격을 지닌 청년 영웅도 장년의 사나이도 아니었다. 다윗은 아주 단순하게 사람의 눈보다 주님의 눈에 들고 뭇사람의 귀여움을 받을 만한 소년으로 묘사되었다. 다윗의 선택과정은 인간적 차원에서 왕이라면 보여주어야 할 여러 영웅적 조건을 무시하였고, 처음부터 인간적 신뢰를 줄 조건들은 고려되지 않았다.

두 번째는 어느 사람도 주님이 함께 계시지 않으면 참된 선택을 받았다고 할 수 없다는 사실이다. 12절에서 이야기는 다음과 같이 주님의 말이 사무엘에게 내렸다고 했다. 이 아이에게 기름을 부어라. '*사무엘은 기름이 담긴 뿔을 들고 형들 한가운데에서 그에게 기름을 부었다. 그러자 주님의 영이 다윗에게 들이닥쳐 그날부터 줄곧 그에게 머물렀다.*(13절)' 사무엘서는 이로써 다윗이 이미 어린 시절부터 주님이 사랑하는 인물이 되었다고 주장한다.[99] 이런 주장은 다윗의 어린 시절을 한마디로 요약하며, 사울을 밀어내고 다윗을 미래의 왕으로 내세우는 기능을 한다. 말하자면, 주님의 말씀을 전하는 사무엘도 인간을 보는 눈은 인간의 한계를 드러낼 뿐, 주님의 선택(13절)을 선행하지 못한다. 이제부터 다윗의 선택이 사실에 기반을 둔 역사성을 지니지 않더라도 역사를 만들어 가는 데는 아무런 지장을 받지 않는다.

앞서 이야기한 대로 하느님의 사람이 된다는 것은 겉으로 보이는 것이

---

99 신약의 예를 들면, 예수님께서 요르단 강에서 세례를 받았을 때, 하늘에서 들려오는 음성을 기억한다. "너는 내가 사랑하는 아들, 내 마음에 드는 아들이다." (마르 1,11; 루카 3,22 참조). 신약의 표현은 구약의 구절을 상기시키며, 시편 2,7 (너는 내 아들, 내가 오늘 너를 낳았노라.)이 한 예이다.

기준이 될 수 없다. 오히려 인간적인 장점이 주님의 눈에 부정되고, 주님의 영이 그와 함께 머물지 여부가 선택의 결정적인 기준이 된다. 인간적 조건이 인간적 확신을 제공하듯이, 주님의 조건은 오직 주님만 확신할 수 있기 때문에 다윗에 관한 여타의 조건들은 아무도 이의를 제기할 수 없다. 그 한 예로, 이집트에서 노예생활을 하던 히브리인들이 주님의 도움으로 탈출하였을 때 이스라엘은 인간적으로 자랑할 만한 것이 없었다. 이집트 사회에서 가장 버림받던 노예에 준한 하층민이었으며, 그 사회에서 인간적인 대접을 받을 수 없던 이방인이었다. 선택의 관점에서 중요한 사실은 바로 이들을 주님이 선택하셨고, 주님은 이들에게 인간적 차원에서 이해하기 어려운 자비와 정의를 베풀었다는 점이다.

골리앗 사건의 역사성

인간적 기준이 부정되고 오직 하느님께 의존하는 것만이 강조되는 사실은 무엇을 의미할까? 우리는 이야기가 전개될 상황이 이미 세밀하게 조정되었고, 다윗에게 요구될 것이 무엇인지 암시되고 있다는 점을 짐작할 수 있다. 주님이 간여하시는 일에 철저한 순종만이 승리를 가져온다는 극단적인 신정 정치적인 주제가 마련된 것이다. 순종은 하느님의 일을 수행하려면 기름부음받은이에게 강조되어야 할 절대적인 요청사항이다.

어린 소년 다윗과 무골의 장년 골리앗의 싸움은 다윗의 성장가도에 신학적인 의미를 제공하기 위한 결정적인 이야기로 작용한다. 어린 다윗이 필리스티아인들의 영웅 골리앗을 야생동물들에게 했던 것처럼 단 한 번의 돌팔매질로 쓰러뜨렸다는 전설적 이야기가 꾸며진 것이다(1사무 17

장). 이야기의 흐름으로 볼 때, 독자는 앞뒤가 어우러지지 않는 모순을 경험하지만,[100] 기본적으로 문학적인 그리고 신학적인 저자의 의도가 내포되어 있다는 것을 참작해야 한다. 한 마디로 성경의 연구자들은 일반적으로 복잡한 전승사와 편집사의 과정을 거친 최종 산물[101]이 오늘 우리가 읽고 있는 성경의 본문이 되었다고 본다.

그러므로 의미를 제공하기 위한 문학적 서술이 아니라면, 이러한 일이 상식적으로 보아 어찌 가능한 일이겠는가? 그렇지만 다윗의 기적적 승리를 강조함으로써 그의 위대함은 어린 시절부터 시작되었고, 그것은 주님이 함께하셨기 때문에 가능했다는 암시를 듣는다. 후대 왕정은 이런 신학적 사유의 연장선에서 다윗의 왕권과 마찬가지로 주님의 현존을 요청하고 강화된 설명의 자료를 제공한다.

객관적 역사성을 기반으로 할 때, 다윗이 골리앗을 쓰러뜨린 이야기는 역사적 사실로 보기 어렵다는 것이 일반적이다. 이러한 이유로 사무엘서의 이야기는 정확히 말해서 다윗 왕조의 정치적 선전 과정에서 강조된

---

100 16,22은 이미 사울이 다윗을 알고 있다고 전하지만, 17,55-58은 사울이 마치 다윗을 처음 보는 인물로 소개한다. 이 경우에 다윗과 골리앗 이야기는 독립 전승의 이야기로 비록 모순이 발생하지만, 다윗이 성공해 가는 과정에 문학적 기여를 하도록 편집되었다고 이해한다. 그래서 히브리어 성경(*Masoretic Text*)의 희랍어 번역본인 칠십인역 성경(*LXX*)은 1사무 17,1-11, 32-49, 51-54만 담고 있어 이야기의 원본으로 취급된다. 다른 구절들, 즉 12-31, 50, 55-58절은 칠십인역 희랍어 번역본이 성립된(대략 bc 200년경) 후 어느 시기에 히브리어 원본에 첨가된 것으로 이해한다. 50절(골리앗을 돌멩이로 죽이고)과 51절(칼로 죽이고)의 모순도 이런 관점에서 원본과 첨가 사이의 충돌이라고 본다. 첨가문은 다윗이 어리고 전투의 무경험을 강조하는 동시에 하느님을 신뢰하고 그분께 의지하여 승리한 다윗의 모습을 그린다. Steven L. Mckenzie, 71쪽; 그러나 P. Kyle McCarter, Jr.,은 70인역의 본문이 원본이고 히브리어 본문이 후기 단계에서 더 확장되었으리라는 설명은 개연성이 적다고 단언한다. P. Kyle McCarter, Jr., 189쪽 참조.

101 P. Kyle McCarter, Jr., 189쪽.

사건일 수 있다. 이야기의 진실성을 담보하는 성경의 성격을 전제할 때에, 사무엘서의 부록(21-24장)의 일부에 실린 이야기 2사무 21,19의 보고는 주의할 만하다. 이에 따르면, 갓 사람 골리앗을 쳐 죽인 사람은 베들레헴 사람 야아레 오르김의 아들 엘하난이라고 말하고 있다. 한편에서, 다윗의 영웅성을 공개적으로 선포하기 위해 골리앗을 쓰러뜨린 이야기를 아주 길게 모순된 서술을 하고 있다(1사무 17장). 반면, 2사무 21,19는 역사적 진실성을 몰래 삽입해 놓아야만 했던 것처럼 단 한 문장 속에 정치적 선전을 거부하듯이 전하고 있다.

그렇다면 객관적 차원에서 볼 때, 이야기의 서술에서 드러나는 역사적 허위성은 무엇을 의미할까? 아마도 엘하난이 진짜 영웅이지만 후기에 와서 다윗 왕을 기리는 사람들에 의해서 다윗이 영웅으로 조작되었을 수 있다.[102] 앞에서 언급했다시피, 성경 밖에서 다윗(다위둠 *Dawiduum*)은 사령관, 군 지휘관이란 의미를 가진다. 사무엘서가 왕조신학을 대변하면서 다윗과 관련성을 서술하고 있다고 인정하면, 우리에게 3가지 가설이 가능하다. (1) 다윗과 엘하난은 동일 인물이다. (2) 다윗과 엘하난은 다른 인물이다. (3) 다윗이 죽인 자도 골리앗이고, 엘하난이 죽인 자도 골리앗이다.

(1)의 경우, 1사무 17,55-58은 사울과 신하들이 알고 있던 수금 타는 다윗(1사무 16,21-22)과 다름을 암시해 준다. 이런 짐작이 옳다면, 골리앗을 죽인 용사는 엘하난이란 사실을 쉽게 추정할 수 있다. 이후 대중적 인기가 독이 되어 이 인물이 사울에게 쫓겨 다니다가 산적 두목으로, 비적의 두목으로, 치글락의 맹주로, 마침내 유다의 왕까지 된 경우이다. 따라서 수많은 군사적 승리를 찬양하기 위해 '우리의 사령관'(다윗)이란 칭호

102 P. Kyle McCarter, Jr., 191쪽 참조; 『군네벡』, 103쪽.

를 얻었다는 설명이 가능해진다.

(2)의 전제는, 사무엘서의 저자가 의도적으로 엘하난의 업적을 다윗에게 돌렸다는 가설이다. 그 이유로는 1사무 17장에서 4절과 23절을 제외하고는 골리앗이란 이름 대신에 필리스티아 사람으로 호칭한다는 점이다. 따라서 사무엘서의 저자는 다윗 왕조의 영광을 위해 다윗이 죽인 무명의 필리스티아 용사를 골리앗으로 짜깁기했다는 것이다.

마지막으로, (3)의 전제는, 가드 사람 골리앗이란 말은 거인 족에 속한 사람을 일컫는 말이라는 가설이다. 거인 족은 실제적 의미가 아니라, 삶에서 맞닥뜨렸던 대적들(정치적, 경제적, 사회적)을 상징하는 의미로 읽는다. 이런 해석은 나중에 통일왕국을 이룬 다윗이 누구든지 간에 비천한 신분에서 왕권에 이른 과감했던 어떤 인물을 가리킨다.[103] 세 번째 가설은 성경 본문이 제공하지 않는 해석으로 다윗 왕에 대한 불필요한 고정 관념을 깨뜨리는 데 일조를 하지만, 다윗의 역사적 실재성을 강조할 수 없다는 불확실성 때문에 의문은 여전히 남는다.

따라서 전통적으로 형성된 역사적 관점만 강조하다 보면, 이야기의 사실성 여부만 중요하게 여겨지고 의미의 중요성은 간과하기 쉽다. 그래서 이야기의 충돌로 야기되는 긴장 때문인지 1역대 20,5는 다음과 같이 화해를 시도한다. "*필리스티아인들과 다시 싸움이 일어났다. 야이르의 아들 엘하난이 갓 사람 골리앗의 아우 라흐미를 쳐 죽였는데, 라흐미의 창대는 베틀 용두머리 같았다.*" 말하자면, 역대기 저자는

103 중근동의 문서 중에서 기원전 1800년경 바빌론 제국에 의해 망했던 마리 왕국의 문헌이 존재한다. 이 문서에 의하면, 마리 왕국의 통치에 반기를 들었던 벤야민 부족의 유목민 족장들을 일컬어 다윗(다위둠)이라고 불렀다. 이에 대해서 엄원식, 『다윗의 전기에 대한 분석적 비판–전투적 메시아니즘을 중심으로』, 120–130쪽, 특히 111–113쪽을 참조; 정문기, 『다윗의 역사성에 대한 탐구』, 역사교육 129(2014), 297–322쪽.

다윗과 골리앗 이야기의 긴장과 모순을 해소하기 위해 골리앗의 동생을 창안해 놓았다는 학자들의 주장이 생겨난다. 그러나 우리의 독서에서 중요한 점은 1사무 17장의 강조가 오로지 다윗의 적수, 이스라엘의 적수를 필리스티아인이라고 지적하는 데 있다.[104]

골리앗 사건, 역사에서 정치적 의미로

사무엘서가 골리앗을 쓰러뜨린 다윗의 전투장면을 어떻게 구체적으로 묘사하고 있는지 살펴보도록 하자. 사실상 객관적 전력으로 보면 다윗은 골리앗의 상대가 될 수 없다는 것은 누가 보더라도 분명하다. 어린애의 돌팔매질로 전투에 능한 장수를 쓰러뜨릴 수 있다는 상식 밖의 주장은 이야기의 의도가 역사적 사실을 확인하려는 데 있는 것이 아니라 다른 데 있음을 가리킨다.

골리앗은 다윗에게 극복하기 어려운 불가능한 현실이지만, 다윗은 이 사건을 통해서 불가능한 현실적 조건을 극복한 인물로 소개된다. 기적적 사건을 통해서 다윗은 영웅적 능력을 보인 새로운 인물로 등장한다. 만약 다윗이 영웅적 행위를 보여줄 수만 있다면, 어린 시절부터 다윗은 남다른 능력, 주님이 함께하는 인물로 돋보이지 않을 수 없다. 문학적 수식은 신화적 변용이 이루어지는 길이기도 하지만, 한 인물이 차지하는 고대세계의 역사를 서술하는 방식이기도 하다.

어떻게 불가능한 현실이 가능한 현실로 바뀔 수 있는지, 사실성에

---

104 Steven L. Mckenzie, 76쪽.

집착하게 되면 이야기는 진행되지 않는다. 성경에서 불가능한 현실은 다윗에 의해서 모든 이의 예상을 뒤엎고 너무나 쉽게 극복되고 만다. 주님의 영이 함께하므로 불가능한 상황은 지극히 단순한 방식으로 역전되고 만 것이다. 인간적 기준일 수밖에 없는 골리앗의 신체적 조건[105]은 주님의 영이 함께 하는 어린 다윗의 단순한 돌팔매질로 허무하게 무너지고 만다. 바로 사무엘서가 말하고 싶은 요점은 인간에게 불가능한 현실이 야웨와 함께 하게 되면 가능한 현실이 된다는 것이다.

이야기는 인간의 장점과 위대함이 하느님 앞에서 얼마나 보잘것없는지 제시한다. 어린 다윗의 돌팔매질이 인간의 실존적 허무함을 예상할 수 없는 방식으로 드러낸 것이다. 예를 들면, 사무엘서는 다윗 이야기의 극적 효과를 강화하기 위해서 골리앗의 장대한 모습과 무장을 지나칠 정도로 자세히 구체적으로 묘사한다.

> 필리스티아인들 진영에서 골리앗이라는 갓 출신 투사가 하나 나섰다. 그는 키가 여섯 암마하고도 한 뼘이나 더 되었다. 머리에 청동 투구를 쓰고 비늘 갑옷을 입었는데, 그 갑옷의 무게는 청동 오천 세켈이나 나갔다. 다리에는 청동으로 만든 정강이 가리개를 차고, 어깨에는 청동으로 만든 창을 메고 있었다. 그 창대는 베틀 용두머리만큼 굵었고 창날은 쇠로 되어 있었는데, 무게가 육백 세켈이나 되었다. 골리앗은 방패병을 앞세우고... (17,4-7).

골리앗이 이런 투사이니 그가 전투대열의 맨 앞에 나서서 큰소리로 외

105 골리앗의 신체를 묘사하는데도 동일한 방식이 적용된다. 다윗의 승리를 기적적인 사건으로 묘사하기 위해 칠십인역 성경이 기록하고 있는 수치(네 암마 반=4.5*50cm=225cm)보다 히브리어 성경이 더욱 크게 부풀렸다(6 암마 반=6.5*50cm= 325cm)는 인상을 준다.

칠 때, 두렵지 않고 떨지 않을 이스라엘 군사는 없었다. 전장 터에서 두려움을 느꼈다는 것은 이미 전투에서 심리적으로 위축되어 실질적으로 패배함을 의미한다. 사무엘서는 공포 분위기에서 얻을 다윗의 승리를 돋보이게 하려고 이 점을 특별히 강조한다. 전투에 대한 이러한 두려움이 강조되면 될수록, 골리앗을 쓰러뜨리게 될 다윗의 위대함과 영웅성은 더욱 빛나는 것이다. 패배 일보 직전에서 다시 일어설 예기치 못한 승리의 환호는 어둡고 지친 이스라엘의 분위기를 일거에 해소할 것이기 때문이다.

> 사울과 이스라엘군은 이 필리스티아 사람의 말을 듣고 너무나 무서워서 어쩔 줄 몰랐다. (11절)

아버지 이사이의 심부름꾼으로 전장 터로 형들을 찾아갔던 다윗이 골리앗의 말을 들었을 때 '*이스라엘의 모든 군사는 그 사람을 보자 너무나 무서워서 도망을 쳤다*(24절).' 이런 상황에서 필리스티아를 대적할 이스라엘은 전투를 계속할 수 없었고, 사울의 군대는 전투에 앞서 도망칠 궁리만 했던 것이다. 따라서 현실적으로 생각하면, 이스라엘 군대가 어린 다윗의 깜작 등장으로 용기를 얻고 전투에 임했으리라고 생각하기 어렵다. 그러한 까닭에 예상을 뛰어넘는 다윗의 영웅성을 입증하기 위해서라면 사무엘서의 이야기는 다르게 전개되어야 했던 것이다.

이제 독자는 어린 다윗의 등장을 극적으로 묘사하기 위해서 이야기의 화자가 다윗의 소년다운 영웅심을 불러일으키는 것을 보게 된다.

> 다윗이 옆에 서 있는 사람들에게 물었다. "저 필리스티아 사람을 쳐 죽여 이스라엘에서 치욕을 씻어 주는 사람에게 어떻게 해 준다고요? 할례도 받지 않은 저 필리스티아 사람이 도대체 누구이기에, 살아 계신 하느님

의 전열을 모욕한단 말입니까?” (26절)

더 나아가 소년 다윗은 왕인 사울에게 전의를 다지며 골리앗과 싸우겠다는 의지를 드러낸다.[106] 골리앗을 상대로 대결을 자원한 소년 다윗은 더는 어린 아이일 수 없다. 이 장면에서 사울을 위로하며 그 앞에 선 다윗은 소년에서 변모한 전사의 모습이다. 중요한 점은 중무장한 골리앗에 대해 소년 다윗의 유일한 무기는 무모해 보이는 용기와 하느님 신앙이란 사실이다. 바로 이 지점부터 사무엘서의 이야기는 다윗에게 모든 빛을 조명하며 관심을 동원하기 시작한다.

다윗은 사울에게, “아무도 저자 때문에 상심해서는 안 됩니다. 임금님의 종인 제가 나가서 저 필리스티아 사람과 싸우겠습니다.” 하고 말하였다. (1사무 17,32)

사무엘서는 다윗이 어린 시절부터 얼마나 하느님을 신뢰하던 인물이었는지 소년 다윗을 강조한다. 다윗은 하느님의 사람으로 하느님의 군대를 모멸하는 골리앗의 불경을 징벌할 젊은 전사로 등장한 것이다. 누구를 묘사하던지 사용할 수 있는 수사이긴 하지만, 다윗은 이제부터 어린 소년이 아니라, 젊은 전사로 태어났다. 어느 사이 다윗은 소년을 넘어 이미 성인의 이미지를 가지고 나타난 인물이 아닐까 하는

106 여기서 우리는 다윗의 영웅성을 강조하는 많은 연구와 달리 부정적 성격을 강조하는 주장을 듣기도 한다. David A. Bosworth, *Daivd, Jether, and Child Soldiers*, in *JSOT*, vol. 36.2 (2011), 185-197쪽. 특히 188 189쪽 참고. 다윗이 아버지의 심부름으로 형들을 찾아갔던 장면의 묘사에서, 맏형 엘리압의 말에서 다윗의 호전성을 예고하는 것으로 읽는다(1사무 17,24-26). 그렇지만 우리는 여기서 다윗의 미래의 모습을 어린 시절의 다윗에게서 찾고자 지나치게 예상할 필요는 없을 것 같다.

의구심마저 드는 것을 떨쳐 내기는 어렵다. 다윗의 입을 빌려 묘사한 그의 용기는 단순한 양치기 소년의 용기가 아니기 때문이다. 그의 태도는 이미 정신적으로도 신체적으로도 성인이 된 다윗의 모습을 보여주고 있지는 않은지? 다윗이 골리앗을 마침내 돌팔매질로 넘어뜨린 후에 쓰러진 자의 칼로 그 목을 벤 행동을 누가 단순한 소년의 행동이라고 볼 수 있겠는가?

사무엘서는 이 단락에서 다윗이 치기 어린 소년의 용기를 보여주고 있다고 생각하지 않는다. 오히려 그의 말과 행동은 사자와 곰을 물리칠 수 있는 청년의 용기와 영웅적 기상을 표명한다.

> 그러나 다윗이 말하였다. "임금님의 종은 아버지의 양 떼를 쳐 왔습니다. 사자나 곰이 나타나 양 무리에서 새끼 양 한 마리라도 물어 가면, 저는 그것을 뒤쫓아 가서 쳐 죽이고, 그 아가리에서 새끼 양을 빼내곤 하였습니다. 그것이 저에게 덤벼들면 턱수염을 휘어잡고 내리쳐 죽였습니다. 임금님의 종인 저는 이렇게 사자도 죽이고 곰도 죽였습니다. 할례받지 않은 저 필리스티아 사람도 그런 짐승들 가운데 하나처럼 만들어 놓겠습니다. 그는 살아 계신 하느님의 전열을 모욕하였습니다." (1사무 17,34-36).

그러기에 이 말은 다윗의 승리를 묘사하기 전에 무모하리만큼 용감한 진술을 하는 소년의 이야기로만 들을 수 없다. 이야기의 흐름만 생각한다면, 젊은 전사의 기상이 아니지 않은가? 사자나 곰을 만나서 양을 지키기 위해서 피하지 않았다는 이야기는 다윗의 소년 시절 사건으로 듣기에는 어려움이 많을 수밖에 없다. 이야기로써 다윗의 영웅심을 꾸미기에는 아주 좋은 소재인 것은 분명하지만, 객관적 사실이라는 측면에서 보면 오히려 신뢰심을 떨어뜨리게 한다. 왜냐하면, 영웅심을 뒷받침해 주어야 할 전투의 무장은 전투를 치르는 자로 사실적이어야 하지 않을까? 승리의 가능성이 있도록 무장이 언급되어야 하지만 다윗의 장비는 너무나 형편없다.

> 그러고 나서 다윗은 자기의 막대기를 손에 들고, 개울가에서 매끄러운 돌멩이 다섯 개를 골라서 메고 있던 양치기 가방 주머니에 넣은 다음, 손에 무릿매 끈을 들고 그 필리스티아 사람에게 다가갔다(40절).

양떼를 몰고 야생동물들을 쫓기에 사용했음직한 막대기 하나와 돌멩이 다섯 개가 든 가방을 무기로 한 소년 다윗![107] 사무엘서의 소년은 진정 전쟁의 두려움을 모르는 것인가? 아니면 무모함이 소년 다윗의 영웅성을 드러내는 방법이었던가? 사무엘서는 놀랍게도 소년 다윗이 너무나도 간단하게 골리앗을 넘어뜨렸다(48-54절)고 기술한 것이다. 그것도 투구를 쓰고 전투에 임한 건장한 골리앗을 돌팔매질로 쓰러뜨렸다는 말이다. 사무엘서의 묘사는 이야기의 다음 단계를 생략하려는 듯이 지나칠 정도로 단순히게 이야기의 진행을 마무리한다. 마침내 다윗이 힘껏 날린 돌이 골리앗의 이마를 맞혔고, 맞힌 돌은 골리앗의 이마에 정통으로 박혀버렸다.

거인이며 이스라엘 군대의 두려움을 자아내던 장수 골리앗의 죽음이 허무할수록 다윗의 영웅성은 더욱 높아진다. 그렇지만 다윗의 영웅성이 높아질수록 사건의 진실성은 더욱 의심스럽게 여겨진다는 사실도 피할

107 고대세계에서 군인이 사용하던 돌팔매질이 일종의 군사적 수단이었다는 것은 고고학적으로 사실이다. Steven L. McKenzie, *King David. A Biography,* Oxford Univ. Press, 2000, p. 110 이하에서 그림 10 참조. 그러나 이 무기는 사무엘서의 다윗과 같은 어린 소년의 무기가 아니라, 성년의 전사가 사용하는 무기로 이해해야 한다.

수 없다. 이야기의 편집자는 다윗이 최후의 성공, 곧 사울을 밀어내고 왕권을 정당하게 획득하게 될 사건을 암시하고 준비할 수 있게 되었다. 골리앗을 쓰러뜨린 이야기는 궁극적으로 미래에 닥칠 다윗의 성공을 은밀하게 준비하는 데 한몫을 한 것이다. 다윗이 칼을 쓰지도 않고 골리앗을 이긴 이야기는 그의 생애를 두고 벌어질 숱한 사건들의 배경으로 작용할 것이다.

골리앗 전투가 독자에게 들려주는 본질적인 교훈은, 오직 주님이 함께할 때에만 진정으로 인간적 영광과 명예가 성취되고 의미를 가질 수 있다는 것이다. 주님이 함께하는 인물이 되기 위해선 주님의 명령을 지키고, 그분의 신뢰를 잃어서는 안 된다. 사울의 성공이 사무엘을 멀리하면서 주님의 길에서 벗어났을 때, 그를 대신할 인물이 등장했다는 역사의 기록은 이런 점에서 아주 의도적인 것이다. 이와 같이 왕조사의 공개적인 의도적 진실은 역사의 진실을 만들어 가는 왕권의 진실이기도 하다.[108] 우리는 다윗과 관련된 이야기에서 완벽한 역사적 진실을 추구하는 것이 아니라, 신학적 진실을 주장하기 위해 역사가 사용되고 있음을 기억해야 한다.

마찬가지로 다윗이 지금 성취하는 개인적인 성공을 역사적으로 지속시키려면, 그의 삶이 주님의 길에서 멀어지면 안 된다. 골리앗을 쓰러뜨린 다윗의 성공이 한낱 소수 사람의 입에 회자되던 이야기로 전락되지 않게 하려면 다윗은 하느님의 사람이 되어야 한다. 그것은 다윗의 궁극적인 정치적 성공을 향한 길 위에 펄럭이는 깃발이요 사실이 되어야 하기 때문

---

108 Walter Brueggemann, *David's Truth*는 사무엘서의 다윗 사건이 성경의 해석학적 사건임을 제시하면서 이런 관점을 잘 설명해 주고 있다.

이다. 왕조 신학적 관점에서 보면, 골리앗을 쓰러뜨린 이야기는 다윗의 현실이 사울에게 무거운 그림자로 작용할 것을 알려 주는 의도적 서술이며, 이야기가 진행되는 방향을 조절해 주는 조타장치이다.

사울의 적수, 다윗

두 주역 사이의 갈등이 마치 처음부터 지는 해와 뜨는 해로 갈려 있었다면, 이야기를 듣는 독자는 식상해 할 수도 있다. 그러나 사무엘서의 이야기는 갈등의 끝에 도달하기까지 아직 진행되어야 할 여정을 흥미진진하게 길게 남겨 놓고 있다. 다만 갈등이 시작된 순간부터 다윗이 오름길에 서 있었다고 한다면, 사울은 내림길에 있었고 허우적대는 순간들이 점점 더 깊어가고 있었다.[109]

본격적으로 사울의 하강 길을 이해하기 전에 먼저 다윗의 생애를 느껴볼 수 있는 이야기에 귀를 기울여 보자. 다윗이 죽어가는 자리에서 왕권을 넘긴 아들 솔로몬에게 어떤 말을 하였는지 상기할 필요가 있다. 왜냐하면 다윗의 임종과 그의 유언을 살펴보면(1열왕 2장), 다윗의 원한 섞인 말들이 일생을 어떻게 살았는지 드러내기 때문이다. 다윗은 왕권을 아들 솔로몬에게 넘겨주며 자신과 왕국의 유지를 위해 원수를 갚아야 한다고 유언을 남겼다. 죽어가는 침상에서 다윗은 왕위에 오른 아들에게 살아 있는 동안 마음으로 척지고 살았던 자들에 대한 복수를 유언했다. 그것도 마음

109 사울과 다윗의 갈등은 무엇보다도 다윗 왕권의 정통성을 확보하려는 측면에서 강조된다. 한동구, 사울과 다윗의 갈등: 왕의 권력이 해체되는 과정에서 체험한 성스러움 (삼상 19,18-24), 『한국기독교신학논총』 82집(2012).

속에 깊이 새기고 있던 인물들, 즉 다윗의 주위에서 왕과 함께 권력을 누리던 자들을 처리해 줄 것을 유언했다.

정치적 정황을 보면, 솔로몬이 왕위를 계승하는 과정에서 다윗 왕정과 승계의 정통성을 강조하고 확보하기 위해서라도 위험한 주변 인물들을 제거했을 수도 있다. 그렇다면, 솔로몬은 왕권 유지를 위하여 선왕 다윗의 유언으로 위장하고 반대파를 물리치면서 아버지 다윗을 모독하는 행위의 주인공이 되었을 수 있다. 한편, 경험이 깊은 다윗은 왕가의 지속적 유지를 위해서 필요한 조치를 취하도록 솔로몬에게 비밀유지를 내렸다고 보는 것도 가능하다. 오직 부자 사이의 비밀스런 관계를 생각한다면, 그리고 열왕기의 기록이 사실에 기반을 두고 있다면, 유언(1열왕 2,1-9)은 다윗의 성격을 엿보는 훌륭한 자료임에 틀림없다.

> 더구나 너는 츠루야의 아들 요압이 나에게 한 짓, 곧 이스라엘 군대의 두 장수, 네르의 아들 아브네르와 예테르의 아들 아마사에게 한 짓을 알고 있다. 요압은 그들을 죽여 전쟁 때에 흘린 피를 평화로운 때에 갚음으로써, 그 피를 자기 허리띠와 신발에 묻혔다. 그러니 너는 지혜롭게 처신하여, 백발이 성성한 그자가 평안히 저승으로 내려가지 못하게 하여라. (1열왕 1,5-6)

> 또 바후림 출신으로 벤야민 사람인 게라의 아들 시므이가 너와 함께 있는데, 그는 내가 마하나임에 간 날 나를 심하게 저주한 자다. 그렇지만 그가 요르단 강으로 나를 마중 나왔을 때, 나는 주님을 두고 '그대를 칼로 죽이지 않겠소.' 하고 맹세하였다. 그러나 너는 지혜로운 사람이니, 이제 그런 자에게 벌을 내리지 않은 채 그냥 두지 마라. 너는 그를 어떻게 처리해야 할지 알 것이다. 백발이 성성한 그자가 피를 흘리며 저승으로 내려가게 해야 한다. (1열왕 1,8-9)

기록에 따르면, 다윗의 아들 솔로몬은 자신의 왕권을 유지하기 위해서라도 경쟁 상대와 척신들을 제거하라는 유언을 그대로 행했다. 다윗이 죽어가면서 자신의 원한을 하나도 잊지 않고 기억해 두었다는 사실은 그가 원한을 평생을 두고 간직했고 곱씹었다는 의미이다. 자신의 사후에라도 한을 덜어내야만 하는 인간, 다윗에게서 볼 수 있는 이런 모습은 여러 차원에서 인간 자신을 돌아보게 한다. 단지 현실의 왕 사울과 미래의 왕 다윗의 차이는 각자의 선택에 따른 행동에서 비롯될 뿐이다. 기록은 다윗은 왕으로서 용서하는 인간이 아니라, 왕이기 때문에 원한을 갚으려고 했던 인물이라고 증언한다. 왕인 자기에게 못된 짓을 하거나 상처를 남긴 이들을 적대시하고 죽어가면서도 그들을 용서할 수 없었다는 것이다.

이렇게 사무엘서에 근거할 때, 어린 시절의 양치기로 소개된 다윗은 본래 칼을 쓰던 인물이었을 것이 틀림없다. 사무엘서는 사울이 악령에 사로잡힐 때마다 다윗이 비파를 타주던 예능의 소유자로 사울 왕과 관계를 맺은 것처럼 묘사하고 있기는 하다(1사무 16,14-23). 그렇지만 전체 기록을 살펴보면, 무엇보다도 다윗이 사울의 측근이 되어 전사로서 성공하게 된 일화들이 지배적이다. 사울은 이스라엘을 둘러싸고 있는 주변 민족들과 평생 전쟁을 치르며 살았던 인물이기 때문에 용감하고 힘 있는 사람들을 보면 누구든지 자기에게 불러 모았다(1사무 14,52). 이런 역사적 정황을 근거로 할 때, 다윗도 이런 측면에서 사울의 눈에 들어 발탁되었던 인물로 이런 부류에 넣을 수 있다. 동시에 비파를 타는 소년으로 소개했다면, 사무엘서는 다윗의 전사적 용감성에 더하여 개인적 품성을 드러내 주는 예능적 성격을 알려 주고 있다고 말할 수 있다.

말하자면, 다윗은 용기와 영민한 전사의 기질도 지니고 있었겠지만, 악기를 다룰 줄 아는 예능의 재질도 있었다. 이야기의 전개상 다윗이 사울에게 알려지는 계기는 골리앗을 죽인 전투에서 확인할 수 있었다. 그렇다면 이런 사실에 근거한다면, 다윗이 사울의 용병모집에 응하여 그의 군인이 되었던 것은 아니었을까? 1사무 18,2에 따르면, 다윗이 골리앗을 죽인 전투가 끝난 뒤에, "*사울은 그날로 다윗을 붙잡아 두고, 그의 아버지 집으로 돌아가지 못하게 하였다.*" 앞뒤 문맥의 논리적 모순을 감당할 수 없이 사울이 왕으로서 단지 어린 소년 다윗을 자기 휘하에 두려고 붙잡지는 않았을 것이다. 이 장면의 구절이 암시하는 바로는 독자가 상상할 수 있는 다윗은 소년일 수 없었던 것이 확실하지 않은가?

다시 돌아가 다윗이 왕권을 두고 사울과 경쟁적 위치에 서는 과정에서 벌어지는 위험한 관계를 생각해 보자. 우리는 다윗의 위상을 염두에 두고 생각할 것이지만, 사울과 다윗의 관계에서 다윗이 왕권을 탈취하기 전까지 사울이 우월한 지위에 있었다는 사실을 염두에 두어야 한다.

사울과 다윗의 갈등 안으로 들어가면서 지극히 심리적인 측면에서 우리에게 떠오르는 질문이 하나 있다. 자기의 위상을 위협할 만한 측근의 장점을 불편하게 여기는 시기와 질투는 인간의 원초적 본능일 것 같다. 그렇다면 결론적으로 말하는 것이지만, 모든 인간관계를 죽음으로 내모는 시기와 질투를 벗어나는 길은 없는가? 시기와 질투의 결과는 어느 쪽에서 성공을 가져가든 실패가 동반하는 길이며, 궁극적으로 죽음에 내몰리는 길이기도 하다. 사무엘서는 이런 점에서 인간 실존의 실패를, 곧 사울의 실패를 암시하며 시기와 질투가 이야기의 심각한 주제임을 밝힌다.

그렇다면 다윗이 본래 어떤 사람이었기에 객관적 묘사로는 도저히 이해할 수 없는 골리앗의 전투와 같은 이야기를 편집하게 된 것일까? 왜 어린 소년으로서는 상대할 수 없는 골리앗을 쳐 이긴 터무니없는 이야기110를 만들어 내지 않으면 안 되었을까? 해석학적 관점을 뒤로 밀어두고, 이야기의 논리적 진전을 조금씩 이해하기 위해서 다윗에 집중해서 보기로 하자.

다윗의 승전고

해석학적 차원에서 보면, 골리앗을 이기고 쓰러뜨린 이야기(17장)는 소재일 뿐, 사무엘서의 의도는 다른 데 있다. 처절해야 할 골리앗과 벌인 전투 장면은 놀랍게도 겨우 몇 구절로 마무리되었고, 이야기의 흐름은 벌써 다윗에게 쏠려가는 것이다. 골리앗을 물리치고 돌아오는 다윗의 모습은 이제까지 골리앗을 쳐 죽인 전투에서 보여주던 소년의 모습이 아니다. 이야기의 전개가 급하게 진행되는 것만으로도 짐작할 수 있는 일이지만, 사무엘서의 장면 전환은 다윗을 중심으로 갑자기 바뀌었다. 장면 전환이 급박할수록 다윗의 이미지는 어지러울 정도로 선전적이어서, 왕조의 주장이 지나치게 강조되었다는 것을 느끼지 않을 수 없다.

골리앗 전투 이전과 이후의 경계가 너무나 뚜렷하고, 전투가 끝나자마자 다윗은 이미 사울의 시기를 받는 인물로 성장해 있다. 사무엘

110 David A. Bosworth, 185-197쪽. 판관 8,20(*그러고 나서 기드온은 맏아들 예테르에게 말하였다. "일어나 저자들을 죽여라." 그러나 그 아이는 두려워서 칼을 뽑지 못하였다. 그가 아직 아이였기 때문이다.*)의 예에서 보듯이 어린 다윗(1사무 17장, 호전적)과 예테르(판관 8장, 두려움)의 대조적인 태도를 통해 이야기의 의미를 해석한다. 대부분의 연구가 미래의 왕 다윗의 영웅성을 수긍하고 모순을 이해하려고 한다면, D.A. 보스워스는 대조적으로 다윗의 성격에서 어두운 면을 보여주려고 애를 쓴다.

서의 갑작스러운 장면 전환은 이와 같이 이야기의 흐름을 따라가는 독자의 머리를 당황스럽게 한다. 이미 다윗은 소년이 아니라, 당당하게도 사울의 군대를 지휘하는 지휘관으로 성장해 있으며, 그의 전투력은 상당한 경지에 오른 듯이 묘사되고 있기 때문이다. 그래서 다윗과 관련된 사건들이 여러 차원에서 애매모호하게 처리되고 있듯이, 아마도 그는 '모호한 인물(*ambiguous figure*)'[111]의 범주에서 처리된다고 해도 크게 틀리지 않을 것이다. 그러고 보면 골리앗과 벌인 전투는 다윗을 주인공으로 이야기의 전개를 전환하기 위한 빌미일 뿐이다. 장면의 전환 이후 많은 시간이 흘렀으리라 생각해야 옳을 것 같고, 전사 다윗은 이미 사울의 훌륭한 부하 장수로 성장해 있었다고 인정해야 할 것 같다.

> 다윗은 사울이 보내는 곳마다 출전하여 승리하였다. 그래서 사울은 그에게 군인들을 통솔하는 직책을 맡겼다. 그 일이 온 백성은 물론 사울의 신하들이 보기에도 좋았다. (1사무 18,5)

그리고 골리앗이라고 여겨지는 필리스티아 사람을 죽이고 온 날을 묘사한 부분에 오면, 다윗은 소년이 아니라 이미 사울의 군대 안에서 왕에 버금가는 위치에 도달한 인물처럼 그려져 있다. 다윗은 단 한 번의 승리를 한 것이 아니라 이미 여러 번의 승리를 거두지 않았을까? 그렇기 때문에 다윗의 이름이 이스라엘 사람들에게 알려졌고, 그의 이름이 민중 사이에 널리 회자되고 있었던 것이 아니겠는가?

---

111 위의 글, 186쪽.

> 다윗이 그 필리스티아 사람을 쳐 죽이고 군대와 함께 돌아오자, 이스라엘 모든 성읍에서 여인들이 나와 손북을 치고 환성을 올리며, 악기에 맞추어 노래하고 춤추면서 사울 임금을 맞았다. 여인들은 흥겹게 노래를 주고받았다. "사울은 수천을 치시고 다윗은 수만을 치셨다네!" 사울은 이 말에 몹시 화가 나고 속이 상하여 이렇게 말하였다. "다윗에게는 수만 명을 돌리고 나에게는 수천 명을 돌리니, 이제 왕권 말고는 더 돌아갈 것이 없겠구나." 그날부터 사울은 다윗을 시기하게 되었다. (1사무 18,6-9)

사무엘서의 이야기를 문자 그대로 이해하려고 한다면, 앞의 이야기와 논리적으로 맞지 않을 정도로 눈에 띄게 나타나는 부조화를 부인할 수 없다. 본문의 진행이 다소 무리가 되는 모순을 만들어 낸다고 할지라도, 역사적 기술의 진위가 일차적인 질문이 될 수 없다. 무엇보다도 문제는 다윗의 활동상을 그려내는 서술의 의도성이 어디에 있는지 긍정적 차원에서 공감하도록 해야 한다.

양치기 소년 다윗이 어느 사이 성장하여 부대를 지휘하고 통솔하는 장수로 변모해 있는 서술의 의도는 어디에 있는 것일까? 게다가 이야기의 전개가 반복되는 것처럼 보이는 본문은 6절의 필리스티아 사람을 누구로 이해하고 있는가? 이야기의 흐름으로 본다면 필리스티아 사람은 골리앗을 지칭하는 단어로 이해하지 않을 수 없다. 이는 앞에서도 언급했지만, 다윗을 영웅시하는 어떤 저자의 삽입 때문에 전체적인 문장 구조가 흔들리게 된 경우라고 이해할 수 있다.

어쨌든 다윗은 사울의 능력을 뛰어넘는 능력과 인기 때문에 시기를 받는 상황에 이르게 되었고, 사무엘서는 이제부터 목가적 분위기를 유지할 수 없게 되었다.

적개심의 발단

이야기의 흐름은 대체로 단순해 보이지만, 독자는 갈등구조에 함몰된 사울의 심리적 공황을 예기하지 않을 수 없다. 심리적으로 무너지는 한 사람의 상태가 다음 단계에서 더욱 극적으로 묘사되고 있는 까닭이다. 이미 16장 14절 이하에서 다윗이 어떻게 사울의 측근이 될 수 있었는지 독자는 들어서 잘 알고 있다. 사울이 악령에 사로잡힐 때마다, 악령에서 벗어나도록 도와줄 인물로서 선택된 다윗은 사실상 사울의 측근이었음을 알려 주는 핵심적 요소이다. 악령에 사로잡힌 사울은 문자 그대로 하느님이 떠난 인물이고, 악령에서 사울을 구하는 다윗은 하느님이 함께하는 자를 의미한다.

따라서 사울의 심리적 공황상태를 암시하는 이 표현에서 독자는 사울이 더 이상 이야기의 주인공이 될 수 없음을 깨닫게 된다. 왜냐하면 악령은 하느님의 현존과 반대되는 표현인 까닭에, 우리는 이미 하느님의 은총이 사울에게서 떠났다는 사실을 암시받는다. 때때로 악령에 사로잡힌다는 사실은 이미 사울이 하느님의 사람이 아니며 그분의 도움을 받지 못하고 있다는 성경의 암시를 엿보는 것이다. 독자들은 사울의 경우와 달리 사울의 시기를 받게 된 다윗을 자연스럽게 하느님의 사람으로 인식하지 않을 수 없다. 다윗은 어디서나 많은 사람들에게서 사랑을 받는 존재로 드러나고 있다고 보도하는 까닭이다. 이 시점에서 사울과 다윗의 역할이 바뀌며 이야기의 중심이 교차되는 순간에 두 인물의 진행 방향은 어긋나고 반대로 흘러가기 시작한다. 다윗은 이야기 흐름의 중심을 향하고, 사울은 흐름의 주변으로 밀려나기 시작하며 피할 수 없는 사건이 그들을 기다린다.

어쨌든 이 사건 이후에 사울과 다윗은 일종의 애증 관계에 빠진 두 인물의 관계로 수렴된다. 사울의 시기심은 다윗의 목숨을 노리는 억제하기 어려운 충동이 되어 가고 있다. 사울은 시기심에 사로잡혀 다윗의 생명을 노리며 언제든지 죽일 기회를 찾아 헤맬 것이다.

왕권을 두고 경쟁 관계에 빠진 두 인물의 성공과 실패가 정치적 차원에서 서술되지 않고, 개인적 차원의 심리적 묘사로 기운 것은 무슨 이유일까? 만약 정상적인 경우로 정치적 차원에서 서술된다면, 다윗의 성공이 내포할 부정적인 요소들을 드러낼 수 없었기 때문일까? 현실의 왕권을 뒤엎고 빼앗을 수 있다면, 아무리 호의적으로 설명하더라도 그것은 반역에 지나지 않기 때문이다.

이런 상황이라면 무엇보다도 고려해야 할 현실적 요소는 사울과 다윗이 왕과 신하의 관계란 사실이다. 다윗의 용맹이 아무리 뛰어나고 많은 사람의 칭송을 받는다고 할지라도 그는 여전히 사울의 신하일 뿐이다. 더구나 사울의 세계 안에서 최측근의 자리를 차지하게 되었지만, 다윗의 정치적 세력은 아직 독자적일 수 없고, 사울에게 의존한 권력의 일부를 누리고 있을 뿐이다. 왕인 사울의 호의만이 부하인 다윗이 자리를 유지할 수 있는 가능성의 전부이기 때문이다. 다윗이 왕으로서 부하이자 친구인 우리아의 아내를 마음대로 다루고, 친구를 교묘하게 죽게 할 수 있었던 것처럼. 따라서 사울의 정치적 책략이 다윗의 생명에 직접 위협이 될 수 있었을 것이며, 그의 생명은 사울의 손에 의해 좌지우지될 수 있었다.

이런 관점을 넘어서기 위해서라도 사울이 심리적 불안이 어떻게 표현되는지 읽어보는 것은 사무엘서의 논리적 모순을 이해하기 위해서 대단히 중요하다. 사무엘서의 서술에 따르면, 사울의 시기는 이미 다윗에 대한 적개심으로 바뀌어 있었으며, 다윗의 존재는 사울의 두려움이 되어 있었다. 왕이 심리적으로 무너지기 시작함을 알리는 단계에 오면, 악령이 사울에게 들이닥쳐 그가 발작을 일으킬 때마다 다윗은 비파를 타곤 했다. 긴 세월이 흐른 뒤에 나타날 왕권의 교체는 이렇듯이 심리적 차원에서 이해가 용이할 사울의 개인 성품이 원인을 제공하는 것처럼 서술되었다. 훗날 다윗이 사울이 세운 왕권을 차지했을 때, 사울의 정치적 실수가 다윗의 성공을 가능하게 한 원인이 아닌 것만은 확실하다.

어느 때에 사울은 창을 들고 있었고, 그는 두 번씩이나 다윗을 향하여 창을 던져 죽이고자 했다. 다행히도 다윗은 두 번 다 죽음의 운명을 피할 수 있었다(1사무 18,10-11). 이 과정에서 알게 된 사실, "*사울은 주님께서 다윗과 함께 계시며 자기에게서 돌아서셨기 때문에 다윗을 두려워하였다.*"(12절)는 왕의 자각이다. 성경이 다윗을 옹호하는 신정론적 선언이기도 하지만, 사울을 배척하려는 사무엘의 주장이 실현되는 과정이기도 하다. 이리하여 사울의 불안과 시기심이 증대될수록, 다윗은 하느님의 길을 걷는 완벽한 인물로 주목받기 시작한다.

성경은 아마도 다윗과 사울의 이야기 안에서 인간은 자기 안의 시기심을 다스릴 수 있어야 한다는 교훈을 주는 듯하다. 자만과 시기는 끊임없는 자기 불안의 투영이며, 자신의 사회적 영광을 위해 타인을 희생시키려는 잘못된 심리적 현상의 반영이다. 다윗이 전투에서 돌아오자 그 군대와 임금 사울을 맞이하는 여인네들의 노랫말에 백성들이 바라보는 시선이 들어 있다.

> 사울은 수천을 치시고,
> 다윗은 수만을 치셨다네! (1사무 18,7)

직접적 비교랄 수 있는 노랫말은 왕권이 확고하지 못했던 시기에 권력자의 가슴을 불안하게 만들었다. 권력자가 자기 수하의 한 사람과 비교되고 부하보다 무능하게 여겨지는 한, 왕은 자기 자리에서 안심할 수 없다. 다윗은 사울에게 불편한 인물이 되어가고 있었기 때문에, 부하로만 붙들어 둘 수 없는 인물이 되어 버렸다. 사울을 환영한다고 했지만, 사무엘서는 직설적으로 사울을 비하하는 사람들이 다윗을 칭송하는 말을 듣게 한 것이다.

이런 시각에서 사무엘서를 보면, 왕권이 형성되는 과정에서 영웅들은 함께 공존할 수 없다는 게 명백하다. 두 영웅은 오직 '유일한 영웅'이 되기 위해 상대를 넘어서기 위한 온갖 노력을 하지 않을 수 없다. 상대의 영광은 자신의 비하로 비쳐지고, 상대의 실패는 나의 성공으로 현실화될 것이기 때문이다. 이 과정에서 두 사람 사이에 아무도 모를 숱한 시기와 질투가 지배하는 사태가 발생하고 상황은 더욱 악화될 것이다. 그 결과, 한 사람의 승리는 다른 사람의 패배로 나타나고, 한 사람의 영광은 다른 사람의 몰락으로 나타날 것이다. 영웅에게 패배와 몰락의 끝은 죽음일 뿐, 상대를 극복할 방법을 찾지 못한다면 더는 다른 대안은 없다.

그렇다면 생기는 질문 하나, 우리 삶에서 타인의 승리가 궁극적으로 나 자신의 패배일 수밖에 없는가? 영웅들에게 이 질문이 당연해 보인다면, 상황은 달라도 평범한 이들에게도 동일한 원칙이 적용될 것이다. 너의 승리는 나의 패배요, 나의 승리는 너의 패배여야 하는 게 인류의 역사적 사실인가? 영웅들의 역사는 경쟁과 시기가 갈등을 불러일으키고 불행한 결과를 불러오는 원인이라는 것을 보여준다. 그러나 영웅의 역사가 오직 한 사람을 위한 것이 될 수 없다면, 인류는 이런 사실이 어떻게 자신에게 적용되어 왔는지 성찰해야 한다.

특별한 영웅들의 갈등과 시기심이 바로 한 개인의 삶에서 어떻게 반영되고 있는지 놀랄 뿐이다. 두 사람의 이야기는 인류의 역사, 우리

각자의 마음 안에서 발생하는 잘못된 길을 보여주는 전형적인 예이다. 성공과 실패의 상황을 발생시키는 인간이 어떤 오류를 범한다면, 그것은 이미 잘못된 원인에서 출발한다는 걸 의미한다. 영웅들의 이야기에서 그들의 성공과 실패, 곧 영광과 욕됨은 단지 우리 의식과 관련해서 판단되는 주관적 반영이지 않는가?

시기심의 고조

사울과 다윗 사이의 갈등 상황은 더욱 심각해지고 있었지만, 역설적으로 사무엘서는 다윗과 사울 집안은 가까워졌다고 전한다. 다윗은 자신을 미워하게 된 왕 사울의 맏아들 요나탄과 깊은 우정을 맺었고,[112] 사위가 될 제안도 받았다. 다윗과 요나탄의 우정 이야기는 논리적 측면에서 부자연스러운 진행이기는 하지만,[113] 이야기는 우정 때문에 다윗이 여러 번

---

112 얼핏 보면 다윗과 요나탄의 우정은 자연스럽게 보이지만, 다윗 왕조의 선전적 태도를 염두에 두면 의심할 수 있는 이야기이다. 다윗이 어려운 과정을 거치고 왕이 된 뒤에, 체제의 선전적 태도에 근거해서 보면, 잔혹함과 관대함의 이중의 모순된 행동을 강화하는 측면이 있다. 두 사람의 '우정' 이야기는 사울 가문을 완전히 뿌리 뽑고 요나탄의 가계를 살려 두는 근거로 작용하기 때문이다.

113 요나탄에 대한 다윗의 태도에선 신뢰가 강조되는 듯한데, 다윗에 대한 요나탄의 태도를 묘사하는 사무엘서는 정치적 어조를 보여준다. 1사무 23,18이 진술하듯이, 왕위 계승자의 위치에 있는 요나탄은 과연 다윗에게 왕위 계승권을 넘겨줄 의향을 지니고 있었는가? 아무리 우정을 바탕에 깔고 있다고 해도 쉽게 이해하기 어려운 대화이다. 두 사람은 한때 친구였을지 모르나, 다윗이 사울과 결정적으로 갈라섰을 때, 다윗과 요나탄의 우정도 갈라진 것은 아닐까? 다윗이 사울을 버리고 광야로 도망쳤을 때(1사무 20,41-21,1), 요나탄은 다윗의 미래 왕조를 위해 그와 함께 떠나지 않았다. 오히려 요나탄은 아버지 사울과 더불어 왕정을 위한 전장 터에서 장렬하게 전사했던 것이다(1사무 31장). 요나탄과 다윗의 우정 이야기는 역사적 사실일 수 있겠지만, 무엇보다도 다윗을 변호하기 위한 주제임을 잊지 말아야 한다.

살해당할 위험에서 벗어날 수 있었던 상황을 설명한다. 사울의 시기심이 다윗을 조심하게 만들었다면, 그의 아들 요나탄과 맺은 우정은 다윗에 대한 왕의 위험한 행동을 막아주는 방패가 되기도 했던 것이다.[114]

위험하고도 미묘한 정치적 상황에서 다윗은 어렵게 사울의 제안으로 왕의 딸 미칼[115]을 아내로 얻었다. 다윗이 왕의 제안으로 미칼을 얻는 과정에서 사울의 심리적 불안을 보여주는 사건들이 발생했다. 먼저 사울은 맏딸 메랍을 다윗에게 주기로 약속하였으나, 왕이 약속을 미적미적 미루는 사이에 시간만 흘러갔다. 막상 다윗에게 메랍을 시집보내지 않으면 안 되었을 때엔 사울의 마음이 변했고, 무안하게도 딸을 다른 사람에게 출가시켰다(1사무 18,19). 딸을 주기로 한 왕의 약속이 허무하게도 지켜지

---

114 사울과 다윗 사이의 갈등, 17장의 골리앗 이야기에서 보았듯이, 다윗 찬양 일변도의 첨가문들이 히브리어 성경과 LXX역본 성경의 차이를 만들어 낸다. 더 짧게 구성된 칠십인역성경(LXX)이 원본이라면, 추가된 부분은 다음과 같다. 1사무 18, 1-5; 10-11; 17-19; 29ㄴ-30. 칠십인역성경이 사실에 가까운 묘사라면, 히브리어성경은 점점 더 사울을 경시하고 다윗을 중시하는 방향으로 흘러간다. 그렇지만 두 성경의 판본 내용이 차이가 나더라도 이에 대한 해석은 학자들마다 다른 까닭에 명확하게 결정을 내릴 수 없는 어려움이 있다.

115 구약성경에서 한 여인이 한 남자를 사랑한다는 주제는 이곳에서 처음이고, 이후 어디에서도 찾아보기 어려울 만큼 드문 주제이다. 사울의 둘째 딸은 다윗과 결혼했지만(1사무 18,27), 다윗이 도망친 뒤 '라이스의 아들 팔티엘'에게 보내졌다. 오랜 시간이 지난 뒤 다윗의 요구로 미칼은 다시 남편, 라이스의 아들 팔티엘과 강제로 떨어져야 했고, 마침내 다윗에게 보내졌다.(2사무 3,15). 미칼은 겉으로 왕비가 되었지만, 다윗에겐 여자로서 없어도 좋은 여자였을 뿐이다. 말하자면, 미칼은 다윗이 사울 왕가의 사위를 증명하는 역할로 충분했던 것이다. 다윗을 사랑했던 사울의 딸 미칼은 다윗이 어떤 인물이었는지 통렬하게 보여주는 역할을 한다. Marti J. Steussy, *David*, 73쪽. 미칼에 대한 다양한 해석에 대해서 홍경원, 본문의 미갈과 해석된 미갈, 『신학연구』 51집(2007/11), 한국신학연구소, 75-99쪽; 본문의 주석학적 분석을 통해 미칼에 대한 신명기 사가의 신학적 해석에 대해서, 김혜윤, 미칼 관련 보도의 구조적 일관성: 다윗에 대한 미칼의 사랑과 사울의 적의, 『가톨릭신학과사상』 59 (2007/6), 244-274쪽. 참고로 창세 29장의 레아와 라헬 이야기가 메랍과 미칼 이야기와 유사한 상황을 보여준다. 그러나 두 이야기의 문맥이 다르고, 미칼에 대한 다윗의 사랑을 기대할 수 없다는 차이가 있다. 두 이야기의 평행성에 대해서 다음을 참조, Robert B. Lawton, SJ., 1 *Samuel 18: David, Merob, and Michal*, in *CBQ* 51, 1989, 423-425쪽.

지 않았고, 어떤 의미에선 다윗을 조롱하는 사울의 일방적인 수작이 되어버렸다. 다윗에 대한 미움이 더욱 승해서, 다윗이 사라지지 않는 한 사울의 살해 의지는 사라질 수 없게 되어버린 것이다.

그런데 다행인지 불행인지 모르게 사울의 둘째 딸 미칼이 다윗을 사랑하는 상황이 벌어지고 말았다. 이런 사실이 처음엔 사울에게 다윗을 제거할 수 있는 호기가 될 것처럼 보였다.

> 한편 사울의 다른 딸 미칼은 다윗을 사랑하고 있었다. 누군가 이를 사울에게 알리자, 사울은 그것을 잘된 일로 보고서 이런 궁리를 하였다. '그 애를 다윗에게 아내로 주어야겠다. 그래서 그 애를 미끼삼아 필리스티아인들의 손으로 그를 치게 해야지.' 사울은 다윗에게 다시 말하였다. "오늘 내 사위가 되어 주게." (20-21)

둘째 딸 미칼을 다윗에게 준다는 생각도 사실은 사울이 다윗을 죽이려는 계획의 일부로 필리스티아인의 칼을 빌리려던 궁리였다. '*오늘 내 사위가 되어 주게*'는 진정한 초대가 아니라, 다윗의 생명을 앗아가려는 불순한 노림수였다. 물론 다윗은 이런 사울의 술수를 이미 경험으로 알고 있었을지도 모를 일이다. 한 번은 사울에게 직접, 두 번째는 사울의 신하들에게 다윗이 표현하고 있는 겸손을 가장한 말이 이를 대변한다. 맏딸을 주겠다는 사울의 제안에 다윗은 "*제가 누구이며, 이스라엘에서 제 아버지의 씨족이 무엇이기에, 감히 임금님의 사위가 되겠습니까?*" 하며 사양하였다. 또 다윗을 사랑하는 둘째 딸 미칼을 주겠다는 사울의 제안을 신하들이 다윗에게 전하자, 다윗은 이렇게 대답했다. "*나처럼 가난하고 천한 몸으로 임금님의 사위가 되는 것이 여러분에게는 그렇게 쉬운 일로 보입니까?*"

독자는 1사무 18,17-30[116]의 기록에서 한 권력자가 잔인하게 자기 부하를 죽일 의도를 보일 수 있는지 심리적 변화의 단계를 읽을 수 있다. 놀랍게도 이러한 성경의 묘사는 곳곳에서 읽을 수 있는데, 다윗의 삶을 묘사하고 있는 장에서도 똑같이 발견된다. 예를 들면 2사무 11장에서 다윗이 왕이 된 후 충실한 부하이며 친구인 헷사람 우리야를 죽이고 솔로몬의 생모가 될 밧 세바를 차지한 이야기[117]에서도 같은 패턴이 보인다. 이러한 시각은 한 인간으로서 사울이 보여주는 불안한 심리적 변화가 특별한 예외성을 나타내는 것이 아님을 알 수 있다. 사울은 여러 번에 걸친 시도에서 다윗을 직접 죽이지 못하였기 때문에, 다른 사람의 손, 즉 적의 손을 빌어 다윗을 죽일 기회를 생각한 것이다.

첫째 단계: *자, 내 딸 메랍을 줄 터이니, 오로지 너는 나의 용사가 되어 주님의 전쟁을 치러다오... 사울은 '내 손으로 치지 않고, 필리스티아인들의 손으로 그를 쳐야겠다.'고 생각했다*(17절). 그러나 사울의 이 생각은 아주 단순하게, 우리야가 다윗에게 대답했던 것처럼(2사무 11,11), 다윗의 거부로 실패한다. 자신의 미천한 신분에서 사울 '왕의 사위'[118]가 된다는 것은 암시적으로, 혹은 극적인 경우 사울의 왕위 계승자

116 여기서는 사울의 행동을 묘사하는 것이 주된 것이지만, 미칼을 매개의 축으로 벌어지는 다윗과 사울의 관계를 파악할 수 있다. 이야기는 미칼을 주인공처럼 등장시키지만, 주된 관심은 다윗이 왕의 사위가 되는 것이다. 김혜윤, 미칼 관련 보도의 구조적 일관성: 다윗에 대한 미칼의 사랑과 사울의 적의, 『가톨릭신학과사상』 59 (2007/6), 253쪽.

117 다윗이 우리야의 아내를 취한 이야기(2사무 11장)는 다윗의 전 생애를 조망하는 의미에서 특별한 이야기로 취급한다. 제 7장에서 전체적으로 세밀하게 다시 다룰 것이다.

118 누구에게나 그렇듯이 최고 권력자의 사위가 된다는 것은 영예와 권력을 얻는 길이다. 미칼을 등장시킨 짧은 이야기 1사무 18,20-30에서 다섯 번(20절, 22절, 23절, 26절, 27절)씩이나 '왕의 사위'가 등장한다는 사실은 다윗에게나 미칼에게 불행한 전조를 암시해 준다. 미칼은 한 남자를 사랑했으나, 다윗은 여인을 사랑하지 않았다. 미칼에게 남자의 사랑이 일차적인 의미

가 될 수도 있는 신분 상승을 의미한다. 사울이 다윗을 자신의 사위로 얻겠다는 이 생각이 의미하는 바는 무엇일까? 사울은 다윗과 같은 능력자를 측근에 둠으로써 자신의 왕권을 강화하고자 했을까? 아니면, 다윗을 왕의 지근거리에 둠으로써 감시할 수 있다고 생각한 것일까? 다윗은 속으로 머리를 절레절레 흔들었고, 최소한 자신에게 발생했던 사건들을 돌아보았을 것이다. 그래서 다윗은 사울과 자신의 관계를 생각하고 불안한 의문을 가졌을 것이다.

둘째 단계: 사울의 다른 딸 미칼이 다윗을 사랑한다는 것을 알고 그는 다윗을 제거할 좋은 기회로 생각했다. 사울은 첫째 딸을 미끼로 다윗에게 혼인 제의를 했던 것처럼, 이번엔 처음보다 더 세련되게 다윗을 제거할 방도를 생각하게 되었다. 사무엘서는 사울의 생각을 전해주면서 갈등의 마지막 단계로 치닫는 두 사람 사이의 관계를 적대적 관계로 정리했다.

> '그 애를 다윗에게 아내로 주어야겠다. 그래서 그 애를 미끼삼아 필리스티아인들의 손으로 그를 치게 해야지.' 사울은 다윗에게 다시 말하였다. "오늘 내 사위가 되어 주게." (1사무 18,21)

지난번에 사울은 다윗에게 직접 자기의 생각을 전했지만, 이번에는 신하들을 동원하여 마치 이 생각이 신하들의 것인 양 술수를 한 단계 높인다. 우리야를 죽이기로 결정했을 때 요압과 이스라엘 부대를 이용했던 다윗처럼, 사울은 신하들에게 명령하여 다윗을 속여 넘길 수 있는 조금 더 음흉한 거짓을 생각해 낸 것이다. 사울은 자기 생각을 신하들에게 넌지

였다면, 다윗에게 여자의 사랑은 부차적이었다. 사울의 딸 미칼은 결국 사랑을 왕위 승계의 조건을 위해 이용한(2사무 3,14-15) 다윗에게 버림받은 여인으로 생애를 마쳤다.

시 일러주어 다윗에게 다음과 같이 권고하도록 명령했던 것이다.

> 당신은 임금님 마음에 드셨을 뿐 아니라 그분의 신하들도 모두 당신을 사랑하니, 어서 그분의 사위가 되시지요(22절).

그러나 이번에도 다윗은 위험을 초래할 술수로 가득 찬 이 권고를 쉽게 받아들이지 않았다. 그 동안 벌어진 여러 사건을 통해서 아마도 다윗은 사울의 생각을 훤히 꿰뚫고 있었음이 확실하다. 사울은 나중에 제 꾀에 자신이 넘어가는 어리석음에 몰락의 길을 걷게 될 것이지만, 다윗은 사울이 마련한 또 한 번의 함정을 슬기롭게 벗어났다. 다윗은 자신의 처지에서 사울의 사위가 된다는 것이 무엇인지 잘 알고 있었을 것이기 때문이다. 사울의 신하들이 이 말을 다윗의 귀에 전하자,

> 다윗은 "나처럼 가난하고 천한 몸으로 임금님의 사위가 되는 것이 여러분에게는 그렇게 쉬운 일로 보입니까?" 하고 말하였다(23절).

셋째 단계: 사울의 거듭된 속임수가 거부되자, 그도 다윗에게 자신의 진심이 들킨 것을 알아챈 듯하다. 그래서 사울은 아주 단순한 조건을 내걸고 마침내 자신의 딸 미칼을 다윗에게 아내로 내주게 된다.

> 다윗에게 가서 '임금님께서는 혼인 예물로 필리스티아인들의 포피 백 개 말고는 아무것도 바라시지 않습니다. 그것으로 임금님의 원수를 갚고자 하십니다.' 하고 전하여라. (1사무 18,25)

이번에는 다윗도 사울의 요구조건을 저버리지 않았고, 군대를 이끌고

나가서 조건을 채울 전투를 벌였다. 다윗은 전투의 결과로 두 배 이상의 전과를 거두었으며, 사울은 자신의 약속에 따라 다윗에게 미칼을 아내로 주었다. 그렇다고 해서, 즉 다윗이 사울의 사위가 되었다고 해서 두 사람 사이의 관계가 개선되었는가? 다윗은 미칼과 혼인함으로써 왕가의 일원이 되었지만, 사울은 다윗을 진정한 왕가의 일원으로 여기지 않았을 것은 분명하다. 먼 훗날, 다윗이 사울의 칼날을 피해서 도망치고 난 뒤 사울 가문과 관계는 완전히 끊어졌다. 나중에 다윗은 남북통일왕국의 왕이 되기 위해 미칼을 왕권에 이르는 도구로 이용했을 뿐이다(2사무 3,13.15 참조).

사울이 죽고 다윗이 왕권을 탈취할 때까지 같은 방식의 긴장과 갈등은 지속되었고, 이 관계는 한층 악화되고 있었다. 더구나 사울이 집요하게 다윗을 살해하려는 시도는 1사무 18장 17절 이하의 아주 짧은 이야기에서 잘 나타난다. 이야기는 사울이 얼마나 다윗을 죽이고 싶어 했는지 보여준다. 17절, 21절, 25절에 걸쳐서 세 번씩이나 사울이 다윗을 살해하고자 하는 의도를 밝히고 있고, 그 때마다 반복하여 강조하고 있는 말은 다음과 같다.

> "사울은 필리스티아인들의 손으로 다윗을 죽일 생각이었던 것이다."

이 구절은 아마도 사무엘서를 편집한 저자의 생각을 반영하는 문구일 터이지만, 무엇보다도 다윗 왕권의 정당성을 극화하기 위해 사울의 심리적 편집증을 강조하는 문구일지도 모른다. 어쨌든 서술의 결과는 사울의 음모를 비켜가듯이 원하지 않는 방향으로 사태가 진행된 것으로 요약된다.

극적으로 전개된 두 인물 사이의 긴장과 갈등은 사울의 음모가 실패로 끝나자 다윗의 앞날은 더 불안해졌음을 알려 준다. 사울의 불안은 다윗의 안전을 위협했고, 다윗의 불안은 사울의 집요한 다윗 제거 욕망에서 첨예화되었다. 이야기 속에서 성공적인 다윗의 존재는 사울에게 두려움으로 변했고, 다윗은 사울의 위협에서 자신을 지킬 방법을 더 완벽하게 찾아야만 했다.

위협과 갈등 사이에서 사울의 불안은 역설적으로 다윗이 완벽한 군사 정치가로 입신하는 계기로 작용했다. 사울의 실패와 다윗의 성공은 그들의 인생에서 서로 다른 반대의 방향으로 달려간다는 것을 의미했다. 다윗은 성공하기까지 사울에게 두려움과 시기의 대상이 되었고, 갈등의 극복이 성취될 때까지 목숨을 부지하며 쫓기는 도망자가 되었다.

> "사울은 주님께서 다윗과 함께 계시고, 자기 딸 미칼마저 그를 사랑한다는 것을 보아 알고서는, 다윗이 점점 더 두려워져서 평생 그와 원수가 되었다." (1사무 18,28-29)

사울이 1사무 31장에서 전장 터에서 죽기 전에 알아야 했던 사실은 지극히 신학적이며 문학적이다. 문학적인 이야기의 바탕에는 인간적인 고통이 사울의 가슴을 미어지게 하였다. 하느님이 다윗과 함께한다는 자각은 두려운 사실이지만, 운명적으로 받아들일 수 있다. 그런데 딸이 아버지보다 다윗에게 더 마음을 두고 있었다면, 그래서 아버지를 배반할 수 있었다면, 사울은 어떻게 처신해야 했을까? 하느님과 관계는 운명적으로 포기할 수 있었을 터이지만, 딸과 자신의 관계에서 사울은 딸을 인정할 수도 포기할 수도 없었을 것이다. 더 나아가 사울을 심리적으로 더욱 지치게 하였으니, 아들 요나단이 다윗과 의형제를 맺었고, 다윗의 목숨을 구하는 데 앞장을 서지 않았던가?[119]

사무엘서의 이야기 방향은 다윗이 성공하면 성공할수록 사울의 질투와 시기는 더욱 커가기만 했다는 사실을 부각시키는 데 있다. 따라서 다윗에 대한 사울의 편집증적 태도는 다윗을 공개적으로 체포하라는 선언으로 이어졌다. 다윗은 사울의 통치 영역에 발을 붙일 수 없게 되었고, 결국 그는 사무엘을 찾아가는 도망자가 되지 않을 수 없었다(1사무 19,18).[120] 이런 갈등 속에 사울이 죽을 시기가 가까워진 것도 그러하지만, 결국 사울의 시기와 편집증은 그의 몰락과 죽음을 촉진시킨 심리적 붕괴로 이어졌다.

불안

다윗의 승리가 무엇보다도 자신의 능력에 의한 승리가 아니라, '*주님이 함께했기 때문에*' 성취된 성공으로 기록된 것은 어느 정도 정통성 확보를 위한 서술일 수 있다. "*주님께서 다윗과 함께 계셨으므로 그는 가는 곳마다 승리하였다.*"(1사무 18,14) 개인의 심리 차원에서 말한다면, '주님

119 딸과 아들의 배신에 가까운 행동들은 다윗이 처한 상황을 설명해 주는 기능은 하지만, 사울이 어떻게 몰락해 가는지 초점을 맞추고 있다. 부자연스런 히브리어 성경은 지극히 신학적 결론을 유도하기 위해 제공된 첨가문들이라고 말할 수 있다.

120 다윗이 라마로 도망쳐서 사무엘에게 자신이 죽을 뻔했던 이야기(1사무 19,9-17)를 하는 순간에도 그는 사울의 추격에 시달려야 했다. 사울이 다윗을 쫓아서 라마의 나욧을 향했을 때(19절) 사울은 영에 사로잡혀 황홀경에 빠지고 만다. 그 결과 사울은 다윗을 잡지 못했고, 다윗은 그의 손에서 벗어난다.

이 다윗과 함께 계심'이 사울에게는 주님이 '자기에게서 돌아섰다'고 생각하게 된 원인이 되었다. 주님이 자기에게서 돌아섰기 때문에 사울은 더욱 다윗을 두려워했다는 것이다(13절). 주님이 함께하면 다윗은 전투에서 승리했고, 다윗의 승리가 소문이 되고 사실이 될 때마다 사울의 가슴은 더욱 불안에 떨어야만 했다. 사울의 불안은 막연하지만 깊이를 알 수 없는 두려움을 발생시켰다. 내면의 불안이 커질수록 두려움은 더욱 깊어만 갔고, 그의 가슴과 머리는 혼란하기만 했다.

> 사울은 다윗이 크게 승리하는 것을 보고 그에게 두려움을 느꼈다. (1사무 18,15)

더구나 사울의 두려움은 다윗의 승리가 한 사람에게 멈추는 게 아니라, 온 이스라엘과 유다가 다윗을 좋아하였다는 사실이었다(16절). 이런 판단은 다윗과 사울을 암묵적으로 비교하는 표현이지만, 왕의 불안을 드러내는 말이다. 사울이 다윗 때문에 정치적 지지기반 자체가 흔들리고 있다고 여긴다면, 치명적 오류를 낳을 수밖에 없다. 그렇다면 다윗과 갈등을 겪고 있는 동안 사울은 무엇 때문에 주님이 자신에게서 돌아섰다고 느꼈을까?

앞에서 보았다시피, 사울은 다윗을 자기 부하로 두긴 했지만 다윗에 대한 두려움과 시기로 죽이고 싶은 열망을 통제할 수 없었다. 게다가 가족과 백성들을 포함하는 주변인들의 변화를 알게 되면서 자신의 의지를 실현하지도 못했고 자신을 가누지도 못했다. 1사무 19장에서 우리는 사울이 얼마나 다윗을 죽이고 싶어 했는지 구체적인 사건들을 듣고 있지 않는가? 이 시절은 죽을 고비를 넘겨야 했던 다윗에게 사울의 손아귀에서 벗어나 도망쳐야만 했던 어려운 시절로 고난의 시기로 규정해도 크게 틀리지 않는다.

이제 사울의 두려움은 커질 대로 커져서 다윗을 죽여 없애버리지 않으면 안 되겠다는 결심으로 변했다. 다윗을 죽여야 할 정도로 두려움을 느꼈다면, 그 이유는 무엇일까? 아마도 왕권 의식이 분명했을 사울의 두려움은(1사무 18,12.15.29) 다윗이 왕위를 찬탈할 위험을 예감했던 것은 아니었을까? 다윗에 대한 의심과 두려움이 악화된 상황을 반영하는 사울의 말에서 짐작할 수 있다.

> 이사이의 아들놈이 이 땅에 살아 있는 한, 너도 네 나라도 안전하지 못하다. 그자는 죽어 마땅하니, 당장 사람을 보내어 그를 잡아들여라. (1사무 20,31)

이런 두려움에서 비롯된 더 가까운 불안은 다윗이 사울 자신의 왕정을 전복시켜 왕권을 차지할지도 모른다는 두려움이었다. 사울의 권위가 군사적 승리(1사무 11장)에서 출발한 권위였다면, 왕권은 곧 군사력의 장악을 의미했다. 모든 이스라엘과 유다가 다윗을 사랑했다는 1사무 18,16의 증언은 비록 성서적 과장이었을지 몰라도 사울의 권위에 심각한 도전으로 보였을 것이 틀림없다. 이런 시각에서 보면 사울이 느꼈던 다윗에 대한 두려움은 개인적 차원과 정치적 현실이 혼합된 상황을 말해 준다. 게다가 다윗을 죽이려는 사울의 필사적인 노력은 복합적인 두려움을 해소시키고자 했던 행동이었음이 틀림없다. 사울이 다윗을 죽이려 했던 18,10 이하의 이야기가 19,9에서 다시 반복되어 나타나는 것을 보면 다윗을 죽이고자 한 사울의 시도가 정치적 의도임을 부인할 수 없다.[121] 더구나 이때는 다윗이 이미 사울의 사위였고, 다윗은 사울

---

121 1사무 18-20장에서 사울과 다윗 사이에 벌어진 일련의 사건들은 일방적인 묘사처럼 보인다. 즉, 사울이 지나칠 정도로 다윗을 핍박하고 뒤쫓는 상황을 묘사하고 있다. 그렇지만, 사울의

의 딸이며 자신의 아내인 미칼이 있었다. 다윗과 미칼의 이야기는 여자의 사랑이 아버지의 적개심보다 강했으며, 남편을 죽음의 위협에서 살린 여인의 사랑으로 요약될 수 있다.

비록 다윗은 사울의 사위가 되었고 측근이자 왕가의 일원이 되었음에도 불구하고[122] 사울의 왕궁을 떠나야 했다. 한 왕정체제에서 두 권력자가 병존할 수 없듯이, 다윗은 결국 도망자의 운명으로 떨어지고 만 것이다(1사무 19,10). 그럼에도 사울은 다윗의 도망을 용서하지 않았고, 다윗을 죽이기 위하여 부대를 동원하여 그의 뒤를 쫓았다. 이즈음 다윗이 얼마나 위태롭게 죽음의 위험에 처해 있었는지 사울의 아들이며 왕자인 요나탄에게 애걸하는 다윗의 말에서 느낄 수 있다.

> "그러나 다윗은 맹세까지 하면서 이렇게 말하였다. "왕자님의 아버님께서는 왕자님이 저를 마음에 들어 하신다는 사실을 잘 알고 계시지 않습니까? 그래서 그분께서는 '이 사실을 요나탄에게 알려 그를 슬프게 해서는 안 되지.' 하고 생각하셨던 겁니다. 살아 계신 주님과 왕자님의 목숨을 두고 맹세합니다만, 저와 죽음 사이는 한 발짝밖에 되지 않습니다."(20,3)

삶과 죽음의 경계를 드나들던 다윗과 사울의 아들 요나탄의 우정은 그들의 삶에서 한때 있었던 아름다운 시간이 되었다. 다윗과 요나탄의 우정은 어떤 의미에서 요나탄이 다윗의 영민함과 성격을 알았기 때문에 독자의 눈에 들어오는 이야기라고 볼 수 있다.

반복적인 살해 기도의 분명한 이유는 분명히 드러나지 않는다.

122 다윗이 미칼과 결혼하여 왕의 사위가 되었다는 것은 다윗에게 왕위에 가까이 가는 길이었을지도 모른다. 만약 그런 의도가 있었다면 결혼은 다윗에게 정치적 모험을 의미했다. 왜냐하면, 미칼은 다윗을 사랑했지만, 다윗이 미칼을 사랑해서 받아들인 결혼이 아니었기 때문이다. 이야기의 초점은 결혼이 아니라, 다윗이 '왕의 사위'가 되는 것을 강조하고 있는 것이다.

그러나 요나탄이 다윗의 어려움을 알고 우정의 이름으로 다윗에게 계약/약속을 맺는 장면은 이상하다. 요나탄은 다윗에게 두 번에 걸쳐 애걸하듯이 자신의 후손과 의리를 끊지 말기를 다윗에게 맹세하게 한다(2사무 20,14-17; 이미 1사무 18,3에서 계약을 맺었다.). 현재의 권력관계를 고려한다면 후환을 없앨 수 있는데 요나탄은 무엇 때문에 이렇게 해야 했을까? 단순히 우정만 생각할 수 없는 상황이라, 왕이 된 다윗이 권력과 관련해서 보여준 인간적 신뢰성에 의문이 깊어지는 이유가 있다. 어쨌든, 이 과정을 자세히 읽기 위해서 다윗이 도망치던 과정을 간단히 요약해 보면서 이야기의 흐름을 따라가도록 한다.

다윗의 탈주 – 반체제적 삶

사무엘서의 반복적인 증언에 의하면, 백성 가운데에서 다윗의 인지도가 높아갈수록 사울의 애증 또한 높아만 갔고, 두 인물은 돌이킬 수 없는 관계로 치닫고 말았다. 왕권을 두고 사울과 다윗 사이에 쫓고 쫓기는 과정이 지속되었던 것처럼 사울과 다윗은 서로 죽을 고비를 여러 차례 넘겼다.

다윗이 사울의 곁에서 도망칠 수밖에 없었던 정황은 왕의 신임을 잃어버렸고 아무도 그를 도울 수 없었던 궁색한 처지 때문이다. 다윗은 이제부터 합법적 권리를 누릴 수 있는 왕정이라는 제도권 안에서 머물 수 없게 되었으며, 모든 권리를 잃어버리고 쫓기는 반사회적 인물이 되었다. 사무엘서가 언급하는 광야를 떠도는 범법자들의 무리에 다윗은 자연스럽게 섞여 들어갈 수밖에 없었다.

사울의 곁에서 벗어나 도망친 다윗에게 광야의 생활이 생존을 위한 방법이라면, 동시에 유랑생활은 체제를 거스르는 반사회적 인물이 되는 길이었다. 심지어 다윗은 자신의 무리와 함께 필리스티아인들의 영역에 들어가[123] 겉으로 보면 민족적 배반의 길에 적극적으로 가담한 인물로 여겨질 수도 있었다.

1사무 21-23장은 다윗이 사울의 권력이 미치지 못하는 곳에서 삶을 연명하려던 도망자 다윗 이야기를 전한다. 요나탄과 다윗의 우정 어린 긴 대화 뒤에, 다윗은 사울을 피해서 놉으로 도망쳤고, 사제 아히멜렉을 찾아가서 먹을 것을 구하기도 했다(1사무 21,1-10). 사태는 더욱 위급해서 사울 군대의 추격을 피하여 필리스티아로 도망친 다윗은 이스라엘의 주적인 갓 임금 아키스를 찾아가 목숨을 부지하고자 했다(1사무 21,11). 다윗의 위험한 처지가 얼마나 심각했는지, 지난날의 적이었던 필리스티아인들을 찾아가 목숨을 구걸했던 것이다. 다윗은 이스라엘의 적들 앞에서, 그들에게 생명을 부지해야 할 위급한 상황에서 살해당할까 두려워 미친 척하기도 했다(14절).

마침내 다윗은 광야의 아둘람의 굴속으로 피신하기도 했지만(22장), 그래도 그의 주변에 사회에서 버림받은 이들이 모여들었다. 다윗은 이들을 하나로 엮어 마침내 현실에 불만을 품은 자들의 두목이 되었고 조그만 세력을 형성하기 시작했다. 다윗이 살아난 과정이 어

123 간단히 넘어가고 싶은 이야기 중의 하나로 다윗이 필리스티아인들의 용병이었던 사실은 역사적으로 부정할 수 없는 것 같다. 다윗은 목숨이 위태로웠던 도망자의 신분이었을 때는 필리스티아 왕 아키스에게 몸을 의탁하려고 했었고(1사무 21장), 모압 왕에게 의존하기도 했다(22장). 게다가 여러 변명이 있을 수 있지만, 다윗은 용병의 두목으로서 필리스티아인들에게서 치클락(*Ziklag*)의 통치를 위임받았던 것이 아니었을까 짐작한다(1사무 30장).

떠하든 중요한 것은 그가 사회에서 밀려난 자들의 두목, 곧 반사회적 무리의 수괴가 되었다는 사실(22,1-5)이다. 다윗이 사울의 왕정에서 높은 지위에 있었다는 과거의 경력이 어쩌면 일조를 했을 수 있다. 체제에서 밀려난 자가 과거의 경력을 바탕으로 낮은 사회적 계층과 하나가 되었다는 현실은 반체제적 성격을 충분히 설명한다. 이처럼 미래의 왕은 현실에서 밀려나고 사회에서 추방된 자들의 두목으로 새로운 삶을 시작하였다. 이렇게 다윗이 겪어야 했던 험난한 여정은 비록 생명을 유지하는 길이긴 했지만, 다윗을 쫓는 사울과 그의 측근들에게 알려지지 않을 수 없었다.

다윗이 아히멜렉 사제를 찾아가서 도움을 받았던 일이 알려지자,[124] 사울은 화가 나서 아히멜렉이 속했던 놉의 사제들과 아이들과 여자들을 학살했다(1사무 22,6-25). 다윗의 흔적이 묻어나는 곳엔 사울 군대의 추적이 계속되었고, 사무엘의 예언처럼, 백성은 왕정의 위협에 떨어야 했다. 이리저리 쫓기면서 도망자의 생활을 해야만 했던 다윗은 왕의 영향력이 미치지 않는 곳으로 멀리 벗어나야 했다. 그런 까닭에 다윗과 그의 무리는 유다의 남부 광야에서 험하고 힘든 유랑생활을 지속해야 했다(23장). 한 번은 쫓고 쫓기는 와중에 사울이 엔 게디 광야에 있는 다윗을 찾아 나섰다가 죽을 뻔했던 일이 있었다. 극적 묘사로 이해할 수 있지만, 다윗이 마음만 먹으면 사울의 생명을 빼앗을 수 있었던 경우도 있었다(24장).[125] 또

---

124 1사무 21-22장에 실려 있는 야웨의 사제들의 죽음은 다윗과 사울의 관계를 돌아볼 때 여러 의미에서 성찰할 만하다. 23장에서 다윗이 살아나게 된 것은 신탁에 의한 행동, 곧 야웨의 신탁에 따라 행동했기 때문이었다. 이 신탁이 가능했던 까닭은 사울이 사제들을 학살할 때 살아난 아브야타르과 그가 지닌 에폿이 있었기 때문에 야웨의 뜻을 알아들었던 것이다. 사제들 모두 살해당할 때 사울은 야웨의 신탁을 알아들을 기회를 상실했다면, 유일하게 살아남았던 아브야타르 때문에 다윗은 에폿을 통해 야웨의 신탁을 들을 수 있었다.

125 24장의 의도는 사울이 죽음의 우연성에 접해 있다는 암시이다. 이하는 문학적 서술로 볼 때, 31장에서 사울의 죽음을 선언하기까지 준비 과정이라고 말할 수 있다.

다윗이 자기를 쫓는 사울을 여시몬 하킬라 언덕 길가에서 살해할 수 있었지만, '기름부음받은이' 왕을 죽일 수 없다는 다윗의 신조로 사울이 살아난 경우도 있었다(26장). 그렇지만 이런 서술이 지나치게 다윗을 옹호하는 성향을 내비치는 까닭에 역사적 사실과 얼마나 근접하는지 판단할 수 없을 정도이다. 왕조사의 성격과 불필요한 의문을 불러일으키는 사건들을 고려할 때, 오히려 다윗 왕조의 정통성 강화 차원에서 참조할 사항들이다.

훗날, 왕정의 정통성 확보를 위해 사무엘서의 다윗은 사울의 왕정을 이어받았다는 정통성의 확보가 중요했다. 이런 차원에서 다윗이 사울의 죽음에 아무런 관련이 없다는 점을 끊임없이 되풀이하는 까닭을 이해할 수 있다. 사무엘서는 사울이 하느님의 '기름부음받은이'(24,7.11; 26,9.11)이기 때문에, 기회 있을 때마다 다윗이 위험에 빠진 사울의 생명을 보호했다고 주장한다. 더 나아가 편집자는 왕을 향한 다윗의 행동이 사울을 감동시켜 다윗에게 자신의 잘못을 고백하는 장면도 제공했다. "내가 잘못했다. 내 아들 다윗아, 돌아오너라. 네가 오늘 내 목숨을 소중하게 보아 주었으니, 내가 다시는 너에게 해를 끼치지 않겠다. 내가 정말 어리석은 짓을 하여 매우 큰 실수를 저질렀구나." (1사무 26,21)

편집자는 한 걸음 더 나아가, 다윗의 고결함을 강조하기 위해 사울의 고백을 통해 왕이 도망자를 축복하도록 했다. "*내 아들 다윗아, 복을 받아라. 너는 하고자 하는 일을 반드시 해낼 수 있을 것이다.*" (1사무 26,25). 권력을 향한 경쟁자의 입장은 사라지고, 사울의 축복은 다윗의 운명을 키워 주듯이 미래의 왕 다윗의 모습을 예고하는 말처럼 들린다. "*이제야 나는 너야말로 반드시 임금이 될 사람이라는 것을 알게 되었다. 이스라엘 왕국은 너의 손에서 일어설 것이다.*"(1사무 24,21; 26, 25 참조). 사실 사울의 입을 빌려 말하게 한 이 장면의 역사적 구성은 무의미할 것이지만, 앞서 언급한 것처럼 다윗을 변호하는 왕정의 정통성을 보호하는 의미를 지닌다. 이로써 다윗이 야웨의 '기름부음받은이'를 존경한다는 사실과 사울의 후계자가 될 것이라는 언명이 두 인물의 갈등 과정에서 천명된 것이다. 왕정신학은 다윗 왕권의 정통성을 확보하는 길을 준비하는 것이지만, 두 인물이 갈등을 넘어서 어떻게 이런 경우가 가능한지는 아무도 확신할 수 없다. 정통성 확보 차원에서 사무엘서는 일련의 과정을 오로지 다윗의 관대함과 사울의 부자연스러운 고백에 의존할 뿐이다.

어쨌든 사울의 추적이 이런 일로 멈추지 않았기 때문에 다윗은 다시 한 번 더 이스라엘의 적인 필리스티아로 망명하기도 했다(27장).[126] 그래서 사울은 다윗이 갓으로 달아났다는 소식을 전해 듣고 다시는 그를 찾지 않았다(1사무 27,4).

사무엘서의 서술 방식은 역사적 사실의 흔적을 전해 주는 측면이 있기는 하지만, 여전히 다윗이 자신을 핍박하며 생명을 노리는 사울에게 왜 이처럼 관대했는지 질문을 하게 되면 설명이 어려워진다. 과연 다윗이 사울을 강제로 밀어내지 않고, 오히려 사울의 핍박을 받으면서도 그를 왕으로 대우하며 도망자의 생활을 했다는 것을 어찌 이해해야 할 것인가? 순전히 종교적 신심이 다윗을 미화한다면, 2사무 21장에서 사울 가문의 멸문지화를 허락한 다윗의 행동을 어떻게 알아들어야 하는가? 다윗이 왕정의 정통성을 확보하고 더 안정된 왕정으로 통치에 임해야 했던 상황(솔로몬 왕정)에서 편집되었던 것은 아닌지? 왕이 되었던 다윗이 과거의 사

---

126 다윗이 이스라엘의 적수인 필리스티아를 찾아가 몸을 의탁했다는 이야기는 아무리 좋게 생각해도 첫눈에 다윗을 의심할 수밖에 없다. 그러나 이 이야기도 다윗을 변호하기 위한 훌륭한 자료로 사용되었으니, 그 의도는 다윗이 그럴 수밖에 없는 이유를 제공한 이는 사울이었다는 것이다.

울을 관대히 대했다는 이야기는 사울 가문과 그의 추종자들을 다윗의 세력 안으로 끌어들이고, 다윗의 왕권을 정당화했다는 주장이 가능해지기 때문이다. 그렇지만 솔로몬이 이스라엘 왕정의 정통성을 강화시킬수록, 왕정의 성립과정에서 발생한 다윗의 어둠은 더욱 짙게 드리울 뿐이다.

다윗과 아비가일 사건

사무엘서의 진행을 다윗과 사울의 정치적 경쟁구도에서 볼 때, 이야기의 흐름은 지나치게 인위적으로 보일 수밖에 없다. 도망자가 핍박자인 왕에 대해 너무 관대한 태도를 취하는 까닭에 독자들은 그의 행동을 이상한 각본의 연출처럼 볼 수 있다. 관대함도 지나치면 이상하게 여겨지는 그런 일화가 다윗이 아비가일을 아내로 얻게 된 사건이다. 다윗은 비록 호의적인 아비가일[127] 때문에 나발을 직접 해치지는 않았다고 하지만 사건의 문맥은 의구심을 불러일으킨다. 사무엘서가 아무리 친 다윗 성향을 보인다고 해도, 본질적으로 다윗은 거의 산적 두목의 폭력을 행사할 듯한 분위기를 보여주지 않았는가? 다윗이 나발을 대하

127 Steven L. Mckenzie, 96-101쪽; J.D. Levenson, *같은 책*, 11-28쪽; 유연희, 아비가일의 남자들, 구약논단 16권 1호(통권 35호, 2010/3), 101-102쪽. 유연희는 여성주의 입장에서 논의를 전개하면서 다윗을 선악 이분법적인 차원에서 이해하려고 한다. 이러한 해석에 덧붙여 다윗이 정치적 야망을 전제로 이해하는 것이 역사적 사실에 가까운 해석이 아닐까? 아비가일을 이해하기 위해서 여성주의적 시각이 필요하기 때문이기도 하지만, 필자는 아비가일을 다윗에게 순종적이지만, 독립적 여성으로 파악한다. 한편, 1사무 25의 아비가일이 2사무 17,25의 아비가일과 동일인물이라면, '요압의 어머니 츠루야의 자매인 나하스의 딸 아비가일'은 다윗과 오누이 관계(1역대 2,16)로 보인다. 그러므로 타마르가 암논에게 한 말(2사무 13,13: '제발 임금님께 청하십시오. 그분께서 저를 오라버니에게 주시기를 거절하지 않으실 것입니다')이 이해될 수 있다. Marti J. Steussy, *David*, 76-77쪽.

는 태도와 아비가일을 대하는 태도는 오로지 무지막지한 힘 있는 자의 태도로 볼 수 있지 않을까?

이런 관점에서 역사적 신빙성이 높은 1사무 25장의 이야기는 다윗의 행동을 재삼 생각해 보게 만든다. 이야기를 좀 더 정치적 구도에서 파악한다면[128] 사건의 진행을 다윗의 관점에서 훨씬 쉽게 표현할 수 있다. 사무엘서는 남편 나발이 왜 죽었는지 분명히 밝히지 않고, 아비가일이 다윗의 청혼으로 결혼했다(1사무 25,42)고 전한다.

다윗은 이 사건으로 자연스럽게 칼렙 가문의 나발이 누리던 부와 두 번째 아내를 얻었다. 나발은 유다 부족 중에서 가장 영향력 있던 칼렙 족의 우두머리였기 때문에 사건의 정치적 의미는 컸다. 다윗은 이 결혼으로 전 유다 부족을 다스릴 왕의 지위에 한층 가깝게 다가설 수 있었을 것이 틀림없다. 훗날, 아비가일을 데리고 다윗이 유다의 왕위에 올랐던 곳은 바로 칼렙 족의 중심지였던 헤브론이었다(2사무 2,1-2). 이처럼 25장 전체가 아비가일과 다윗의 결혼 이야기를 다루고 있는 까닭은 역사적 신빙성에 덧붙여 이와 같은 정치적 이유가 뒷받침되고 있기 때문이다.

사무엘서 본문에 의하면, 처음 다윗은 나발의 선심에 의존하는 발언을 했고(6-8절), 나발은 오히려 다윗을 조롱하는 발언(10-11절)을 했다. 생각해 보면, 칼렙 가문을 대표하는 나발이 다윗을 배려해야 할 상대는 아니었을 것이다. 나발은 사울 왕정의 안정된 사회에 살고 있었고 다윗은 사울에게 쫓겨 다니는 반체제적 인물이지 않은가? 더구나 요청하지도 않은 양떼의 보호를 했다는 다윗의 억지 같은 말을 듣고 나발이 감사해야 할 이유는

---

128 Yitzak Berger, *Ruth and Inner-Biblical Allusion. The Case of 1Samuel 25*, in JBL 128/2(2009), 253-272; Mark E. Biddle, *Ancestral Motifs in 1Samuel 25: Intertextuality and Characterization,* in JBL 121/4(2002), 617-638; J.D. Levenson, *1Samuel 25 as Literature and as History, in Catholic Biblical Quaterly,* 40 (1978), 11-28쪽.

없지 않은가? 다윗의 발언은 폭도의 발언으로 여길 수 있었고, 나발의 태도는 기존체제에 속한 자의 발언으로 볼 수 있다. 따라서 편집자가 아비가일과 다윗의 종이 나발에 대해 부정적으로 묘사한 것은 나발에 대한 일종의 음모요, 다윗을 옹호하기 위한 묘사라고 할 수 있다.[129] 그래서 이야기를 서술하는 편집자는 다윗을 변호하는 듯하지만, 이야기의 전개는 논리적 진행을 결여하고 있다.

다윗이 아비가일을 어떻게 다루었는지, 혹은 아비가일이 다윗을 어떻게 대했는지 해석의 차이에 따라 다윗은 전혀 다른 인물이 된다. 아비가일이 나발을 치기 위해 오는 다윗과 부하들을 보고 그 앞에 몸을 낮춘 것은 결코 존경을 표하기 위한 태도가 아니다. 몸을 낮추는 것은 다윗과 같이 유랑하며 살 길을 찾는 광야의 거친 사람들에게서 자신을 보호하기 위한 방법이다. 아비가인이 세련된 가문의 여자라면, 다윗은 삶이 거친 광야의 사내였고 폭력에 익숙한 인물이었다. 따라서 아비가일이 다윗을 대한 태도는 남편이 바보였기 때문이 아니라 자신과 가문을 보호하고 지키기 위한 낮춤이었다. 위기의 경우에 상황에 적응할 수밖에 없는 여인이 폭력에서 살아남기 위한 순응력이 기지를 발휘했다고 보인다.

이 사건이 지난 뒤 다윗 앞에서 조리 정연했던 아비가일(24-31절)의 이름이 거론되기는 하지만, 이후에 아비가일의 말은 성경에서 더 이상 들리지 않는다. 아비가일이 다윗의 아내가 된 사건으로 다윗이 어떻게 아비가일을 탈취했는지 여부는 사무엘서가 거의 알려 주지 않기 때문이다. 그리고 인위적으로 제공된 적대적 상황은 나발을 죽일 수 있었던 다윗의 폭력성이 결정적인 영향력을 발휘했으리라 여겨진다.[130] 이런 추정은

129 유연희, 103-104쪽 참조.

다윗이 자기 부하들을 아비가엘에게 보내서 아내로 삼겠다고 했을 때 드러났다. 유랑 무리의 두목인 다윗의 명령을 전해 듣자 아비가일은 부하들 앞에 엎드려 자기 몸을 낮추었던 것이다(41절). 아비가일이 한 행동은 다윗에게 마음이 쏠려서 행동한 것이 아니라, 두려움과 공포에 질린 행동으로 이해하는 것이 다윗의 성격을 쉽게 이해하는 길이다.

이런 맥락에서 아비가일이 설득하듯이 다윗에게 한 말은 결코 나발을 변호하려고 한 것이 아니다. 오직 "*정당한 이유 없이 피를 흘리며 몸소 복수*"(25,31)하는 것이 미래의 왕 다윗에게 누가 될 것이라는 의미로 편집자의 의도성이 반영된 언급이다. 더구나 이런 말은 아비가일과 (명시적으로 표현되지 않은) 나발 사건을 정당화하는 길을 열어주고 이야기를 진정시키는 역할을 한다. 다윗은 아비가일의 말을 받아서 "오늘 내가 사람의 피를 흘리고 내 손으로 직접 복수하는 일을 그대가 막아 주었다."(25,33)고 아비가일을 축복함으로써 관대함을 보여주었다. 그렇다고 사울의 운명을 야웨 하느님에게 맡긴 것처럼, 나발의 모욕을 복수하려던 다윗이 마찬가지로 야웨 하느님께 그 복수의 판단을 미루었다는 인상은 주지 않는다. 실제로 발생했던 사건과 사건의 왕조화 과정 사이에 어떤 간극이 존재하는지 아무도 알 수 없다. 다만 다윗 왕정의 정통성을 확보하기 위한 편집자의 메시지가 국가적으로 중요할 뿐이다.[131]

---

130 아비가일을 여성주의적 시각에서 볼 때 다윗의 행위를 더 잘 이해할 수 있다. 백원정, 『여성신학적 시각에서 본 다윗의 여인들』, 163쪽; 유연희, 같은 글, 114-116쪽 참조. 아비가일에 대한 숱한 비판적 평가는 부정적이건 긍정적이건, 한 여인에게 발생했던 비정상적인 상황을 나타내기 때문에 지나친 평가는 무의미하다.

131 Walter Brueggemann, *David's Truth*는 사건과 사건을 이용하는 주체들에게 필요한 의미와 메시지를 분석한다. 역사적 사실이 개인과 지파와 국가와 민중에게 동일한 역사적 의미를 지니는 것이 아니다. 진실은 의미를 지닐 때 각 주체들에게 힘이 되어 희망을 불러오기 때문이다.

그러므로 사울이 다윗의 생명을 빼앗으려고 추적했던 일이나, 나발의 모욕에 대한 복수, 곧 피를 흘리는 것은 다윗이 취할 행동이 아니라는 것이 편집자의 메시지일 듯하다. 메시지가 인간의 손을 떠날 때 핵심적인 의미는 신학적 해석이 제공할 것이지만, 사건의 의미가 고정될수록 위험해진다. 달리 말하면, 사건에 대한 신학적 해석의 가능성이 왕정을 위한 일방적인 주장이 될수록, 다윗과 관련된 왕정의 역사는 개인을 위한 신비주의에 빠질 위험성이 더욱 커진다. 왕조신학의 탄생은 브르거만이 해석하고 있듯이 왕조의 정통성을 주창하는 데 이롭지만, 멀리 보면 더 큰 위험을 불러들인다. 그러므로 다윗의 적수들이 살해될 때마다 다윗이 이런 사건들과 무관하다는 주장은 거듭 반복되는 만큼 희망하는 효과를 낳지 못한다. 오히려 죽은 자들이 의문을 제기하듯이 이야기를 듣는 이들에게 다윗의 이름을 떠올리며 죽음의 의문을 반복적으로 불러일으킨다.

예를 들면, 나발의 죽음, 사울의 죽음, 아브네르의 죽음, 아마사의 죽음 등이 발생하는 매 순간 다윗 대신에 야웨가 이들 죽음의 행위자로 명명된다. 이들 죽음의 사건은 시간과 장소가 드러나는 만큼 명백하지만 모두 가해자가 불분명한 상황에서 발생한다. 나발의 죽음에 직접적인 가해자가 언급되지 않고 마치 우연처럼 과음에 의한 예기치 않은 죽음처럼 기술되었다. 그리고 야웨가 그 죽음의 주도적 권한을 가진 것으로 선언되지만, 객관적 상황에서 다윗이나 아비가일이 관여하지 않았다고 천명된다. 그러나 이들이 아니면 누가 이익을 볼 것이며, 죽음의 원인을 다른 사람에게 돌릴 수 있다고 상상할 수 있겠는가? 나발의 죽음으로 큰 이득을 볼 사람이 누구인지 대답할 수 있다면, 우리는 죽음의 원인을 제공한 자가 누구인지 어렵지 않게 짐작할 수 있다. 다윗 이야기에서 모든 부자연스런 죽음의 그늘에는 이처럼 늘 음모의 그림자가 서성대고 있다.

사울의 몰락

어쨌든 이 과정에서 사울의 미래를 암시해 주는 이야기가 영매를 만나 그의 운명을 점치는 데서 다시 확인된다(28장).[132] 영매가 불러온 죽은 사무엘은 사울의 질문에 응답한 음울한 답변에서 다시 한 번 더 사울의 잘못을 선언한다. 주님이 명령하신 아말렉 족속의 진멸을 수행하지 않은 것(18절; 15,18-19)이 사울의 불행한 운명을 불러온 것이다. 죽은 사무엘이 살아 있는 사울에게 불행한 선언을 반복하였으니, 사울의 왕권이 다윗에게 넘어가는 것은 운명처럼 확고해진다. 마침내 사울을 따른 이스라엘의 군대도 전투에서 불행하게 죽은 왕의 운명과 함께 필리스티아인들의 손에 넘어간다.

다윗이 필리스티아 진영에 의지하고 있는 사이에 이스라엘과 필리스티아 군대가 다시 맞서게 되었다. 당연히 다윗은 이스라엘의 적을 따를지, 자신의 길을 가야 할지 태도를 결정해야 할 상황에 직면했다(29장). 왜냐하면, 대다수의 필리스티아인들은 그들에게 적일 수밖에 없는 다윗을 배척하였기 때문이다. 다윗은 필리스티아인들의 주장을 물리친 아키스의 호의에 힘입어 겨우 생명을 유지할 수 있었다.[133] 이때까지 필리스티아인들에게 다윗의 이름이 어떻게 알려졌는지 본

---

132 사울이 영매를 만나는 장면의 묘사는 사실 사울의 모순된 행동을 설명해 준다. 사울의 운명을 말해 주는 마지막 장면으로써 특별히 문학적 비극성을 돋보이게 한다. 사울의 이 장면에 대한 성찰은 다음 장(5장)에서 양식을 달리 하며 조금 더 지속할 수 있으리라고 생각한다.

133 21, 11-16. 처음 다윗이 필리스티아인들에게 도망쳤던 이야기를 생각하면 몇 가지 성찰거리가 눈에 띈다. 다윗이 사울의 추적을 피하여 필리스티아 땅으로 도망쳤을 때 의심을 받았다. 이미 다윗은 필리스티아 진영에서 사울보다 더 뛰어난 인물로 이해되고 있었다. 다윗이 미친 척했다는 언급은, 그래서 필리스티아인들을 속이고 살아남을 수 있었다는 이야기는 역사성이 희박하다. 이처럼 다윗이 도망쳐서 왕이 되기까지 이야기의 요점은, 하느님이 그와 함께 했다는 '신학적' 관점이다.

문에서 한 번 더 확인할 수 있다. "*사울은 수천을 치셨고 다윗은 수만을 치셨다네*(29,5; 18,7)."

왕정신학의 의문

성경 본문에는 사건들의 연장선상에서 이미 많이 벌어진 사태들이 추가되어 이야기로 꾸며졌다. 다윗은 필리스티아인들의 적대적 비판에서 보호해 준 아키스의 호의로 이스라엘과 필리스티아인들이 대치한 전선에서 물러날 수 있었다. 어려운 상황을 벗어난 다윗은 부하들과 더불어 아키스가 마련해 준 그들의 주둔지 치클락으로 돌아왔다. 그곳에서 아말렉족이 그들의 가족들을 잡아간 사태를 알고 다윗을 따르는 군사들은 대경실색한다. 마침내 다윗은 그를 따르는 군사들을 이끌고 뒤쫓아 가서 아말렉족과 전투를 벌여 승리를 이끌어내고 끌려갔던 이들을 되찾았다(30장).

지리적으로 남쪽에 위치한 곳에서 다윗의 승리를 전하는 사무엘서는 곧 이어서 북쪽에서 사울이 필리스티아인들과 대적한 전투에서 죽어가는 장면을 묘사해 준다(31장). 지리적 간격이 말해 주듯이 마치 사울의 죽음은 다윗과 관련이 없으며, 하느님의 보호 없이 죽어간다는 것으로 대조시킨다. 이 장면에서 다윗은 하느님의 전투를 행하여 승리하고, 사울은 필리스티아인들과 전투를 하지만 하느님의 축복도 없이 죽었다는 인상을 준다. 이처럼 사울이 비극적 결말로 가는 과정과 다윗이 승리와 함께 권력을 획득해 가는 과정은 치밀하게 구성된 의도적 편집으로 보인다. 결과적으로 하느님의 은총이 사울을 떠나 다윗에게 옮겨갔다는 왕조사적 해석의 관점이 편집의 의도인 셈이다.

1사무 21장에서 30장까지 다윗과 사울의 이야기는 쫓고 쫓기는 두 사람과 그들이 처해 있던 주변 부족들과 벌여야만 했던 전투들의 보고로 가득하다. 30장에서 다윗이 아말렉의 승리를 역전시켜 영웅의 기세를 보여주었다면, 31장에서 사울은 필리스티아인들과 벌인 전투에서 패배했다. 다시 말하면, 두 인물을 중심으로 전개되는 이야기의 진행에서 우리는 하나의 대조적인 리듬을 발견한다. 사울의 실패와 다윗의 성공이 교차로 전개되고, 이야기의 초점이 사울에게서 다윗으로 옮겨감을 즉각적으로 알아볼 수 있는 것이다.

사울이 필리스티아인들과 전투에서 패배하자 그는 그들의 칼에 맞아 죽기보다는 자살을 선택했다. 사울을 주인공으로 시작된 이스라엘 왕조는 일단 사울의 죽음(31장)과 더불어 마무리된다. 다윗의 등장 이후 이야기 안에 생성되던 긴장은 완연히 사라지고, 독자에겐 이스라엘을 대표하는 왕권이 일방적으로 주장될 것이라는 인상마저 남는다. 그러나 일련의 전투상황들을 생각해 보면, 두 인물이 맞서야 했던 위기상황은 동일하게 비교될 수 없다.

사울은 이스라엘의 왕으로서 필리스티아 군대와 맞서서 국가적 존망의 위기에 대처하고 있었다면, 다윗은 사울이 직면했던 국가적 민족적 차원의 위기를 살았던 것이 아니다. 다윗도 생명의 위협을 느끼며 쫓기는 생활을 하기는 했지만, 그는 자신을 위한 개인적 차원의 삶에 머물러 있었다. 이 시기에 다윗은 민족적 혹은 국가적 차원의 위기의식을 공유하지도 않았으며, 사울과 같이 민족적 위기의 상황을 살아야 했던 인물도 아니었다. 사울의 미움을 받고 쫓기기는 했어도 다윗은 국가적 부담 없이 이리저리 떠돌며 삶을 유지할 수 있었다. 오리혀 다윗은 적지 않은 반사회적 무리를 이끌며 그들의 생명과 생활을 보호해야 하는 일이 더 긴급했다. 사울 왕과 비교할 때, 다윗은 국가체제나 민족적 존망의 위기 상황을 살고 있었던 것이 아니었기 때문에 사울의 고뇌에 비길 만하지 않다. 다윗이 벌인 아말렉족과 벌인 전투(30장)도 사실 국가적 존망이나 민족적 위기상황과 직접적인 관계가 있는 것이 아니었다.

이런 이해를 밑바탕으로 할 때, 사무엘서는 이야기의 논리적 약점을 넘어서고 다윗의 위상을 드높이기 위해 사울의 실패를 강조해야 했던 것으로 보인다. 사울의 실패를 크게 드러낼수록 다윗은 주님의 말씀을 수행했다는 점을 자연스럽게 강조할 수 있기 때문이다. 따라서 사울이 아말렉족을 결정적으로 멸망시키지 않았다면(1사무 15장), 다윗은 이들을 패퇴시키고 가족을 되찾았다(30장)는 언급이 중요했고, 이런 언급이 사울의 죽음 직전에도 반복해서 서술되어야 했다. 사울의 죽음은 사울에서 다윗으로 옮겨간 주님의 선택을 자연스럽게 받아들이는 사건이 되었다. 선택의 정당성은 다윗이 왕이 되는 길을 결정적으로 마련한 계기가 되었다. 동시에 사무엘서의 일관성 있는 왕조적 사관은 두 인물의 역전된 상황으로 마침내 완성되었다. 따라서 이런 논리를 유지하기 위해서 해석학적 노선을 증언하기 위한 사건들이 기록되어야 했던 것이다.

실패할 왕정의 첫 과정을 묘사한 1사무 15,35에 따르면, 사무엘은 사울을 두고 슬퍼하였고, 죽을 때까지 사울을 다시 보지 않았다. 사무엘의 실망을 두고, '*주님께서도 사울을 이스라엘 위에 임금으로 세우신 일을 후회하였다.*'(35절)고 기록하고 있으며, 이 말은 다시 1사무 16,1에서 반복된다. 15장이 사울에 대한 슬픔과 후회를 제시하고 있다면, 16장에서 표현한 슬픔은 새로운 '*기름부음받은이*(그리스도)'를 선택하기 위한 단계인 것이다.

결과적으로 사울이 이스라엘의 통치자로서 실패했다면, 사무엘서는 그가 주님의 말에 귀를 기울이지 못했던 것을 결정적 이유로 지목한다. 이것은 역사적 사실을 신정 정치적 관점에서 파악한 예언자를 통한 신명기적 사가의 견해가 아니었을까? 어째서 최초의 왕조를 여는 기회를 얻은 사울은 사무엘로 대표되는 주님과 대결하는 위치에 서야만 했던가? 패배한 자의 변명은 없을 것이지만, 앞으로 다윗의 경우를 살펴보면서 그 이유를 어렴풋이나마 발견할 수 있기를 희망한다.

다음 장에서는, 다윗 왕정이 성립하는 과정을 살펴보기 전에, 먼저 왕정을 실패로 몰고 간 사울의 내면을 다시 바라보자. 현대를 사는 우리는 사울에 대한 솔로몬 왕정의 신학적 비판보다 더 깊은 이해가 필요하지 않겠는가? 무엇보다도 실패한 자에게 덧입혀지는 강요된 그늘을 걷어내고 심층 속으로 들어가 그를 다시 느껴 볼 필요가 있다. 패배한 자의 위상은 그림자마저 걷어지는 잔인한 승자의 역사에서, 아무래도 사울이 차지한 자리는 모두 지워지고 제거되지 않았겠는가? 승자가 독식하는 권력의 분점이란 상상하기 어렵고, 패자는 역사에서 자기를 변명할 기회마저 놓아버려야 하지 않던가? 승자가 자신의 영광을 정당화하고 기록으로 남기는 순간에 패배한 자는 어쩔 수 없이 침묵해야 하기 때문이다. 그런 의미에서 우리는 사울이 낼 수 있는 내면의 소리를 되새길 기회를 마련하며, 패배한 자의 침묵을 새기면서 사울의 비극성을 인간적인 시각에서 되돌아보기로 한다.

제5장

사울, 위로를 마다하는 자

제5장
사울, 위로를 마다하는 자

> 라마에서 소리가 들린다.
> 울음소리와 애끊는 통곡 소리. 라헬이 자식들을 잃고 운다.
> 자식들이 없으니 위로도 마다한다.
> (마태 2,18)

권력의 자리에 앉아 있는 자와 그 자리를 엿보는 자는 상대를 밀쳐내지 않으면 자신이 제거될 수 있다는 것을 잘 안다. 경쟁의 자리는 목표가 크면 클수록 경쟁자들에게 매력적이며 이를 얻기 위해 사력을 다하지 않을 수 없다. 다윗은 사울의 최측근까지 되어 왕권에 다가갔다가 죽음의 위험에 내쫓기기까지 했다. 그는 도망 다니는 동안에도 왕의 잠재적 경쟁자가 되었으며, 왕의 애증을 자아낸 만큼 그도 고된 삶을 살았다. 가난한 양치기 소년이었던 다윗은 사울과 권력을 향한 경쟁적 질주에서 승리를 거두었다. 다윗은 치밀한 전략을 구사하면서 마침내 정치적으로 사울을 밀어낼 수 있었던 것이다.

사무엘서의 묘사를 받아들이면, 사울은 다윗에게 밀리고 쫓기는 심리적 상황에 놓일수록 비정한 권력의 쟁투로 자주 큰 불안을 겪었다. 불안이 고조될수록 주변 인물들과 내적 갈등을 빚었고, 고독한 자가 되어 가는 음울한 인상을 남겼다. 사무엘서는 나중에 등장한 다윗 때문에 야기

된 사울의 긴장과 갈등이 시간이 지날수록 심화되어 갔다(1사무 16장 이후)고 알려 준다.[134]

성공과 실패

사울과 다윗 두 인물의 갈등은 결정적인 승패로 마무리되었으며, 역사적 결과는 패배자의 죽음으로 나타났다. 사울의 죽음 이후 북쪽 지파들의 왕으로 추존된 이스 보셋은 아브네르의 도움으로 사울이 남긴 기존의 왕권을 대표했다. 사울 왕의 사촌형제인 아브네르의 보호 아래에 마하나임으로 옮겨간 이스 보셋은 바람 앞의 등불과도 같았고 허약한 왕권을 잠시 유지할 뿐이었다. 그렇지만 이스 보셋은 남은 사울 가문을 대표했기 때문에 기존하는 왕권을 제한적이지만 충분히 행사할 수 있었다. 그래서 이스 보셋의 왕권은 오히려 유다 지파의 지지로 통일 왕권의 권좌에 접근한 야망의 다윗에게 처리하기 곤란한 불편한 현실이기도 했다. 사울이 죽고 난 뒤에 갓 시작한 다윗의 왕적 권한은 헤브론과 남쪽 유다 지파 중심의 세력을 대표할 뿐이었다. 아직 북쪽 지파들의 지지를 완전히 얻지 못했기 때문에 다윗에겐 사울 가문을 대표하는 이스 보셋의 왕권이 늘 눈엣가시와 같았다.

다윗의 왕권이 점차 다수의 지지를 받아가는 동안 쇠락해 가는 사울

134 5장의 성찰은 기록의 역사성을 강조하기보다 사실성에 기대어 문학적 상상력을 자극하고자 한 논의이다. 때로 기록의 편집자가 말하지 못하는 부분에서 현실적 해석에 근거한 가능성을 제공할 수도 있다고 믿는다. 5장은 이런 확신에서 다윗 왕정이 언급하지 않고 지나간 자리에 사울의 존재감을 돋보이게 하려는 의도에서 작성되었다. 부분적으로 다음 책의 흐름을 참조한다. Elie Wiesel, *Five Biblical Portraits*, University of Notre Dame Press, 1981, pp. 69–95.

가문의 세력은 상대적으로 더욱 불안했다. 다윗의 교묘한 통치술은 사울 왕가의 존립 기반이 스스로 무너지도록 정치적 환경을 조성했다. 이 과정에서 우리는 무엇보다도 왕권은 오직 하나의 권력자를 필요로 한다는 현실을 기억해야 한다. 다윗이 왕권을 쟁취해 나가는 과정을 낭만적 환경에서 상상하는 것은 다윗을 이해하는 길에 도움이 되지 않는다. 1사무 16-31장에서 볼 수 있는 다윗의 모습은 왕정체제의 해석이라는 시각에서 보면 다윗이 벌인 여러 행적들의 미화일 수 있음을 잊어서는 안 된다. 아무리 권력 기반이 약해졌더라도 전통을 유지하고 있는 한, 새로운 도전 세력은 기존 왕권을 쉽게 무시할 수 없었다. 유다와 이스라엘의 통일 왕권을 향한 다윗과 사울 가문의 권력 다툼이 있었다면, 이는 자연스러운 역사적 진행처럼 보이지 않겠는가?

그러나 역사적 진술이랄 수 있는 사무엘서가 일정한 정치적 편향성을 가지고 있다는 것을 인정한다면, 독자들은 자연스럽게 질문을 던지지 않을 수 없다. 성경이 묘사한 대로 이해한다면, 이스 보셋으로 대표된 사울 왕권의 실패 원인이 사울 가문은 잘못한 죄가 있었고 다윗은 무죄였기 때문일까?[135] 역사적 기술의 모호함은 해석의 차이에서 비롯되고, 그 차이를 제공하는 자는 관련된 역사의 높낮이를 조절하는 눈에 보이지 않는 주체이다. 과연 다윗은 신정 정치적 요건을 갖추었기 때문에 우연히 역사의 한 과정에서 왕이 되는 행운을 얻었을까? 아니면 교묘한 전략과 정치적 술수를 통해 왕이 되고자 하는 권력의 의지를 의지적으로 실현했

135 사무엘서는 사울과 다윗을 지속적으로 비교하거나 대조시키는 묘사를 통해서 두 인물의 운명을 판단하도록 유도한다. 그러나 어떤 비교나 대조도 그 자체로 사울이 죄인이고, 다윗이 무죄하다는 주장은 가능하지 않다. 이에 대한 다양한 논의는 M. J. Steussy, *David. Biblical Portraits of Power,* pp. 83-91을 참조.

을까? 사무엘서가 역설처럼 보이는 상황에서도 사울을 지극히 배려하는 다윗을 보여주고자 한 노력은 무엇을 말하고자 함이었을까?

텍스트의 해석학적 의미를 제대로 알아듣기 위해서 사무엘서가 왕조사의 내용을 담고 있는 정치적 기록이라는 사실을 기억해야 하겠다. 아무래도 사실을 의도적으로 왜곡하지 않았다고 해도 왕조 친향적인 해석을 거부할 수 없었을 것이기 때문이다. 따라서 후대의 의도적 해석은 승리한 왕권을 두둔하는 세력이 주도했을 것이고, 역사를 온전히 왜곡할 수 없는 상황이라면 생각 있는 편집자는 그 흔적을 남길 수밖에 없다.

사울의 죽음과 관련된 사건들 중에서 다윗이 두 번에 걸쳐서 소식을 전한 자들을 즉각 처형한 사실(2사무 1장과 4장)은 상당히 의심스러운 의도를 암시한다. 자신에게 이롭지 않다면 당연히 권력을 쟁취해 가는 다윗은 이런 사실을 정치적으로[136] 이용할 가능성이 높지 않겠는가? 다윗 왕정이 사울의 죽음에 아무런 관련이 없다는 정황 증거를 많이 만들어 낼수록 사울의 뒤를 잇는 다윗의 정통성은 확실해지기 때문이다. 반대로 이와 같은 인위적 확실성이 견고해질수록 사실 여부와 상관없이 왕정의 정통성에 대한 의심은 더욱 커져갈 수 있다. 또한, 다윗 왕정이 정통성을 누리려고 애쓸수록 역사 기록은 진실에서 이야기의 흐름을 비껴가게 만들고, 어쩔 수 없이 성경 본문은 모순의 긴장을 증강시키지 않을 수 없다.

예를 들면, 2사무 1장에서 언급된 사울의 죽음 이야기에서 아말렉 사람의 등장은 다윗의 숨은 의도를 간접적으로 드러낸다. 사울의 죽음에 대한 소식을 전한 아말렉 사람이 가져온 사울의 왕관과 팔찌는 왕의 권위를 나타내는 상징이다. 아말렉 사람이 왕관과 팔찌를 다윗에게 가져온 이유는 무엇일까? 전쟁 상황에서 이방인인 아말렉 사람이 죽음을 무릅쓰고

136 Pamela Tamarkin Reis, *Killing the Messenger: David's Policies or Politics?*, pp. 167–191.

다윗에게 왕관과 팔찌를 가져온 까닭은 그에게 좋은 소식을 전해 주기 위한 것이 아닐까? 더구나 다윗이 사울의 왕위를 확보하기 위해 애쓰고 있었다는 사실이 널리 알려진 소문은 아니었을까? 그렇기 때문에 젊은 아말렉 사람은 공들여 다윗에게 왕권의 상징인 왕관과 팔찌를 기쁜 소식으로 가져왔을 것이다.

이런 의심은 다윗이 아들인 압살롬에게 일시적으로 왕위를 찬탈당하고 난 뒤 도망치는 과정에서, 벤야민 사람 시므이가 다윗에게 저주한 말 속에서도 단서를 찾을 수 있다. "*꺼져라, 꺼져! 이 살인자야, 이 무뢰한아! 사울의 왕위를 차지한 너에게 주님께서 그 집안의 모든 피에 대한 책임을 돌리시고, 그 왕위를 네 아들 압살롬의 손에 넘겨주셨다. 너는 살인자다. 이제 재앙이 너에게 닥쳤구나.*"(2사무 16,7-8) 시므이의 저주는 다윗이 사울의 왕위를 찬탈한 당시의 사회적 분위기를 어느 정도 반영하고 있었던 것으로 보인다. 성경의 기록이 역사적 사실과 완전히 일치할 수 없다면, 내용을 확인할 수 없는 현실에서 권력을 행사하는 편의 기록에 의문의 시선을 두지 않을 수 없다.

마치 인생의 최후 순간을 준비하는 것처럼 보이던 사울의 고통스러운 시간(28장)이 지난 후, 1사무 31장은 사울의 마지막 전투 장면을 묘사한다. 사울의 마지막 순간 이야기는 역으로 다윗에게 사울의 왕위를 계승할 시간이 가까이 다가왔다는 것을 의미한다. 사무엘서는 이 시점에서 다윗이 공식적으로 남부 유다와 북부 이스라엘의 통일 왕정을 이룩하는 과정에 초점을 맞춘다. 비록 사울은 필리스티아인들과 벌인 전투에서 죽은 것으로 보도되고 있지만, 이스라엘 왕조사의 처지에서 보면 다윗과 사울 사이의 경쟁은 이미 어느 한쪽의 죽음을 예고하는 행위였다. 다윗의 승리가 점점 다가오는 가운데 사울의 죽음은 결정적으로 사울 가문에 어두운 그림자를 덮어씌웠다.

사울 가문의 종말과 변명

후대의 판단으로 다윗이 이스라엘 역사를 새롭게 장식하고자 했을 때, 왕정의 정통성을 위해서라도 사울은 지는 해요 다윗은 솟아오르는 해로 편집해야 했을 것이다. 사무엘서는 이 과정을 적나라하게 기술하기 위해서 사울 가문의 슬픈 역사를 하나도 생략하지 않고 드러내 보여준다. 다윗이 통일 왕정을 공식화하기(2사무 5장) 전에 먼저 사울과 세 아들의 죽음(1사무 31장)을, 그리고 사울의 죽음 뒤에 쇠락해 가는 왕권을 이은 이스 보셋의 죽음(2사무4장)을 전한다. 아마도 '신이 버린 자의 숙명'137이 사울 가문에 내렸기 때문일까?

다윗이 사울의 추적을 피하며 이곳저곳에서 자기의 삶을 도모하고 있는 동안에도 사울은 자주 주변 민족들과 충돌했다. 왕권을 지키기 위해서 다윗을 추적하지 않을 수 없었고, 필리스티아인들과 적대적 관계 때문에 전쟁을 피할 수도 없었다. 필리스티아인들은 다윗과 갈등을 빚고 있던 사울의 이스라엘에 끊임없이 침입해 왔다. 마침내 길보아 산의 전투에서 사울과 그의 세 아들-요나탄, 아비나답, 말키수아-은 유명을 달리하고 말았다. 한 시대의 영웅을 자처하던 사울은 결국 자신의 마지막 순간을 예감하고 무기병에게 명령했으나 찌르기를 두려워하자, 마침내 칼 위에 자신의 몸을 실어 죽고 말았다.

> "칼을 뽑아 나를 찔러라. 그러지 않으면 할례 받지 않은 저자들이 와서 나를 찌르고 희롱할 것이다." 그러나 무기병은 너무 두려워서 찌르려 하지 않았다. 그러자 사울은 자기 칼을 세우고 그 위에 엎어졌다. (1사무 31,4)

---

137 G. 폰 라트, 『구약성서신학』, 1권, 325쪽.

이 짧은 죽음의 순간 이스라엘과 그 백성을 수호하던 '기름부음받은이' 사울은 죽고 그가 일으킨 이스라엘 왕가는 무너지고 말았다. 그의 시신마저 필리스티아인들은 이스라엘을 부끄럽게 만들려고 벳 산 성벽에 매달아 놓았다. 사울에게는 왕의 선택부터 죽음에 이른 순간까지 이스라엘 백성을 위한 고투의 시간이었다. 사울은 이스라엘의 왕정을 세운 노력을 후회하지 않아도 될 삶을 살았다.

사울의 죽음은 경쟁자 다윗에게 아주 다른 세상을 여는 계기가 되었다.[138] 그러나 1사무 31장과 2사무 1장이 전해 주는 변형된 두 이야기가 의문을 불러일으킨다. 사울의 죽음과 관련된 1사무 31장의 이야기가 2사무 1장에서 다윗의 개입 하에 아말렉인이 사울을 죽인 이야기로 변형되어 전한다. 그 까닭은 무엇을 의미할까? 어째서 사울이 죽은 전장 터 이야기(1사무 31장)가 그의 죽음을 전하는 이야기(2사무 1장)로 변형되었던가? 더구나 다윗과 전혀 관계없이 죽어간 사울의 이야기 대신에, 두 번째 형태의 이야기가 다윗을 위해 강조된 이유는 무엇을 말하는 것일까?

편집자는 어떤 의도로 두 종류의 이야기를 하나로 정리하지 않고 후대에 전하는 것일까? 당연히 왕권 경쟁의 최종 주자가 된 다윗의 입장을 새삼 고려한다고 할지라도, 잠깐 이 질문들 앞에 멈출 필요가 있다. 이런 질문들은 다른 시각에서 가감 없이 깊이 살펴보는 게 필요하며, 다윗의 행적이 자아내는 의문을 무시하지 않아야 한다. 성경이 일방적으로 사울의 언행을 부정적으로 처리했다면, 다윗을 생각할 때 사울을 위한 변론 또한 필요하지 않겠는가?

138 Steven L. Mckenzie, 같은 책, 108-109쪽.

죽은 자의 고발

독자가 무시할 수 없는 사실은 마지막 전투에서 패배할 때까지 사울은 놀랍게도 그가 벌인 대부분의 전투에서 승리를 거두었다(1사무 14,47)는 기록이다. 그런데 당연한 기록 같지만, 어째서 사울은 길보아 산 전투만 패배를 기록하며, 자신의 허망한 죽음과 이스라엘의 불행을 자초했던 것일까?(1사무 31,1이하) 당연히 의심스러운 생각이 들지 않을 수 없으니, 왕권 경쟁의 승리자인 다윗의 시각을 배제하고 패자 편에서 이해하는 길을 선택해 보자. 어찌 보면 다윗이 사울의 죽음에 깊이 연관되어 있는 정황을 회피하기 위한 왕조사가의 노력이 지나치기 때문에 생긴 의문이 아닐까 한다.

무엇보다도 우리는 사울의 추적을 따돌리면서 삶을 살아야 했던 다윗의 세력화 과정을 먼저 염두에 두지 않을 수 없다. 사무엘서에 따르면, 그는 나발의 죽음으로 아비가일을 얻었고 (유다 지파의 남쪽) 칼렙 가문의 세력을 얻었다(1사무 25장). 이 사건 이후에 비로소 다윗은 광야에서 유랑하는 반도들의 두목이 아니라, 한 지파의 세력을 행사할 수 있는 명분을 얻을 수 있었다. 그는 더 이상 단순 도망자가 아니었으며, 더구나 사회적 불평분자들의 집단을 이끄는 두목의 신분을 벗어났다. 다윗은 아비가일과 결혼함으로써 합법적으로 남쪽 지파인 유다에서 정치적으로 유의미한 세력을 얻었고 사울과 경쟁할 수 있는 기반을 획득했던 것이다.

두 번째로, 다윗이 사울의 추적을 따돌리기 위해서 필리스티아인들과 연맹을 맺었으리라고 분명하게 단언할 수는 없다.[139] 그렇지만, 지

---

139 다윗이 필리스티아에 몸을 의탁했다는 사실을 역으로 반추해 보면 두 세력 사이에 모종의

방의 작은 세력들은 쥐도 새도 모르게 처리할 정도로 운신의 폭이 컸던 다윗의 세력은 사울에게 이미 위협적인 세력이 아니었을까? 이런 상황이라면 사울은 다윗과 필리스티아를 남쪽과 서쪽 양 전선에서 방어해야 했었을 것이 틀림없다. 이 상황이 사실이라면, 하나의 전선을 유지해야 할 사울의 군사력은 양분되었고, 그에 따라서 전투력도 급속히 약화되었을 것이 틀림없다. 1사무 28장부터 갑작스럽게 고조되는 사울의 음울한 분위기가 패배의 전조를 알려 주지만, 성경은 아무런 설명도 분명한 단서도 내비치지 않는다.

그래서 당연해 보이는 죽음, 곧 사울이 죽을 수밖에 없던 원인에 대해서 다음과 같은 추론적 질문이 가능해진다. 겉으로 사울의 군대는 필리스티아 군대와 벌인 전투에서 결정적인 패배를 당하지만, 대내적으로는 다윗의 군사력이 원인이 되어 사울 군대는 이미 심각하게 약화된 상태가 아니었을까? 예방적 차원에서 다윗을 방어해야 했고, 직접적으로 필리스티아 군대에 대응해야 했던 사울은 군사력을 양분하지 않을 수 없었을 것이다. 이런 군사력으로는 필리스티아인들과 정상적인 전투를 준비할 수 없었기 때문에, 사울의 군대가 갑작스럽게 붕괴되는 것을 막을 수 없었던 것이다. 만약 이것이 부인할 수 없는 사실이라면, 다윗은 사울의 죽음과 왕정의 약화를 설명해 주는 제일 원인이 된다. 앞서도 언급했던 것처럼, 이런 추정을 할 수 없다면, 성경이 전하는 수많은 전투에서 승리를 거두던 사울의 군대가 어느 한 순간 '*무기력하게*' 무너진 이유를 설명할 길이 없다. 이런 주장이 성립하는 주요 요인들을 살펴보면, 1사무 24장과 2사무 1장에 이르는 기록이 지나칠 정도로 다윗을 일방적으로 변호하고 있다. 즉, 다윗

협상이 있었다는 가설이 가능해진다. 이 경우 다윗의 전략을 의심한다는 추정에 기반을 두는 논리가 전개될 수 있다.

자신은 사울의 죽음에 아무 관련이 없다는 주장이 새로운 상황이 전개될 때마다 반복적으로 강조되고 있기 때문이다.

이런 해석을 긍정하게 되면, 1사무 31장의 기록과 2사무 1장의 변형된 이야기를 이해할 수 있는 단서를 만난다. 사울이 죽은 정황을 문자 그대로 이해하는 것은 독자에게 혼란만 부추기며 의구심을 남기고 만다. 더구나 죽음의 원인에 대한 의심은 풀리지 않고 더욱 증폭되는 기폭제 역할을 하고 만다. 31장의 본문에 따르면, 사울의 마지막 전투는 길보아 산에서 벌어졌다고 한다. 그런데 지리적으로 보면, 사울의 군대와 필리스티아 군대가 전투를 벌이기엔 적당하지 않다. 두 군대가 맞서서 전투를 벌인 곳이 각자의 영토에서 너무 멀리 떨어져 있다. 양쪽 진영의 공간적 거리를 생각하면 성경의 독자는 당혹감을 비켜갈 수 없다. 이 전투는 마치 적의 땅에 전쟁의 상흔을 내지 않고 온전하게 차지하고 싶다는 어처구니없는 상상을 하게 만든다. 두 세력이 약속이나 한 듯이 자신들의 땅에서 일부러 멀리 나가서 싸우겠다는 인위적인 인상을 주기 때문이다. 전쟁이나 전투가 벌어질 때 적의 땅에 침략해 들어가는 것이 상식이라면, 사울의 군대나 필리스티아 군대의 행동은 비정상적인 까닭이다.

그렇다면 전투에 임하는 양쪽의 군대가 보여주는 비정상적인 행동의 원인은 무엇일까? 궁극적으로 사무엘서 편집자는 사울의 죽음이 발생한 길보아 산과 다윗이 차지하고 있던 남쪽 사이의 거리를 너무 의식하고 있다. 달리 말하면, 지리적 거리를 지나치게 확대함으로써 사울의 죽음과 다윗이 무관함을 주장하려는 의도를 드러내고 있다고 할 수밖에 없다. 사울이 북쪽에서 필리스티아인들과 전투를 하다가 죽을 때, 다윗은 남쪽에 있었다는 알리바이를 만들고 싶어 한다는 강력한 인상을 주고 있다.

또 다른 관점에서 1사무 31장과 2사무 1장이 전하는 사울의 죽음 이야기를 살펴볼 수 있다. 1사무 31장은 사울이 필리스티아 궁수들에 의해

심하게 상처를 받아 적의 손에 죽기를 거부하고 자살했다고 기록하고 있다.[140] 그런 이유로 1사무 31장은 사울이 전장 터에서 전투 중에 죽었다는 사실에 묘사의 초점을 두는 반면, 2사무 1장은 사울의 죽음에 아말렉인이 끼어들었다는 것과 사울 왕에 대한 다윗의 과장된 개인적 처신이 돋보인다. 더구나 이 장면은 다윗이 사울의 생명에 칼을 댄 아말렉인을 죽인 그의 행동을 더욱 강조하고 있다. 아마도 이런 사실은 사울 왕의 죽음에 다윗이 관련 없다는 것과, 사울 왕을 위한 다윗의 태도를 공시하는 것이 목적인 듯하게 보이지 않는가?

두 번째 이야기의 원천인 2사무 1장은 1사무 31장과 달리 사울의 죽음을 정황적으로 아주 다르게 기술한다. 다윗의 처신과 행동을 예고라도 하듯이, 사울의 죽음을 전한 자는 불행하게도 아말렉 족속에 속한 어느 젊은이였다. 심한 부상으로 죽음의 위험에 이른 사울의 요청에 따라 그의 마지막을, 죽음을 시행한 자가 아말렉족이다. 그러나 연구자들에 의하면, 다윗의 왕정에 긍정적 시선을 주게 할 두 번째 원천의 이야기는 역사성이 결여된 것으로 판단한다. 왜냐하면, 메시지를 가져온 자들을 두 번에 걸쳐 죽인 이야기는 정치적 이득이 있을 경우라는 사실을 암시해 주기 때문이다. 이야기의 역사적 사실성 여부와 상관없이 첫 번째 이야기는 사울의 죽음과 다윗은 관련이 없다는 주제를 부각시켰다면, 두 번째 이야기는 사울의 죽음에 대한 다윗의 정치적 동기를 강조한다.

풍자적으로 말하면, 사울의 죽음이 우연찮게 아말렉족에 의해 시행된 것은 그가 야웨의 명령을 거스른 사태의 결과로 나타난다. 신정론적으로 말한다면, 우리는 1사무 15장에서 아말렉족을 멸망시키라는 야웨의 명령

140 1역대 10장과 31장은 역사적 요소의 가감 없이 동일하다.

을 거스른 사울의 불복종을 강조한 사무엘의 예언적 선언을 기억한다. 반면에 신정론적 차원에서 보면, 다윗은 사울이 완수하지 못한 임무를, 그 아말렉 청년을 죽임으로써 상징적으로 사울과 달리 야웨의 명령을 완수한 자가 된다.

따라서 사무엘서의 왕조사적 성격을 염두에 둔다면, 사울의 뒤를 이어 왕권을 차지한 다윗의 왕권 성립을 조금이라도 호의적으로 전해야 할 편집자의 의도를 눈치 챌 수 있다. 이렇게 생각할 때에 1사무 31에서 사울은 적군 앞에서 치욕을 당하기보다 자살을 선택한 왕의 결연한 모습을 보여준다. 그렇다면 2사무 1장은 사울의 남아 있는 생명을 끊어준 자가 아말렉 사람(8절, 13절)이란 사실을 굳이 밝힌 의미는 짐작할 수 있지 않을까?[141]

> 다윗이 "네가 어쩌자고 겁도 없이 손을 뻗어 주님의 기름부음받은이를 살해하였느냐?" 하고 말하였다. (2사무 1,14)

이런 이야기는 다윗의 반응을 극화시켜 몇 가지 드러나지 않은 의도를 밖으로 끄집어내는 기능을 한다. 첫째는 이방인 아말렉 사람을 쳐 죽게 한 사실은 사울의 이야기에 조상 대대로 유다인의 철천지원수를 끌어들여 민족적 애국심을 이끌어낼 수 있다. 둘째, 유다인의 입장에서 보면, 아말렉 사람을 쳐 죽인 행위는 사울의 적수였던 다윗의 태도를 미화해 준다. 사울이 미워하던 다윗이지만, 아말렉이란 공동의 적을 내세워 왕의 죽음을 애도하는 다윗[142]과 죽은 사울을 같은

141 본문의 구성으로 보면, 8절에서 사울이 죽은 소식을 가져온 자가 아말렉이란 사실이 드러났는데 13절에서 재차 질문한다는 사실이 너무 자연스럽지 못하다.

142 김회권, 『통일 군주 다윗의 남북 화해와 통일정치』, 101-103쪽 참조.

편에 서게 하는 것이다. 셋째, 죽은 사울이 살아 있는 다윗을 위해 사울 왕가와 우호세력의 호의를 받아내려는 방법으로 작용한다. 사울이 사라진 마당에 왕의 자리에 앉기 위해 어떤 행동도 다윗은 더는 꺼릴 것이 없기 때문이다. 죽은 자의 적의를 최대한 감소시켜 살아서 왕이 될 자의 아량을 극대화하여 보여줄 필요가 있던 것이다.

사울의 죽음에 대한 다윗의 반응(2사무 1,11-12)과 사울과 요나탄에 대한 다윗의 애가(헌사, 2사무 1,19-27)는 사울과 다윗 왕정의 연속성을 확고히 해 주는 정치적 토대를 마련한다. 어떻게 보면, 사울 가문을 위한 애가 내지는 조가는 다윗의 정치적 감각이 얼마나 뛰어난지 보여주는 자료라고 말할 수 있다. 이스라엘 지파들의 지지를 이끌어 낼 수 있는 조사 정치라고도 할 수 있으며, 다윗이 민심을 수습할 수 있는 기회로 이용했을 수 있다고 본다.

이야기의 처음으로 돌아가 다윗에 앞서 최초로 이스라엘에 왕정을 일으킨 사울을 이해하기 위해 본문의 행간에 놓여 있는 상상력을 동원해 본다. 논증의 과정과 아주 다른 방식으로 한때의 영웅, 밀려난 왕, 불행한 죽임을 당한 사울을 인문적 차원에서 돌아보는 것이다.[143] 역사적 구체성을 넘어서 논리적 차원에서 추론하는 묘사가 충분치 않겠으나, 심리적 문학적 차원에서 한 인간의 비극성을 경험의 차원과 연계해 보는 시도이다. 심리적 인간에 접근하기 위해 독서의 상상

143 Gerd Theissen, 『갈릴래아 사람의 그림자: 이야기 형식을 빈 역사적 예수 연구』, 한국신학연구소, 1988. 이 책은 역사적 자료를 근거로 예수를 묘사하지만, 문학 양식을 빌어 저자의 문학적 상상력으로 역사적 예수의 모습을 해석해 나간다. 필자도 많은 연구자와 함께 사울에 대한 역사적 서술은 솔로몬 왕정에서 제거되거나 생략되었다고 생각한다. 이런 관점에서 '갈릴래아 사람의 그림자'의 형식을 부분적으로 따르며, 인문적 상상력을 동원한 성찰을 제시한다.

력을 동원할 것이며, 본문의 의도를 크게 넘어서지 않는 범주에서 사울의 상황을 재구성한다.

역사의 의문, 상상력을 요구하다

이야기는 사울과 다윗이라는 두 인물의 어긋난 삶을 조명하고 재조명할 때 보이지 않던 사실들을 드러낸다. 특히 다윗의 그늘에 많은 부분 가려진 사울의 인물됨이 눈부시게 큰 매력으로 빛나기 시작한다. 두 인물의 실패와 성공이 두 줄기 섬광처럼 지나가고, 그곳에 그림자를 만드는 어둠과 영광이 모자이크처럼 드러난다.

한편으로 우울과 고독과 고뇌가 지배하는 영상이 흐르고 있다면, 다른 편에선 문학과 인생의 모든 영광스런 요소들을 싸고도는 흐름이 있다. 유다 문학 특유의 예언과 광기, 우정과 배반, 질투와 수용, 호전적인 모험과 세속적 야망, 시와 권력욕 등이 그림자처럼 날아다닌다. 독자의 이해력을 열어 주는 빛이 새어드는가 하면, 우리의 눈이 아무리 들여다보아도 희미하기만 한 어둠이 아직도 짙게 깔려 있다. 인간의 드라마치고는 간단히 답을 구할 수도 제시할 수도 없는 복잡성이 있는가 하면, 한순간 멈추어야 보이는, 그래서 우리의 통찰력이 비로소 작동하는 지점도 만난다.

다윗을 등장시킨 선구자 사울이 지나가는 장면마다 놀라움과 열정이 가득한 이야기, 그래서 갈등이 상존하고 연민이 발생하는 이야기, 늘 불행의 언저리에서 우왕좌왕하는 이야기가 전개된다. 사울의 이야기에서 독자는 불행을 피할 수 있던 곳에서 불행을 넘어서지 못하고 오히려 피하지 못해 넘어지는 사람들의 전형을 발견한다. 분열되어 있던 이들을 하나로 모으는 왕조의 꿈을 살았던 사울 왕의 고독은 결국 왕국의 실패와 그를 대신할 새 인물의 탄생으로 채워지고 말았다. 한 인간의 꿈과 우정의 상실은 이야기가 얼마나 큰 슬픔으로 가득 채워져 있는지, 그리고 어떻게 아픔이 생성되고 배어 나오는지 미세한 흔적을 지울 듯이 남겨 놓은 이야기꾼의 연민도 알려 준다.

사울, 엔 도르(*En–Dor*)의 밤

사울이 죽기 전 마지막 전투(1사무 31장), 필리스티아인들과 대결하기 전 이미 사울과 그의 군대를 지배했던 불안, 불안은 그의 인생 마지막까지 따라다녔던 고뇌를 말해 준다. 1사무 28장은 스스로 금지하고 이스라엘 밖으로 쫓아냈던 영매(*obe*)를 찾아가는 사울 자신을 알려 줌으로써 극도로 예민해진 왕의 공황적 심리 상태를 잘 묘사해 준다. 성경의 서술은 영매를 찾아가는 사울에게 미래가 사라지고 과거만 남게 된 사연을 이야기하고, 피할 수 없는 비극적 사건을 예고해 주는 장면을 상상할 수 있도록 도와준다. 이스라엘에서 금지되고 자신이 금지시켰던 영매를 찾아가는 장면에서 생겨나는 질문 하나, 왜 사울은 그렇게 과거에 매달리는 사람이 되었는가?[144]

---

144 Matthew Michael, *The Prophet, the Witch, and the Ghost: Understanding the Parody of Saul as a 'Prophet' and the Purpose of Endor in the Deuteronomisitic History*, in *JSOT*, vol. 38.3 (2014), 315-346쪽, 특히 345-346쪽 참조. 1사무 9-10의 사울을 예언자의 대열에 넣는다면, 1사무 28장의 사울은 이스라엘에서 금지된 종교의례를 행한 인물이다. 이스라엘이 후대에 야웨 하느님이 살게 해 준 땅에서 쫓겨나 추방당한 이유를 사울에게서 찾는다면, 바로 엔 도르의 경험일 것이다. 이스라엘 왕정의 시작과 함께 금지된 영매의 경험은 이스라엘의

어두운 밤, 불안은 사울을 움직여 이스라엘에서 몰아냈던 영매를 찾아가는 흔들리는 왕의 발걸음(8절)에도 묻어 있다. 평생 대적해 온 적들이 수넴에 모여와 진을 치자, 마지막일지도 모르는 예감 속에 사울도 길보아에 이스라엘군을 모아 진을 쳤다. 그러나 필리스티아 진영을 본 사울은 왠지 모를 불안에 사로잡혔고, 시간이 지날수록 점차 예전과 다른 두려움이 그를 엄습했다. 왕국의 뒤를 겨누는 다윗과 그의 군대를 방비하고자 이스라엘의 전력을 둘로 나눌 수밖에 없던 사울에게 필리스티아의 군대는 더욱 크게만 보였다.

누를 수 없는 두려움이 폭발할 것 같은 사울은 어느 날 밤, 두 명의 부하를 데리고 모습을 감춘 채 조용히 이스라엘 군진을 벗어났다. 어둠 속에서 발걸음을 고르며, 아주 조용히 이스라엘 군막을 뒤에 두고 적들의 진영 근처를 지나 엔 도르(*En-Dor*)의 영매를 찾아 나섰다. 어둠 속에 반쯤은 잠든 세상의 한쪽에 놓여 있는 마을 엔 도르, 왕 자신이 모두 학살(3절)한 뒤에도 남은 유일한 영매였을 여인[145]이 사울 일행을 맞았다. 도대체 사울은 전운이 감도는 늦은 이 시각에 무엇을 원했기에 어두운 밤 적들에게 발각될 위험을 무릅쓰고 친히 발걸음을 했을까?

사울은 그를 선택했던, 그러나 살아 있는 동안 상극의 관계에 있던 사무엘을 죽은 자들의 세계에서 불러오기를 원했다. 사울은 무슨 생각을 하며 이미 떠나간 사람, 살아 있는 동안 자신에게 비난만 퍼부었던 과거에 속한

불행을 설명해 주는 원인으로 사울이 모든 책임을 뒤집어쓰는 이유이다. 동시에 문학적으로 다윗 이야기에서 주변 이야기로 밀려날 사울의 주제에 시선을 집중할 필요를 제공하는 필요성을 제공한다. 그래서 사울은 이스라엘 왕권 성립 과정의 희생양이요, 금지된 종교의례를 행한 자로서 이스라엘 왕권의 실패를 가리키는 전형이라고 배척된 것이다.

145 신명 18,10-11: '너희에게는 제 아들이나 딸을 불 가운데로 지나가게 하는 자와, 점쟁이와 복술가와 요술사와 주술사, 그리고 주문을 외우는 자와 혼령이나 혼백을 불러 물어보는 자와 죽은 자들에게 문의하는 자가 있어서는 안 된다.'

죽은 사무엘을 부르려는 것일까? 사무엘은 살아 있던 날까지 사울을 저주했던 자, 하느님의 불행한 신탁을 선언했던 예언자, 그에게서 사울은 무엇을 듣고 싶었을까? 하늘도 닫히고 지하 세계의 사무엘도 거절한 사울에게 야웨 신앙은 마지막 순간까지 무용하며 무기력하지 않았는가? 하늘과 예언자에게 거부당한 사울은 모든 이스라엘 군대를 동원한 이번 전투가 자신의 마지막 전쟁이 될 것이라고 예감하고 있었을까?

사울은 자신을 감싸고도는 두려움의 이유를 확실히 알지도 못했고, 자신을 짓누르는 불안의 원인도 모른 채 전투에 임하고 있었다. 사울은 무엇보다도 적들을 눈앞에 두고 있지만, 적들의 움직임보다 그에게서 멀리 떨어져 있는 다윗의 움직임에서 심상치 않은 기운을 느낀다. 이번 전투는 이유를 알 수 없는 두려움이 왕과 군대를 엄습하는데, 하느님은 아무런 징조도 보여주지 않으신다. 눈앞에 펼쳐진 양쪽 군대의 진용이 헤아릴 수 없는 살기를 내쏟고 있지만, 오히려 내면의 힘은 사라지는 것 같고 하늘은 사울에게 아무런 응답도 보여주지 않는다.

> '필리스티아인들이 저를 치고 있는데, 하느님께서는 저를 떠나셨는지 예언자들을 통해서도, 꿈으로도 저에게 더 이상 대답해 주지 않으십니다. 그래서 제가 무엇을 해야 할지 알려 주십사고 어르신을 부른 것입니다.' (1사무 28,15)

이유를 알 수 없는 공포가 사울을 휩싸는 밤, 사울은 억누를 수 없는 불안한 충동 때문에 어둠 속에서 진을 빠져나왔고 영매를 찾았으며, 지상 세계와 아무 관련이 없는 사무엘마저 불러내었다. 처음 자신을 공인으로 불러냈던 사무엘, 과거로 되돌아가 왜 자기를 이런 불안으로 이끌어왔는지 묻고 싶다. 사울은 뻔히 대답을 들을 수 없다는 것을 알지만, 자기의 젊음과 꿈이 남아 있을 것만 같은 과거의 품에 안겨 잠들고 싶다.

하느님의 뜻을 말해 달라는 사울의 요청에 과거(지하세계)에서 올라온 죽은 사무엘의 대답은 얼음만큼이나 차고 냉정하다. '*주님께서 이미 너를 떠나 네 원수가 되셨는데 어쩌자고 나에게 묻느냐? 주님께서는 나를 통하여 말씀하신 그대로 너에게 하시어, 이미 이 나라를 네 손에서 빼앗아 네 이웃 다윗에게 주셨다.*'(16-17절) 자신의 패배감에서 들리는 환영의 말일까, 사무엘의 말을 듣는 순간, 필리스티아인들과 전투를 벌이기 전에 이미 승패는 끝난 것처럼 보인다. 혹시나 필리스티아인들과 싸워 이긴다고 한들 내가 세운 이 나라는 필경 다윗의 것이 된단 말인가? 사울의 귀에 듣기 거북한 다윗의 이름이 죽은 사무엘에게서 거칠게 들리는 것을 막을 수 없다. 사울의 머릿속에선 필리스티아와 싸우기도 전에 이미 다윗이 차지한 이스라엘이 사울에게서 등을 돌리고 있는 것 같다. 혹시라도 싸워서 이긴들, 이 나라는 내 나라가 아니라 다윗에게 빼앗겨야 할 나라라면, 무엇 때문에 전투를 치러야 하는가? 예언자의 목소리가 지하 세계 저 멀리서, 아주 멀리서 희미하게 들리는 듯하다. 사무엘의 말이 절망을 주는 게 아니라, 이젠 다윗이란 말만 들어도 절망적 기분이다.

죽음의 세계에 속한 예언자의 말은 살아 있을 때 사울을 대하던 싸늘한 어조 그대로 물론 단호하다. 먼저 하느님의 신탁을 수행하지 않고서 이제 와서 불쑥 도움을 청한다는 것이 가당한 말인가? 예언자가 듣기 어려운 말을 쏟아내고 어둠 속으로 사라지고 나니 사울은 절망에 빠져 혼비백산해 버린다. '내일', 내일이면 사울도 제 아들들도 더는 이승에 남아 있지 못할 것, 살아 있는 마지막 순간들이 절망적이다. 전투가 발생하기 전부터 죽음의 기운이 가슴을 휘감는 밤, 사무엘의 선언은 살아 있을 때보다 더욱 잔인하기 그지없다. 고통과 고뇌가 사울을 휘어 감고 절망감이 왕을 내리누르는 시간, 움직일 힘도 이젠 몸 밖으로 빠져 날아간 것만 같다. 앉아 있을 힘이 조금도 남지 않아 마치 몸은 마른 나무만큼이나 푸석거리는 듯하다. 이 밤은 적들의 위협이 더욱 가중되는 밤, 사울은 밤낮으로 온종일 아무 음식도 먹지 못하여 기운이 없다.

여인은 '*사울에게 다가와 그가 몹시 놀란 것을 보고*'(21절) '*제가 임금님께 음식을 좀 차려 드릴 터이니 잡수십시오.*'(22절) 하고 간청하였다. 사울은 자신이 쫓아냈던 영매의 연민을 거절하였지만, 역설적이게도 여인과 부하들의 간절한 요청을 끝까지 물리칠 힘도 없었다. 죽어서도 자기를 배척한 사무엘을 보낸 뒤, 사울은 자신이 무자비하게 배척했던 영매의 식사 제안을 받아들였다. 마침내 사울은 최후의 만찬이 될지도 모르는 식사를 마치고 어둠을 이용해 다시 이스라엘 진영으로 돌아갔다.

마지막 밤이 될 어둠 속에서, 사울은 아마 깊은 상념에 잠겨 내일의 승리가 아니라 마지막 날의 비참함을 곱씹었을 것이다. 하느님의 이름으로 기름 부어 세운 자가 어느 누구의 손도 잡지 못하고 홀로 이 밤을 침묵 속에서 지나가야 한다. 한 번의 잘못일까, 아니면 무엇을 놓쳐버린 느낌이 가슴을 지배하지만, 사울은 그게 도대체 무엇인지 기억해 낼 수 없다.

사울이 죽음의 위험을 무릅쓰고 야밤에 엔 도르를 방문한 사건을 우린 어떻게 이해할 수 있을까? 사울은 어떤 생각을 했기에 죽은 사무엘을 불러냈으며, 하느님께 더 가까이 가는 길을 찾으려 했을까? 하느님께 이르는 길은 하느님의 법을 거스르면서는 갈 수 없다는 것을 사울은 잠시 잊었던 것일까? 영매를 찾아가 그의 도움을 받는다는 것이 벌써 하느님과 거리를 더욱 멀어지게 한다는 것을 몰랐을까? 과연 사무엘을 불러낸다고 해서 그가 자신에게 위로의 말을 해주리라 기대했던 것일까? 삶과 죽음의 갈림길에서 사울이 원했던 것은 궁극적으로 삶의 길이었을까, 아니면 단순히 죽음을 피할 길이었을까?

사울은 미래를 위한 계획보다 과거에 매달리며, 스스로 힘을 충전하기보다 힘을 빼는 행동에 집착한 것은 아닐까? 아니면 신명기(18장) 신학이 지극히 역겨워 하는 일, 곧 '미래를 장악하고자'**146** 과거에서 일말의 희망을 얻고자 했던 것일까? 어찌 보면 엔 도르 행을 감행한 사울이 이미 미래를 잃고 과거만 남은 사람이 되어 버린 것처럼 보이는 까닭은 왜 그런가?

사울의 과거에 좋든 싫든 커다란 영향력을 행사하던 인물, 그래서 의지가 되었던 유일한 예언자 사무엘이지만 지금 이 순간 그가 왕에게 무슨 의미란 말인가? 사울은 사무엘이 더 이상 산 자의 세계가 아니라 죽은 자의 세계에 속한다는 것을 알면서도 절망적으로 과거를 향해 돌아섰다. 이스라엘에게 하느님이 미래라면, 이해가 불가능하고 어려운 하느님일지라도 사울은 미래를 향해 이스라엘과 함께 발걸음을 옮겼어야 하지 않았을까? 어찌하여 사울은 과거에서 미래를 얻으려고 엔 도르의 영매를 찾으면서 미래이신 하느님을 찾지 않았던가? 하느님의 신탁이 사울의 절망적 원인이라면, 왜 사울은 사무엘이란 중재자 없이 직접 하느님께 단도직입적으로 물어보지 않았을까? 어째서 굳이 위험한 밤길을 걸어 엔 도르까지 와서 다시 한 번 더 밤의 수치를 느껴야만 했단 말인가?

굳이 사울과 다윗의 차이를 드러낸다면, 사울의 왕적 조심성이 지나치다면, 다윗은 생존을 위한 결단이 재빠른 인물이다. 그래서 사울의 태도와 대조적으로 다윗은 위기에 처했을 때 벗어나는 방법을 알고 있었다고나 할까? 다윗은 많은 잘못을 범하고 현실을 어지럽혔지

146 베네딕토 16세, 『나자렛 예수』 1권, 22쪽.

만, 그 몸을 가지고 미래이신 하느님께 투신했다. 반면, 사울은 상황에서 비롯된 고민과 싸우면서 불확실한 미래에 몸을 던지기보다 인간의 눈에 확실한 과거에 눈길을 두고 미래를 캐물었다. 다윗이 불확실한 하느님께 모험을 걸었다면, 어찌하여 사울은 확실해 보이는 인간의 과거에 매달렸던 것일까? 다윗을 선택한 신명기적 판단이 사울을 제치고 그에게 미래를 허락하지 않은 사실은 정말 옳았던 것인가? 철저히 미래는 하느님께 유보된 영역임을 모르고 행동한 사울에게 필요한 것은 믿음이라는 말인가? 믿음이 없다면 위로도 필요한 줄 모른다는 사실이 사울에게 해당되는 것일까?

어쨌든 필리스티아와 사울이 싸우고 있는 동안 다윗은 교묘할 정도로 사울과 함께 필리스티아의 공격을 막지 않고 치클락에 머물렀다. 다윗이 필리스티아에서 아말렉을 치러나간 사이에 '*다윗은 큰 곤경에 빠졌다. 모든 군사가 저마다 아들딸을 잃고 마음이 쓰라려, 다윗에게 돌을 던져 죽이자고 수군거렸기 때문이다. 그러나 다윗은 자기의 주 하느님 덕분에 힘을 얻었다.*'(1사무 30,6) 위기의 순간에 다윗은 분위기를 역전시켜 부하들의 사기를 되돌려놓았으며, 적들을 향해 돌진할 수 있는 능력을 발휘하였다. 다윗은 즉시 에브야타르에게 에폿을 가져오게 하였고, 주님께 여쭈어 보았다. '*이 강도떼를 쫓아가면 따라잡을 수 있겠습니까? 주님께서 그에게 응답하셨다. 쫓아가거라. 반드시 따라잡을 뿐만 아니라 모든 것을 되찾을 수 있다.*'(1사무 30,8) 사울이 과거에 매달려 우물쭈물하는 사이에 다윗은 현실의 행동을 선택했고, 행동은 분위기를 반전시키는 기회였다. 이것이 사울과 다른 다윗의 방식이었다.

수수께끼

사울이 지나온 삶의 역정을 돌아볼 때 대답을 듣기 어려운 질문들이 많은 것은 분명한 사실이다. 아마도 사울이 이스라엘의 왕으로서 실패했다고 할지라도 인물됨이야 변할 수 있는 것이 아니지 않은가? 그러나 고대 세계에서 승리자를 미화하기 위해서 실패자의 얼굴은 그대로 남겨 둘 수 없는 것, 다윗 왕조가 사울의 이름을 깎아내린 경우가 더 많을 수밖에 없다. 그럼에도 불구하고 독자의 감성을 자아내는 인간적인 수수께끼가 사울의 존재를 감싸고도는 것은 무시할 수 없다.

시대사적으로 보더라도 사무엘이 옛 시대의 판관이요 예언자라면, 사울은 적어도 이 두 역할을 넘어선 새 시대의 왕이었다. 사울은 왕으로 선포된 뒤에 즉시 왕궁을 지어 자신을 드러내며 화려하게 입성하지 않았다. 그는 여느 사람처럼 평범하게 그러나 열정적으로 일하고 행동했으며 오로지 이스라엘의 안전을 위해 힘을 다했다. 이스라엘의 왕이 된다는 것이 사울에게는 왕의 위엄을 누리는 것이 아님을 잘 알고 있었던 인물처럼 실천했다. 게다가 그는 외부의 침입에 대비해서 전국의 모든 마을을 요새로 만들고 젊은이들을 전사로 키워 갔다. 사울은 백성을 보호하고 왕정의 토대를 쌓고 유지 발전시키기 위해서 해내야 할 일이 그 앞에 숱하게 놓여 있었음을 의식했다. 사울은 왕정의 성공적인 성취가 자신만의 일이 아니라 모두가 함께 참여해야 가능한 임무인 줄 알았다.

왕정은 역사적 진행과정의 필연적인 흐름이기도 하지만, 역사 내적 존재인 인간 사울은 그 안에서 피를 흘리며 체제의 성립 과정을 감당해야만 했다. 주변 민족들과 벌이는 전쟁에서 백성과 나라를 수호하고, 필요하면 효과적으로 적들을 공격하고 무너뜨려야만 하는 실천적 용기가 필요했다. 예를 들면, 암몬 사람 나하스가 요르단 강을 건너와 길앗을 포위 공격했을 때, 젊은 사울이 보여준 구국적 행동은 어떠했는가? 그는 마침 소를 몰고 밭에서 돌아오다가 이 소식을 듣고, '*겨릿소 한 쌍을 끌어다가 여러 토막을 내어*'(1사무 11,7) 전 이스라엘에 보냈고, 필요한 군사를 동원할 수 있었다. 하느님의 이름으로 백성을 보호하고 책임지는 행동을 보고 이스라엘 모두가 사무엘과 사울의 뒤를 따라 일어섰다. 적의 침입을 물리치는 과정에서 사울은 비로소 왕의 길을 배웠고, 통치자(나기드*nagid*)147의 역할과 임무를 수행할 수 있었다.

역사적 의미에서 이스라엘의 왕정제도는 사무엘이 예언자로서 선택해서 내세운 인물 사울과 함께 시작되었다. 그런데 사울의 통치가 이스라엘의 왕정을 확립해 나가는 데 힘은 되었지만, 그의 왕국은 불행하게도 다윗 시대를 위해서 단명으로 끝나야만 했다. 어떻게 보면 이스라엘의 초기 왕정의 주역들인 사무엘과 사울의 갈등은 다윗이 등장할 틈이 되었던 것처럼 보인다. 비록 인물은 교체되고 왕정은 지속되었지만, 역사란 측면에서, 그리고 개인적인 측면에서 보면 해소되기 어려운 질문은 남는다. 왜 이스라엘 왕정을 어렵게 시작한 사울에게 과거만 남고 미래는 부정되어야만 했는가? 사울이 끝내 부정된 원인을 찾자면, 단순히 진멸시키라는 신탁의 명령을 거스르고 아말렉 왕 아각을 살려 두었기 때문일까? 아니면 사울이 마지막 전투를 벌이기 전, 죽은 사무엘을 불러내기 위해 엔 도르의 영매를 찾아갔기 때문일까? 그것도 아니면, 하느님의 마음이 급변해서 그저 사울을 버리고 다윗을 선호했기 때문일까?

사울은 하느님이 그를 세웠을 때, 아버지의 말씀을 듣고 종과 함께 암나귀를 찾아 집을 떠난 선하고 신실한 인물이었다. 왕이 되려는 꿈도 꾸지 않았을 뿐더러 남을 통치할 상상은 한순간도 하지 않았고, 그럴 꿈은

147 왕의 역할을 시작하기 전에 일반적으로 통치자(나기드), 혹은 영도자라는 이름으로 불렸다.

더더구나 가져보지 않았던 젊은이이었다. 사울은 자기가 추구하지도 않던 왕의 길을 사무엘의 임무 때문에, 그리고 백성의 요구 때문에 어쩔 수 없이 하느님의 선택으로 받았을 뿐이었다. 피할 수 있는 것보다는 피할 수 없는 것들 때문에 사울의 운명은 설명할 수 있는 것보다 설명할 수 없는 게 더 많은 수수께끼 같은 삶이 되었다. 다윗이 유다인들에게 자랑과 명예와 희망을 생각하게 해준다면, 종교적으로나 정치적으로 내세울 것이 많다는 이야기가 된다. 그렇다면, 사울에 대해서 무슨 말을 할 수 있을까?148

사울의 이야기는 다윗의 등장과 달리 잃어버린 암나귀를 찾아 떠난 한 젊은이와 함께 시작되었다. 베야민 지파의 키스라는 부유한 사람이 암나귀를 잃고, 아들 사울과 종을 보내어 나귀를 찾게 했다. 그러나 나귀를 찾지 못하고 헤매고 있다가 우연히 사무엘을 만났는데, 예언자는 다짜고짜로 사울이 왕이 되리라고 예언했던 것이다(1사무 10장). 사무엘의 예언은 젊은 사울이 하느님의 사람이 되어 다른 사람들을 통치하는 인물이 된다는 것이었다. 엉겁결에 암나귀를 찾아 헤매던 사울의 운명은 이렇게 시작되었고, 이 순간부터 그는 예전과 전혀 다른 사람이 되어야 했다. 사울의 운명이 변해서 그의 마음이 소용돌이 속에 휩쓸리게 되었다면, 죽을 때까지 자신의 불안한 운명을 되새기며 살았다면, 사울은 사무엘이 준 신탁의 의미를 어떻게 받아들였을까?

---

148 사울과 다윗을 비교하려고 할 때, 사울의 아버지 키스가 등장하고 가계가 간단하지만 소개된다. '*벤야민 지파에 한 사람이 있었는데 그의 이름은 키스였다. 그는 아비엘의 아들이고 츠로르의 손자이며, 브코랏의 증손이고 아피아의 현손이었다. 그는 벤야민 사람으로서 힘센 용사였다.*'(1사무 9,1) 반면에 다윗의 가계는 아주 간단하게, 다윗의 아버지 이름 '이사이'만 소개될 뿐이다. '*내가 너를 베들레헴 사람 이사이에게 보낸다.*'(1사무 16,3) 사울 가문의 이력이 기록에 남을 정도라면, 다윗은 작은 촌락의 베들레헴에 속한 미미한 집안일 뿐이었다. 굳이 더 언급한다면, 다윗의 가계는 역사적으로 드러낼 수 있는 것보다 드러낼 수 없는 것이 타당한 경우라고 말할 수 있다.

산당에서 내려오는 예언자들이 황홀경에 빠져 예언할 '*그때 주님의 영이 당신에게 들이닥쳐, 당신도 그들과 함께 황홀경에 빠져 예언하면서 딴사람으로 바뀔 것이오*'(1사무 10,6) 예언자의 말대로 영이 내렸고 황홀경에 빠졌으며 사울도 예언하면서 뼛속까지 깊은 변화가 그의 내면을 흔들었다. 변화는 사건이 되었고 사건 이후에 사울은 더 이상 예전의 사울이 아니었으며, 이스라엘을 위한 새로운 삶의 길을 걸어야 했다. 사울은 자기 내면의 변화를 알아본 순간 이제부터 자신이 예전의 자기가 아니며, 다른 사람으로 변해 있음을 받아들여야 했다. 사무엘은 예고도 없이 그의 인생에 찾아들어 왔고, 사울은 생각지도 못한 방식으로 예전과 전혀 다른 사람으로 변했다.

사울은 사무엘의 사적인 신탁을 받고 기름부음을 받았으며, 어느 누구도 알아챌 수 없는 비밀스러운 사람으로 변해 버렸다. 신탁의 비밀이 공개되지 못할 성격이라면, 더구나 공개할 수 없는 사실이라면, 비밀은 수수께끼가 되고, 수수께끼는 여전히 풀어야 할 답을 요구하지 않았겠는가? 잃어버린 암나귀를 찾아 나선 길이 운명처럼 한 젊은이를 변화시켰고, 그가 온 지파를 다스릴 왕으로 태어나기 위한 길이었다면, 이 길은 얼마나 위험하고 불안한 길이 되었겠는가? 자신도 모르고 아무도 예상하지 못한 사건이 청천벽력으로 가슴에 내리꽂힌 날, 그리하여 한 젊은이가 어느 날 뒤죽박죽으로 머리가 혼란스러워진 날, 사울은 그 젊은이의 삶을 수수께끼처럼 받아들이고 새로운 인생을 준비할 수 있었던가?

사람이 변하면 세상이 다르게 보이게 마련. 운명처럼 들려온 신탁의 말씀이 사울을 변화시키기 시작했고 그의 세계관도 바뀌게 되었다. 세상은 여느 시간처럼 흘러가지만, 세상을 바라보는 사울의 마음은 이미 예전의 사울이 아니다. 그렇다고 왕이 되어 가는 길에 앞을 내다보고 사울이 미리 준비할 수 있었던 것이 조금이라도 있었을까?

사울과 사무엘

과연 사울은 이제까지 이스라엘에 없었던 왕의 길을, 권좌를 누리며 여유 있게 무소의 뿔처럼 걸어갈 수 있었을까? 사실상 성경이 긍정적으로 묘사하는 사울은 젊고 잘 생겼으며, 이스라엘의 어느 누구보다도 어깨 위만큼 키가 컸던, 위풍당당한 장신의 소유자였다. 사울의 생김새가 이러하지만, 아버지의 말씀을 듣고 잃어버린 암나귀를 사흘 동안이나 찾아 나서기도 했던 충실한 아들, 그는 수줍음을 타던 여린 마음의 소유자이기도 했다.

사무엘이 임금을 뽑기 위해 모든 지파의 사람들을 나와 서게 했을 때, 사울은 '*짐짝 사이에 숨어*' (1사무 10,22) 있었던 젊은이였다. 게다가 예언자가 사울의 운명에 대해 말했을 때 사울의 대답은 말할 수 없이 아주 겸손했다. 사무엘이 사울에게 '*지금 이스라엘의 모든 기대가 누구에게 걸려 있는지 아시오? 바로 그대와 그대의 집안에 걸려 있소*' (1사무 9,20) 하고 말하자, 사울의 대답은 소박할 정도로 겸손했다. '*그렇지만 저는 이스라엘의 지파 가운데에서도 가장 작은 벤야민 지파 사람이 아닙니까? 그리고 저의 가문은 벤야민 지파의 씨족들 가운데에서도 가장 보잘 것 없습니다. 그런데 어찌하여 저에게 그런 말씀을 하십니까?*'(21절)

사무엘서는 이처럼 사울이 하느님의 이름으로 뽑히기 전부터 그의 행동과 태도, 그의 성품은 순수했고 하느님께 진솔했다고 대단히 긍정적으로 묘사했다. 게다가 사울은 이스라엘을 보호하기 위해 하느님의 이름으로 용감하게 전쟁에 나가 적들을 맞이하여 승리를 일구어야 할 사람이었다. 그렇지만 이스라엘 지파들을 대표하고, 통치하며, 적들의 표적이 되어 싸우다 죽을 인물이 된다는 게 무얼 의미하던가? 왜 오직 하느님만 이스라엘의 왕이란 사실을 거스르면서, 사무엘은 지파들의 요구를 거부하지 못하고, 젊은 사울을 이스라엘의 왕으로 내세웠을까? 다른 것은 차치하더라도, 이제 젊은 청년 사울은 운명적인 인물이 되어 하느님과 이스라엘, 특히 사무엘과 다윗을 상대로 갈등의 표적이 될 것이 아니었던가? 어째서 사무엘은 백성의 요구를 거부하지 못하고, 궁극적으로 사울을 비난의 표적이 될 인물로 내세웠던가? 시대의 요구에 부응하며 일어났던 왕정이 지난 세대의 예언자 사무엘에게 비난의 대상이 되어야 할 운명이었다면, 사울의 등장은 모순이 겹친 사건이지 않은가?

성경에 따르면, 사무엘은 이스라엘 원로들의 요구에 응답하며 마땅찮은 왕정의 이유를 알려 주었다. 원로들은 이렇게 요구했다. '*다른 모든 민족들처럼 우리를 통치할 임금을 우리에게 세워 주십시오*'(1사무 8,5) 사무엘이 왕정의 폐해를 들어 백성에게 말했으나(1사무 8,11-18), 주변 민족들의 위협에 시달리던 백성의 귀에 사무엘의 호소가 들리지 않았다고 했다. 왕은 백성의 아들과 딸들을 데려다가 수고하게 할 것이며, 재산을 빼앗아 가고 세금을 부과할 것이다. 왕정을 유지하기 위해 필요한 재물과 노동력을 백성에게서 찾아내야 하는 왕 때문에 백성은 고통 속에서 울부짖을 것이다. 그래도 이스라엘과 원로들은 사무엘의 말을 듣고 싶어 하지 않았다. 마침내 사무엘은 왕정체제의 모든 폐해보다 더 큰 이스라엘의 본질적인 잘못은 '다른 민족들과 같이 되고 싶어 하는 것'이라고 지적했다.

이스라엘의 왕은 이제부터 (신탁에 의존하는, 신탁을 선언하는) 예언자도 판관도 사제도 그 후보자가 아니며, 놀랍게도 일반 백성 가운데서 나오게 되었다! 하느님이 왕이 되어 이스라엘을 통치하는 신정정치의 절대적 체제는 물러가고, 이스라엘의 통치는 일반 백성 안에서 뽑힌 왕에 의한 통치가 되었다. 이스라엘의 체제 변화는 역사의 외면적 변화만 의미하는 것이 아니고, 이스라엘이 누구에게 의존된 백성인지 다시 고백해야 하는 사건이 되었다. 게다가 통치체제의 세속화 과정은 신정 정치체제를 대표하던 예언자의 영향력이 서서히 쇠락해져 가고 있음을 의미했다.

왕은 일반 백성 한가운데서 선택되지만, 더 이상 자기 가문이나 지파에 속하지 않고 오직 이스라엘에 속한 인물이 되어야만 한다. 사울은 처음으로 이스라엘에 왕정을 세우고 지상에서 하느님 대신 왕적 권위를 세워 나갈 자가 되었다. 이스라엘을 보호하고 지켜 나갈 그는 첫 발자국부터 세속 왕권과 종교적 권위 사이의 갈등을 안고 왕정을 시작하게 된 것이다. 따라서 이스라엘 왕정 초기부터 왕권과 신권의 대립적 구도가 사울과 사무엘을 긴장시켰고 갈등을 불러왔다.

왕권이 시작되자 세속 권력은 사무엘의 개입을 무시할 수 없었지만, 그렇다고 정치적 개입을 쉽사리 용납하지도 않았다. 역설적으로 왕은 사무엘의 승인이나 자문 없이는 어떤 일도 충분히 해낼 수 없다는 것을 알아야 했다. 예언자는 왕의 양심이기도 하고 왕정의 자문이기 때문에, 왕은 사무엘의 권위가 마땅찮지만 이스라엘을 제대로 통치하려면 예언자가 필요했다. 예언자의 자문 없이 사울의 왕권은 불안했고, 예언자의 신탁 없이 왕은 평화를 기대할 수 없었다. 아마도 이스라엘을 통치하는 많은 부분에서 사무엘의 그림자를 지울 수 없었던 사울의 불안은 이렇게 시작되었을 것이다.[149]

우리는 성경의 본문이 거듭해서 신정 정치적 판도의 변화에 부정적임을 잘 알고 있다. 아마도 처음부터 사울은 사무엘이 왕정에 비판적이라는 사실을 잘 알고 있지 않았을까? 사울은 왕이 되는 과정에서 반대 소동을 경험했고, 사무엘은 시대의 변화에 따라 어쩔 수 없이 자신의 권위를 어렵

149 왕권과 신권(을 대리하는 예언자)의 긴장은 다윗 왕정에서도 동일한 패턴으로 진행된다. 비록 양상은 다르지만, 긴장은 늘 왕권을 제한하거나 주시하며 신권의 위상을 유지하고자 했다. 사울의 불안은, 본문의 표현에 제한해서 이해한다면, 바로 이런 긴장과 갈등의 소산이었을 것이다.

게 이양하지 않았던가? 모든 권위를 일시에 잃지 않았지만, 사무엘은 이스라엘에 끼치던 영향력을 아쉽게 사울에게 넘긴 지난 시대의 인물이 되고 말았다. 새 시대에 왕정이 시작되지 않았더라면, 사무엘의 두 아들이 이어받았을 판관의 직무가 더 유효했을 것이다. 그런데 시대가 바뀌면서 사무엘의 권위와 판관의 직책이 더는 유효하지 않은 시대가 된 것이다. 마지막 판관으로 살게 된 사무엘이 사울과 편한 관계를 유지할 수 없었으리라는 것은 너무나 자명했다. 부패한 아들들(1사무 8,5) 때문에 사울을 왕으로 세우게 된 불행한 예언자, 그래서 시대의 변화를 거부할 수 없었지만 사무엘은 사울에 대해 씁쓸함이 더욱 심했을 것이다.

사무엘이 가졌던 복잡한 감정을 속속들이 알 수는 없다고 하더라도 사울이 그런 사실을 왜 몰랐겠는가? 두 사람은 시간이 흐르면서 어떤 방식으로든 더욱 더 상대방에 대한 부정적인 느낌을 깊이 알았을 것이고 피해갈 수 없었을 것이다. 특히나 현실의 위태한 문제들을 해결해야 했던 사울은 사무엘에 대해 죽을 때까지 전 생애를 두고 복잡한 심경을 피할 수 없었다. 사무엘의 죽음 이후에도 지속되었던 사울의 불안은 이런 데서 출발해서 모든 일에 파급되어 나타났을 것이 분명하다. 그래서 사울은 자신을 둘러싸고 있는 인물들과 유지했던 관계, 즉 아들 요나탄, 딸 미칼, 적수 다윗, 예언자 사무엘, 그리고 하느님과 맺어야 할 정상적인 관계마저 불안하게 느꼈던 것이 아닐까?

불안한 사울

역사적 배경을 자세히 살펴보면, 서기전 11세기 초, 주변 민족들과 갈등의 시기를 보내던 이스라엘은 내부적으로 지파들의 자율적·독립적 성격 때문에 분열을 자초하고 있었다. 각 지파는 제각기 살기 위해서 외부 민족들과 싸워야 했고, 이웃 지파들의 고통에 과감하게 뛰어들 수도 없었다. 적은 곳곳에 있었으며, 필리스티아, 에돔, 모압, 아람, 암몬, 아말렉 등 이들은 이스라엘보다 더 강력했고 호전적이었다. 이리저리 떠돌다가 겨우 유다와 가나안 산악지역에 정착하기 시작했던(여호수아서 참조.) 노예 집단 이스라엘은 기존의 정착민들과 비교해 볼 때도 문화적으로 열등했다.

당시 세계에서 주변 민족들이 사용하던 철제 무기들을 이스라엘은 충분히 소유하지 못했다. 사울이 왕으로 선언된 지 2년 후, 필리스티아인들과 전투가 종종 벌어지던 시기의 이스라엘 상황을 알려 주는 구절들이 이런 사실을 알려 준다. 기록에 의하면, '*그 당시 이스라엘 온 땅에는 대장장이가 한 명도 없었다. 필리스티아인들이 히브리인들에게 칼이나 창을 만들지 말라고 하였기 때문이다. 그래서 이스라엘 사람들은 모두 보습이나 곡괭이나 도끼나 낫을 벼리기 위해, 필리스티아인들에게 내려가야만 하였다.*'(1사무 13,19-20) 게다가 막상 '*전쟁이 일어났을 때, 사울과 요나탄을 따르는 모든 군사의 손에는 칼도 창도 없었고, 오직 사울과 그의 아들 요나탄에게만 있었다.*'(22절) 이런 기록은 상대적이긴 하지만 이스라엘이 문화적·사회적으로 주변민족들보다 낮은 사회였다는 사실을 말해 준다.

무기를 가지지 못한 군대는 전투에서 승리를 기대할 수 없었고, 하느님의 영광을 증언하도록 불림 받은 민족은 적들 앞에서 두려움에 쫓길 수밖에 없었다. 앞에서 인용했던 암몬족 왕 나하스가 침략해 와서 야베스 길앗을 포위하고 선언한 말은 이스라엘이 주변 민족들에게 모멸을 받고 있었는지 상황을 여실히 보여준다. 길앗 사람들이 나하스에게 항복하려고 조

건을 내놓자, 나하스는,

"내가 너희 오른쪽 눈을 모두 후벼 내어 온 이스라엘에 대한 모욕으로 내놓는다는 조건 아래 너희와 계약을 맺겠다." 하고 대꾸하였다. (1사무 11,2)

나하스의 말은, 이스라엘인으로 죽어야 한다면 몰라도 참을 수 없는 모멸이자 잊을 수 없는 무시였다. 이 말은 이스라엘이 지파별로, 마을별로 독립적인 구성단위로 살아가던 시절, 정치적·군사적 힘이 없던 시절에 받을 수밖에 없었던 모욕이요 수치였다. 야베스 길앗 사람들이 이스라엘을 대표하지 않는다고 해도, 나하스의 말은 이스라엘 모두에 대한 경멸이었다.

경멸의 위험한 순간이 젊은 사울에게 기회가 되었고, 기회는 사울이 지도자로 자리를 굳힐 수 있는 토대가 되었다. 이 소식을 들은 사울은 겨릿소를 조각내어 전 이스라엘에게 전통하면서 군사를 동원하였고, 마침내 적수인 암몬족을 무찔렀다. 한 전투에서 승리를 경험함으로써 민족적 절망은 희망으로 바뀌었으며, 사울은 선택된 임무를 수행한 이스라엘 왕으로 인정받을 수 있었다. 비록 보잘 것 없었던 무장으로 어렵고 위험천만한 전투를 치렀으나, 승리와 함께 사울은 이스라엘에 희망의 기둥이요 통치자로 나설 수 있게 되었다. 예상을 뒤엎고 사울은 이스라엘 최초로 집단적 군사 행동을 성공적으로 지휘했고 민족의 단결을 촉구할 수 있었으며, 흩어진 이스라엘을 하나로 묶어 낼 수 있었다. 마침내 한 부족이, 한 지파가 공격을 받으면 나머지 지파들이 연대하여 행동할 민족적 의무를 원칙으로 만들어 낸 것이다. 사울의 통치 아래에서 비로소 불완전하기는 하지만 이스라엘은 영적으로(하나의 종교), 군사적으로(하나의 통치구조) 일치하게 되었다.

하느님의 백성을 위해 전쟁을 치르도록 선택된 사울, 그는 평생 이 임무를 수행하기 위해 편안할 날이 없었던 운명을 살았다. 여호수아는 모세의 뒤를 이어 이스라엘 백성을 이끌고 가나안 땅에 정착하기까지 무수한 전쟁을 치러야만 했다. 여호수아가 기존의 정착민들과 전쟁을 치르며 말로 다 할 수 없는 살육의 인생을 살아온 것처럼, 사울도 왕으로 지명된 이후 그에 못지않은 삶을 살아야 했다. 죽기 직전 사울이 남쪽(치클락)의 다윗(30장)을 견제하며 마지막 전투를 북쪽(길보아)에서 치렀던 것(31장)처럼, 그의 적들은 남북을 가리지 않고 분쟁을 키웠다. 적들에 대한 결정적 승리를 얻지 못하며 치러진 숱한 군사적 행동이 마침내 사울을 지치게 했던 것이 아니었을까? 이스라엘을 둘러싼 주변 민족들의 접경지역엔 늘 전운이 감돌고, 이스라엘 사회는 개인적이건 집단적이건 상존하는 불안감에 떨어야 했다. 왕으로서 사울 자신은 개인적 차원뿐만 아니라, 민족을 책임진 자리에 앉아 있었기 때문에 불안한 의식은 더욱 민감하게 반응했을 것이다.

다윗의 등장 이후, 사울이 보여준 불안한 행보(1사무 16-31장)는 이러한 추정을 가능하게 해 주는 문헌적 자료들이다. 외부적으로 이스라엘과 주변 민족들의 접경지역에 크고 작은 전운이 감돌고 있었다면, 내부적으로 그를 둘러싼 인물들 사이에도 통치체제의 불안감은 감지되고 있었을 법하다. 더욱이 사울의 어려움은 그가 경험했어야 할 왕정의 전통이 이스라엘엔 전혀 존재하지 않았다는 사실과 의지할 만한 경험이 실질적으로 부재했었다는 역사적 사실이 말해 준다. 왕의 행동규범이나 왕을 자문해 줄 체제가 부재했던 시절에 사울의 행동이나 말은 순간순간 새로운 체제의 창조였다. 오직 판관시대의 유산인 예언자 사무엘만 그의 비판적 협조

자로 있었을 뿐, 그에게 미래를 보여주고 협력해 나갈 체제는 기대할 수 없었다. 더욱 큰 불행은 사무엘이 사울에게 경쟁적 비평을 쏟아낼 뿐, 그에게서 따스한 긍정적 시선을 기대하기 어려웠던 것이 현실이다.

뿌리 내린 불안

어느덧 왕이 된 지 2년이 지난 어느 날, 필리스티아인들과 전투가 시작될 즈음에 사울은 기다렸고 사무엘은 약속한 날에 오지 않았다. 사무엘이 오지 않자 사기가 저하된 부하들은 사울을 떠나기 시작했고, 왕은 사태의 심각성 때문에 더는 사무엘을 기다릴 수 없었다. 적을 막아야 할 군사들이 불안과 두려움에 떠는 상황은 혼란스럽고 매우 위급한데 이런 긴급 상황을 도와줄 사무엘은 나타나지 않았다. 그러나 사울이 왕의 권한으로 번제물을 바치고 의례가 끝나자마자, 이 순간을 기다렸다는 듯이 사무엘이 나타났다. 오지 않을 것만 같았던 사무엘은 나타나자마자 첫마디부터 사울을 비난했고, 왕의 기운을 꺾어 버리는 비판과 분노를 퍼부었다. '*이제는 임금님의 왕국이 더 이상 서 있지 못할 것입니다. 주님께서 명령하신 것을 임금님이 지키지 않으셨으므로, 주님께서는 당신 마음에 드는 사람을 찾으시어, 당신 백성을 다스릴 영도자로 임명하셨습니다.*'(1사무 13,14)

앞뒤 사정을 생략한 채 사무엘이 주님의 말이라고 전한 '주님께서 명령하신 것'이 도대체 무엇일까? 12장은 사무엘의 고별사라고 부제를 부칠 정도로, 새로이 시작한 왕정의 출발을 비판적으로 인정하고 있다. 사울은 앞에서 말했다시피 어려운 환경에서 나하스의 군대를 물리치고 왕정을 시작한 직후였다(11장). 왕정의 시초부터 불안감을 야기하는 사무엘에게 어떤 신탁이 주님의 명령으로 내렸단 말인가? 전장 터에서 사무엘의 사제 직분을 대신한 것이 사울의 운명을 뒤바꾸는 결정적인 계기로 작용한 것일까?

어쨌든 사울의 불안한 의식을 불러일으킨 사무엘의 선언은 사울의 우울증과 위축된 의식을 더욱 악화시키는 계기가 되었다. 분노와 우울증이 혼란을 가중시킨 사울의 심리상태는 때로 억제할 수 없는 이상한 충동을 낳기도 했다. 예를 들면, 일상적이라면 자기의 정치적 권력의 범주 밖에 있다고 여겨진 놉의 사제들을 잔인하게 학살하기도 했다(1사무 22,17-19). 사제들은 그 신원이 (예언자, 사제, 판관) 사무엘을 상기시킬 뿐만 아니라, (평민 출신의) 사울에게 왕권의 제약을 의미하는 것이기도 했다. 물론 다윗이 사울의 추적을 피해 도망가다가 놉의 사제들에게서 도움을 받았다는 정치적인 이유가 있긴 했다. 그렇지만, 사울은 부하들도 두려워한 놉의 사제들 여든다섯 명을 죽였을 뿐만 아니라, 그 성읍의 모든 아이들, 노인들, 여자들도 죽였다. 이것도 모자랐는지 사울의 광기는 아말렉에게나 행했을 법한 행위, 곧 성읍에 속한 살아 있는 모든 가축도 없애버렸다. 불안한 의식에 뿌리내린 사울의 정치적 광기가 죽일 이유가 없는 가축들뿐만 아니라, 놉의 성읍 주민들과 남녀노소, 그리고 사제들을 막론하고 학살했다. 불행하게도 외부로 향해야 할 사울의 칼날은 이스라엘 내부의 불안을 잠재우기 위한 흉도로 변했다.

무엇보다도 사울의 왕적 삶이 혼란과 무질서로 빠지게 된 결정적 사연엔 다윗이란 젊은 인물이 있다. 사울과 사무엘 사이에 긴장이 고조되던 시점의 예상하지 못한 상황에서 새로운 영웅이 될 다윗이 왕의 삶과 이스라엘에 홀연히 등장했다. 젊은 사울처럼 용감하고 영민한 다윗은 왕이 되기 전 사울의 과거를 보여줄 뿐만 아니라, 사울이 되고 싶은 모습을 가지고 있었다. 사울에게 다윗은 자신의 젊은 모습을 지닌 인물이었기 때문에 호감을 불러일으키는 젊은 전사였고 그를 좋아할 수밖에 없었다. 그러나 동시에 자기를 뛰어넘는 젊은 다윗이었기에 많은 사람들의 찬양을 불러일으키는 그에 대한 시기심이 가슴을 가득 채웠다. 분명한 이유 없이 미움이 솟아났고, 깊이를 모르는 미움은 억제할 수 없는 사울의 가슴을 분노로 가득 채웠다. 다윗이 등장하자마자 왕의 주변 상황이 변했고, 이스라엘의 중심인 사울은 중심에서 밀려나는 듯 민심과 사회의 분위기가 바뀌기 시작했다. 마치 무대에서 다윗에게 조명을 비추는 순간 사울이 누리던 모든 것이 사라지고 다윗에게 쏠리는 듯했다. 그 위에 필리스티아인들과 대적했던 전투에서 골리앗을 맞아 곤란을 겪던 사울에게 결정적 승리를 가져온 인물은 엉뚱하게도 다윗이었다. 두려움에 싸여 있던 이스라엘은 다윗이 골리앗을 쓰러뜨리는 것을 보았고, 이스라엘은 사울의 승리가 아니라 다윗의 승리를 환호할 수 있었다(1사무 17장).

그렇다면 갑작스러운 출현으로 상황을 돌변시킨 다윗은 어떻게 사울의 측근처럼 나타났던 것일까? 이야기는 지나칠 정도로 빠르게 진행되었지만, 골리앗을 쓰러뜨린 다윗 이야기 직전에 무슨 일이 있었던가? 마치 사울이 비밀스럽게 사무엘의 선택으로 기름부음 받는 예식을 치렀듯이(1사무 10장), 사무엘은 지극히 은밀하게 다윗에게 기름부음 받는 예식을 치렀다(16장).[150] 다윗이 기름부음을 받은 날부터 주님의 영이 줄곧 머물렀다는 언급은 사울의 경우와 같았지만(1사무 10,6), 지금은 악화된 사울의 상황을 더욱 비참하게 만들었다. 성경은 다윗이 비밀스럽게 사울 이후를 승계하리라는 전조를 통해 사울이 저주받은 것처럼 보이는 정신

150 다윗의 비밀스러운 사적 기름부음받음(첫 번째)은 유다지파의 왕이 되고(두 번째), 통일왕국의 왕이 되었을 때(세 번째) 받았던 기름부음의 의식이 따르는 까닭에 이야기의 흐름을 다윗에게 돌리기 위한 삽입 구절로 이해한다.

적 불안정을 이렇게 해설한다. '*주님의 영이 사울을 떠나고, 주님께서 보내신 악령이 그를 괴롭혔다.*'(1사무 16,14) 따라서 사울의 불안을 해소해 줄 비파 타는 사람의 필요성은 다윗이 왕의 측근으로 선택될 과정을 자연스럽게 설명해 준다.

사무엘의 신탁이 사울의 의심을 없앴듯이, 이젠 비파에 실린 다윗의 청아한 노래가 사울의 어두운 마음을 진정시켜 준다. 그러나 이런 시간도 잠깐, 사울은 사무엘과 관계에서 불안과 긴장으로 혼란을 겪었듯이 다윗과 관계에서 불안이 고조되는 것을 피할 수 없었다. 직접적으로 사울을 해코지하려는 이가 없는 상황에서 이런 불안은 도대체 왜, 어디에서 오는 것일까? 긴 세월을 왕으로 살아온 것은 아니지만, 다윗의 등장 이후에 사울은 왕의 심정으로 자신의 처지를 누리질 못했다. 사무엘의 비판과 다윗의 등장이라는 외적 요소들이 있지만, 사울의 개인적 불안은 어디에서 비롯되는 것일까?

자신의 불안을 다스리지 못하는 사울은 왕국을 통솔하기 어려울 정도로 극도의 어려움을 겪기 시작했다. 사무엘의 비판은 엄정했지만 극복할 수 없는 어려움이 아니었고, 사울은 그 이유를 잘 알고 있다고 생각했다. 왕정체제에서 왕이 아닌 인물을 두고 느끼는 불안은 권력의 의지에서 발생하는 경쟁의식이 아니라면 달리 설명할 수 있을까? 그러나 정상적인 상황에서 왕과 부하가 동일한 목표를 가질 수 없다면, 그것은 단순한 경쟁의식의 발로라고 말할 수 없다. 아니면 사울은 다윗을 두고 왕권을 잃을 수도 있다는 예감을 경쟁의식, 혹은 불안으로 드러냈던 것일까? 다윗의 존재가 말로 다 표현할 수 없는 사울의 위기의식을 더욱 예민하고 불안하게 만들었다. 겉으로 보이는 다윗의 충정과 헌신이 사울과 모든 이의 눈에 현저하게 드러날수록 통치자인 사울은 더욱 불안해 갔다. 왜 그랬을까?

왕의 불안

사울은 누를 수 없는 자신의 불안을 떨쳐 버리는 한 방법으로 다윗에게 큰딸 메랍을 주어 혼인시키고자 했다. 가족의 한 구성원으로 붙잡아 둘 수 있다면, 자신의 불안을 불러일으키는 다윗을 가까이서 지켜볼 수 있을 것 같다. 그런데 놀랍게도 다윗은 사울에게 헌신하는 대가로 사울의 딸과 혼인을 할 수 없다고 고사한다. 사울의 딸과 혼인한다는 것은 다윗이 왕의 측근으로 더 가까이 갈 기회이자 왕권에 근접할 호기가 아닌가? 어째서 이렇게 좋은 기회를 마다하는 것일까, 다윗의 거부를 듣는 사울의 생각은 혼란스럽기 그지없다. 혼란스러운 마음이 목표를 성취하기 위해 권력자는 동일한 방법을 취하되 더 세련된 수단을 마련하는가 보다.

사울이 다시 둘째 딸 미칼의 혼인을 제안하자 이번엔 예상할 수 없게 다윗이 왕의 제안을 받아들였다(1사무 18장). 다윗이 장녀는 싫고 차녀를 수락하는 것은 무엇 때문일까?[151] 상황이 바뀌었단 말인가, 아니면 미칼이 자신을 사랑하는 것을 알게 된 것일까? 이젠 다윗이 장인이 된 사울에게 충성을 바치고 헌신하는 것이 자연스러운 모습으로 보인다. 그렇다고 사울의 불안은 사라졌는가? 아니다. 오히려 왕의 사위가 된 다윗의 존재감이 더 크게 살아나 사울의 뇌리를 더욱 혼란스럽게 날아다닌다. 다윗이 사울 곁에 없으면, 사울의 눈에 보이지 않으면, 사울은 다윗이 지금 어디

151 상상적 추론이지만, 차녀와 혼인함으로써 다윗이 가지게 될 위상이 장녀와 결혼함으로써 취하는 위상보다 덜 중하기 때문에 차녀와 혼인하는 것을 수락했을 수도 있다.

에 있는지, 무엇을 하는지, 누구와 공모를 하는 것은 아닌지 의구심이 치솟는다. 혹시나 다윗이 왕의 권력을 가로채기 위해 누군가와 함께 음모를 꾸미고 왕권을 노리고 있는 것은 아닐까? 피해망상이 사울을 사로잡고 다윗에게 왕권을 잃는 비극적인 사태가 눈에 보이는 듯하다.

딸들을 미끼로 다윗을 살해하고자 의도적으로 여러 차례 제안을 했던 사울은 마침내 다윗을 죽이기로 결심했다. 이런 고민과 결심의 와중에 사울은 필리스티아인들을 끌어들여 다윗이 죽기를 얼마나 소원했던가! 사울 자신이 창을 던져 다윗을 죽이고 싶은 광기에 사로잡히기도 했지만, 여러 번에 걸친 시도(1사무 18,11; 18,25; 19,10; 19,14; 23,26; 24,3; 26,2 등)는 모두 실패로 끝났다. 다윗을 죽이고자 한 시도가 거듭 실패로 끝나자 사울의 불안은 더욱 고조되지 않을 수 없었다.

역사적으로 선왕이 후계자를 살해하는 데 성공한 예는 없었던 것 같고 오히려 후계자가 선왕에게 더욱 두려운 존재였다. 사울이 여러 번에 걸쳐 다윗을 살해하려 했던 시도는 오히려 비이성적인 사울의 모습을 드러내는 것만 같아 독자들도 불안하기만 하다. 사울은 좋아하기 때문에 미움이 더욱 어지러이 들끓었고, 억누를 수 없는 미움은 죽이고 싶은 마음이 되어 광기로 이어졌다. 자신만만한 젊은 다윗을 마주하면 사울의 심정은 왕이었지만 어떤 말로도 설명되지 않는 불안을 경험하는 것이었다. 사울의 광기는 어쩌면 다윗의 존재가 사라져야만 자유로울 수 있는 비극적인 왕의 불행이었다. 사울의 광기어린 증오 때문에 다윗은 죽음의 위험에 놓이지만, 그때마다 사울의 주변 인물들이 그를 살렸다.

예를 들면, 딸을 미끼로 다윗을 살해하려던 시도가 실패하자, 사울은 직접 자객을 보내 사위인 다윗을 살해하려고 했다. 그렇지만 왕의 딸 미칼이 남편 다윗을 위해 기지를 발휘한 까닭에 자객의 살해 시도는 실패하고 말았다(1사무 19,8-17). 불행하게도 사울의 살해 의지를 실패로 돌아가게 한 이도, 다윗의 탈출을 도운 이도 자신의 딸 미칼이었다. 다윗은 미칼을 받아들여 사울 왕가의 일원이 되었지만, 정작 사울은 다윗을 제거하기 위해 미칼을 이용했던 것이다. 다윗을 제거하는 일도, 왕가의 일원이 되어 왕권에 다가가는 일도 수포로 돌아간 다윗이 사울의 손을 잡는 일은 더 이상 가능한 일이 아니었다.

인간의 불행한 운명은 자신의 탓이기도 하지만, 상황이 만드는 불행은 피할 수 없어 더욱 비극적으로 진행될 위험이 크다. 미칼의 경우, 사울은 다윗을 왕의 가문에서 밀어내기 위해 미칼을 팔티엘에게 시집보냈고, 다윗은 통일왕국을 추구한 왕권 계승의 도구로 이용하려고 미칼을 강제로 데려왔다(2사무 3,13-15). 아버지는 딸을, 남편은 아내를 미끼로 사용한 주인공이 미칼이었고, 한 남자를 사랑했던 미칼은 구약의 여인으로서 비극의 주인공이 되고 말았다. 한 남자를 사랑했던 미칼의 운명이 권력의 음모 속에서 불행한 희생으로 이어졌다면, 사울이나 다윗은 아버지와 남편으로서 모두 미칼에겐 피할 수 없는 가부장적 구조의 사회를 대표한다고 하겠다.

한편, 사울의 아들 요나탄은 다윗을 도와 사울의 감시에서 벗어나도록 아버지를 배반하면서 결정적 도움을 제공하기도 했다(1사무 20). 사울의 불행한 의식을 더욱 비극적으로 만든 것은 다윗과 우정으로 가까워진 아들의 배반(?)이 왕이 상황을 지배하는 것을 용납하지 않은 사실이다. 사울의 의도를 실패로 틀어지게 한 이상, 다윗에 대한 지극한 의구심은 진정시킬 수 없는 더 큰 불안을 만들어 냈다. 사울의 불안은 실체 없는 환영과 같아서 다윗이 충성을 보이면 보일수록, 사울 자신은 놀라서 떼어낼 수 없는 불안에 휩싸였던 것이다. 측근들조차 믿을 수 없었고, 아들과 딸조차 다윗에게 쏠려 있는 상황에서 불안과 미움은 사울의 분노를 꺼지지 않는 불처럼 활활 타오르게 만들었다.

우리에겐 이런 상황과 개인적인 비애가 겹쳐진 사울의 삶이 벗어나기 어려운 비극적인 운명처럼 비친다. 사울이 느끼는 비애는 결코 단순한 피해망상이 아니며 현실에 뿌리를 내린 비극적 상황의 연출이다. 사무엘이 사울을 왕으로 선택한 이후 그의 생애를 돌아보면, 사울은 끊임없이 군사적으로 심리적으로 민족을 위해 전쟁의 승리를 준비했다. 왕이 이끄는 이스라엘이 적들을 물리치고 얻은 결과는 값진 승리였지만, 불행하게도 이 승리의 결과는 늘 다윗이 챙겨갔다. 사울이 희생하면서 마련했던 승리가 다윗에겐 사람들의 열광과 환호를 받는 기회가 되었다. 비록 왕정 신학의 가필이 필요했을 터이지만, '*사울은 수천을 치시고 다윗은 수만을 치셨다네!*'(1사무 18,7)는 사울을 울게 하는 환호소리였다.

정당한 의구심

백성들과 왕의 주변에서 다윗을 칭송하는 소곤거림이 들릴 때마다 사울은 얼마나 힘들었을 것이며 그리고 심리적으로 얼마나 피곤하였을까? 마음을 불안하게 만드는 소곤거리는 소리가 들릴 때마다, 이미 사무엘은 왕이 알지 못하게 몰래 다윗에게 기름을 부은 것은 아닐까? 사울 자신도 어느 날 갑자기 사무엘의 주도로 조용하게 기름부음을 받은 경험이 있지 아니한가? 다윗이 왕권에 가까이 다가오면 올수록, 또 사람들에게 칭송을 받으면 받을수록, 사울은 왕권을 잃을까 더욱 노심초사할 수밖에 없었다. 만약 이런 정황을 필연적 과정이라고 수긍했더라면, 사울은 비록 어깨를 늘어뜨릴 수밖에 없었겠지만, 현실을 침착하게 받아들일 수 있지 않았을까? 만약 다윗이 음으로 양으로 더 많은 사람들을 자기편에 끌어들이기 위해서 행동하지 않았더라면 사울의 심리적 상황은 어떠했을까? 사울이 굳이 바로 앞에 서 있는 다윗을 제거하려고 애쓰거나, 집요하게 광야까지 추적하거나 감시하려고 했을까? 사무엘서에 따르면, 다윗은 사울에게서 벌써 사무엘도, 둘째 딸도, 맏아들이자 왕위 후계자인 아들 요나탄마저 앗아가지 않았던가? 모든 것을 잃어버린 왕, 아들딸마저 아버지를 도우려 하기보다 다윗과 함께 놀아나는 상황에서 사울은 이미 충분히 고독한 비극적인 왕이지 않은가?

불안한 행동이 고조되던 사울의 마지막 통치기에 보여준 다윗의 행위는 이해하기 어려운 상황임이 틀림없다. 다윗에 대한 사울의 의구심과 개인적인 적대감을 차치하더라도, 사울의 마지막 전투가 될 시간에 다윗은 어디에 있었던가? 이스라엘의 눈에 다윗이 있으면 안 될 곳인 필리스티아인들 편에 서서(비록 그들과 함께 전투에 투입되지 않았다고 하지만) 아키스의 치클락[152](1사무 30장) 요새를 담당하고 있었다. 필리스티아인들은 다윗을 적극적으로 제 편이라고 판단하지 않았지만, 놀랍게도 의심은 가되 적으로 여겨지지 않았던 다윗이 아닌가? 과연 치클락에 머물 수 있었던 다윗이 어떻게 행동했으면 적들의 인정을 받으면서 필리스티아 영토에 남아 있었을까? 비록 다윗의 현란한 언변에 넘어간 아키스가 보호자 역할을 했다지만, 다윗의 행동은 사울과 이스라엘의 시선에 순수했던가?

다윗이 비록 사울과 직접 대적하지 않았다고 하더라도, 마치 적군도

---

152 유다지방에 속하는 지역 치클락은 유다지파에게 주어진 성읍(여호 15,31)이나, 나중에 유다지파에서 떼어 시메온 지파에게(여후 19,5) 분할되어 주어진다. 그러나 사울과 다윗의 경쟁관계에 있던 시절, 다윗이 사울의 추적에서 살아남기 위해 필리스티아의 아키스를 찾아가자, 아키스는 여러 사람들의 반대에도 불구하고 다윗에게 치클락을 영지로 넘겨주었다(1사무 27,6).

아군도 아닌 중립을 지키는 듯한 인상을 주었다면, 이스라엘 동족의 눈에 정상으로 보였을까? 다윗이 사울의 눈에서 멀리 떨어진 곳에 있던 순간에도 다윗의 부끄러운 행위는 누군가 보고 있었을 것이다. 이스라엘의 병사들이 가정과 명예를 수호하기 위해 전장 터에 나가 있는 동안, 다윗은 동족과 함께 머물지 않았고 적들의 안전지대에 남아 있었다. 더구나 위험해진 이스라엘을 생각하면, 왕과 갈등 관계에 있었더라도 다윗은 필리스티아인들과 싸워 힘에 부친 사울을 지원해야 하지 않았을까? 이스라엘이 당면한 위기의 순간에 왕이 죽으면 최초의 이스라엘 왕정은 역사에서 지워지는 사태까지 갈 수 있었다. 남쪽에 남아 있던 다윗은 북쪽에서 이스라엘의 병사들이 죽어 가는 동안, 무슨 생각으로 비켜서서 북쪽에서 벌어지는 전투를 바라보고 있었을까? 동족 이스라엘이 위험에 빠져 있는데, 개인적 차원의 갈등을 빌미로 다윗은 어떻게 방관자로 있을 수 있었는가? 사무엘서가 아무리 다윗 왕정에 정통성을 부여한다고 해도 이런 수수께끼 같은 질문들은 풀리지 않은 채 의문으로 남는다.

어떤 경우에도 비극적인 상황은 연고 없이 우연하게 발생하지 않는다. 누구든 의도된 책략과 계획 속에서 경쟁자의 비극을 원하지 않는가? 다윗이 사울의 경계심을 풀어 줄 수 없는 상황이었다면, 적과 대치하고 있는 사울은 누구를 의지할 수 있었겠는가? 어느 때보다 강력한 필리스티아의 호전적 상황을 앞에 두고, 사울은 다윗의 적극적인 지원 내지는 도움이 필요했을 것이다. 결국 왕조사가 아무리 다윗 왕정 편향의 기록을 남겼다고 하더라도, 다윗은 사울에게 정치적 경쟁자 이상 아무것도 아니었다는 허망한 인상을 남긴다.

이스라엘의 민족적 불안이 극도로 고조되었을 때, 사울이 할 수 있는 일이 무엇이었는가? 앞에서 이미 언급했듯이, 전투가 벌어지기 몇 시간전에 사울은 삶의 마지막 순간을 맞이할 사람처럼 보이지 않았던가? 곧 사울은 그 순간 겪고 있는 극도의 불안을 이기려고 한 가닥 희망을 잡으려는 듯이 어둠을 뚫고 영매를 찾아 나섰다고 한다. 극도로 위축된 사울의 심리적 상황은 이렇듯이 의지할 데 없는 그의 불안한 의식을 반영했다. 영매는 사울이 쫓아내기는 했지만, 자기를 배반한 다윗과 사무엘에게서 버림받고 적들의 침략이 고조된 풍전등화 같은 위기 상황에서 왕이 의지할 데는 영매뿐이었을 것인가? 사울 자신이 내친 영매를 찾아가야 하는 엔 도르의 밤, 사울은 극도의 불안의식 속에서 버림받은 왕이었고, 왕의 자식들마저 제 갈 길을 가듯이 사울을 떠났고 그를 버렸다. 그를 선택했던 하느님의 사람 사무엘도 버린 왕, 부하였던 다윗의 영민한 전략에 시달리던 사울, 이스라엘을 위해 평생 전투를 치르고 온갖 승리를 바쳤던 사울이지만, 그는 위로받을 곳을 찾지 못했다.

위로가 필요한 자

사무엘서의 기록처럼, 사울이 범한 결정적 실수가 아말렉과 벌인 전투에서 발생되었다면, 어쩌면 이 결과는 사무엘과 어긋난 생각이었을 뿐이다. 하느님의 사람 사무엘이 요구한 명령과 전투를 수행한 사울의 행동이 어긋났다면, 사울은 하느님의 명령이 아닌 자신의 욕망에 귀를 기울였단 말인가? 무지막지하게 보이는 진멸의 칼부림을 요구하는 사무엘과 이를 막아선 사울의 행동은 지극히 서로 모순되어 보인다. 종교적 장막을 걷어 올리고 보면, 사울은 적일지라도 무참하게 생명(사람과 가축까지)을 없애는 것은 불가하다고 생각한 것은 아닐까? 다윗은 아키스의 인정으로 치클락에 있으면서 매번 적들을 치고 돌아오기 전에 그들을 무자비하게 다루지 않았던가?[153] 적을 향한 연민이 지나치면 오히려 해악이 자비를 베푼 이에게 되돌아온다고 했는데, 사울의 경우가 이것일까? 지나친 해석이 아니라면, 암몬족의 왕으로 사무엘이 처단한 아각(1사무 15장)의 후손 하만[154]은 위험천만하게도 유다인들의 학살극을 도모하지 않았던가? 그래서 사울의 잘못이 후손에게 미칠 위험은 한때의 연민치고는 대가가 지나치다고 판단할 수밖에!

후대의 판단이 옳다면, 그리고 다윗 왕조를 위해 사울의 잘못을 극화시켰다면, 하느님은 어째서 사울을 들어 올렸다가 절망의 계곡으로 추락하게 하셨는가? 이스라엘의 왕정을 위한 징검다리 역할에 머물 수밖에 없었다면, 비극치고는 사울에게 너무 지나쳤던 것은 아닌가? 이 모든 의문은 사울 자신에게 수수께끼였겠지만, 하느님의 사람 사무엘도 대답할 수 없는 질문들이었다. 오직 위로가 필요한 자만 던질 수 있는 질문들을 두고, 하느님은 어째서 사울이 이해하기 어려운 요구를 하셨던 것일까? 사울의 운명을 해석하는 왕정 신학의 어조가 다윗을 위한 정치적 편향성을 드러내는 것이라면 다음과 같은 의문마저 회피해서는 안 된다.

무엇보다도 위로가 필요한 사울이 보여준 마지막 전투 장면(1사무 28-31장)의 서술은 너무도 이상하다. 정치적으로 내면적으로 절망적 분위기에서 사울이 전투에서 모든 것을 잃을 것임을 알면서도 출전했다는 점이다. 어두운 밤 적들에게 발각될 위험을 감수하면서 영매를 찾아 떠난 잠행

153 예를 들면, 1사무 27장. 다윗은 자신의 행동이 드러나지 않도록 치클락에서 이집트에 이르는 지역을 공격할 때마다 전리품을 취한 뒤에 남자든 여자든 아무도 살려 두지 않았다.

154 '아각 사람 함므다타의 아들 하만을 중용하였는데,...'(에스 3,1) '하만은 크세르크세스 왕국 전역에 있는 유다인들을 모두 몰살하려고 꾀하였다.'(에스 3,6)

길에서 사울은 무엇을 생각했을까? 그렇게 어둔 밤에 조그만 마을 엔 도르를 향해 찾아 나선 것도 이상하거니와, 자신이 그토록 매섭게 다루면서 쫓아내거나 죽였던 영매에게서 무엇을 들으려고 했던가? 어떤 확신 있는 판단 혹은 대답을 듣지 못해서 최후의 순간을 맞이하려고 발버둥 치던 사울에게 연민은 값싼 동정일 뿐인가?

사울은 자신의 판단도 믿을 수 없어 영매를 찾았고, 죽은 사무엘의 환영도 주지 않는 답변 때문에 그는 마치 자기의 죽음을 확인하듯이 행동했다. 그림자도 없는 칠흑 같은 어둠이 사울의 표정을 보여주지 않듯이 성경은 사울의 생각을 한 치도 드러내 보여주지 않는다. 성경은 결국 사울을 이해하려는 이들에게 답을 들을 수 없는 수수께끼만 남긴다. 살아서 자신에게 희망보다는 절망을 안겨 주었던 사무엘을 불러 사울은 무엇을 들으려 했던가? 절망일까, 희망일까, 아니면 세상을 떠난 자의 아량이 그 뒤를 따를 자에게 베풀 위로일까? 결국 성경은 사울의 불행한 운명을 논리적으로 해설하기 위해서 사울의 불행한 발걸음을 엔 도르로 향하도록 했단 말인가?

아들 요니탄도 아비의 속을 끓이다가 마지막 전투에서 사울과 함께 저 세상으로 떠났으며, 이스라엘 병사들도 무수히 죽음을 남기고 이스라엘을 떠나갔다. 싸움이 한창이던 중에 사울은 자신도 죽어가면서 적의 칼날에 직접 살해당하지 않기 위해 죽음을 자청했다. 전쟁의 비극은 단지 죽음만이 아니라, 죽음을 맞이하는 자의 죽어가는 모습 때문에 처절하고 더욱 비극적이다. 사울의 죽음이 마치 타인을 위한 행동인 듯이 하느님의 그리스도(기름부음받은이)가 자신을 스스로 죽음에 맡긴 것이다. 그런데 사울의 죽음이 더욱 불합리한 듯이 여겨지는 까닭은, 마치 다윗을 위해 사울이 죽음을 연출한 것처럼 여겨지기 때문이다. 마지막 순간마저 자연스럽지 못하고 누군가 개입해서 떠난 듯한 죽음이 사울의 죽음인 것이다. 사무엘서는 사울과 다윗의 경쟁적 갈등과 긴장을 묘사하면서 끊임없이 야웨의 '기름부음받은이'에게 위해를 가할 수 없다고 반복 선언하고 있다. 그런데 이야기는, 마치 비극의 정점을 보여주듯이, 하느님이 선택한 이를 아무도 해쳐서는 안 된다는 철칙이 사울 자신에게서 무너지는 것을 보여준다.

죽는 마지막 순간까지 사울은 하느님이 선택한 자의 운명을 지녔으면서도 자기 뜻과 반대로 행동하는 비극을 살았다. 성경은 사울이 여러 번 죽을 위험의 순간을 벗어날 때마다 다윗의 입을 통해서 하느님의 그리스도를 다치게 해서는 안 된다고 반복 선언했던 것이다(1사무 24, 26장). 따라서 '*사울은 자기 칼을 세우고 그 위에 엎어졌다.*'(1사무 31,4)는 서술은 사울의 마지막 순간조차 하느님의 뜻과 어긋난 삶이었으며, 다윗은 옳은 판단의 소유자였다는 게 강조되지 않는가? 사무엘서의 저자는 다윗을 정당화하는 방법을 사울의 행위에서 찾았으니, 사울의 죽음은 하느님조차 거부한 죽음의 기록으로 남는다.

이렇게 사울이 비극적으로 죽자, 어느 틈엔가 (이야기의 흐름은 1사무 31장에서 2사무 1장으로 바로 이어진다.) 다윗이 나타나서 사울과 요나탄의 죽음을 애도한다. 조가[155]를 바치는 것이 어찌 생각하면 왕과 친구를 위한 다윗의 아름다운 행동일 터이나, 마치 이 순간을 기다리다가 나타난 듯해서 씁쓸한 느낌은 지울 수 없다. 사울의 죽음에 이어 다음 장면은 바로 다윗이 유다의 왕이 되고, 사울이 없는 왕의 가문을 넘보는 장면들이 이어지기 때문이다.

---

155 2사무 1,19-27. 다윗의 조가는 상황을 조절하는 기능이 있어 통일왕정을 향한 편집자의 노력을 적절하게 드러내 준다. 유다와 이스라엘 지파들을 하나로 통일하기 위한 정치적 의도가 다분히 들어 있음을 의미한다.

다윗인가, 사울인가

왕정의 길을 좇아가는 독자들의 눈에도 결과적으로 사울의 실패는 다윗이 승리로 가는 필연적 과정으로 보이는가? 이스라엘 왕정의 역사는 겉으로 보면 첫 왕인 사울을 버리고 두 번째 왕으로 다윗을 왕정의 후계자로 선택한 듯이 보인다. 첫 왕과 둘째 왕 사이에 자연스런 승계과정을 제시하지 못하고 사울의 죽음으로 둘째 왕을 세우게 되었던 이스라엘, 이스라엘의 하느님이 선택한 자 다윗은 사울과 다른 인생을 살아왔던가? 돌아보면, 승승장구하던 젊은 시절의 다윗은 어느 순간부터 사울을 넘보듯이 자만에 가득 차 있지 않았을까? 아니면 본래 정치와 상관없이 일어난 우리야 같이 순전한 용기로 무장했던 인물이었을까? 그는 아무도 요청하지 않은 전투에 참여해서 거인 골리앗에 노선하시 않았넌가? (1사무 17장)

이야기의 전개만을 따라가면, 다윗은 마치 알맞은 때에 나타나서 알맞은 역할을 정확히 해낸 무대 위의 배우 같은 인물로 보인다. 어느 누구도 예상하지 못했던 순간에 나타났기에 다윗의 등장은 잘 짜인 각본의 흐름에서 한 치의 어긋남도 없다. 현실에서 본다면, 이스라엘이 무서워 떨던 골리앗 같은 무장이 어찌 어린 다윗의 돌팔매질에 쓰러져 패배할 수밖에 없었던가? 칼과 방패를 든 무장과 돌팔매에 의존한 소년의 싸움방식도 그러하지만, 거인과 어린이의 대결은 상상하기 어려운 일이다. 모든 가능성을 열어 놓고 생각한다면, 과연 이스라엘에 영웅이 필요할 순간에 다윗은 필요한 영웅의 역할을 해냈던 것일까? 혹시라도 골리앗에게 무릎을 꿇고 왕이 머리를 조아려야 했다면 상황은 어떻게 진행되었을까? 인생에 절대적인 것은 없다는 사실을 긍정한다면, 모든 선택은 필연적으로 타협을 의미한다. 다윗과 관련한 성경에서는 겉보기가 그리 중요하지 않으며 오로지 결과만 중요한 것처럼 묘사된다. 성경은 다윗이 어딜 가든지 어떤 임무를 자원하든지, 어떤 상황에서든지 다윗이 필요할 때만 등장하는 영웅으로 묘사한다. 이러한 다윗을 고려하며 사울을 생각하면, 그는 힘겹게 상황을 몰고 다니는 듯해서 무척이나 안쓰럽고 연민의 정을 배제하기 어렵다.

어찌 보면 많은 의구심을 피할 수 없지만, 사울에 대한 다윗의 태도 또한 거의 비난할 것이 없어 보인다. 다윗은 자기를 불러 준 사울 앞에서 충실했으며, 복종적이었고, 왕을 존경할 줄 알았고, 침착하게 행동했다. 이스라엘의 일원으로서 다윗이 원하는 것은 사울을 왕으로 섬기고 위로하며, 마음을 즐겁게 하는 일이었다. 왕이 원하는 순간에, 그 순간이 위험한 순간일지라도 다윗은 그 앞에 이미 대령해 있었지 않은가? 성경이 전해 주는 완벽한 다윗의 행동은 아무도 예상할 수 없어서 어떻게 이것이 가능한지 의심이 들 정도이다. 다윗이 왕 앞에서 자신의 자존심을 헤아리며 행동해야 했다면, 그 또한 이해하기 어려운 상상일 뿐이다.

다윗 자신이 양치기였을 때 가난에서 그를 끌어내서 측근으로 불러 준 이가 사울이지 않은가? 왕은 다윗을 사랑했으며 그를 유능한 부하요 친구로 여겼다. 사울이 장녀 메랍과 다윗의 결혼을 원했을 때, 다윗이 감히 결혼을 받아들이지 못한 것은 무슨 이유였을까? 사무엘서의 기록처럼 사울의 단순한 책략을 눈치 챈 다윗이 회피했던 것일까? 이 경우 다윗에 대해서 특별한 말이 없다면, 그가 순수했기 때문에 그리했을까?

사울이 발작적 폭력을 행사할 때에도, 사무엘서에 따르면, 다윗은 그런 위험한 상황을 말없이 받아들였다. 사울이 다윗을 희생양으로 삼았을 때에도 다윗은 맞대응하지 않고 순종하는 자처럼 침묵을 지켰다. 심리적 파탄을 겪던 사울이 다윗을 죽이고자 했을 때에도 그는 왕을 존경했고 사랑했다. 왕궁에서 쫓겨나서 추방당했을 때나 추격당하며 고통을 겪고 있을 때에도 다윗은 왕의 방식으로 보복하지 않았다. 오히려 세 번씩이나 사울을 살해할 수 있었음에도 불구하고 사울을 미워하는 마음으로 보복적 행동을 하지 않았다.

일견 놀랄 만하지만, 성경은 어쩐 일인지 다윗이 사울에 대해 미움이나 증오, 혹은 화를 지니고 있었다고 말하지 않는다. 사무엘서는 다윗의 인품이 고매하거나 거룩해서 사울 왕의 공격적 행태를 수용했다고 구차한 이유를 드러내려고 하지도 않는다. 일차적으로 사무엘서가 다윗 왕정의 편향성을 드러내는 기록이지만, 사울과 다른 다윗의 가능성을 그려보는 것도 가능하다. 사울의 불안을 이야기할 때에 왕에 대한 묘사는 대조적으로 다윗의 냉철한 평정심을 말하는 것이 된다. 사울의 고민과 불안을 언급할 때에 그 말은 다윗의 위상을 말하는 것이요, 현실을 알려 주는 기법이 된다. 그렇다면 사울의 불안정으로 다윗이 위급을 겪을 때에 다윗은 자신과 사울을 모두 상황의 희생자라고 여겼던 것일까? 상황을 객관적으로 바라볼 때, 과연 사울은 하느님의 피해자이고 다윗 자신은 사울의 피해자로 생각했던 것일까?

잘 알다시피 다윗은 완성된 성인이 아니며, 잘못된 행동으로 보면 여느 일반 사람과 비슷하거나 더 잔인했다고 말할 수도 있다. 잘못을 범하는 차원에서 보면 다윗은 밧 세바와 심각한 불륜을 저질렀고, 그의 공개된 비밀은 이스라엘 왕의 생애에 큰 오점을 남겼다. 다윗의 군사적 성공 이야기도 어찌 보면 지극히 불편하고 껄끄러운 내용일 수밖에 없다. 승리를 자축하기엔 약속의 땅을 차지하기 위한 정복전쟁을 이끈 여호수아처럼 너무도 많은 피를 흘렸다. 사울이 이스라엘 최초의 왕정을 확립하고 '백성을 수호하기 위해서' 전쟁을 벌였다면, 왕이 되기까지 다윗의 전투 행위는 무엇을 지향하고 있었던가? 다윗은 필리스티아인들과 벌인 전투뿐만 아니라, 사울과 벌인 개인적 차원의 경쟁에서도 왕이 되기 위한 '자신을 위해서' 숱한 피를 흘렸다.

그러나 겉으로 보이는 이런 사건들도 잘 살펴보면, 우리의 눈에 사울과 다윗의 차이는 분명하다. 사울은 내적 긴장과 갈등을 품고 지나칠 정도로 많은 고통을 밖으로 내뿜지 못하고 자신 안에서 살았다. 고통스러운 고민이 사울을 내면에서 감싸고 있었다면 다윗은 적어도 고민하면서 우유부단한 인물은 아니었다. 다윗은 결단력 있는 삶을 통해서 매순간 바깥을 향하여 앞으로 나가는 제 갈 길을 선택했다. 열두 지파의 유다와 이스라엘을 하나로 묶는 준비 단계가 사울의 역할이었다면, 실제로 통일왕국을 이룩하고 지파들의 염원을 실현한 자는 다윗이었다.

최초의 이스라엘 왕 사울은 왕의 권력을 차지하고도 왕정을 유지하는 데 필요한 자기 확신이 늘 불안 속에서 흔들렸다. 출발할 때에 사울은 언제나 굳은 결심을 했지만, 결심만큼 성과를 이룬 삶을 살지 못했다. 예를 들면, 아각과 그의 가축을 살려 두었던 사울의 의도는 어떤 의미에서 이상주의적인 행동임이 틀림없다. (그러나 신정론의 입장에서 성경은 그렇게 보지 않는다.) 사울은 전투에서 적들의 재물을 빼앗아 남기지 않고 병사들에게 전리품으로 나누어 주었다. 사무엘이 이런 행동을 두고 질문을 던졌을 때, 사울은 사실을 있는 그대로 받아들이지 못했다. 사무엘 예언자가 사울을 만났을 때, 왕은 사실을 인정하고 있는 그대로 말할 수 없어 불편했다. 사울은 벌어진 사실보다 세련되지 못한 거짓말을 선택했고, 사울의 어리석은 거짓은 예언자를 더욱 분노케 했다. 사울은 불필요하게 아말렉인들을 모두 죽이고 그들에게 속한 모든 가축도 죽였다고 무의미한 답변을 했다. 아말렉 왕 아각은 결박당한 채 살아 있었고, 사무엘은 양 울음소리, 소 울음소리를 듣고 있었다. 사울은 이미 전투에 참여한 이스라엘 병사들에게 좋은 가축들을 전리품으로 나누어 주지 않았던가? 사태의 경위(1사무 15장)를 보면, 사무엘이 뼈에 사무친 각진 마음으로 노골적이었다면, 사울은 느슨한 자부심으로 사태를 지나치게 가볍게 보고 있었다.

두 사람을 구별해 주는 또 다른 차이는 사울이 질투가 많다고 말할 수 있다면, 다윗은 이 점에서 드러나는 게 별로 없다. 분위기를 압도해야 할 사울은 왕이었지만 아랫사람인 다윗의 인기와 명성을 질투했고, 왕에게 집중되지 않는 주변의 시선 때문에 불안으로 안절부절못했다. 백성이 다윗을 칭송하면 할수록, 사울은 자신이 왕임을 잊었고, 왕국을 다스릴 염려보다 다윗의 모습을 참지 못했다. 사실을 알고 보면, 다윗을 칭송하는 내용은 결국 적들을 무수히 죽인 일뿐, 왕의 권한을 벗어나지 않았다. 사울과 다윗에 대한 칭송의 인기도 차이는 그저 '*사울은 수천을 치시고 다윗은 수만을 치셨다네!*'(1사무 18,7)였다. 엄밀히 말해서 사울이 통치자인 왕으로 살아보려고 했다면, 부하를 앞세워 얻은 승리에 만족했어야 하는 것이 아닌가? 다윗이 아무리 많은 승리를 챙기더라도 누가 사울을 왕의 자리에서 끌어내리고 다윗을 세우리라 생각할 수 있겠는가?

이런 차이 외에도 사울이 창으로 왕의 권력을 대변한다면, 다윗은 하프를 탈 줄 아는 예인이며 가수였다.[156] 사울이 오로지 이스라엘의 군사적 보호에만 전념했다면, 다윗은 타고난 예인의 기질을 덤으로 가지고 있었다. 사울이 왕으로서 위엄을 누릴 수 있었다면, 다윗은 예인의 감성으로 자신과 타인을 위로할 줄 알았다. 이러한 성격적인 차이를 보면, 어떤 점에서 사울은 (심각한 군사적 결단 앞에서) 우유부단했고 스스로 일을 처리함을 벅차게 여긴 것은 아니었던가? 왜냐하면 사울이 늘 직면해야 했던 적들의 침략행위는 이스라엘을 보호하기 위해 죽음을 무릅쓴 결단이어야 했기 때문이다. 그리고 사생결단의 사태 앞에서 사울은 왜 하느님에게 직접 청하지 못하고 하느님과 자기 사이에 늘 사무엘을 중개자로

---

156 1사무 18-20장에 묘사된 사울과 다윗의 관계에서 사울의 불안을 진정시키기 위해 다윗은 하프를 타고 노래하곤 했다. 우리는 독자로서 사울이 창을 던져 다윗을 죽이고자 했기 때문에 둘 사이의 긴장과 갈등이 높아간 예를 볼 수 있다.

두었는가? 자신을 선택하고도 자신을 지지하지도 않는 사무엘에게 의존하지 말고, 직접 하느님에게 말씀을 드릴 수 있어야 하지 않았는가? 다윗은 신탁이 필요한 경우 마치 야웨 하느님의 답변을 들을 듯이 직접 신탁을 요구했고, 그에 따른 결단을 내릴 수 있었다.

다윗의 출현 이후 사울은 의심이 너무 많았고, 다윗은 영민했지만 의심을 두는 일은 없었다. 사울이 의심 때문에 내면의 갈등이 가득하게 고민에 빠져 있었다면, 다윗은 복잡한 의심으로 고민하는 모습은 보여주지 않았다. 다윗은 의심하기 전에 적과 아군을 분명히 구별했고, 아군을 믿는 마음은 밖의 적을 물리치는 동력이었다. 그래서 다윗은 적들을 밖에서 찾아 승리를 위해 싸웠고, 사울은 힘들게 자신의 적을 안에서 찾았다. 사울에게 쫓긴 왕정 내부의 사람들은 모두가 그를 떠나갔고, 사울은 가까웠던 친구들을 아깝게도 모두 잃었다. 다윗이 필리스티아인들과 싸웠기 때문에 내부 결속이 가능했다면, 사울은 유다인들과 싸웠기 때문에 내부 결속이 어렵기만 했다. 예를 들면, 이스라엘의 적 아말렉 왕 아각을 살려 두었던 사울은 오히려 이스라엘에서 놉의 사제들을 무참하게 학살했다. 사울은 자신의 분노를 진정시키지 못하고 사제들에게 화를 내쏟았기 때문에 이스라엘 지파들에게 존경보다 두려움을 불러일으켰다.

이처럼 다윗은 밖을 향해 이스라엘의 침입자들과 싸웠고, 사울은 안에서 자기 친구들과 싸웠기 때문에 마지막 전투에서도 홀로 죽었다. 쫓고 쫓기는 위험 속에서도 다윗이 (왕조사의 기록이지만) 이스라엘의 왕 사울을 살해하기를 거부했다면, 불안에 쫓긴 사울은 오히려 다윗을 죽이려고 했다. 사울은 다윗을 제거하려고 했지만 죽이지 못했고, 다윗은 여러 차례 사울을 죽일 수 있었지만 살해하지 않았다. 사실적 차원에서 볼 때, 이런 차이가 두 사람을 갈라놓았다면, 사울이 이스라엘의 왕정을 유지하지 못하고 다윗이 차지한 것은 필연적인 진행이라고 말할 수 있을까?

고독한 자

사울이 고통을 받은 것은 사실이지만, 고통이 사울의 삶을 변명하는 모든 것이 될 수는 없다. 사울이 스스로 잘못해서 자신을 고통스럽게 했다면, 결과적으로 고통의 대가는 피할 수 없는 당연한 것이지 않은가? 다윗도 같은 의미에서 고통을 받았지만, 그는 고통을 통해서 노래를 짓고 즐거움을 선사할 줄 알았다.[157] 고통은 그것에서 끝나는 것이 아니라, 고통을 아는 자가 고통을 극복할 힘을 갖춘다.

역사적 서술과 문학적 판단에 동의한다면, 모든 객관적 상황을 염두에 두더라도 왕으로 죽어간 사울은 우리에게 깊은 성찰의 대상이다. 성공은 우리의 시선을 잘못 오도하기 쉽지만, 실패는 현실을 직시하도록 초대하기 때문이다. 사울이 실패했다고 여길 때 우리 역시 그의 삶이 녹녹치 않았다는 것을 잊어서는 안 된다. 성공한 자에게 모든 영광과 영예가 돌아간다면, 실패한 자는 민낯으로 벌거벗긴 채 역사의 태양 아래 놓인다. 또한 역사의 주도권을 쥔 성공한 자의 어두운 속내는 가려지고 실패한 자의 비참한 모습은 드러나게 되어 있다. 역사적 사실을 왜곡하는 방식이나 위장은 어디에서나 같다. 성공을 너무 미화하거나 실패를 너무 추하게 만들어 놓는 찬양론자들의 역사는 너무 인위적이어서 자연스럽지 못하다. 성경이라도 역사적 사건과 진실을 위장하거나 비틀어 놓는다면 진실을 찾는 이들의 날카로운 시선을 피할 수 없다.

사울의 모든 약점을 고려하더라도, 그리고 부정적으로 판단한다고 하더라도 놀라운 사실은 늘 남는다. 그것은 앞에서 말했던 진술들이

157 구약성경의 시편에 다윗의 이름이 많이 붙어 있다. 시는 노래하기 위해 지어진 것이 보통이므로 다윗은 시인이자 노래하는 가수에 준한 인물이었다고 이해해도 무리는 없다.

있음에도 불구하고, 상처투성이인 허약한 영혼의 사울이 우리의 마음을 매료한다는 점이다. 다윗과 사울 사이에 무엇이 거짓이고 진실인가 구별하는 일이 의미 있는 것이 아니라, 다윗 왕정을 위해 무엇을 강조하는지 알아보는 게 더 중요하다. 종교적 판단이 사울의 모든 행위나 말을 규정할 수 없는 것처럼 그의 역사적 실재성은 문헌적 진술 너머에 존재한다. 그러한 까닭에 사울의 연약한 영혼이 비극적 아름다움을 드러내면서 우리의 시선을 잡아끄는 것은 특별한 매력 때문이 아닐까? 멋진 왕으로 살아갈 수 있었음에도 불구하고 비극적인 왕으로 전락하여 운명을 보여주는 인물이 사울이기 때문이다.[158] 성경의 이야기와 반대로 사울이 아각을 참수했다고 할지라도, 몰락을 예고한 사무엘의 신탁을 피할 수는 없었을 것이다. 사울은 자신의 의지를 거스를 수 없었을 것이고, 자신의 성향을 배반할 수 없었을 터이니까. 그래서 질문은 이렇다. 분명히 몰살하라는 명령을 받았음에도 불구하고 사울은 왜 아각을 살려 두었을까? 고전적인 신탁의 의미를 따른다면, 하느님이 당신의 분노를 터뜨리려는 적의 왕에 대해 사울이 가질 수 있는 최소한의 개인적인 연민이었을까?

대답의 단서를 얻기 위해서 사무엘서의 본문에서 굳이 멀리 나갈 필요는 없을 듯하다. 사울은 사로잡은 아각을 죽이지 않고 이스라엘 앞에서 한 집단의 왕으로서 부끄러운 고통을 받도록 했던 것은 아니었을까? 산채로 포로로 잡혔으니 아각은 이미 공개적인 수치를 경험했을 것이고, 적군의 왕 아각은 영원한 패배자로 자인하지 않았을까? 달리 말하면, 군사적 대응에서 승리만이 중요한 시절에 어떤 의미에서 죽음이 더 인간적이라고나 할까? 아각 자신도 왕으로 살아서 수치를 당하는 것보다 당당하

158 Gunn, D. M, *The fate of King Saul: an interpretation of a biblical story,* JSOT Press, 1980. 사울의 비극성은 다윗의 존재로 더욱 대조적으로 드러난다.

게 죽기를 더 원하지 않았을까? 사울 자신도 죽음에 이르러 그랬던 것처럼 아각에게 죽음은 패배의 수치에서 해방되는 것을 의미했지 않았을까? 그런데 겉으로 보이는 수치 너머의 이런 사실을 사울은 상상하지 못했을 수도 있다. 때로는 (비참하게) 살아 있음이 (용기 있는) 죽음보다 더 큰 실패가 되는 경우가 있지 않는가? 사울 자신도 필리스티아인들과 벌인 마지막 전투(1사무 31장)에서 생명을 부지하고 있을 때 적의 손에 당하기보다 죽음을 선택하지 않았던가? 자신의 경우는 생각할 줄 알지만, 타인의 경우를 고려할 줄 모르는 행동은 결국 배려할 줄 모르는 태도가 아니지 않은가?

사울에게 드러난 이 모든 것은 그가 타인을 이해하지도 배려하지도 못하는 무능이라고 말한다면 지나친 말이 될까? 그래서 사울은 사무엘의 명령도 이해하지 못했을 뿐만 아니라-성경 밖의 우리에게 모두 이해된 것도 아니지만-그에게 충직했던 다윗도 이해하지 못했던 것은 아닐까? 만약 이런 질문이 사실이라면, 사울은 자기와 함께 도모할 수 있는 친구들을 제대로 이해하지도 배려하지도 못했던 인물이라고 할 수밖에 없다. 그 뿐 만 아니라, 사울은 정신적 차원에서 친구들의 주변을 헛되게 맴돌다가 말없이 멀어진 고독한 인물이라고 말할 수밖에 없다. 더구나 사울은 제 아들과 딸도 아비의 행동을 이해하지 못해서 분노 속에 떠나보냈던 것은 아닌가? 사울은 돌이킬 수 없는 그의 잘못을 저지하려는 자식들의 뜻도 저버렸던 실수들을 기억이나 하고 있었을까?

사울은 주위의 모든 이웃들이 떠나간 뒤에 생겨난 침묵 속에 남겨졌고, 어둠 속에서 속으로만 외치는 고독한 자가 되었다. 아무도 들여다 볼 수 없고 깊이를 헤아릴 수 없는 고독이 사울의 내면에서 솟았고 그를 평생 따라다녔다. 아무도 거들 수 없고 덜어낼 수 없는 고독은 시기와 질투로 얼룩지거나, 때로는 불안한 시간으로 확장되어 사울 홀로 견디며 존재했다고 보는 게 나을 것 같다.

사울은, 아말렉의 왕 아각을 죽이지 않고 의기양양하게 불행을 맛보게 했지만, 자신이 죽음을 선택했을 때도 자신이 의지할 사람 하나 없이 남겨진 불행 속에 철저히 혼자였다. 사람은 태어날 때도, 성장통을 겪으며 살아갈 때도, 또 죽어갈 때도 예외 없이 모두 공동체 안에 존재한다. 그런데 사울은 서서히 주변의 인물들을 떠나보내며 심리적 공동체의 와해를 자신 안에서 경험하며 헤어날 수 없는 고독에 빠져들었던 사람이다. 게다가 사울은 살벌한 전장 터에서 그를 도울 사람 하나도 없는 가운데서 상처받고 죽음을 눈으로 보며 죽어갔다. 하나님의 기름부음받은이가 피했어야 할 자살은 사울을 죽음의 실행자요 동시에 죽음의 희생자로 만들었다.

이럴 때 긍정적이든 부정적이든 사울에 대해서 무엇을 말할 수 있겠는가? 오로지 사울의 죽음은 사무엘과 화해할 수 없었던 비극이었을 뿐만 아니라, 궁극적으로 야웨 하느님과 화해하지 못한 비극이었다고 말할 수 있을까 보다. 무엇보다도 우리는 사울이 왕이 된 순간부터 죽음에 이른 순간까지 먼저 자신과 화해를 했어야 하지 않았을까 상상해 본다. 자신과 화해가 불가능하다면, 자신의 정신적 지주, 혹은 멘토였던 사무엘과 주님이신 하느님과 어찌 화해가 가능할 수 있겠는가? 이런 질문을 가지고 사울을 돌아본다면, 상황이 어찌 되었든 간에 철저히 '홀로 있음'을 살았던 사울은 고독한 비극의 주인공이요 스스로 자신의 적으로 살았던 셈이다.

궁극적으로 다윗에 관한 서술이 신학적 역사 서술이었다면, 사울에 관한 서술도 신학적 성찰에 의거한 역사 서술임이 틀림없다. 그러나 사울은 다윗을 서술하기 위해 등장한 인물처럼 여겨진 까닭에 중심이 아니라, 다윗을 중심에 일으켜 세우기 위한 주변인처럼 다루어졌다. 사울은 야웨의 손에서 벗어난 인물처럼, 무대에서 퇴장하는 배우처럼, 뒤에 오는 자에게 자리를 양보하고 신에게 버림받은 자처럼, 광기에 몰려 이리저리 쫓기는 자처럼, 결국 비참한 어둠에 빠져 들어간 절망적 인간처럼 역사에 남게 되었다.[159] 야웨 하느님이 버린 자의 운명을 사울에게서 볼 수 있다면, 신명기 사가의 신학적 성찰은 성공적이라 말할 수 있다. 그렇지만 역사적 사실과 성찰 사이에 생긴 간극은 어떻게 메워질 수 있을지 오로지 신만 대답을 줄 수 있을 것 같다.

159 G. 폰 라트, 구약성서신학, 제 1권, 325쪽.

제6장

다윗과 통일왕국의 성립

제6장
다윗과 통일왕국의 성립

> 주님께서 악을 저지르는 자에게
> 그 악에 따라 갚아 주시기를 바랄 뿐이오.
> (2사무 3,39)

사울의 길과 다윗의 길은 어쩌면 출발부터 같은 길이었을 수 있으나(두 사람 모두 사무엘이 기름을 부어 세운 통치자였고 왕이 되었다.), 삶의 환경 조건은 서로 달랐다. 사울은 이스라엘에서 아무도 걷지 않았던 길, 전인미답의 길을 걸었으나, 다윗은 경쟁자의 조건을 가지고 사울의 뒤를 걸어 올라갔다. 긴장과 갈등의 상황이 전개되고 왕권을 두고 경쟁하는 위치에 서자 두 인물은 운명적으로 갈라서기 시작했다. 한 사람은 최초의 이름을 걸고 개척과 창조의 길을 걸어야 했고, 경쟁자는 그 뒤를 따르며 한순간의 약점을 찾아 파헤치고 쓰러뜨린 길을 갔다.

사무엘서가 묘사하듯이 사울이 본래 시기와 질투로 가득한 인물이었는지는 아무도 쉽게 단언할 수 없다. 역사에서 성공한 자의 기록은 일방적이고, 자기의 기록을 정당한 수단으로 삼으려는 경향이 있기 때문이다. 성공에 이른 자는 역사를 통해 자신의 성공을 미화하고, 실패한 자는 실패할 수밖에 없는 원인을 제공한 성격 파탄자로 몰아댈 수도 있다. 성공과 실패의 차원에서 권력의 속성은 두 사람의 일인자를 동시에 같은 시간과 공간에 위치시킬 수 없다. 이런 필연적 사실과 서로 모순된 기록을 남긴 성경을 조심스럽게 고려한다면, 사무엘서는 다윗 왕정 편향의 역사적 편집인 것만은 확실하다.

사울에서 다윗으로

신명기 사가의 붓에서, 다윗의 존재가 주목받기 시작하자마자 사울은 왕으로서 늘 불안에 휩싸인 위축된 인물이요 비이성적인 성격자로 묘사되기 시작했다. 심지어 오늘의 시각에서 보면 성격 파탄자로 볼 수 있을 정도로 왕으로서 권위나 성격은 기대할 수 없는 인물로 소개된다.

성경의 문자적 묘사에 기대어 판단해 보면, 사울은 다윗의 소문이 상대적으로 더욱 커지면서 불안에 떠는 인물이 되었다. 사울은 왕권을 독점한 자로서 주변 상황과 자신의 위치가 변하는 것을 불안한 시선으로 바라보게 된 것이다. 사울이 통치자로서 권력자의 약점을 드러내고 있었다면, 다윗은 권력자의 그늘 밖에서 언제나 자유롭게 처신하는 행동가였다. 이스라엘 왕정을 이끄는 사울이 국가와 백성의 안위를 근심한다면, 다윗은 오로지 사울과 갈등하며 최소한 개인적 차원에서 더 넓은 활동을 할 수 있었다.

다윗은 아비가일을 얻은 후 그가 속한 남부 지파의 추대로 지도자의 자리에 올랐고, 사울의 사후에 정치적으로나 군사적으로 지리멸렬해진 북부 지파 이스라엘마저 통합할 수 있었다. 그렇다고 일말의 저항도 없이 다윗이 아주 쉽게 사울 가문에 남은 이스 보셋의 나라를 접수할 수 있었던 것은 아니다. 비록 성경의 기록이 다윗 편향적인 역사 문헌을 남겼지만, 최소한 이스라엘의 첫 왕 사울의 영향력이 기존 세력의 중심에 잔존하고 있었다. 사무엘서는 유다와 이스라엘 지파들 사이에 벌어진 싸움이 격렬했고 다윗의 군대가 용이하게 승리를 했다고 묘사하지 않았다(2사무 2장). 다윗의 일방적인 승리는 쉽게 장담할 수 없었고, 군사적 일진일퇴의 공방만으로는 통일 과업이 얼마나 힘든 일이었는지 보여줄 뿐이다. 그래도 성경에서는 갑자기 통일은 무혈입성과 같이 찾아온 것으로 변화된 서술을 보여주는데, 이 기록은 힘만으로 북쪽 지파들의 나라 이스라엘을 제압할 수 없었던 상황을 보여준다. 사무엘서는 이러한 면에서 다윗이 이룩한 통일왕국의 완성이 다윗의 군사적 능력에 덧붙여 얼마나 정치적으로 능력이 뛰어난 결과인지 증언해 준다.

이스 보셋의 왕국이 허무하게 붕괴된 뒤부터, 다윗은 더 큰 나라가 된 왕국을 대면해야 하는 길을 걷게 되었다. 사울이 시작하고 마련했던 왕정 체제를 완벽하게 정비해야 했고, 정치적 · 군사적 능력을 키워 왕국의 안정과 번영을 확보해야 하는 임무를 시작해야 했다. 통일왕국의 수장으로서 임무를 수행하기 위해서 다윗은 늘 자신과 마주 대면해야 했으며, 대외적 환경도 왕적 삶의 중요한 변수가 되었다. 외적 환경은 군사적 정치적 차원에서 지속된 길이었다면, 사무엘서가 관심을 가지고 기술하는 다윗의 행동은 다윗의 내면을 살피고 비추는 새로운 길이 되었다.

통일 왕국의 시점까지 진행된 두 사람의 경쟁적 관계에서 발생된 결과만 보면, 슬프게도 죽음이 사울 이야기를 마감한다(1사무 31장). 갓 시작된 이스라엘 왕조사의 첫 자리를 차지하는 사울의 급작스러운 죽음은 이스라엘에 새로운 역사적 변화의 조짐이었다. 그뿐만 아니라, 다윗에게는 경쟁자가 사라진 뒤에 긴장이 풀어지듯이, 새로운 통치자의 길은 개인적 욕망을 동반하는 불행을 예고하는 조짐으로 나타났다. 사울에게 불행한 상황이 이스라엘에 다윗의 새로운 왕정을 준비하는 길이 되었듯이, 통일왕국의 성립으로 성공한 왕의 길은 엄청난 대가를 치러야 하는 길이 되었다. 삶의 희비곡선이 말해 주듯이 사울의 죽음과 그 일가의 붕괴는 역사적인 순간에 다윗 가문의 번영을 가져오는 희비가 교차하는 인간사를 말해준다. 왕권을 가진 사울과 사울 가문의 종말은 촌부의 아들로 태어난 다윗이 새로이 왕가를 형성하는 성공을 가능하게 했다. 사울의 불행이 전적으로 개인적 차원에서 시작되었듯이, 다윗도 새로운 형태의 불행한 예고가 자신에게서 시작되는 상황이 전개되었다.

다윗의 생애는 통일왕국을 차지한 후에 비로소 하느님의 길과 인간의 길이 무엇인지 희비의 쌍곡선을 그리게 되었다. 다윗은 가난한 양치기 소년에서 전사가 되고, 왕의 측근이 되어 권력의 핵심 영역으로 진입하던 순간부터 사울과 인간적 갈등에 휩싸이기 시작했다. 죽음을 무릅쓴 위험한 탈출과 도망에서 마침내 권력을 쟁취하고 성공의 정점에 이르기까지 다윗의 고단한 삶은 영광의 길을 향한 길이기도 했다. 마침내 다윗은 유다 지파의 지지로 유다의 임금이 되었고, 사울의 죽음이 남긴 공백을 틈타 전 이스라엘 지파를 아우르는 왕이 될 수 있었다.

그러나 성공의 상승과정이 정점에 이르자 사무엘서는 인생의 상승기에 보이던 서술방식에서 다윗의 삶과 인간성에 조명을 비추는 새로운 방식의 서술을 시작한다. 다음에서 우리는 간단하지만 통일왕국의 왕이 되는 과정과 왕이 된 이후에 비로소 다윗의 인간적 진면목을 본격적으로 보여줄 사건들을 간략하게 다루게 될 것이다.

유다의 임금이 된 다윗

왕권을 행사했던 사울이 죽었으니 다윗에게 두려워할 경쟁자는 거의 모두 사라진 것이나 다를 바 없었다. 그렇지만 사울이 사라졌다고 해서 곧바로 열두 지파가 일치하여 다윗을 이스라엘의 왕으로 옹립하였던가? 아니다. 전사한 사울의 남은 가족과 기존 세력이 완전히 사라진 것도 아니며, 다윗을 잘 알고 있는 이스라엘 지파들이 왕으로 받아들이기엔 아직 일렀다. 다윗은 사울 왕정에서 보면 여전히 기피대상이었으며, 위험한 도망자였고, 이스라엘의 적에게 목숨을 구걸한 인물이었다. 이스라엘에게 사울 가문의 왕권은 유일한 기존 정치조직이었고, 다윗은 겨우 유다 지파의 지지를 얻고 있을 뿐이었다.

일견 주님의 뜻으로 다윗이 왕이 되었다고 주장하지만, 불안정한 정치적 상황을 생각하면 아직 첫 발자국을 내디뎠을 뿐이다. 헤브론(칼렙 족의 수도) 중심의 유다 지파 지지로 다윗이 남부지역의 수장으로 겨우 인정되고 있었을 뿐, 북쪽 지파들은 다윗과 쉽게 일치를 이룰 수 없었다. 왜냐하면, 사울이 죽었다고는 하지만 사울 집안을 중심으로 기존 왕권 세력은 마하나임으로 옮겨갔고(2사무 2,8) 아직도 충분한 영향력을 행사하며 왕권을 유지하고 있었다. 사무엘서는 사울 가문의 세력이 약화되었다고는 할지라도 앞으로 다윗과 남북전쟁을 지속할 정도로 세력을 유지했다고 기록하고 있다. 중심 세력이 약화된 이스라엘 왕권의 약점이 드러나서 붕괴의 시점에 도달하기까지 다윗은 이스라엘 왕권을 넘겨받을 수 없었다.

이렇듯이 다윗의 위상은 아직 부분적이었고, 새로 남쪽 지파의 통치자 신분을 획득한 것은 분명하지만 전 이스라엘을 통치할 전권을 차지한 것은 아니었다. 게다가 사무엘서는 어디에서도 사울의 죽음으로 12지파의 연맹이 다윗의 손아귀에 들게 되었다고 말하지도 않는다. 열두 지파의 지지를 이끌어 내기 위해선 아직 할 일이 남아 있었으니, 북쪽 지파들의 연합세력을 해체하거나 혹은 다윗 편으로 끌어들여야 했다.

> 사울 군대의 장수이며 네르의 아들인 아브네르가 사울의 아들 이스 보셋을 데리고 마하나임으로 건너갔다. 거기에서 그는 이스 보셋을 길앗과 아수르족과 이즈르엘, 에프라임과 벤야민과 온 이스라엘의 임금으로 세웠다. (2사무 2,8-9)

다윗이 남쪽 지파의 수장으로 옹립되어 통치하고 있었다면, 북쪽 이스라엘은 살아남은 사울의 아들 이스 보셋을 왕으로 삼았다. 사울 가문에 호의를 가지고 있는 북쪽 지파들은 이스 보셋을 중심으로 흐트러진 세력을 마하나임에서 결집하려고 시도했다. 그래서 최초의 왕정이 쉽게 흔적도 남기지 않고 사라지기엔 아직 7년 반(2사무 2,11)[160] 이란 세월이 더 필요했다. 사울은 부족 중심의 연맹 체제를 왕권 중심의 통일체제로 변화시킨 이스라엘 최초의 왕이었을 뿐만 아니라, 처음으로 왕정을 이룩했던 영웅적인 인물이었다. 게다가 사울이 필리스티아인들과 벌인 길보아 전투에서 죽기는 했지만, 기존의 왕가가 단번에 멸문지화를 당한 것은 아니었다. 오히려 사울 가문이 후손을 남기지 못하고 이스라엘에서 사라진 배경에는 다윗의 교묘한 책략이 있었음을 확인한다.[161] 다윗이 서서히 이스라엘을 통일해 나가는 과

160 사울 왕정의 마지막 5년, 사울이 통치하던 시기에 이미 다윗은 칼렙 가문을 기반 위에 유다 지파의 지지로 사울과 경쟁할 수 있는 세력으로 커 있었다는 것을 반증한다. 2사무 2,10-11. 여기서 아주 짧은 숫자로 말하고 있지만, 사울의 아들 이스 보셋이 2년 반 동안 사울 이후의 왕국을 다스리고 있었다는 증언은 다윗 왕국의 성격을 말해 주고 있다. 다윗은 기존 왕국의 마지막 순간을 보기까지 치열하게 통일왕국을 차지하기 위해 달려온 것이다.

정을 보면, 다윗이 사울 가문을 어떻게 씨를 말려 가는지 보게 될 것이다. 칼렙 가문을 중심으로 유다 지파의 지지를 받고 있던 다윗 앞에 아직 사울 가문을 중심으로 형성된 세력이 다윗의 눈앞에서 버티고 있었다.

사울의 죽음으로 남쪽에서 다윗이 왕권을 새롭게 강화할 수 있었다면, 북쪽에선 남은 사울의 후손이 권력을 세습하여 세력을 유지하고 있었다. 불확실하기는 하지만 그 동안 사울의 통치에 반발했던 세력이 유다 지파였다는 것을 짐작할 수 있으며, 다윗은 이 지파(칼렙 가문)의 지지를 이용했을 수 있다. 결국, 다윗이 세운 새 나라 유다 왕국은 어떤 의미에선 기존하던 사울의 왕권에서 갈라선 세력이었다고 판단할 수 있다. 다윗의 신생 세력인 유다 왕국이 없었다면, 사울이 죽은 후에도 그를 따르던 지파들의 지지와 함께 이스 보셋을 수장으로 하는 왕국을 지속적으로 유지했을 것이다. 따라서 다윗은 사울 가문의 왕권이 완전히 해체되기까지 주도면밀하게 상황을 파악하고 대결해야만 했던 것이다.

다윗이 지금까지 지탱해 온 그의 전략적 사고와 행동 노선에 따르면, 이스 보셋의 왕권은 실제로 다윗의 정치적 수단에 농락당했을 수 있다. 적어도 군사적으로 이스라엘의 지파들은 유다 지파의 군사적 능력을 훨씬 넘어서 있었다.[162] 따라서 이런 해석의 가능성은 2사무

161 2사무 21장. 사무엘서의 부록으로 남겨진 기록이지만, 다윗이 사울 가문의 마지막을 어떻게 처리했는지 보여준다. 다윗은 사울 가문의 씨를 말리듯이 기브온 사람들의 요구를 들어주는 형식으로 사울의 후손들을 모두 죽여 없앴다.

162 '요압이 조사한 백성의 수를 임금에게 보고하였는데, 이스라엘에서 칼을 다룰 수 있는 장정이 팔십만 명, 유다에서 오십만 명이었다.' (2사무 24,9)

2장에 보이며, 이 과정이 아주 예리하고 교묘하게 묘사되고 있음을 부인할 수 없다. 사울의 장례를 야베스 길앗 사람들이 치른 사실을 알고 다윗은 심부름꾼들을 그들에게 보내 사울 왕가와 갈라서도록 유도했다.

> "여러분은 여러분의 주군 사울에게 그토록 충성을 다하여 그의 장례를 치렀으니, 주님께 복을 받으시기를 빕니다. 이제 주님께서 여러분에게 자애와 성실을 보여 주실 것입니다. 또한 여러분이 이런 일을 하였으니 나도 여러분에게 선을 베풀겠습니다. 여러분의 주군 사울이 세상을 떠났지만, 주먹을 불끈 쥐고 용기를 내십시오. 유다 집안이 나에게 기름을 부어 자기들의 임금으로 삼았습니다." (2사무 2,5-7)

사울이 죽고 경쟁자가 사라졌으니 야베스 길앗 사람들이 사울에게 진 빚은 더는 유효하지 않으며, 이제 주님의 종이 다윗이며 '기름부음받은이'가 되었으니 길앗 사람들에게 왕 노릇을 하겠다는 정치적 암시이다. 지난 세월 오랜 기간 살해와 죽음의 위험을 넘고 광야를 헤매며 시련을 극복하고 왕권을 향해 달려온 다윗이 누구이던가? 비록 사울 왕정에서 쫓겨나기는 했지만, 모두가 알고 있듯이 한때는 왕의 군대를 지휘하던 유능한 인물이 아니었던가? 다윗이 왕 노릇 하는 유다가 남쪽 지파를 대변한다면, 길앗은 북쪽이자 이스라엘과 인접한 지역이었다. 사울 왕의 장례가 끝나자 다윗은 모두에게 위로처럼 들리는 말로 이스라엘의 왕 이스 보셋의 심기를 건드리는 전략을 행한 셈이다. 이런 전략은 결과적으로 이스 보셋의 이스라엘이 다윗을 향해 전투를 먼저 시작하지 않을 수 없도록 했다. 이스라엘의 붕괴를 유도하도록 책략을 사용할 수 있는 인물이 바로 다윗이었고, 이점이 다윗의 지칠 줄 모르는 집요한 왕권 경쟁을 고조시킨 상황을 알려 주는 대목이다.

유다와 이스라엘의 갈등

지파들 중심의 한 지역에 두 나라, 두 왕, 두 왕권이 평화롭게 공존할 수 없는 것은 당연하다. 목전의 왕권을 두고 누가 자신이 누려야 할 독점적인 권리를 쉽게 포기하겠으며 편안하게 양보할 수 있겠는가? 하나의 자릴 두고 두 왕국은 병존할 수 없고, 공존할 수 없다면 두 인물은 경쟁적으로 부딪칠 수밖에 없다. 솔로몬의 사후(기원전 933년경) 이스라엘 왕국과 유다 왕국으로 다시 갈라서게 될 남북의 두 세력은 갈등으로 바람 잘 날이 없었다. 사울 집안과 다윗 집안은 두 가문의 기반이 되는 남북의 지리적 상황을 그대로 재현하며 갈등은 계속되었고, 적대적 관계는 두 집안의 성공과 몰락을 가져올 것이었다.[163]

> 사울 집안과 다윗 집안 사이의 싸움은 오래 계속되었다. 다윗은 갈수록 강해졌고 사울 집안은 갈수록 약해졌다. (2사무 3,1)

결국은 다윗 집안이 사울 집안을 누르고 통일된 왕권을 수립하게 될 것이지만, 우리는 사울 집안의 몰락이 어디에서 시작되었는지 듣게 된다. 사울 집안을 지지해 오던 무장 아브네르가 사울 집안, 곧 이스라엘 지파 연맹체의 중심 역할을 해 온 이스 보셋에게 반기를 들면서 몰락의 길로 급전직하하게 된다(2사무 3,6-21). 이 순간까지 어느 누구도 사울과 연관

163 나중에 아브네르가 이스 보셋을 배반하고, 다윗과 협정을 맺어 나라를 넘기려던 시도는, 이렇게 전쟁이 길어지고 패배의 기운이 깃들기 시작했기 때문이다. 다윗은 바로 이 낌새를 이용하여 제 발로 찾아온 아브네르를 살해할 수 있었고, 사울 왕가를 자기 수중에 떨어지도록 하는 데 성공한다. 이 과정은 다윗의 책략이 얼마나 집요하고, 정치적으로 교묘하게 진행되었는지 알려 준다. 후대의 신명기 역사가(550년경)는 다윗 권력의 정통성을 강화한 이야기로 편집하며, 이 과정에서 이야기의 모순이 만들어진다.

없이 왕의 자리에 오른다는 것은 기존 왕조에 반기를 드는 행위였다. 다윗이 남부 유다를 통치하는 자리를 차지하기는 했으나, 사울 왕정이 존립하는 동안에 다윗 왕권은 아직 대립왕권일 뿐이며 심지어 반체제세력으로 이해될 수 있었다. 따라서 기존하는 사회적 관계, 이념, 체제 등을 뒤엎을 의지가 없다면 다윗의 행동은 생각조차 할 수 없는 일이었다. 현재의 왕권에 도전하는 일은, 사울과 다윗에게 기름부음을 행했던 사무엘 예언자도 두려워했듯이, 반역이며 목숨을 건 위험한 행동이었다. 그런 의미에서 비록 힘은 지니고 있지만 그럴 수 없는 아브네르는 자신이 아니라, 이스 보셋을 왕으로 내세웠던 것이다. 다윗도 마찬가지로 사울 왕가와 관련을 맺기 위해 이미 남의 여자가 되어 버린 사울의 딸 미칼을 원했고, 강제로 데려와 자신의 여자로 만들지 않았던가?

참고로 다윗이 넘어야 할 마지막 인물 이스 보셋은 후대에 남겨진 사울 가문의 수치로 기록되었다고 여겨진다. 사울이 평생 애써 가꾸어놓은 왕정을 힘없이 다윗에게 넘겨준 부끄러움을 조롱한 편집자의 고의성이 엿보이는 이름이다. 독자는 이미 사울이 그 세 아들과 함께 전장터에서 죽은 사실(1사무 31)을 잘 알고 있다. 더구나 1역대 10,6은 사울과 세 아들뿐만 아니라 그의 온 집안이 죽었다는 기록을 강조한다. 그렇다면 어쩌다 사울의 왕위를 이어받은 이스 보셋은 누구인가?[164]

1사무 31,2에서 언급된 사울의 죽은 세 아들은 요나탄, 아미나답, 말키수아이고, 1사무 14,49에서 언급된 아들들의 이름은 요나탄, 이스위, 말키수아이다. 1역대 8,31과 9,39에는 사울이 아들 넷을 두었으며, 이름은 요나탄 아미나답, 말키수아, 에스바알이라고 부른다. 어근으로 본다면 이스위나 에스바알은 모두 '주님(야웨, 바알)의 사람'으로 같은 뜻이 되고, 바

164 Tob, 1사무 14,49의 주석 참조.

알은 이스라엘에서 금지된 우상이다. 또 이스 보셋이란 이름에서 어느 정도 편집적 고의성과 사울 왕정의 운명을 예견할 수 있는데, 히브리어 이름 보셋(*bosheth*)은 '혐오' 혹은 '수치'를 의미한다. 따라서 이 기록들을 종합하면, 이스 보셋과 에스바알과 이스위는 같은 인물을 지칭하는 이름들이며, 바알의 사람은 이스라엘의 신앙에서 수치의 사람(이스 보셋)과 동일인으로 파악된다. 그래서 2사무 2에 등장하는 이스 보셋은 사울 가문의 명맥을 잇는 인물로 아브네르의 꼭두각시 왕으로 등장한 것이다. 그렇다면 아브네르의 꼭두각시가 되어버린 이스 보셋은 사울 가문의 수치를 암시하기 위해 붙인 이름일 뿐인가?

아브네르 사건

사무엘서의 이야기를 따르면, 남북 왕국의 극적 변화는 전혀 예상치 못한 곳에서 이렇게 시작되었다. 이스 보셋을 왕으로 세운 아브네르가 사울 왕의 후궁이었던 아야의 딸 리츠파를 범한 사건이 벌어졌다. 왕의 여자와 잠자리를 한다는 성경의 고발은 왕이 아닌 자가 왕권에 도전한다는 것을 의미한다. 말하자면, 아브네르의 행동은 사울이 지금은 살아 있지 않은 까닭에 가능했고 이스 보셋을 왕으로 여기고 싶지 않았던 태도를 나타낸다. 아브네르에게 사울 왕의 후궁은 이제는 세상을 떠난 사울 왕의 여자로 보이지 않았다. 더구나 이스 보셋은 사울의 아들이기는 해도 알다시피 왕가의 권한을 지키지 못한 인물로 묘사되지 않았던가? 성경은 단순히 아브네르의 도덕성이나 잘못을 지적하려고 이 기사를 전하는 것은 아니다. 군권을 쥐고 있는 장군이 자기가 지키고 보호하는 허수아비 왕조를 대표하는 이스 보셋의 왕권에 도전하는 것으로 알게 하는 것이다.

아브네르가 이스 보셋을 이스라엘의 왕으로 세운 까닭을 살펴보면, 두 가지 간단한 이유가 떠오른다. 첫째, 사울이 죽고 없지만 당장 왕권을 취할 수 없다는 현실적 이유가 있다. 만약 이스 보셋을 밀어낸다면 지파들 간에 발생할 갈등과 긴장을 쉽게 안정시킬 수 없다. 둘째, 유다 지파를 대표하는 다윗이 남쪽 왕국을 이루고 이스라엘을 대적하고 있었다. 이런 상황에서 아브네르는 포기할 수도 없고 취할 수도 없는 사울 집안의 왕권을 단번에 다윗에게 내주고 싶지 않았을 공산이 크다.165

정치인이자 전략가인 다윗의 시선으로 보면, 아브네르는 전 이스라엘을 지휘하고 통솔하는 적대 세력의 중심에 있는 인물이다. 이스 보셋이 사울 가문을 정치적으로 대표한다면, 아브네르는 실질적인 군권을 행사하며 이스라엘의 수문장 역할을 하는 인물이다. 따라서 다윗의 마지막 근심은 이스 보셋의 왕정을 움직이는 아브네르의 행동과 영향력에 있었다고 말할 수 있다. 아브네르의 정치적 위상이 이러했으므로 그가 요압에 의해 제거되었을 때 누구보다도 기뻐했을 사람은 다윗이었을 것이다. 그런데 아브네르의 살해를 두고 다윗의 무고함을 강조하는 사무엘서의 분위기는 독자의 기대와 사뭇 다르다. 이런 점이 사무엘서의 기록이 다윗을 변호하는 왕조사로 흘렀음을 짐작하게 한다.

한편, 아브네르는 사울이 죽었으니 자신의 힘으로 만든 왕 이스 보셋 또한 지켜 내고 보호해야 할 왕으로 보지도 않았을 것이다. 이런 상황이었으니, 아버지 사울도 죽고 힘도 없는 이스 보셋은 자신을 왕으로 내세운

165 사울 이후 이스 보셋을 밀어내고 왕권을 취한다면 아브네르는 다윗에게 비난의 빌미를 제공할 수 있다. 또 현실적으로 기존 왕가의 군권을 쥐고 있는 자로서 아브네르는 사울 왕을 피해 도망 다니던 다윗에게 왕국을 넘기고 싶지 않았을 것이다.

장수 아브네르를 무서워하지 않을 수 없었다.[166] 이런 정황은 이스 보셋이 아브네르의 말에 눌려 아브네르의 잘못을 지적해 놓고도 그의 반발에 대꾸하지 못한 사실에서 짐작할 수 있다. 부왕의 후궁을 건드린 아브네르에게 '*장군은 어찌하여 내 아버지의 후궁을 범하였소?*'(2사무 3,7) 하고 질책하자, 아브네르가 몹시 화를 내며 대꾸하였다.

> "내가 유다의 개 대가리란 말이오? 오늘날까지 나는 당신의 아버지 사울의 집안과 그분의 형제들과 친구들에게 충성을 다하였고, 당신을 다윗의 손에 넘어가지 않게 하였소. 그런데도 당신은 오늘 한낱 여자에 관한 잘못을 들어 나를 꾸짖으시오? 주님께서 다윗에게 약속하신 일이 있는데 내가 그것을 하겠소. 그러지 않으면 하느님께서 이 아브네르에게 벌을 내리시고 또 내리실 것이오. 그 일은 이 나라를 사울 집안에서 거두어, 다윗의 왕좌를 단에서 브에르 세바에 이르기까지 이스라엘과 유다 위에 세우는 것이오." (2사무 3,8-10)

이스 보셋은 자기 아버지 사울의 후궁을 범했다고 아브네르의 행동을 지적했지만, 아브네르의 무지막지한 말 한마디에 아무런 대꾸도 하지 못했다. 말하자면, 사울의 후궁이었던 리츠파는 왕의 여자가 아니라 아브네르에게 한낱 '여자'에 불과했다. 이런 상황에서 왕권의 권위는 제대로 행사될 수 없었고, 오히려 사울 집안의 왕권은 처참하리만큼 위태해졌다. 아브네르는 자신이 내세운 사울 가문의 왕을 무시했을 뿐만 아니라, 이스라엘을 다윗에게 넘겨준다고 선언까지 해버린 것이다.

---

166 2사무 2,10은 이스 보셋이 40세였다고 전하지만, 1역대 8장과 9장에서 네 아들 중에서 마지막 자리에 위치한 것을 짐작하면 막내가 아니었을까? 따라서 사무엘서가 앞의 세 아들만 언급한 까닭은 이스 보셋은 전장 터에 나가 싸울 수 없었던 어린 나이가 아니었을까 짐작해 볼 수 있다. 이런 추정은 그가 아브네르와 만나서 행한 대화에서도 엿보인다.

이 사태를 기점으로 이스 보셋의 사울 왕정은 스스로 자신을 지킬 수 없다는 게 분명해졌다. 이스 보셋 왕권의 붕괴는 기정사실화되었고, 시간문제일 뿐이란 것이 확실해졌다. 아브네르는 이제 사울 가문의 왕권이 무너지는 촉진제 역할만 하면 자기의 역할은 끝날 것이다. 아브네르는 이 순간부터 이스 보셋의 장군도 아니며, 그에게 머리를 숙이는 신하가 아니었다. 그는 다윗을 찾아가 이스라엘을 넘기겠다고 약속했고, 이를 실행에 옮기고자 사울의 딸 미칼을 요구하는 다윗에게 그의 요구를 들어줄 약속도 했다. 그렇지만 아브네르는 다윗에게 한 자신의 약속을 행동으로 옮기기도 전에 비참한 최후를 맞이했다. 그는 요압의 동생 아사엘을 죽인(2사무 2,23) 피의 대가로, 성경의 텍스트에 따르면, 다윗의 명령을 넘어 복수의 집념에 사로잡혀 있던 장군 요압에게 살해되고 말았다. 마치 다윗의 열망을 요압이 들어주듯이 사울 왕가의 체제가 무너질 기반이 완성되었다.

그러나 우리의 문학적 상상력과 성찰에 따르면, 다윗에게 반드시 필요한 사건이 시간에 맞추듯이 발생했다면, 이 상황은 역사적으로 의문이 생기지 않겠는가?167 아브네르가 살해당하기까지 이야기를 비판적으로 요약하면 이렇다. 아브네르가 한 나라의 군권을 희생하면서 자신이 내세운 이스 보셋과 이리도 쉽게 갈라섰다는 사실은 쉽게 수긍하기 어려운 이야기이다. 아브네르는 자신의 힘으로 이스 보셋을 언제나 갈아치울 수 있었고, 자신이 기존 왕가의 권력을 빼앗을 수도 있었다. 이런 상황에서 적수인 다윗에게 나라를 넘겨준다는 것은 역사적으로 더욱이나 믿기 어려운 것이 사실이다. 아브네르가 살해당하는 사건이 역사적으로 신빙성

167 Steven L. Mckenzie, 118쪽. 결국 아브네르가 죽였다는 요압의 동생 아사엘은 요압이 아브네르를 왜 죽여야 했는지 이야기의 흐름에 동기를 부여할 뿐이다. 요압의 개인적 복수로 가려진 진실은 다윗이 요압에게 명령을 내려 살해했을 것이라는 상황적 추론이 가능해진다.

이 있으려면, 아마도 다윗이 아브네르를 꾀어내어 살해했다면 아주 자연스럽게 이해할 수 있는 사건이 된다. 만약 다윗이 관련되었을 사실을 제외시키려면, 요압 같은 인물을 내세워야 했을 것이며 아브네르가 타살당했다고 소문을 내는 것이 더 쉬웠을 것이다.

다윗의 불안, 두 번째 권력자 요압

요압이 다윗의 말을 거슬러 아브네르를 죽인 행동은 개인적인 복수이지만, 동시에 왕의 권위를 무시한 행동이었다. 이 경우 다윗 왕정의 정통성을 옹호하는 편집의 가능성이 훨씬 용이해지고 변명이 가능해진다. 과연 다혈질의 장군이 노회한 왕을 무시하며 행동할 수 있을 만큼 다윗의 왕권이 허약했다고 말할 수 있을까?

어쨌든 요압은 다윗이 아브네르의 약속을 받고 그를 살려 보낸 다윗을 비난했다고 기록하고 있다. 어떻게 그런 일이 가능했을까?

> 도대체 임금님께서는 무슨 일을 그렇게 하셨습니까? (2사무 3,24)

기록에 의하면, 다윗의 장수인 요압은 분노를 참지 못하고 제 동생 아사엘을 죽인 아브네르의 뒤를 쫓아가 복수하고 말았다(2사무 3,27). 아브네르가 이스 보셋을 세워 놓고 그를 무시한 것처럼, 요압도 자신의 세력을 믿고 왕인 다윗의 말을 무시할 수 있었을까? 아브네르가 자신의 군주인 이스 보셋을 무시하고 배반하여 다윗에게 넘기려 했듯이, 요압도 자신의 군주인 다윗을 무시하는 그런 인물로 묘사가 가능한 것일까? 사무엘서는 마치 요압이 언제 다윗을 무시하고 배반하여 죽음에 넘길지 모르는 위험한 인물로 그려냈다. 이젠 다윗 왕정을 보호하기 위해서 자기 멋대로 행동한 요압은 '죽어야 할 인물'168로 예고되기에 이른 것이다(1열왕 2).

이 상황에서 다윗은 자신의 부하를 다스려야 했겠지만, 그렇다고 왕의 뜻대로 일이 진행되지도 않았다. 상황을 민감하게 깨닫고 있는 다윗은 즉각 해결할 수 없는 요압에 맞서 결코 어리석게 행동하지 않았다. 어떻게 하면 군사력을 믿고 날뛰며, 자신의 상관인 다윗 왕을 무시한 요압을 제압할 수 있을까? 최고 권력자의 자리에 거의 도달한 다윗은 힘만 믿고 행동하는 요압을 무너뜨릴 방법을 찾아야 했다. 다윗을 보면 용맹한 자는 오로지 용맹에만 의존할 것이 아니라, 삶의 지혜에 의지할 줄도 알아야 한다.

다윗은 최악의 순간에 군사들 앞에서 아브네르의 죽음을 슬퍼하고, 이스라엘 세력을 자기편으로 만들 수 있는 기회를 만들었다. 만약 다윗이 요압에 대항하기 위해 힘을 사용한다면, 요압에게 밀릴 수도 있었던 것일까? 다윗은 요압을 탓하기 전에, 이상하리만치 모든 이 앞에서 요압의 행동이 개인적인 복수였으며, 아브네르의 죽음은 왕의 의사가 아님을 강조한 것이다. 겉으로 드러난 이야기는 많은 군사들을 울린 다윗의 감동어린 말로 수식되어 있지만, 아브네르의 죽음을 암시하는 암호 같은 말을 숨겨 두고 있다. 다윗이 요압을 죄인으로 고발하고 있는 왕의 말이라면, 요압의 태도나 말이 여러 사람 앞에서 표현되었어야 하지 않을까?

168 1열왕 2,28에 따르면, 요압이 죽음의 위협을 느낀 이유는 솔로몬의 경쟁자였던 왕자 아도니야를 지지했기 때문이다. 이어서 '요압은 나의 아버지 다윗께서 모르시는 사이에, 자기보다 의롭고 나은 두 사람, 이스라엘 군대의 장수 네르의 아들 아브네르와 유다 군대의 장수 예테르의 아들 아마사를 칼로 내려쳐 죽였소.'(32절)라는 솔로몬의 말을 전한다. 32절의 표현은 내용도 그러하지만, 앞의 문맥과 잘 어울리지 않으며 부자연스러운 게 사실이다.

다윗이 요압과 그가 거느린 모든 군사에게 일렀다. "너희는 옷을 찢고 자루옷을 두른 채 아브네르의 주검 앞에서 애도하여라." 그러고 나서 다윗 임금 자신도 상여 뒤를 따라갔다. 아브네르를 헤브론에 장사 지낸 다음, 아브네르의 무덤에서 임금이 소리 높여 우니 모든 군사도 울었다. 임금은 아브네르를 생각하며 이런 애가를 읊었다. "어리석은 자가 죽듯이 아브네르가 그렇게 죽어야 했더란 말이냐? 그대의 손이 묶이지도 않았고 그대의 발이 쇠고랑에 차이지도 않았는데 불의한 자들에게 맞아 쓰러지듯 쓰러졌구나." 그리고 모든 군사가 다시 그를 생각하며 울었다. (2사무 3,32-34)

사실 아브네르를 살해한 요압의 책임을 묻는 것이긴 하지만, 이 사건은 다윗의 생애를 되돌아보게 하는 행위였다. '*어리석은 자가 죽듯이 아브네르가 죽어야 했단 말인가?*'에서 '*어리석은 자*'는 히브리어에서 나발(*nabal*)로 읽힌다. 이 단어 나빌은 비록 사람의 이름으로 읽을 것이 아니지만, 다윗이 자신의 여자가 된 아비가일의 죽은 남편을 암시하지 않는가? 그렇다면 이 문장은 나발이 죽듯이 아브네르도 죽어야 했단 말인가? 로 읽힌다.[169] 평범한 듯이 기술된 본문을 문장에 숨어 있는 암호를 해독하듯이 읽는다면, 두 사건의 당사자들은 다윗과 관련해서 암살당한 사건의 피해자들이다. 이렇게 읽어갈 때, 다윗이 임종 시에 나이든 요압을 살해할 솔로몬에게 유명으로 남긴 유언도 다시 해석할 필요가 있다. 달리 말하면, 왕위 계승과 관련해서 요압의 죽음은 솔로몬을 지지하지 않은 보복성 대가가 아니었을까? 문헌이 왕조사의 특성을 유지하고 있다면, 이런 해석은 자연스럽게 공개된 비밀로 암묵적인 일치가 필요했다고 볼 수 있다. 왜냐하면, 이런 무례한 경우를 제쳐 두고 오랜 세월이 지난 뒤에 노인이

169 Steven L. Mckensie, 122쪽.

되었을 요압을, 자신이 처리하지 않고 아들에게 죽여 달라는 아비가 어디 있겠는가?

앞에서 말할 수 없는 비밀의 문을 열듯이 묻는다면, 삶과 죽음이 엇갈리는 냉혹한 정치적인 환경에서 과연 누가 암살을 주도할 수 있었겠는가? 권력의 유지에 매진할 수밖에 없었을 다윗 왕조는 이런 질문에 함구하거나 은폐하려는 시도를 했을 것이 틀림없다. 따라서 역사적 사실에 충실한 편집자의 텍스트는 질문의 여지를 남기면서 이야기의 기록에 단서를 남겼을 것으로 생각하지 않을 수 없다.

어쨌든 이 순간까지 요압의 존재가 다윗의 마음을 짓누르고 있었다면, 한순간에 다윗은 상황의 반전을 가져온 것이다. 이 순간의 장면까지도 요압이 지휘하는 군사들이 상황을 지배하고 있었다는 것을 알 수 있다. 겉으로 드러난 본문만 본다면, 다윗의 왕권이라도 군사력이 없다면 유지될 수 없음을 분명히 눈치 챌 수 있다. 군사들은 적을 향해서 용감한 이들이지만, 전쟁 상황이 벌어지지 않는 한 명령에 복종하는 단순한 사람들이다. 전략가요 정치적 술수를 터득한 다윗은 아마 이 단순한 사람들을 움직일 수 있는 방법을 이미 터득하고 있었던 것이 아닌가?

다윗은 성장 과정에서 자기의 입지를 잘 알아서 챙겼듯이 영민한 사람이요, 타고난 정치적 감각을 가진 사람이다. 첫 단계에서 다윗은 아브네르의 죽음을 두고 하마터면 의구심이 될 소지를 성공적으로 없애버렸다. 불의한 자들에 의해 야기된 아브네르의 죽음이란 사실을 공포하듯이 다윗은 오인될 가능성을 돌려놓았다. 많은 사람이 있는 앞에서 다윗의 외침은 아브네르를 죽인 자들이 요압과 그의 측근이었다는 걸 밝혔다. 그렇다고 해서 다윗이 그 죽음으로 파생될 오해들을 완벽하게 제거할 수 있었을까? 의구심은 그것과 연결된 다른 의구심을 낳으며 복잡한 실타래를 풀어가듯이 이어진다. 다시 두 번째 단계에서 다윗은 그들의 마음을 아주 돌려

놓을 수 있어야 했다.

곧 이어서 사무엘서는 다윗의 행동을 이렇게 묘사한다.

> 때는 낮이었다. 군사들이 모두 와서 다윗에게 음식을 들라고 권하였다. 그러나 다윗은 이렇게 맹세하였다. "내가 만일 해가 떨어지기 전에 빵이나 그 밖의 어떤 것이라도 맛본다면, 하느님께서 나에게 벌을 내리시고 또 내리실 것이다." 군사들이 모두 이를 알게 되었는데, 그것은 그들이 보기에 좋았다. 임금이 하는 일은 무엇이나 모든 군사가 보기에 좋았던 것이다. 그리하여 그날 모든 군사와 온 이스라엘은, 네르의 아들 아브네르를 죽인 것이 임금의 뜻이 아니었음을 알게 되었다. (2사무 3,35-37)

여기서도 다윗은 과장된 행동으로 보일 만큼 이스라엘의 적장인 아브네르를 위한 애도를 보여준다. 사무엘서는 다윗의 행동이 요압이 지휘하는 모든 군사의 마음을 사로잡았다고 분위기의 전환을 알려 준다. 군사들은 왕의 심정을 느꼈고, 왕과 함께 할 준비가 되었다. 요압은 군사들의 직계 상관이지만, 다윗은 군사들에게 분명 요압의 임금이다. 이렇게 다윗의 전략적인 태도 하나로 모든 군사의 마음은 다윗에게 돌아섰다. 그들의 시선은 이미 요압에게서 왕에게로 향했다. 아브네르를 죽인 것이 왕의 뜻이 아니라면, 누구의 뜻이란 말인가? 문헌만 본다면 다윗과 요압 사이에 이미 불편한 관계가 서성거리기 시작했다. 후에 요압이 제거되어야 한다면 이번 사건은 작은 불씨가 집 하나를 일거에 태워 버리듯이 그렇게 작용할 것이다. 다윗의 행동으로 왕이 아브네르의 죽음을 불러온 주인공이 아니란 것이 그의 목표였음이 밝혀졌다.

이제 다윗은 아브네르의 죽음에 대한 과장된 슬픔(?)을 자기 부하들과 이스라엘에게 보여주고 마음을 일시적이나마 사로잡을 수 있었다. 그렇다고 왕의 호소로 요압과 그의 세력을 당장에 제압할 수 있었던 것은 아니었다는 게 기록의 전말이다.

> 임금이 신하들에게 말하였다. "그대들은 오늘 이스라엘에서 위대한 장수 하나가 쓰러진 것을 모르오? 내가 비록 기름부음 받은 임금이지만 오늘은 이렇게 약하구려. 츠루야의 아들들인 이 사람들이 나에게는 너무 벅차오. 주님께서 악을 저지르는 자에게 그 악에 따라 갚아 주시기를 바랄 뿐이오." (2사무 3,38-39)

정말 다윗은 왕인 자신의 말을 거스를 수 있는 요압이 넘어서기 어렵고 더욱 강하게만 보였을까? 그렇다면 왕의 말을 거스를 수 있는 사람, 자기 뜻대로 아브네르를 죽일 수 있었던 장수, 요압은 다윗에게 당장 두려운 존재가 아닐 수 없다. 다윗은 짐짓 연극을 통해 요압의 군사적 위력을 일시적으로 무력화시킬 수 있었지만, 언제 다시 이들이 자신에게 무력시위를 해올지 모를 일이었다. 그가 군사를 지휘하고 다닐 때 자신의 위세를 드러낼 수 있었다면, 이젠 유다 지파의 지지만이 다윗의 안전을 확고하게 만들 수 있을 뿐이다.

츠루야의 아들, 곧 요압과 그의 세력은 마음만 먹으면 언제나 왕에게 달려들 수 있었다는 다윗의 고백이다. 그래서 다윗은 요압보다 약한 자신의 처지를 고백하지 않을 수 없었던 것일까? "*내가 비록 기름부음 받은 임금이지만 오늘은 이렇게 약하구려. 츠루야의 이 사람들이 나에게는 너무 벅차오*" 그리고 다윗은 말을 덧붙였다. "*주님께서 악을 저지르는 자에게 그 악에 따라 갚아주시기를 바랄 뿐이요.*" (39절) 편집자가 추가한 말일지 모르나, 다윗의 말은 그가 요압에 대해 불안 속에서 하소연했듯이 미래엔 자신에게 적용될 진실이었다.

사실 이 말(39절)은 요압을 향한 요청일 수 있지만, 다윗의 생애에 발생할 사태들에 대한 예언적 선포이기도 하다. 왜 그러할까? 편집자는 앞으로 진행될 다윗 왕권의 형성 이야기에서 왕권을 비판할 권리를 예언자에게 맡겨 놓고 있기 때문이다. 더구나 왕조사의 기록에서 아주 중요한 요소인 비판의 기능은 개인적 차원에서 비판의 빌미가 될 다윗의 행동을 전제하고 있다. 아마도 편집자는 왕조사의 기록을 통해서 자신의 이름으로 드러낼 수 없는 비판의 핵심적인 내용들을 군데군데 삽입해 놓았다는 인상을 준다.

어쨌든 아브네르와 관련해서 발생한 다윗과 요압의 갈등은 세 단계로 진행되었으며, 마지막 단계에서 우리가 듣게 된 다윗의 말을 음미해 볼 필요가 있다.

1) 다윗이 아브네르를 살려 보낸 처사를 요압은 심하게 비난했다. (2사무 3,24-25)
2) 요압은 왕인 다윗의 의도를 거슬러 이미 다윗의 허락을 받고 떠난 아브네르를 되돌아오게 한 후 살해했다. (3, 27)
3) 요압의 복수 행위를 알고 다윗은 저주를 퍼부었다. (3,28-29)

좀 더 구체적으로 다윗 자신이 요압에게 퍼부은 저주는 무엇을 가리킬까? 저주의 말을 들어보면, 일견 다윗이 요압에게서 얼마나 큰 두려움을 느꼈는지, 아니면 얼마나 깊이 모멸감을 느꼈는지 짐작할 수 있다. 그러나 알고 보면, 다윗은 대놓고 요압에게 저주를 퍼부은 것이 아니고, 단지 '*나중에 그 소식을 듣고*' (2사무 3,27) 말했을 뿐이다. 그만큼 다윗은 2인자 요압을 신하로 행동한 인물로 본 것이 아니라, 왕의 자리를 위협하는 존재로 이해한 것으로 묘사되었다.

> 그 죄는 요압의 머리와 그의 아버지 집안 전체에 닥치리니, 요압의 집안에는 고름을 흘리는 자와 악성 피부병 환자, 물레질하는 자와 칼에 맞아 쓰러지는 자와 양식이 없는 자가 끊이지 않을 것이다. (2사무 3,29)

다윗은 전 이스라엘의 지지를 얻기 위하여 아브네르의 죽음을 부하인 요압에게 덮어씌울 음모가 필요했던 것이 아닐까? 요압을 제거한 이후에 비로소 불안을 떨쳐버릴 수 있었을 왕정의 현실이, 유다와 이스라엘을 얻고 통일국가를 만들어가던 시기에도 필요했다.

사실 다윗은 아브네르 사건만 보더라도 대단한 전술가이며 전략가라고 말하지 않을 수 없다! 작은 행동을 두고 요압을 탓할 수는 있었지만, 평생 다윗 자신을 위해서 애쓴 요압을 버림으로써 온 이스라엘을 얻고 왕권을 획득한다. 더욱 우리의 시선을 끄는 행위는 다윗이 자신의 권위를 넘보는 요압을 이스라엘의 원수로 만들어 버렸다는 점이다.

사울 가문의 소멸: 이스 보셋의 죽음

한편, 앞에서 언급한 바대로 내부적으로 요압의 세력에 불안한 정치적 위기감을 느끼고 있었다면, 다른 한편으로 사울 가문의 이스라엘은 형식적으로나마 다윗에게 바깥의 위협이었다. 완전한 통일왕국의 성취와 주변 민족들의 존재감이 사그라질 때까지 필요한 것은 아직도 군사적 능력이었다. 그런데 다윗에게 지파들의 갈등을 잠재우고 하나의 통일왕국을 세울 기회가 마침내 찾아왔다. 경쟁 세력인 이스라엘의 이스 보셋이 어처구니도 없이 부하 장수의 손에 살해당했다는 소식이 다윗에게 날아 들어왔다. 브에롯 사람 림몬의 두 아들 바아나와 레갑이 이스 보셋을 암살하고 목을 베어 헤브론에 자리 잡고 있던 다윗을 찾아온 것이다. 그렇다면 벤야민 지파의 사람들이 다짜고짜 아무런 이유도 없이 벤야민 지파의 출신 가문의 왕을 살해할 이유가 있었던가?

2사무 4장이 전하는 이스 보셋의 죽음에도 앞에서 전하는 사건들처럼 의문이 사라지지 않는다. 이스 보셋은 다윗이 완전한 왕권에 다가가는 길에 남은 현실적 마지막 장애요인이었다. 어떻게 이 절묘한 시기에, 다윗에게 꼭 필요한 시점에 이런 일이 발생할 수 있을까? 마치 계산된 시나리오의 일정에 따라, 그리고 겉모양은 우연하게 발생하듯이 같은 지파인 벤야민 사람 둘에 의해 살해당한 것이다. 2사무 1장의 사울의 죽음 이야기처럼, 이를 뒷받침하는 다윗의 태도, 곧 다윗은 사울의 아들 이스 보셋의 죽음과 아무런 관련이 없다는 증거로 두 사람을 즉각 처형했던 것이다. 암살의 동기에 대한 두 벤야민의 증언을 남기지 않고 처형한 까닭을 누가 다시 꺼낼 수 있단 말인가?

어떻게 생각하면 다윗이 느낄 수 있던 최대의 내부 위협이 이스 보셋에게 현실로 나타난 것이니 달리 설명할 필요는 없다. 만약 요압이 다윗에게 잠재적 위협이었다면, 죽기 전의 아브네르는 이스 보셋에게 현실적 위협이었을 것이다. 그런데 이스 보셋을 새로이 이스라엘의 왕으로 세운 아브네르가 요압에게 살해당했고, 이스라엘은 기둥을 잃듯이 불안한 정치적 상황을 맞이하였다. 아브네르의 군사적 기둥 역할이 사라진 현실에서 이스 보셋은 그를 둘러싸고 있던 모든 이가 잠재적 위협이 되었던 것을 자각하지 못했을까? 사무엘서는 아주 짧게 사건을 서술할 뿐, 아무런 설명을 덧붙이지 않았다. 너무나 어처구니없이 보호자가 없는 상황에서 이스 보셋의 살해가 발생했고, 우연처럼 발생한 살인이 한순간에 사울 가문을 역사에서 사라지게 만들었다.

그러나 이스 보셋의 암살을 둘러싼 어이없는 상황의 묘사는 많은 의구심을 불러일으키는 것이 틀림없다. 하찮던 인물들조차 이스라엘의 왕 이스 보셋을 죽일 수 있었던 상황은 우리에게 몇 가지 질문을 낳는다. 하나, 이스라엘 왕이 죽은 뒤 단 한 번에 모든 권력을 쥐게 될 다윗 편에서 벌인 음모의 결과가 아닐까? 둘, 정말 이스라엘의 사울 왕정이 마지막 순간에 허무하게 암살당할 정도로 그렇게 불안한 정정을 살았을까? 셋, 벤야민의 두 젊은이가 배반할 정도로 어떤 이유가 있었는지, 혹은 이유가 납득될 만한 상황이 있었는가?

이런 질문들을 경시할 수 있으려면, 유다와 이스라엘의 현실적 상황을 납득할 수 있어야 하지 않을까? 독자는 다윗을 추대한 남부 유다와 이스 보셋의 북부 이스라엘 사이의 갈등을 언급해 주는 본문을 피할 수 없다. '*사울 집안과 다윗 집안 사이의 싸움은 오래 계속되었다.*'(2사무 2,1)는 말을 어떻게 알아들을 수 있겠는가? 비록 '*다윗은 갈수록 강해졌고 사울 집안은 갈수록 약해졌다.*'(2,1)는 강조가 덧붙여 있지만, 이스라엘은 아직 강건했던 것이다. 이스라엘 안에 분열의 조짐이나 친 다윗 성향의 운동이 있었던 것으로 보이지 않는데, 암살처럼 판단되는 왕의 죽음이 발생했던 것이다. 석연치 않은 돌발 상황이 독자의 머리를 누르지만, 성경의 편집자는 여타의 설명도 없이 이스 보셋의 죽음을 내부의 갈등이 폭발한 것처럼 서술했다. 왕권을 다투고 갈등을 빚고 있었던 상황이 아니라면, 이런 사태는 이해하기 어려울 수밖에 없다.

의문스러운 질문을 잠시 뒤로 미루면, 왕권을 향해 쉼 없이 달려온 다윗에게 이스 보셋의 사태는 열두 지파의 연합을 의미하는 통일왕국으로 넘어가는 기회일 뿐이다. 다윗은 지파들의 갈등을 화해의 기회로 삼고 유다 지파의 지지와 전 이스라엘 지파가 받드는 통일왕국을 일으킬 천우신조의 새로운 기회를 얻게 된다. 이스 보셋의 죽음이 어떻게 발생했든 이스라엘의 왕이 사라지고 유다의 왕만 남은 시점에서 지파들의 혼란은 다윗에 의해 통일왕국을 선언하는 기회로 돌변하지 않겠는가?

그러나 통일왕국은 다윗의 노력으로 성립하겠지만, 칼로 얻은 성취는 유다와 이스라엘의 마음을 끝내 하나로 모을 수 없었다는 게 후대의 결과이다. 솔로몬 사후 내재해 있던 갈등의 위험이 마침내 폭발하였고, 남쪽 지파와 북쪽 지파 사이에 상존하던 갈등은 북 왕국과 남 왕국으로 분열되었던 것이다.[170]

다윗은 죽어가는 사울의 몸에 손을 댄 아말렉 사람을 쳐 죽인 것처럼(2사무 1, 11-16), 이번에도 적대 세력의 대표자이며 사울의 아들인 이스 보셋을 살해한 자들을 쳐 죽였다.

> 악한 자들이 자기 집 침상에서 자는 의로운 사람을 살해하였는데, 내가 어찌 그 피에 대한 책임을 너희 손에 묻지 않으며 이 땅에서 너희를 없애버리지 않겠느냐?" (2사무, 3,41)

다윗은 짐짓 이스 보셋을 의로운 이로 추켜세우며 그의 죽음을 애도하였고, 사울 집안을 위하듯 이스라엘의 왕을 살해한 자들에게 원수를 갚듯이 행동했다. 다윗의 정치적인 술수[171]를 설명해 주는 핵심적인 사건을

---

170 추정의 연장선상에서 다윗이 통일한 왕국이 순리에 의해 진행되었더라면, 솔로몬 사후에 두 왕국으로 되돌아가는 분열이 가능했을까? 역사가에게 맡겨야 할 의심이지만, 이스 보셋의 죽음이 당시에 (문헌상으로 기록되지 않았기 때문에) 많은 의구심을 자아낸 사건이 아니었을까?

171 2사무 11장. 자신의 욕망을 채우기 위해 교묘한 방법을 통해 우리야를 암몬인들과 벌인 전투에서 죽게 한 사건.

나중에 보겠지만, 자신의 손에 피를 묻히지 않고 적들을 넘어뜨리는 것이다. 또한 왕권에 대한 명분을 완벽히 유지하기 위해 다윗은 사울 왕가에 승계의 가능성이 조금이라도 있는 남성을 모두 없애야 했다. 이렇게 현실적으로 사울 가문의 왕은 이스 보셋이었으니, 아브네르가 사라진 후 이스 보셋은 방비할 틈도 없이 허무하게 스러졌다. 더구나 다윗은 왕권의 명분을 위해서 교묘하게 사울의 후계자가 될 수 있는 있는 두 명의 아들과 다섯 명의 손자들을 기브온 사람들(아모리족)의 손을 빌어서 없애버렸다(2사무 21,1-14). 앞에서 다윗의 노년의 모습을 보았듯이, 다윗은 사울과 관련된 친인척을 경쟁이 되지 않는 인물을 남기고는 청소하듯이 쓸어버렸다.

성경은 이와 같이 다윗의 의문에 가득 찬 행위를 역설적으로 충심을 가장한 행위로 둔갑시킨 것은 아닌지? 자신을 과거의 왕권 사울 집안에 충실한 인물로 부각시킴으로써 아직도 사울의 집안에 충성하고 있는 이들의 마음을 돌리고 싶었는가? 그렇게 함으로써 다윗은 자신의 왕권에 심정적으로 거부하고 있던 이스라엘 사람들의 반대를 누그러뜨릴 수 있다고 생각했던 것일까? 사실 문헌의 성격 상, 어디까지가 진실이고 허구인지 분간하기 어렵지만, 정치적 성격의 편집이 의문을 드러내고 있다는 사실을 지적하는 것으로 다윗의 태도를 추정할 수 있다.

어떤 경우에도 아브네르와 이스 보셋의 죽음은 지금부터 다윗에게 왕국의 통일을 성취하고 왕권을 강화하는 계기가 되었다. 통일왕국의 권위는 사울 가문의 주역이었던 아브네르와 이스 보셋이 사라짐으로써 다윗의 수중에 들어오게 되었다. 열두지파의 연맹이 하나의 굳건한 통일 왕정으로 정리된 순간, 다윗에게 모든 사태가 행운처럼 굴러 들어온 것처럼 보일지도 모르겠다. 그러나 이 모든 게 단순히 호박이 넝쿨째 굴러 떨어진 행운처럼 우연한 선물로 보는 것은 위험천만한 생각이다. 성경의 본문이 제공하는 내용을 믿는다면, 위기 상황을 자기 세력의 확대 기회로 살린 다윗의 방식으로 볼 때, 다윗은 그의 주변에서 돌아가는 정세를 명확하게 볼 수 있는 눈의 소유자, 전략적 행동가로 처신했었다고 말할 수 있다. 반대로 다윗의 충성심을 비판하고 왕조의 정통성을 가장한다고 할지라도, 다윗은 긍정적이든 부정적이든 고도의 지략을 가진 정치적 전략가였다.

사실 아브네르의 제안을 받아들였을 때, 이미 다윗은 이스보셋을 배반한 아브네르의 불쾌한 행동을 인정했을 것이다. 아브네르가 이스라엘의 원로들, 다른 지파들의 사람들과 사울 왕정을 다윗에게 넘길 음모를 꾸몄을 때 현실적으로 그에게는 왕국을 통째로 지배할 기회가 아니지 않은가? 그렇지만 이스라엘과 이스 보셋 왕가의 입장에서 보면, 아브네르는 나라와 민족을 송두리째 팔아먹는 배반자가 아닐 수 없다. 배반을 기회로 다윗이 사울 가문을 보호하던 아브네르를 통해 무엇을 얻으려고 했을지는 분명하지 않은가?

지금까지 이야기를 분석하면서 혹시 의문이라도 든다면 다음과 같은 다윗의 흥미 있는 발언을 주시할 필요가 있다. 이스라엘의 아브네르가 다윗을 찾아왔을 때, 어쩐 일인지 다시 보지 않을 사울의 딸 미칼을 다윗은 마치 물건을 흥정하듯이 돌려받기를 강청하였다. 미칼은 이미 다윗이 사울을 피해 도망친 뒤, 사울이 갈림 출신의 라이스의 아들 팔티에게 시집보낸 여인이 아니던가?(1사무 25,44; 3,15에서는 팔티엘) 이제 다윗 개인에게 이미 그녀를 사랑하는 남자(2사무 3,16)와 가정을 꾸리고 살던 여자를 빼앗아 무엇을 하겠다는 말인가? 왕이 된 다윗이 평민의 아내를 돌려받는다는 게 무슨 의미가 있단 말인가? 분명 다윗의 요구는 단순히 사랑할 만한 여자, 자기를 사랑했고 자신의 생명을 건져준 여자, 인생의 첫 번째 여자를 되찾겠다는 뜻은 아니었다. 더구나 신명 24,1-4의 규정은 다윗이 남의 여인이 된 여자를 다시 데려올 가능성을 부인하고 있지 않은가?[172]

어째서 다윗은 아브네르와 협상을 맺기 전에 이미 죽은 사울의 딸 미칼을 돌려받고자 했던가? 이 장면도 다윗이 얼마나 정치적인 책략을 구사할 수 있는 인물인지 알려 주는 중요한 단서이다.[173] 무엇보다도 아브네르의 배반을 알고 난 뒤엔 사울 왕권의 몰락이 어느 정도 다윗의 시야에 들어왔던 것으로 판단할 수 있다. 아브네르가 사라지고 나면 이스 보셋만 남은 이스라엘은 다윗의 손 안에 거의 다 들어온 선물인 것이다. 더욱이 왕권에 완벽하게 도달하기 위해서라면, 모두에게 인정받을 수 있는 기회를 놓치지 말아야 한다. 사울 왕의 사위가 된다는 것은 왕가의 일원으로 인정받는 기회이며, 이스라엘의 왕위 계승을 합법적으로 확보하는 길이었다. 미칼은 겉으로 다윗과 사울 가문을 이어주는 혈연적 다리인 까닭에, 다윗에게는 정치적 재산으로는 아주 유용한 왕가의 여자였다.

놀랍게도 다윗의 정치적 요구가 제 군주를 배반한 아브네르가 아닌 이스 보셋의 명령으로 이루어졌다. 이미 힘이 다윗 쪽으로 쏠린 상황을 부인할 수 없었던 이스 보셋이 궁지에서 벗어나기 위해 보인 비굴한 태도였을까? 그러나 성경의 본문이 다윗 왕정을 비호하는 이야기의 성격을 부인할

172 일반적으로 신명기가 다윗 시대에 적용될 수 없는 후대(바빌론 유배기 이후)의 규정이라고 하지만, 사무엘서의 이야기는 신학적으로나 인간적으로 다윗의 행위를 되돌아보게 하는 효과가 있다. 다윗에게는 사울 가문의 이스 보셋의 죽음도 필요했지만, 미칼마저 왕이 되기 위해 필요한 조건일 뿐이었다.

173 앞에서 언급한 바이지만, 다윗은 남의 아내가 된 사울의 딸 미칼을 왕이 되기 위한 도구로 필요했다. 잘 알다시피, 다윗은 나중에 사울 가문에 남아 있던 이들 중에서 미칼의 다섯 아들을 기브온 사람들에게 넘겨 처분하지 않았던가? 2사무 21장. 이후 다윗은 미칼에게 자식을 낳을 기회도 주지 않았고, 독방에 남겨 놓고 남은 생애를 불행하게 살도록 버려두었다. 이런 차원에서 2사무 6,23(*그 뒤 사울의 딸 미칼에게는 죽는 날까지 아이가 없었다.*)는 미칼의 운명에 대한 신명기 사가의 신학적 결구라고 말할 수 있다.

수 없다면, 다윗과 미갈의 재결합 이야기도 상당히 수식된 이야기일 수 있다. 그래서 정치적 의도가 다분히 꾸며진 이야기로 편집된 것이라고 주장한다면 속된 과장일까? 오랫동안 한 번도 돌아보지 않은 여인을, 이미 남의 아내가 되어버린 여자를, 이미 여러 아이들을 낳은 여염집 여자를, 왕이 된 다윗이 어찌 다시 취할 수 있단 말인가? 미갈이 다윗을 사랑했던 기억을 되살리기 위해 왕이 된 다윗이 평민이 된 여자를 데려오고 싶었던 것일까? 아마 그런 것 같지는 않다. 그래서 오로지 왕권과 관련해서 이해될 사울의 딸 미갈 이야기는 역사적 사실성 측면에서 왕권을 놓고 마지막 긴장을 저울질하던 다윗을 상상토록 한다.

다윗, 통일왕국의 군주

다윗은 이처럼 술수와 음모를 통해 왕권을 강화해 나갈 수 있는 정치적 지략을 가진 영민한 인물이었다. 성경의 문자만 본다면, 다윗에게 떨어진 정치적 열매가 너무나 크고, 상대방의 몰락이 지나치게 우연한 행운처럼 보이지는 않았는가? 피비린내가 진동할 이야기의 내용이 다윗 편에서 너무나 깨끗하게 묘사된 까닭에 후대의 독자는 의구심이 들 수밖에 없다. 문자 그대로 수긍하면, 다윗에게 넝쿨째 떨어진 열매는 상대방의 내분과 주인공들의 죽음에서 비롯되었다. 마치 그 동안의 노고가 행운으로 마감되듯이, 다윗에게 통일왕국의 군주가 되는 길이 활짝 열렸던 것이다. 이제 다윗에게 남은 일은, 불안정한 사회를 정치적 질서에 편입시키면서 남북의 백성을 함께 살리는 군주로 통일왕국을 열고 융성시키는 길이 남았다.

> 그리하여 이스라엘의 원로들이 모두 헤브론으로 임금을 찾아가자, 다윗 임금은 헤브론에서 주님 앞으로 나아가 그들과 계약을 맺었다. 그리고 그들은 다윗에게 기름을 부어 이스라엘의 임금으로 세웠다. (2사무 5,3)

다윗은 헤브론에서 7년 반(말하자면 유다 지파의 지도자로), 예루살렘에서 33년(즉 유다와 이스라엘을 통합한 통일 군주로서) 동안 다스렸다. 헤브론의 7년은 다윗의 왕권을 시작한 기간이기도 했지만, 사울 왕정의 불안을 불러일으킨 원인이기도 했다. 다윗은 통일 왕정을 확립한 뒤, 헤브론에서 내려와 예루살렘의 여부스 족을 공략하여 그곳을 자신의 성, 후대가 불러준 '다윗 성'으로 만들었다. 예루살렘은 두 가지 목적을 채워 주는 요충지의 기능을 제공한다. 하나는 남북을 아우르는 지리적 중심의 의미를 지니고, 둘째는 남쪽에 치우친 정권을 재편하는 정치적 의미이다.

예루살렘은 지리적으로 남북의 중간지점이었고 통일왕국을 유지해 나가기 위한 전략적 요충지였다. 정치적 거점의 이동은 다윗이 통일왕국을 연 시대에 남쪽 지파의 기존세력을 약화시키고, 다윗 왕정에서 이들의 영향력을 최소화시키는 길이기도 했다. 남북 통일시대를 열면서 다윗 왕정은 어느 한쪽의 영향력에 의존하기보다는 양쪽의 균형 있는 지지가 필요했다. 이로써 다윗의 왕권은 점점 더 강화되어갔고, 왕국은 안정을 찾아갈 수 있었다.

사무엘서는 이 과정을 2사무 5장에서 이렇게 기록하고 있다.

> 다윗은 세력이 점점 커졌다. 주 만군의 하느님께서 그와 함께 계셨기 때문이다. (10절) ... 그리하여 다윗은 주님께서 자기를 이스라엘의 임금으로 튼튼히 세우시고, 당신 백성 이스라엘을 위하여 자기 왕권을 높여 주신 것을 알게 되었다. (12절)

다윗의 통일왕권이 성립된 즈음에 이르러 사무엘서의 전체적 판단은 위 두 문장으로 요약될 수 있다. 본문의 주장에 의하면, 다윗은 자신의 미약한 처지에서 행운처럼 굴러 들어오는 모든 기회를 잘 이용할 수 있었다. 이사이의 아들이 왕정의 중심에 들어가 사울의 측근이 될 수 있었고, 군 전략가로서 역량을 발휘할 수 있었다. 이런 시절을 거쳐 죽음과 삶의 고비를 여러 차례 거쳐서 마침내 독자적인 세력을 구축했다. 어느 사이 커진 다윗의 세력을 무너뜨리고자 애썼던 사울에겐 어쩐 일인지 뜻대로 일이 진행되지 않았다.

종교사가의 관점은 민족의 상황을 고려한 판단을 적용하겠지만, 역사적으로 본다고 해도 역사가의 시각은 단지 승자의 편에서만 기록할 수 없다. 확실한 것은 다윗이 성공하든 사울이 실패하든 승패의 원인은 모두가 알게 될 것이며 분명하게 드러난다는 것이다.

우리는 사울의 실패가 주님의 명령을 어기고 제 뜻을 실현하려고 했다는 조심스러운 성경의 신정론적 판단을 들었다. 사무엘서의 기록은 역사적 사건에 중요한 방점을 찍는 것이 아니라, 사건에 대한 신정론적 해석을 가미한 기록이다. 달리 말하면, 신정 정치적 관점을 유지하면서 사건의 열쇠를 민족을 위한 거시적 관점을 제공하는 신학적 해석에서 찾는 것이다. 그래서 민족적 희망이 만들어져야 했던 시절에 편집사가는 사울의 실패를 딛고 성공한 자의 길을 걸은 다윗을 주창할 수 있었다. 사무엘서의 교훈적 결론은 다윗의 길이 주님이 함께하셨기 때문에 가능한 길이었다는 주장이다.

그러나 남북 지파들의 지지로 통일왕국을 이뤘다고는 하지만 다윗 왕권은 대내외적으로 아직 불안한 상태였다. 다윗이 예루살렘을 차지하고 왕권의 중심을 헤브론에서 옮겨왔던 것도, 앞에서 언급했다시피, 기존 세력의 토대를 와해시키기 위한 정책이었다. 말하자면 유다 지파의 일방적인 강력한 지지도 통일왕국을 시작한 시점에서 분열의 동인으로 작용할 수 있었기 때문이다. 때로는 자신들에게 불리하게 여겨질 때에는 완강한 저항으로 다윗에게 저항하거나 영향력을 행사하려고 할 수 있었다. 남쪽 지파만의 절대적 지지가 필요했던 시절과 달리 통일왕국을 다스리게 된 다윗에게 남북 지파들을 충족시킬 정책은 달라야 했다. 전체를 통치할 공통의 분모를 찾기 위한 새로운 구도, 새로운 정책이 시행되어야 했다.

이제 모든 것이 새롭게 진행되어야 할 것이라면, 남북을 아우르는 왕권 중심의 새로운 사회적 구도가 필요했다. 다윗은 자신을 지지했던 유다 지파와 같은 기존 세력도 새로운 도약을 위해서는 세력을 중화시켜야 했을 것이다. 기존 세력을 포함해서 다윗은 자신의 통치의지를 실현시킬 수 있는 새로운 통일적 기반을 구축해야 했다. 그러자면 지금까지 수행해 오던 전쟁도 때때로 새로운 구도로 세력을 재편할 기회이지 않을 수 없다. 다윗이 통일 군주가 되어 여부스 족을 치고 예루살렘을 차지한 것처럼, 이젠 필리스티아인들을 포함하여 주변민족들과 전투를 벌이는 일은 다윗의 왕권을 새롭게 재편하는 길이 되었다.

> 필리스티아인들은 사람들이 다윗에게 기름을 부어 그를 이스라엘의 임금으로 세웠다는 소식을 들었다. 필리스티아인들이 다윗을 잡으려고 모두 올라오자, 다윗은 그 보고를 듣고 산성으로 내려갔다. (2사무 5,17)

신학적 해석이 강조된 필리스티아인들과 벌이는 전투는 주님이 함께 하는 한 승리가 보장된 길이었다. 다윗 왕국은 비록 사울 왕가를 합병한 통일왕국이라고는 하나, 규모에서 보면 아직은 예루살렘을 중심으로 한 조그만 왕국이었을 것이다. 필리스티아 사람들이 이 소식을 듣고 다윗을 잡으러 왔다고 전하고 있는 것도 그 때문이다. 필리스티아 사람들은 예전에 자신들에게 도망쳐 와 살았던 다윗을 알았을 것이지만, 다윗이 얼마나 교묘한 전략가였는지는 몰랐던 것 같다. 이젠 사울에게 쫓겨 다니던 다윗이 아니라, 당당히 열두 지파를 하나로 묶어 통일왕국을 세운 한 나라의 통치자였다. 필리스티아 사람들은 다윗을 아직도 소규모의 집단을 이끌고 유랑하던 무리의 두목으로 착각하고 있던 것은 아니었을까? 어쨌든 필리스티아인들에게 남부 유다와 북부 이스라엘을 통합한 다윗을 그저 만만하게 보았을 것이 틀림없다. 이리하여 다윗은 필리스티아인들과 숱한 전투를 벌이면서 성공적으로 승리를 챙길 수 있었고, 통일왕국의 세력을 더욱 키워갈 수 있었다.

계약의 궤 – 옛 질서의 중심

사울의 왕권이 다윗에게 넘어가는 일련의 과정은 사무엘의 신탁이 성취되는 것처럼 서술되었다. 어떤 의미에서 다윗이 왕권을 쟁취한 성공은 신탁의 요청을 지속시킬 기회였을 것이다. 신탁이 성취된 차원에서 볼 때 관련 인물들의 성공은 사울에게도 그러했지만, 다윗에게도 왕이 된 자에게 함정이 되고 말았다. 가장 낮은 사회적 처지에서 출발한 세월이 통일왕국의 왕권으로 수렴되는 동안 과연 다윗에게 무엇이 문제가 되었을까?

낮은 자리와 높은 자리의 차이가 클수록, 사람을 마음속부터 바꾸고 변화를 몰고 온다. 변화의 핵심은 마음이 바뀐 환경에서 낮은 자리를 감내하지 못하고 마냥 높이 솟구치려는 경향에서 온다는 사실이다. 성공의 현재적 결과에 익숙해지면서 결국 다윗이 자신의 본분을 망각하고, 마치 처음부터 그러했던 것처럼 교만에 빠지는 함정을 만난다. 그렇다고 주님에 대한 다윗의 신뢰가 오로지 성공 지향적 믿음에 불과한 것이라고 말할 수는 없다.

이와 관련해서 언급하고 넘어갈 일화가 있으니 2사무 6장과 7장에 전해진 이야기들이다. 다윗이 계약 궤를 예루살렘으로 옮기는 과정에서 벌어진 이야기(1사무 4장에서 시작된 이야기)와 성전을 지으려는 다윗의 소망을 알려 주는 기록이다. 통일왕국의 군주가 된 후에 궤를 옮기고 성전을 짓겠다는 생각은 왕국의 통치에 자신이 생긴 다윗의 변화를 보여준다. 왕국은 사회적 안정을 찾아가고 외부 세력에 대해서도 군사적 정치적 우위를 유지할 수 있었다. 계약의 궤는 하느님의 현존을 의미하기 때문에 유다 지파이든 이스라엘 지파이든 모두에게 주님의 '계약의 궤'는 통일왕국의 중심이 될 수밖에 없다. 현실적으로도 다윗에겐 법궤의 안치가 지파들 사이의 긴장과 갈등을 해소할 수 있는 방법이기도 했다. 남북 지파들의 내부 결속을 다질 수 있다면, 계약의 궤를 이동하는 것은 다윗에겐 통일군주로서 체제를 토대부터 굳건히 강화할 기회일 수 있다.

법궤는 유다와 이스라엘의 왕위를 인정받은(2사무 5장) 다윗이 통일왕국의 성장세를 더욱 강력하게 조직화할 초석을 놓는 주제이다(6장). 통일왕국의 군주인 다윗은 하느님의 궤를 유다 바알라[174]에서 모셔 오기 위해 정병 삼만 명[175]을 소집할 수 있었다(6,1; 1사무 4,10 참조). 정말 오랫동안 민족의 중심에 있어야 할 야웨 하느님의 '계약의 궤'가 잊혀 있다가 정치적 통일 후에 살아난 것이다. 그런데 하느님의

174 바알라(*Baalah*)는 통일왕국 이전에 카나안 도시로 키르얏 여아림(*Kiriath-Jearim*, 1사무 7,2)의 카나안 이름으로 생각한다. 장일선, 『다윗 왕가의 역사 이야기』, 532쪽.

175 법궤와 관련해서 '삼 만'의 숫자는 필리스티아인들에게 법궤를 빼앗긴 싸움에서 이스라엘군 '삼만' 명이 죽었다(1사무 4,10)는 기억을 상기시키는 숫자이다.

궤를 옮기는 과정에서 아비나답의 아들 우짜가 죽는 불상사가 일어났다. 그러자 다윗은 주님을 두려워하며, "*이래서야 어떻게 주님의 궤를 내가 있는 곳으로 옮겨 갈 수 있겠는가?*" 하고 말하였다(9절). 다윗은 궤를 즉시 다윗 성으로 옮겨가지 못하고 갓 사람 오벳 에돔의 집으로 옮겼다.

> 주님의 궤가 갓 사람 오벳 에돔의 집에서 석 달을 머무르는 동안, 주님께서는 오벳 에돔과 그의 온 집안에 복을 내리셨다. (11절)

통일왕정 초기의 사회적 불안과 소요에 민감했던 다윗은 이 소식을 듣고서야 비로소 움직였다. 다윗은 기뻐하며 오벳 에돔의 집에서 궤를 옮겨 다윗 성으로 옮겨 갔다. 오랜 전통의 중심에 있던 법궤의 안치는 지파들을 하나로 연결할 수 있는 기회였고, 다윗은 그 일을 해냈다. 법궤의 안치는 다음 단계로 성전의 건축과 연결되는 주제가 될 것이지만, 무엇보다도 지리적·민족적 통일은 야웨 하느님과 관계를 온전하게 만드는 대전제로 이해된다.

본래 하느님의 궤는 실로에 있었으나 이스라엘은 필리스티아인들에게 한때 궤를 빼앗겼던 기억이 있다(1사무 4장). 궤를 보호할 수 없었던 이스라엘이 왕정의 길을 고집했던 이유는 이웃의 핍박이 없는 평화로운 삶이었다. 사울 시대를 거쳐 통일왕국을 성취한 다윗이 칠 년 동안 유다를 통치했던 헤브론은 야웨 경배의 지리적 중심이었다. 그렇기 때문에, 다윗이 예루살렘으로 궤를 옮기는 것은, 겉으론 지리적 중심을 옮기는 것이지만 정치적 지형이 바뀌는 사건이기도 했다. 구체적으로는 왕국의 정치적 영향력에 변화가 오는 사건이기 때문에 다윗은 유다 지파와 갈등을 빚을 수도 있었다. 더구나 여부스 족은 유다와 달리 이민족으로서 그들의 도시 예루살렘에서 야웨를 몰랐고 섬기지도 않았다. 나중에 다윗의 아들 압살롬이 다윗에게 반기를 들고 일어났던 곳이 바로 헤브론이었던 것이다(2사무 15장).

이와 같이 야웨의 궤를 예루살렘으로 옮기는 일은 헤브론 중심의 지파에서 전 이스라엘로 정치적 영향력의 이동을 의미했다. 유다 중심의 헤브론이 통일왕국의 기치를 내걸기엔 지리적으로 치우쳐 있었고, 이스라엘의 여러 지파들과 정치적 균형을 이루기 어려웠다. 이를 극복하기 위해 다윗은 유다와 이스라엘을 동시에 아우를 수 있는 거점 도시가 필요했던 것이다. 통일군주로서 다윗은 남쪽 유다와 북쪽 이스라엘의 정치적 일치를 가장 중요하게 여기지 않을 수 없었다.

따라서 궤의 이동에 대한 서술은 아마도 유다지파의 저항과 이를 중재하는 과정을 나타낸 것이리라 여겨진다. 앞서 언급했던 것처럼 다윗이 통일국가의 군주로 행세하기 위해서는 남북을 하나로 엮는 정치적 사회적 작업이 필요했다. 그래서 남과 북의 중간 경계지대－여부스 족이 살던 곳－예루살렘에 다윗 성을 건설하고, 하느님의 궤를 그곳에 안치시키는 일이 급선무가 된 것이다. 궤가 안치되는 곳은, 다윗이 여부스인 아라우나에게서 돈을 지불하고 산 땅이었으며, 다윗은 그곳에 야웨를 위한 제단을 세웠고(2사무 24,18.24), 솔로몬은 다윗이 그토록 원했던 성전을 건축했다(2열왕 6장).

나탄의 예언

하느님의 궤가 다윗 성에 모셔진 것은 비로소 다윗이 통일된 국가의 안정과 평화를 누리게 된 정치적 상황을 알려 준다. 궤의 옮김과 안치는 정치적 일치와 사회적 안정을 의미하는 상징적 사건이었고, 다윗에게는 통일왕권의 체제 정비와 완성을 의미했다. 이제 평안을 누리게 된 다윗은 왕이 된 자의 여유를 표현하고 야웨 신앙을 통해 유다와 이스라엘 양대 세력의 일치를 이루고 싶었다. 권력형 인간으로서 모든 것을 이룬 뒤, 다윗은 자신의 신앙심을 야웨께 바치는 성전으로 보여주고자 했다.[176]

다윗은 '*나는 향백나무 궁에 사는데, 하느님의 궤는 천막에 머무르고 있소*' 하고 예언자 나탄에게 말하며, 주님의 성전을 짓고 싶은 생각을 제시했다. 그런데 그날 밤 주님의 신탁을 받은 나탄은 다음 날 다윗에게, 실망스런 주님의 답변을 전했다.[177] 일단 겉으로 보면, 다윗은 경건한 마음에서 성전을 지을 생각을 했는데, 어째서 성전을 지어 주님께 봉헌하겠다는 다윗의 소원이 거부된 것일까?

나탄이 들려주는 신탁(8-16절)의 내용을 간단히 분석해 보면, 거부된 이유는 의외로 아주 단순해 보인다. 나탄 예언자의 신탁이 조금 길지만, 전문을 꼼꼼히 읽어볼 만하다.

---

176 고대세계에서 왕이 된 자는 신들에게 바치는 성전들을 봉헌했다. 이런 전통은 다윗 이전 근동 왕조들의 문헌에 나타나며, 이 문헌들과 나탄이 다윗에게 전한 신탁과 비교 분석한 글이 있다. Antti Laato, *Second Samuel and Ancient Near Eastern Royal Ideology,* in CBQ 59, 1997, 244-269쪽 참조. 비교 내용은 다섯 가지의 주제로 요약된다. 1) 왕의 족보, 2) 왕의 정통성, 3) 건물, 특히 성전의 건축 계획, 4) 왕의 기도, 혹은 희망 사항, 5) 축복 혹은 저주. 이와 같은 비교 분석에서 2사무 7장이 주장하는 다윗 왕통의 영속성 선언은 다른 왕조들과 다른 특이점이라고 본다. 266쪽.

177 2사무 7장. 시편 89편과 1역대 17장도 참조. 2사무 7장의 나탄의 신탁은 신명기 신학이 전개된 이후에 편집된 것으로 보면, 다윗 시대에서 떨어진 후대에 편집된 것으로 이해하며, 여러 전승 층이 뒤섞여 있다고 판단한다. 동시에 다윗 왕조가 단절될 수도 있으리라는 위기감이 역사가들에게 작용되었으리라 짐작한다. 이경숙, 다윗 왕조에 관한 신명기 역사가들의 기대와 비판, 『기독교사상』 31(5) (1987/5), 117-121쪽 참조.

...나는 양떼를 따라다니던 너를 목장에서 데려다가, 내 백성 이스라엘의 영도자로 세웠다. 또한 네가 어디를 가든지 너와 함께 있으면서, 모든 원수를 네 앞에서 물리쳤다. 나는 너의 이름을 세상 위인들의 이름처럼 위대하게 만들어 주었다. 나는 내 백성 이스라엘을 위하여 한 곳을 정하고, 그곳에 그들을 심어 그들이 제자리에서 살게 하겠다. 그러면 이스라엘은 더 이상 불안해하지 않아도 되고, 다시는 전처럼, 불의한 자들이 그들을 괴롭히지 않을 것이다. 곧 내가 나의 백성 이스라엘에게 판관을 임명하던 때부터 해 온 것처럼, 나는 너를 모든 원수에게서 평온하게 해 주겠다. 더 나아가 주님이 너에게 한 집안을 일으켜 주리라고 선언한다. 너의 날수가 다 차서 조상들과 함께 잠들게 될 때, 네 몸에서 나와 네 뒤를 이을 후손을 내가 일으켜 세우고, 그의 나라를 튼튼하게 하겠다. 그는 나의 이름을 위하여 집을 짓고, 나는 그 나라의 왕좌를 영원히 튼튼하게 할 것이다. 나는 그의 아버지가 되고 그는 나의 아들이 될 것이다. 그가 죄를 지으면 사람의 매와 인간의 채찍으로 그를 징벌하겠다. 그러나 일찍이 사울에게서 내 자애를 거둔 것과는 달리, 그에게서는 내 자애를 거두지 않겠다. 너의 집안과 나라가 네 앞에서 영원히 굳건해지고, 네 왕좌가 영원히 튼튼하게 될 것이다.' (2사무 7,8-16)

제일 먼저 신탁은 다윗의 신분을 거론하며 과거의 양치기 소년이 현재의 통치자(*nagid*)임을 선언한다(8절). 사실 현재의 권력을 손아귀에 쥔 다윗에게 비천했던 과거를 상기시키는 이야기는 듣기 좋은 소재가 아니다. 남북을 통일한 왕이 되어 유다와 이스라엘 위에 절대 권력을 갖게 된 자에게 지금과 전혀 다른 과거의 처지를 기억해야 한다는 것은 듣기조차 즐겁지 않다. 과거의 양치기와 현재의 왕은 비교할 수 없지만, 다윗은 자신의 과거가 양 치던 미천한 신분이었음을 거듭 상기해야 한다. 그의 과거가 미천하면 미천할수록 현재를 바라보는 순간, 주님이 그와 함께 한 일이 더욱 크게 주목받을 수밖에 없다. 왕이 된 다윗은 그동안 어떤 전투를 치르더라도 성공적이었으며 무수한 적들을 물리칠 수 있었다. 신정론적 선언과 해석에 따르면, 다윗의 승리는 그의 능력에서 얻어진 것이 아니며, 오로지 야웨가 이끈 전투였기 때문에 가능했다. 신탁을 고려하면 다윗은 전투를 승리로 이끈 야웨의 종으로 전투에 참여했을 뿐이다.

역사에서 신학으로 넘어가는 경계는 분명한 듯하고 때로는 위험할 수도 있지만 역사와 신학의 기능이 제대로 확보된다면 보완적 역할을 하게 될 것이다. 신명기 사가에게 다윗은 이스라엘의 희망으로 선택되었고, 이스라엘에게 야웨 신앙의 모범으로 선택되었다. 다윗이 전공을 이루고 성공의 길을 걷는 순간에도 주님이 그와 함께했던 것처럼, 다윗이 미천할 때에도 주님은 다윗을 보호하셨음을 기억해야 한다. 주님은 어려웠던 시절의 다윗을 보호했으며 주님 백성의 머리인 이스라엘의 왕이 되도록 이끄셨다. 주님이 다윗이 하는 일에 함께하셨기 때문에 성공의 길에 안착할 수 있었던 다윗은 숱한 전투에서 주님의 힘으로 모든 적들을 물리칠 수 있었다. 이처럼 다윗의 이름이 주변 백성들에게 유명해진 성공 뒤에는 주님이 계신다는 고백이 유의미한 선언이 되었다.

10절에 오면, 주님이 이스라엘을 '내 백성'으로 삼으셨다는 선언을 듣는다. 다윗의 성공은 왕이 되었다는 사실에 있지 않고, 주님의 백성을 다윗이 맡아 주님의 일을 대신하게 한 사실에 있다. 11절은 이 점을 더욱 명백하게 밝히면서 다윗의 임무가 무엇인지 선언한다. 판관들을 통해 주님이 이스라엘을 통치하던 시절부터 주님은 그분의 방식대로 다윗을 선택하였다. 다윗의 권력은 주님의 선택에서 비롯된 것이지 자신의 능력에서 시작된 것이 아니다. 주님의 방식은 선택된 자의 유능과 관계없이 제시되며 선택된 자는 주님의 방식에 익숙해져야 한다. 다윗은 주님을 대신하여 문제를 해결하고 분쟁을 조정하던 판관들처럼, 주님이 선택하신 자가 되어 백성을 돌보는 자가 되어야 한다.

이어서 신탁의 중심 주제인 다윗 왕조의 영속성을 약속하는 말씀이 선포된다. 11절의 두 번째 구절이 다윗 왕조의 영원한 지속성을 보장하는 주님의 선언이며 여타 고대 문헌에 찾아보기 어려운 부분이다. 신정론적으로 선포된 다윗 왕조의 영속성은 후대에 메시아니즘으로 연장되어 발전되어 나갈 주제이다. 과연 신탁이 선언한 '왕조의 영속성'이 역사적 메시아니즘의 형태로 완성될 것인지 역시 불분명하다. 그러나 주님은 사울이 시작했던 왕조를 일회성으로 마감하지 않고 다윗 왕조의 역사적 미래를 신앙 차원으로 끌어올려 희망을 낳는다. 야웨는 다윗의 뒤를 이어 줄 왕권을 강화하시되, 결코 사라지지 않는 다윗의 후손과 나라를 보장해 주실 것이다. 다윗이 왕정을 새롭게 열게 되었다면, 그의 뒤에 오는 후손이 성전을 짓고 나라의 왕좌를 튼튼하게 할 것이다(13절). 다윗의 아들 솔로몬이 성취할 준비된 신탁이기도 하지만, 야웨의 말씀은 다윗의 당대엔 미래의 사건이었다.

다윗 왕조의 정통성과 영속성이 선포되는 가운데에 하느님의 집 성전 건축이 미루어진 것이다. 성전은 하느님의 현존을 상징하는 지상의 거룩한 공간, 이 공간은 숱한 피를 흘린 다윗의 뜻대로 진행될 일이 아니었다. 다윗의 후손 중에 미래에서 오는 자가 마침내 주님의 아들이 될 것이고, 주님은 그의 아버지가 될 것이다. 일차적으로 후손은 다윗의 직계 후손을 가리키는 말이지만, 이 후손의 의미는 지금은 알려지지 않은 역사적 은유로 남는다. 구체적인 역사 이야기가 신학적 해석의 형이상학적 주제로 변환되는 비밀이 발생한 것이다.

신탁의 목소리는 나탄 예언자가 다윗 앞에서 더욱 힘 있게 자신의 견해를 개진하는 것으로 나타난다. 신탁의 이름으로 다윗 앞에 서 있는 예언자는 성전 건립을 반대하는 자신의 견해를 다윗에게 완곡하게 전하고 있다.[178] 왜냐하면, 성전 건물을 짓는다는 것은 정치적·사회적 문제를 촉발시킬 수 있는 때 이른 생각일 수 있기 때문이다. 다윗 왕정의 안정은 정치적이며 사회적인 의미를 가지고 있기 때문에 거대한 건축물의 축조는 경제적인 성취 없이 고려되거나 시작될 수 없다. 나탄이 다윗 왕정을 지지하는 예언자로 행동했다면, 왕정체제의 안정을 정착시키는 것이 첫 번째 임무임을 알고 있었을 것이다. 이제 겨우 정치적 안정을 이루기 시작한 다윗의 통일왕국은 아직도 지파 중심의 부족적 요소들로 넘쳐나고 있었다. 이런 관점에서 본다면 성전의 건립은 다윗 시대에 사회적 긴장과 갈등을 언제든지 촉발시킬 수 있는 요인이었던 것이다. 따라서 신탁은 이미 다윗 왕정의 약점과 불안정성을 고려한 섬세한 예비적 판단에 근거하여 선언되었을 것이 틀림없다.

야웨의 신탁은 처음으로 신-인간을 아버지-아들의 관계로 정의하며, 신학적 관점에서 유의미한 비유를 아주 명확하게 징벌과 보상의 형태로 해설한다. "*그가 죄를 지으면 사람의 매와 인간의 채찍으로 그를 징벌하겠다.*"(14절) 그렇지만 사울에게서 자애를 거둔 것처럼 주님의 자애를 다윗의 후손에게서 거두지는 않을 것이다. 신정 정치적 틀에서 왕조의 영속성을 보장받는 형태이지만, 보장은 야웨께 순명하는 형식으로만 가능하다. 하느님의 사랑을 긍정적으로 듣고 이해할 수 있다면, 후손의 잘못은 부정적으로 매와 채찍으로 교정 받아야 한다. 하느님의 사랑과 의가 심판의 주제와 연결됨으로써, 후대 이스라엘 역사에서 이스라엘의 유배생활 가운데서도 민족적 희망의 요소로 작용했다.[179]

178 Antti Laato, 같은 글, 265쪽 참조.

179 장일선, 『다윗 왕가의 역사 이야기』, 541쪽.

통치자의 의무

이제 성전을 짓겠다는 다윗의 제안이 거부된 사연이 무엇인지 어느 정도 분명해진 것 같다. 부족 사회에서 왕정 사회로 나아간 이스라엘의 안정은 다윗뿐만 아니라 나탄에게도 가장 중요한 정치적 사안이었던 것이다. 나탄의 신탁은 성전을 짓고 싶다는 다윗의 소원을 들어주되 소원은 확정되지 않은 후대로 미루어진다. 실제적으로 다윗의 소원과 신탁의 거부 사이에 일종의 긴장이 있지만, 그 까닭은 다윗의 삶에서 찾아보아야 한다. 신탁은 다윗의 미래를 걱정하는 것이 아니라, 다윗이 지금 이 자리(*hic et nunc*)에서 해야 할 임무를 더욱 강조한다.[180] 통치자의 임무는 야웨의 백성이 이리저리 쫓기지 않고 '제 자리에서' 평화로이 사는 것이며, '*더 이상 불안해하지 않아도 되고, 다시는 전처럼, 불의한 자들이 그들을 괴롭히지*'(10절) 못하게 하는 것이다.

(1) 내 백성 이스라엘을 돌보라!

'내가 이스라엘의 모든 자손과 함께 옮겨 다니던 그 모든 곳에서, 내 백성 이스라엘을 돌보라고 명령한 이스라엘의 어느 지파에게도 향백나무로 된 집을 지어주지 않느냐고 말한 적이 있느냐?'(7절)

(2) 너는 누구인가?

'만군의 주님이 이렇게 말한다. 나는 양떼를 따라다니던 너를 목장에서

---

180 이 점은 신명기 사가의 견해가 되겠지만, 솔로몬에게도 적용되는 명령이다. 모든 세대의 이스라엘을 통치하는 왕들은 이 점을 명심해야 한다.

데려다가, 내 백성 이스라엘의 영도자로 세웠다.'(9절)

(3) 통치자의 임무

'나는 내 백성 이스라엘을 위하여 한 곳을 정하고, 그곳에 그들을 심어 그들이 제자리에서 살게 하겠다. 그러면 이스라엘은 더 이상 불안해하지 않아도 되고, 다시는 전처럼, 불의한 자들이 그들을 괴롭히지 않을 것이다.'(10절)

통치자의 임무가 어떤 것인지 분명한 듯하지만, 늘 이루지 못하는 미완성의 임무이기도 하다. 나탄의 신탁은 이미 전개된 군주 다윗의 정치와 삶에서 확인할 수 있다. 그는 왕위에 오르기까지 (야웨의 도움으로) 자신의 역량을 충분히 발휘했고, 인간적 성공의 정점에 도달했다. 그러나 뒤에서 보여줄 다윗의 삶은 왕으로서, 인간으로서, 특히 아버지로서 많은 문제를 보여준 인물로 기록된다.

어떤 사람도 자신의 과거를 살펴보게 되면 주님의 눈에 특별하게 보일 것이 없음을 확인한다. 이념이나 사회적 신분의 차이를 무시할 수 있다면, 우린 모두 서로 위아래가 없는 형제자매이다. 하늘 아래 모든 백성이 주님의 백성이라면, 지상의 백성을 다스리는 방식은 다윗이 받은 신탁으로 규정될 수 있다. 최고 통치자가 된 다윗의 임무는 주님이 자애로 다스리는 것처럼 이스라엘을 다스림에서도 자애가 우선이 되어야 한다. 다윗이 다른 이들과 유별나게 특별한 게 없다면, 그의 통치 행위도 신탁이 제시한 것에서 벗어날 수 없다. 통치 행위의 완성은, 신탁이 초대하는 것처럼 다윗에게 자신의 비천한 출신을 기억하라는 요청에서 출발한다. 단순히 비천한 출신이 문제가 되는 게 아니라, 인간은 출신과 관계없이 모두 죄인이며 죄에서 벗어나지 못한 존재라는 사실이다. 이런 사실은 현실적 조건에서 다윗뿐만 아니라, 통치자의 지위에 있는 모든 이들에게 적용될 수 있고 또 유효한 일이리라.

다윗은 왕이 되었기 때문에 백성을 통치해야 하지만, 양치기가 양 떼를 돌보듯이 백성을 돌보아야 한다. 자신의 미천한 출신을 기억하고 왕이 된 일이 주님의 돌보심 때문에 가능했다는 사실도 기억해야 한다. 인생의 절정기에 도달해서 사회적 책임을 완수해야 할 이들은 필요한 덕목이 무엇인지 깊이 기억해야 한다.

유다와 이스라엘 지파들이 독립적으로 유지하고 있던 땅의 통일이 다윗에겐 인생의 성공이요 영광이 되었다. 다윗의 지상적 성공은 이스라엘의 안정을 의미하고, 안정된 백성의 삶은 통치자의 정치적 의무이자 임무이다. 특히 이스라엘이 필리스티아 지역에 정착하는 과정은 신탁에서 보다시피 떠도는 유랑생활의 비참함을 벗어나는 길이었다. 이스라엘의 선조 아브라함 이후 땅은 정착을 위한 근본적인 요소였으며, 다윗 시대에 이르러 비로소 일차적 완성을 본 것이다. 그러므로 다윗의 성공과 영광은 개인 차원의 성공이 아니라, 민족의 과거를 완성하며 미래를 열어가는 가장 근본적인 기반을 이룬다.

성공과 영광은 정점에 도달한 순간부터 끝까지 유지하기 어렵고, 실패와 비극은 너무 쉽게 나타나고 만다. 다윗이 겪은 어려움과 수치는 과거의 것이 되었지만, 성공이 가져온 다윗의 인생은 새로운 차원에서 전개된다. 왕으로서 다윗의 삶은 한 인간이 겪을 수 있는 온갖 영욕을 지어내면서 새로운 지평에서 전개되게 마련이다. 어찌 보면 성공의 정점에 도달했을 때, 인간에게는 그 자리에 머무르거나 내려오는 것만 남는지 모른다. 머무르는 것은 자리를 유지하는 것이지만, 불행하게도 욕망하는 인간은 성취한 것에 만족하지 못한다. 비극적 전망은 은총으로 성취된 선물이 욕망의 시선에 가려지는 위험 때문에 실패는 거듭 반복된다. 다윗은, 정치적 사회적 성공을 넘어, 더 완전한 개인의 성공을 이루려고 애쓸수록 비극의 나락으로 떨어질 걸음을 걷게 된다.

그에게 필요한 기도도 감사일 수밖에 없지만(2사무 7,14), 시간의 굴레가 그를 사로잡듯이 그의 시선은 욕망에 가리고 만다. 성공은 더 큰 성공을 가능하게 할 듯하고, 잠재적 성취의 새로운 욕망은 눈덩이처럼 커간다. 아직 다윗은 자신의 성공이 완벽하지 않다는 사실은 알지만, 성공의 기초가 다른 이들의 희생 위에서 이루어짐을 의식하지 못한다. 그의 감사 기도는 성공에 대한 보답의 기도이지만, 주님의 보답은 그분이 '만군의 주님'(7,26)이기 때문이다. 무엇보다도 다윗에게 하느님은 이스라엘의 주님, 만군의 주님, 그리고 자신의 인생을 성공에 올려놓으신 분이다. 무엇보다도 민족의 평화를 원하시고 승리를 가져오는 주님을 믿었기에 다윗은 성공할 수 있었다.

다윗은 군사적 성공으로 통일국가를 이룩했으며, 왕권이 멀리 미치는 영토를 더 넓혔고 점령지의 백성들을 아울렀다. 주변 민족들을 복속시키고, 그곳에 통일 국가의 통치 역량을 나타내는 공정과 정의를 실현하고자 애썼다. 사무엘서는 이 과정을 간단하게 서술하고 있지만(2사무 5장, 8장, 10장 등), 한 마디로 다윗이 자신의 능력을 최대한 발휘하고 있었던 시기의 모습을 알려 주고 있다. 승리와 성공은 함께 가는 듯해서 때로 인간은 과거의 경쟁자와 그 가족에게 관대함을 베풀 수 있다. 다윗은 사울 가문에 남아 있는 이들 중에서 사울의 손자 즉, 요나탄의 아들 므피보셋에게 호의를 베푸는 아량을 보여주었다.181

---

181 2사무 8장과 10장. 두 장 사이에 다윗이 사울의 아들이자, 다윗의 친구였던 요나탄의 아들 므피보셋에게 다윗이 자비를 베푼 이야기가 삽입되어 있다. 그러나 이것도 다윗의 식탁에 가까이 둔 이유를 의심의 눈으로 본다면, 다르게 읽힌다. 사울 왕권의 후계자로 거론될 수 있는 자를 가까이서 감시하겠다는 의도와 혹시 있을지도 모를 잠재적 배신의 가능성을 배제

* * * *

다음에서 우리는 세 개의 장(7-9장)을 통해 새로운 시선으로 보게 될 터인데, 다윗이 '성공했음에도 불구하고 불행한 삶을 살게 된 이야기'[182]를 듣게 될 것이다. 역사적 환경이나 공간적 맥락이 분명하지 않지만 다윗을 더 깊이 이해하기 위해서 두 개의 일화(2사무 11장, 2사무 24장)와 11장의 결과에 대한 신탁 하나(2사무 12장)를 인간학적 차원에서 분석해 본다.

2사무 11장은 시간상으로 보면 다윗이 아직도 통일왕국의 강화를 위해 애쓰던 시절에 벌어진 이야기로, 얼핏 보면 지극히 사적인 영역에서 발생한 사건이다. 왕이 이룩한 통일왕국은 안정기에 들었지만, 암몬족과 전쟁을 하던 시간대에 하느님의 선택을 받은 자로서 다윗의 실패를 지적하는 이야기이다. 11장의 이야기는 연대기적 사건 이상으로 권력의 정상에서 다윗이 내적으로 어떻게 무너지는지 보여준다. 더구나 11장은 그 뒤에 왕가에 불어닥친 불행한 사건들의 시발점으로 소개되며, 2사무 7장의 신탁을 바탕으로 해석된다. 그리고 사건에 대한 나탄의 신탁(12장)은 다윗 왕가에 불어든 흉측한 일들의 원인이 무엇인지 알려 준다.

두 번째 이야기는 2사무 24장의 일화로 11장과 달리 다윗이 범한 다른 종류의 잘못을 알려 준다. 유다적 문맥에서 이해할 수밖에 없는 인구 조사 사건도 발생한 시기가 불확실하여 부록의 범주에 담긴 특별한 이야기이다. 11장과 24장의 두 이야기는 인간학적 관점에서 다윗의 회심을 다루는 이야기이지만, 전자는 다윗의 회심으로 왕조의 정통성을 확보한다면, 후

할 의도를 은폐한 제안이었을 것이다.

182 다윗 말년의 이야기를 시작한 1장에 앞서 전하는 이야기들이다. 그러나 사무엘서의 시간적 차례를 따르지 않은 이유를 앞서 언급했듯이, 시대를 불문하고 던지는 보편적 질문과 답변을 듣는다는 의미에서 마지막 장들에서 다루게 되었다.

자의 인구 조사는 다윗의 회심으로 이스라엘이 죽음을 피하게 된다는 이야기이다. 두 이야기의 흐름을 지배하며 관통하는 주제는 회심으로, 수미일관하는 다윗의 인간상을 밝혀 주는 것으로 인간의 실존적 삶을 배경으로 해석되어야 할 주제이다.

두 가지 이야기는 모두 정확한 시간대를 확인하지 않고, 앞뒤의 문맥에 지나치게 얽매이지 않으면서 의미를 알아본다. 우리는 이 두 이야기가 다윗이 관련된 사건의 보도이지만, 모든 이에게 보편적으로 적용될 수 있다는 사실에 주의를 기울인다. 우리의 경험에 의하면, 성공했을 순간에 인간이 빠지기 쉬운 위험한 유혹은 상황에 관계없이 우리를 괴롭힌다. 우리의 실존에 의문을 던지고 위기의 순간들을 몰고 오는 상황은 예상치 못한 유혹들이 우리의 '밖'보다는 '안'에서 발생한다는 것을 말해 주는 까닭이다.

어떻게 해서 다윗이 잘못을 범하게 되고 어떻게 해서 잘못에서 벗어나는지 성경은 예리한 시각으로 묘사해 준다. 잘못에서 벗어난 다윗이 하느님의 용서를 되찾았을지라도 그 회심은 어떤 한계를 지니는지 아무도 모른다. 용서를 알게 해 주는 우리의 회심은 다시 한 번 우리 모두에게 인생의 곤란에서 회복할 가능성을 제공한다. 좌절에서 희망을 되찾기 위해서라도 다윗을 주인공으로 하는 이야기들은 독자에게 유의미한 성찰의 길을 제공하리라 믿는다.

제7장

집으로 내려가 그대의 발을 씻어라!

제7장
집으로 내려가 그대의 발을 씻어라!

> 임금님의 부하
> 히타이트 사람 우리야도 죽었습니다.
> (2사무 11,21)

다윗은 전장 터에서 자신의 전 생애를 걸었고, 또 목숨을 걸고 싸웠던 만큼 마침내 사울을 밀어내고 왕위에 오르는 성공을 거두었다.[183] 평생을 살아온 결과요 인생의 목표를 이룬 것처럼 성공은 다윗에게 생사를 다투는 치열한 경쟁에서 살아남은 승리를 의미했다. 그러나 인간의 성공이 타인과 벌이는 다툼에서 출발하는 것으로 볼 때, 세상의 성공은 늘 완결되지 못한 불안한 미래를 낳는다.

경쟁이 밖에서 오는 두려움을 극복하고자 할 때 도전의식을 낳는다면, 경쟁이 사라진 다음에 찾아오는 불안[184]한 평화는 과연 무엇인가?

---

183 소극적인 의미에서 사울의 실패로 다윗이 성공했는지, 아니면 적극적인 의미에서 사울의 실패를 다윗이 조장했는지 판단은 역사 이야기의 해석에 달려 있다. 역사적 기록의 신빙성과 용의주도한 해석은 신학적 해석의 위험성을 감내할 수밖에 없는 것도 사실이다.

184 사울을 기술하면서 사울의 불안을 전했지만(4장과 5장, 특히 5장에서), 다윗에게도 불안은 자신의 안위와 관련된다. 통치자로서 사울이 (다윗에 대해서, 혹은 어느 누구에 대해서) 불안을 큰 위험처럼 여겼다면, 다윗도 자신이 이룩한 성공과 자만에서 비롯된 범죄성 행위는

성공 뒤에 따르는 여진과 같이 불안의 원인이 외부적 요인이라면 다윗의 내적 평화는 뒤흔들리지는 않았을 것이다. 이제 독자는 경쟁과 투쟁에서 권력을 성취하기까지 달려온 다윗의 경우, 사무엘서의 서술 방식이 11장에서 현저하게 바뀌는 것을 감지하게 된다. 다윗의 심리적 차원의 문제와 솔로몬 왕정의 정치적 의도가 밝혀지면서 이야기의 의도적 구성이 드러난다.

첫째, 우리는 성경이 그의 성공과정에서 숨기고 싶은 비밀스러운 이야기를 솔로몬 왕정이 굳이 적나라하게 서술하고 있음에 놀라지 않을 수 없다. 사무엘서가 왕조사의 문헌에 속한다는 역사적 연구 결과에 동의한다면, 이러한 변화와 공개적 서술의 의미는 무엇일까?

둘째, 지금까지 서술된 다윗 관련의 이야기들이 역사적 서술에 근거한 방식이었다면, 11장부터 이야기는 다윗 개인의 심리적 변화에 초점이 맞추어진다. 비록 다윗의 변화는 왕권에 근거하고 있지만, 정치적 쟁투의 문제가 아니라, 왕권에 도달한 자의 정신과 심리가 표면화된 문제이다. 왕권의 쟁취에 성공한 다윗이 내면적으로 무너져 가는 모습을 통해 우리는 성공 뒤에 드러나는 인간의 실패를 부정할 수 없는 눈으로 확인하는 것이다.

다윗 이야기의 성격

다음 장에서 전개되는 두 개의 장에서 타인의 아내인 밧 세바와 다윗

불안을 야기할 수밖에 없었다.

사이에 벌어진 이야기(2사무 11-12장), 그리고 다윗의 명령으로 시행된 인구 조사 이야기(2사무 24장)는 사건의 내용보다 사건이 서술된 문맥이 우리의 놀람을 불러일으킨다.[185] 이 놀람은 단순히 왕이 잘한 것과 못한 것을 논하는 것에 머물지 않고, 이야기의 내용을 두 가지 차원에서 언급할 이유를 제공한다.

하나, 겉으로 단순하게 보이는 남녀의 치정 사건이 인간의 본성 차원의 문제를 제기하며, 인간의 전형적인 병리적 현상을 적나라하게 보여준다는 점이다. 둘, 당연해 보이는 사건의 서술이 왕조의 정통성을 확보해 주는 정치적 논거를 담보해 주는 해석학적 방식이란 점이다. 첫 번째는 왕이 된 다윗이 왕권의 권위를 구체적으로 행사하는 모습을 묘사하는 사실에서 알 수 있고, 두 번째는 다윗 왕조의 정통성을 이어받을 솔로몬의 모계인 밧 세바의 위상을 확인해 주는 표현의 예술에 있다. 이 두 가지 지적은 사건의 성황적 이해와 해석, 그리고 본문에 기반을 둔 언어 분석에서 드러날 것이다.

주제의 차원에서 말하자면, 두 이야기는 다윗이 욕망과 교만에서 해방되는 과정을 묘사하면서 하느님 앞에서 도달하는 회심으로 수렴된다. 근본적으로 두 이야기는 모두 다윗에 대한 부정적인 비판을 통해 왕을 고발하는 것이지만, 단순히 다윗 개인의 허물을 비판하는 것에 머물지 않는다. 왕이 동원한 물리적 힘과 권한이 뒷받침된 이야기이지만, 이야기는 개인 다윗에게 집중하고 왕의 회심을 보편적 인간성의 주제와 연결시킨다.

이와 같이 우리는 사무엘서에 기록된 다윗의 정치적 생애에서 인간 혹은 인간성의 이해와 관련된 두 가지 대표적인 이야기의 예를 들었다.

185 이런 관점에서 보면, 다윗에 대한 비판적 부정성은 구성 상 두 이야기의 앞뒤를 둘러싸고 있는 사건들과 아주 대조적임을 보여준다. 이런 면에서 우리가 언급하고 있는 두 이야기는 후대의 편집자가 이 자리에 어떤 의도를 가지고 삽입한 것이 거의 확실하다.

이번 장에서 다룰 첫 번째 이야기는 왕이자 한 인간으로서 다윗과 타인의 아내인 여인이 관련된 사건으로 거짓과 폭력이 지배한 인간의 적나라한 모습을 드러낸다. 연구에 의하면,[186] 관련 당사자들인 다윗-밧 세바-우리야의 이야기는 사건 이후에 다윗에게 발생한 모든 사건을 이해하는 열쇠요 해석의 방향타 기능을 한다. 말하자면, 2사무 11장의 이야기는 정확한 연대기적 시점과 무관하게 다윗의 인생 전반을 이해하기 위해 배치된 사건이다. 이런 의미에서 다윗-밧 세바-우리야 사건이 왕위 승계 이야기가 시작되는 시점에 삽입된 비밀스러운 이유가 있다.[187] 왕권을 차지하기까지 다윗의 성공만을 강조하던 이야기가 갑작스럽게 다윗의 삶과 정당성에 치명적일 수 있는 사건을 삽입해 놓은 것이다.

권력을 틀어쥔 자의 얼굴에 침을 뱉을 수 없는 환경에서 드러내야 할 비밀은 필요성이 있다면 확실한 이유가 있어야 한다. 이야기의 서술자는 인간의 탐욕이 권력을 통해 발생할 경우에 이를 제재할 방법은 무엇일까 고민한다. 성경의 역사 이야기는 신학의 검증과정을 통해 인간의 본성에 대한 해석학적 의미를 제시하는 것이 필요한 이유임을 말해 준다. 사실 이런 이야기는 사건이 발생했을 당시에 윤리적인 범주에서 간단하게 언급하고 지나갈 수 있는 이야기였을지도 모른다. 최고 권력자의 비밀스러운 사생활을 드러내 놓고 비판할 수 없다면, 또 비판할 수 있을지라도 제한적일 수밖에 없는 경우라면, 침묵하는 것이 일반적이지 않은가? 하느님과 사람들 사이에서 강요된 침묵을 깨고 진실을 말해야 한다면, 진실로

186 *W. Brueggemann*, 42쪽; Michael Avioz, *Divine intervention and Human Error in Absalom Narrative*, 343-344쪽 참조.

187 다윗과 밧 세바의 이야기(2사무 11-12장)는 시간적으로 더 가까이 다윗의 아들 압살롬의 반역과 관련이 된다. 후대에 2사무에 덧붙여진 이야기는 구성으로 보면 압살롬의 반역 이야기(2사무 13-19장)를 선행한다. 마치 다윗이 밧 세바와 불륜을 벌이고 또 다윗의 부하이자 밧 세바의 남편 우리야를 죽인 죄의 보상처럼 아들의 반역이 소개되고 있는 까닭이다.

용기가 있거나 분명한 의도가 있어야 한다.

앞에서 말한 것처럼, 다윗-밧 세바의 이야기는 왕정을 차지한 다윗의 생애 기간 중에 발생한 많은 사건들을 원인론적으로 이해하는 실마리를 제공한다. 마찬가지로 마지막 장에서 언급될 인구 조사 이야기도 다윗이 어떻게 회심에 이르고, 그 회심이 어떻게 하느님의 현존을 이끌어 내는지 결론적 의의로 우리를 이끌 것이다. 인간성의 보편적 의미를 통찰하고자 할 때, 다윗의 인생을 다룬 두 이야기는 우리에게도 인생을 위한 성찰의 디딤돌이 된다. 이처럼 두 사건은 단순한 치정 사건이나 교만의 문제에 머물지 않고 우리에게 인간의 근심스런 경향을 이해할 수 있는 결정적인 실마리를 제공한다.

우리는 물론 다윗을 이야기의 초점에 맞추면서 논의를 진행할 것이지만, 밧 세바에게 시선을 맞추면 11장의 이야기는 왕정의 정통성 주제와 만난다. 다윗의 어두운 면을 드러내는 사건을 왕정의 역사 안에서 기술한다면, 특별한 이유가 있지 않겠는가? 더구나 11장의 기록은 다윗의 아들 솔로몬 왕정에서 시작되었다고 연구자들은 말하고 있다. 이 점은 논의 과정 중에 드러날 주제로 여인의 아들인 솔로몬 왕정사와 관련이 있다.

이야기는 과연 기록자가 하느님 앞에 서 있는 인간 다윗을 보고 있는 것인지, 아니면 하느님 앞에서 인간 다윗의 삶을 통해 자신을 성찰하고 있는지 모를 정도이다. 어쨌든 우리에게 다윗을 인간의 심리적 차원에서 바라보는 일이 쉬운 것은 아니지만, 우리 자신의 내면을 깊숙이 엿볼 기회임은 틀림없는 사실이다.

이야기의 얼개

다윗과 밧 세바의 이야기(2사무 11-12장)가 전개된 상황은, 내용만 보더라도, 다윗의 통치 초기를 지나 안정을 찾아가던 시절이다. 아직 주변 민족들과 갈등이 끝나지는 않았지만, 통일 왕정이 정치적 안정을 이루기 시작했던 무렵으로 보면 크게 어긋나지 않을 것 같다. 그러므로 정치적으로 느슨한 부족 연맹체의 불안한 시기를 벗어나 다윗이 통일 왕국의 왕권을 강력하게 행사할 수 있었던 시기임은 틀림없다.

11장의 첫 구절부터 이야기는 왕권 경쟁의 긴장을 극복하고 승리한 다윗이 권력을 쟁취한 뒤에 평안해진 왕의 행동을 보여준다. 그래서 권력의 정점에서 정치적 안정을 누리게 된 한 인간 다윗의 충동성이 고스란히 반영된 사건으로 이야기는 고발적 성격을 담고 있음을 암시한다! 단순히 인간의 우발적 행동이나 충동으로 한정하기엔 이야기의 소재와 전개가 대단히 고차원적인 심리적 질서를 유지하고 있는 까닭이다. 본질적으로 11장의 이야기는 나발-아비가일의 사건(1사무 25장)에서 본 다윗의 모습이 더욱 분명하게 드러난 사건으로 볼 수 있을 것 같다.[188]

이야기는 주변 민족과 벌이는 전쟁이 예전보다는 덜 간헐적으로 지속되던 시절에 정치적 권력의 맛을 누리기 시작했을 왕으로서 직접 전

188 Steven L. Mckenzie, 156쪽. 다윗과 아비가일, 나발 사건은 4장 말미에서 간단히 언급했다. 나발의 갑작스런 죽음과 아비가일을 얻게 된 다윗, 우리야의 죽음 후에 밧 세바를 얻게 된 다윗은 이야기의 맥락을 고려하면 차이가 거의 없다. 나발의 죽음도 우리야의 죽음처럼 내용적으로 불편한 사건일 것이지만, 왕조사의 성격을 띠고 있는 사무엘서의 의도적인 묘사는 간단할 수밖에 없다. 다만 나발 사건이 다윗이 왕이 되기 전 광야 생활에서 발생한 반체제적인 사건이라면, 밧 세바 사건은 왕 다윗의 개인 차원의 사건이라는 차이가 있다. 이에 대한 여성주의적 통찰은 유연희, 아비가일의 남자들,『구약논단』16권 1호(통권 35호, 2010/3), 98-118쪽을 참조할 수 있다.

장 터를 누비지 않아도 되던 다윗의 모습을 묘사한다. 이스라엘이 적을 치기 위해 요압 지휘 하에 전투부대를 파견하고 출전케 하였지만, 다윗은 왕으로서 안전하게 예루살렘에 남아 있었다. 이야기가 벌어진 배경은 외적으로 전쟁 상황(11,1과 12,29)이나 내적으로는 다윗의 왕정이 정치적 안정을 누리기 시작한 모습을 대조적으로 보여준다. 다윗 자신은 군대를 전선에 보내 놓고 있고, 전투의 직접적인 위험에서 벗어나 있는 상황이 이야기의 틀을 결정한다. 이런 의미에서 이야기는 다윗의 성향과 인성을 드러내려는 의도적 구성을 보여주고, 그의 잘못을 지적하려는 전형적인 고발 양식을 띤다.

이야기로써 하나의 완벽한 귀결을 가지고 편집된 본문(2사무 11-12장)의 내용과 구조를 간단히 도식화하면 다음과 같다.[189]

가1. 도입부: 암몬과 전쟁(11,1)

나1. 다윗과 밧 세바의 불륜(11,2-5)

다1. 다윗의 1차 은폐 시도-실패(11,6-13)

라. 다윗의 2차 은폐 시도-성공(11,14-27)

다2. 나탄의 등장: 책망과 회개(12,1-15ㄱ)

나2. 첫 아이의 죽음과 솔로몬의 탄생(12,15ㄴ-25)

가2. 결말: 암몬의 라빠 점령(12,26-31)

이야기의 얼개를 보면, 도입부(가1)와 결말(가2)은 다윗과 밧 세바

189 성주진, 사무엘하 11-12장: 다윗의 죄와 하나님의 용서, 『사무엘하: 어떻게 설교할 것인가』, 두란노, 2009, 228쪽 참조.

의 사건이 전쟁 기간에 발생한 일임을 확인해 준다. 말하자면, 이야기는 사건의 우발성을 강조하는 것이 아니라, 고발의 의도를 가지고 편집된 것이 거의 분명함을 강조한다. 정황적으로도 아주 구체적이며 부인할 수 없던 사건이기 때문에 '알려진 비밀'[190]이었음을 전제하고 있다. 다윗과 밧 세바의 불륜사건(나1)을 다윗 개인의 차원에서 보면 2차 은폐 시도는 성공하지만(라), 그 결과는 불행하게도 첫 아기의 죽음이다. 이야기는 죽음의 비극에서 멈추지 않고, 죽음의 비탄을 하느님의 은총으로 바꾼다. 이런 의미에서 사건의 마무리는 솔로몬의 탄생을 죽음의 고통에 이은 생명의 기쁨으로 대체하는(나2) 신명기 사가의 신학적 해석을 가능하게 한다.

궁극적으로 이야기의 구조를 염두에 둔 신학적 해석에 따르면, 죄의 결과는 죽음이지만 회심 뒤 솔로몬의 탄생은 생명이 야웨의 축복임을 강조한다. 따라서 다윗의 죄는 죽음 속에 머무는 것이 아니라, 죽음을 통과하는 생명의 길로 가기 위해 고발되어야 할 사건으로 이해한다. 인간적인 측면에서 다윗의 1차 은폐 시도는 실패하지만(다1), 다윗의 실패는 회심으로 이끄는 신의 개입이 이야기의 새로운 시작을 불러온다. 즉, 인간은 죄에서 스스로 돌아설 수 없기 때문에, 다윗에게 회심의 기회를 제공할 제 3자의 개입이 필요했다(다2).

이야기의 중심축에서 보면, 인간적 차원에서 다윗의 두 번째 은폐 시도가 성공하지만(라), 이야기는 거기에서 멈추지 않았다. 다윗의 은폐

190 알려진 비밀. 편집사적으로 후대에 삽입된 가능성을 고려하더라도 왕조사의 권위를 생각하면 왕의 개인사적인 치부를 굳이 드러낼 필요는 없었을 것이다. 말하자면, 이야기는 모두가 알고 있는 사실이었고, 부인할 수 없었던 사건이었지만 이스라엘 왕정과 밧 세바의 정통성을 확보해야 했던 솔로몬 왕정의 정치적 필요성을 보여준다. 달리 말하면, 11장의 이야기는 다윗의 치정을 고발하는 것만이 유일한 목적이 아님을 알 수 있다.

시도가 성공하는 순간, 하느님의 길을 억압하는 살인을 바탕으로 이루어진 인간적 성공이 부정된다. 하느님이 예언자를 통해서 말을 건네는 새로운 사태가 벌어지고, 살인 사건의 이야기는 전혀 다른 차원으로 넘어간다.

인간의 성공이 진정으로 참된 성공이 되려면, 관계로 얽힌 세상에서 자신에게 진정한 의미를 부여할 수 있어야 한다. 비록 세상에서는 거짓의 인간일지라도, 하느님 앞에서는 자기를 돌아보고 거짓에서 진실을 향해 돌아설 수 있어야 한다. 사건은 거짓과 비극적인 살인의 음모를 내포하고 있기 때문에 음모가 밝혀지지 않는 한 사건은 마무리될 수 없기 때문이다.

여기서 역사 이야기가 신학으로 진행될 단서가 제공되며, 인간을 심층적으로 해석해 주는 신학이 발생한다. 신학은 사건의 역사적 의미를 독자와 사건의 당사자에게 제공하기 때문에 새로운 단계의 삶으로 나갈 수 있다. 다윗의 경우, 제삼자의 자극으로 하느님을 향한 눈이 열리고, 비로소 내면의 거울에 비친 제 모습을 보기 시작한다. 아무도 자기의 잘못에서 스스로 벗어날 수 없다면, 잘못을 지적하고 보여주는 제삼자의 필요성은 당연하다. 궁극적으로 인간의 죄와 하느님의 은총 사이에 중재적 기능을 제공하는 것이 내적 회심이라면, 하느님의 자비는 회심을 불러오기 위해서라도 결정적인 요소이다. 이렇게 이해한다면, 다윗에게 나탄은 하느님 자비의 손길이며 죄에서 회심으로 이끌어 주는 안내자라고 말할 수 있다.

그래서 다윗과 밧 세바의 사건은 인간적인 성공에 이른 다윗이 성공의 정점에서 넘어진 이야기가 된다. 승리의 성공이 오히려 다윗이 걸려 넘어지는 계기가 된 까닭에, 어리석게도 잘못을 행하고 죄에 빠져 버린 함정이 되었다. 다윗의 사건은 성공과 실패가 한 인간에게 동시적 사건이 되는 모순적 상황을 보여주며, 성공과 실패는 인간에게 동전의 양면임을 알려 준다.

이야기는 다윗이 죄에서 돌아설 기회를 마주함으로써 사건은 역사를 넘어서, 본격적인 이야기를 위해서 사건의 해석인 신학의 차원으로 옮겨간다(12장). 다윗에게 발생한 인간적 사건(11장)이 역사 이야기에 머물지 않고 신학을 발생시키는 장이 되어간 것이다. 나탄이 하느님의 이름으로 선언한 신탁이 참으로 잘못된 인간의 깊은 속내를 드러내기 때문이다. 욕망에 눈먼 인간은 그 욕망이 식기 전에는 결코 자신을 볼 수 없으며 스스로 죄의 굴레에서 빠져나올 수 없다. 이런 차원에서 잘못 권력을 행사하는 왕을 고소하고 판결을 내릴 수 있는 존재는 오직 하느님뿐, 예언자는 목숨을 걸고 하느님의 신탁을 선포하는 대리자 역할을 완수해야 한다(신정체제).

이제 11장을 두고 직접적인 질문을 한다면, 권력의 정점에 도달한 다윗이 무엇 때문에 신실한 친구요 부하 장수를 죽여야 했을까? 그 많은 여인들을 취하고서도 다른 여자를 얻기 위해서 또 다른 살인이 필요할 정도로 다윗은 부족했다고 여긴 것일까? 아니면, 다윗이 우리야를 죽여야 할 만큼 일탈의 욕망을 억누를 수 없어서, 욕망이 그를 지배했던 것일까? 마치 우발적인 사건처럼 벌어진 개인적인 잘못이 다윗을 더 깊은 나락으로 떨어뜨린 것은 무엇이며, 어째서 다윗은 스스로 빠져나오지 못했던 것일까?

욕망의 차원에서 일독하고 싶은 우리는 다음과 같은 질문을 염두에 두고 이야기의 내용을 읽어갈 수 있겠다. 많은 사람을 자신의 음모에 가담케 한 뒤 자신의 양심마저 속였던 사람, 마침내 살인을 저지르며 여인을 취한 다윗은 여느 사람들과 달리 특별히 악한 인간이었을까?

사건에서 해석으로

어쩌면 다윗의 일탈 사건은 심각하게 다루지 않아도 될 법한 개인적인 이야기 중의 하나였을 것이다. 왕정에서 발생할 수 있는 많은 사건 중의 하나로, 이러한 일은 권력자의 궁정에서 얼마든지 여러 형태로 일어났을 사건들 중의 하나이다. 실제로 세상을 통치하는 권력자들에게 큰 문제가 될 상황이 아니었을 이야기이지만, 다윗과 같은 특별한 사유가 사건을 되짚어보게 한다.

사무엘서의 편집자는 이야기가 담고 있는 주제인 죄와 용서를 신학의 차원에서 다룰 수 있도록 새로운 시각에서 배치한 것이다. 말하자면, 잘못된 행위의 원인이 단순한 욕망의 일탈로 진행된 사건처럼 보이지만, 성경은 행위 이전의 인간을 심층적 깊이에서 성찰하도록 초대한다.

이야기의 진행만 훑어본다면, 다윗의 행위는 어느 저녁에 왕이 목욕하는 여인을 보고 사적으로 벌인 범상한 사건 중의 하나처럼 보인다. 그렇지만, 사건의 당사자들은 역사의 이해 당사자가 되지 못하고, 사건의 기록자나 편집자가 사건을 성찰하는 주인공들이다. 마치 사건의 주인공들은 뒤로 물러나고, 신학자들이 그들이 다루어야 할 주제를 선정한 것처럼 보인다. 즉 신학적 차원에서 정치적 의미와 인성의 보편성이란 큰 주제로 서술된 것처럼 보이는 것이다.

사무엘서(II)의 전반부(10장까지)는 일차적으로 하느님께서 다윗을 이스라엘과 유다의 왕으로 세우고 영원한 왕권을 약속하는 신탁에 방점을 찍고 있다. 신탁의 성취는 다윗의 치세에서 이루어질 것이 아니라, 그의 후손에게서 발생할 일이다. 다윗에게서 나온 후손이 주님의 집을 지을 것이며, 그는 주님의 아들이 되고, 주님은 그의 아버지가 되어 자애를 베풀 것이다. 그리하면 '*너의 집안과 나라가 네 앞에서 영원*

히 굳건해지고, 네 왕좌가 영원히 튼튼하게 될 것이다(2사무 7,16).' 이곳에서 단순히 역사적 사건으로 남을 다윗 이야기가 새로운 차원의 역사신학의 장으로 넘어간다.

이어서 다윗의 죄와 하느님의 용서라는 주제를 내포한 11장의 이야기가 끼어들고, 다윗의 생애는 복잡한 진행을 따라가기 시작한다. 앞의 신탁이 다윗의 가문에 벌어지는 사건들을 준비했다고 보면, 11장의 이야기는 이어서 소개되는 일화들을 정향 짓는 사건이다. 11장의 이야기를 역사적 사건의 차원에서 신학의 차원으로 옮겨가는 것은 12장의 목표이다. 다윗과 밧 세바의 불륜 사건이 신학적으로 정리된 다음에 비로소 다윗 가문에 불어닥친 일련의 불행한 사건들이 예언의 증언처럼 제시된다.

이복 오누이 사이에 성폭행 사건(13장)이 빌미가 되어 역사적 사건으로 기록된 아들 압살롬의 반란 이야기가 지나칠 정도로 장황하게 서술된 이유가 그렇다. 달리 말하면, 다윗과 밧 세바의 불륜 사건은 누이동생에 대한 장자 암논의 성폭행 사건과 넷째 아들 압살롬이 벌인 반란사건을 조망하는 출발점에 있다.[191] 압살롬의 반란 사건(2사무 15-18장)은 성경 입장에서 아주 중요하게 다루어야 할 이야기로서, 가족과 왕정의 문제가 걸린 상당히 복잡한 줄거리를 제공한다. 다윗 왕정에서 벌어진 한 사건을 이렇듯이 장황하게 사태를 서술하고 있다는 점은 사건 자체도 중요하지만, 사건의 원인이 어디에 있었는지 되돌아보게 하는 효과가 있다.

191 Michael Avioz, *Divine intervention and Human Error in Absalom Narrative* 참조. 사무엘서(하)는 다윗의 인생에서 상승기의 정점에서 인간적 실패가 어떻게 발생하며 그 결과 무엇인지 보여준다. 왕권을 확립한 시기는 정치적 안정기에 들면서 다윗에게 성공의 치적보다 개인적 불행과 실수들이 잇따른다. 전반부에서 다윗이 이스라엘과 유다의 통일 왕권을 세우고 영원한 왕국을 약속하셨다면(7장), 다윗이 범한 흔해 보일 수 있던 죄(11장)가 쓰라린 결과들(13-20장)을 가져왔다는 기억을 알려 준다.

사건이 발생한 측면에서 살펴보면, 이야기는 다음과 같은 단계로 진행됨을 요약할 수 있겠다. 11장은 사건이 발생한 이야기의 전체 윤곽을 제시하고 예민한 주제들을 묘사함으로써 제기될 문제들을 이미 파악해 놓고 있다. 12장은 11장에서 준비된 역사적 사건의 의미를 끌어내기 위해 본문을 해석할 필요를 제시하고 신탁으로 대답한다. 역사적 사건은 신탁의 불가피성을 통해 11장과 12장은 이야기의 시작과 마무리를 완결하기 위한 구성을 갖추게 된다. 사건이 신학적 해석으로 마무리되어야 할 필요가 있다면, 이 과정은 다윗 사건이 내포한 가장 큰 의미일 것이다. 이렇게 해서 궁극적으로 사건의 신학적 의미가 제시되고 마침내 과거의 사건은 신탁을 만나 현재화된다. 신학적 해석의 자료가 된 다윗 사건은 미래의 독자가 실존적 의미의 가능성을 찾는 원천이 된다. 이로써 역사 이야기(다윗 사건)에서 신학의 발생을 유도하는 예언자는 다윗의 성공적인 정권 창출 과정이 하느님과 관련되이 있다는 시각을 보여준다.

물론 우리는 다윗의 잘못된 행동을 고발하는 모티브를 찾아 읽어야 하고, 그것이 무엇을 의미하는지 심층적 차원의 주제들을 조명하도록 초점을 맞추겠다. 다음에서 우리는 본문의 내용과 구조를 살펴보게 될 것이지만, 작은 단위의 문장부터 아주 세밀한 편집자의 의도를 긴장 속에서 읽게 될 것이다. 먼저 사건의 배경을 듣고 사건의 진행과정을 따라가게 되면, 벌써 다윗 이야기가 단순히 윤리나 교훈적 범주에 머물 이야기가 아님을 감지하게 된다.

사건의 구성

이야기의 배경이 전쟁 상황임을 은근히 알려 주는 첫 구절은 다윗의 숨기고 싶은 비밀 이야기를 도입하기 위한 서사적 배경을 결정해 준다.[192] 부하들은 전장 터에 나가 있고 다윗은 왕궁에 남아 있는 대조적인 상황, 겉으로 보이는 왕궁의 평화는 부하들이 맞고 있는 위급 상황과 극명하게 대조된다. 말하자면, 지금 시작된 사건의 일지는 처음부터 상황이 어긋난 사실을 지적하며 무엇인가 불길한 암시를 하고 있는 것이다. 생명을 걸고 전투에 임한 병사들의 상황과, 낮잠을 누릴 수 있는 한가한 오후와 안일을 즐기는 왕의 모습으로 평화와 긴장의 공존이 모순적임을 말해 준다.

이렇듯이 11장이 겉으로 보여주는 이야기의 전개는 다윗과 관련해서 오히려 구성은 아주 단순해 보인다. 다윗이 여인을 강제로 데려왔고, 함께 부정을 저질렀고, 사건은 임신 사실을 감추기 위해 결국 여인의 남편을 교묘한 방법으로 살인하는 것으로 마무리 된다. 이처럼 이야기의 서술자는 가감 없이 다윗이 저지른 사건을 마치 가까이서 보고 있는 듯이 전해 준다.

(1) 2-5절: 다윗과 밧 세바 사이에 둘만의 은밀한 사건이 발생한다. 상황으로 보면, 모두에게 알려진 비밀스러운 사건이지만, 당사자 앞에서 모두가 침묵하지 않을 수 없다. 왕궁에서 벌어진 사건들은 모두가 보고 있으나, 왕 자신과 관련된 사건일 경우 본인에게 말할

192 11,1은 12,26-31과 직접 연결되는 이야기로 밧 세바 이야기와 문맥이 다른 독립적 부분이었다. 즉, 밧 세바 이야기는 후대에 이야기의 흐름과 상관없이 전쟁이 치러지고 있는 상황 안에 삽입된 것이다.

수 없다. 따라서 많은 이들이 알고 있는 사실과 많은 이들에게 알려진 사실 사이엔 항상 풀리지 않는 긴장, 말하기 어려운 긴장이 있다.

(2) 6–13절: 왕의 첫 번째 은폐 시도. 부정한 사건을 덮으려는 다윗은 잘못에 대한 깊은 성찰 없이 사건의 은폐를 시도한다. 왕에 대한 우리야의 충성스런 행위와 부하에 대한 다윗의 불충한 생각이 대조적으로 돋보이며 두 인물의 실상이 교차된다. 다윗이 실패한 첫 번째 시도는 자신에게 두 번째 생각을 불러오되, 이 생각은 충실한 부하를 죽일 살인의 음모로 진행된다.

(3) 14–27절: 왕의 두 번째 은폐 시도. 우리야를 죽이려는 다윗이 전선에 나가 있는 사건과 무관한 전 이스라엘 군대를 이용하여 비밀스러운 살인의 음모를 실행한다. 다윗의 음모에 동조한 요압의 지원으로 우리아의 영웅적인 죽음을 가장한 살인의식을 지르고 난 뒤, 사건은 마감되는 듯했다. 그러나 살인을 촉구한 다윗은 사건의 비극적 주인공이 되고, 아무도 대신할 수 없는 왕의 잘못은 하느님의 징벌 형식으로 마무리를 재촉한다.

독자의 판단에 이야기가 문학적으로 완벽한 한 편의 작품이라면, 다윗의 이야기는 단순한 개인사를 넘어 인간 이야기의 보편성을 지향한다. 즉 11장의 사건은 개인들의 치정 사건에 머물 이야기처럼 진술되고 있지만, 인간성의 보편적 이해라는 차원으로 끌어올려진 이야기이다. 사건의 공개적 표명을 통해서 이방인 여자 밧 세바는 공식적으로 다윗을 승계한 솔로몬 왕정의 정통성을 보장해 주는 지위를 획득한다.

그리고 12장은 11장의 역사 이야기가 내용적으로 완성되기 위해 필요한 '이야기 밖의 이야기'로 제공된다. 마치 우리들의 인생이 단순히 지상 생애로 마감되고 끝난다면, 참으로 삶은 무의미한 시간의 연장과 같을 뿐이라고 강변하는 듯하다. 역사 이야기에서 신학 이야기로 전환되면서 11장의 이야기는 12장의 '이야기 밖의 이야기'로 완전히 다른 차원의 이야기로 탈바꿈한다.

이야기 안으로

인간의 영혼이 감각적 세계를 넘어서 천상과 연결되어 있다고 믿는다면, 최소한 비극적 사건의 의미를 밝혀 줄 해석학적 틀이 필요하다. 역사적 비극으로 끝나기에는 인간의 삶이 너무 고단하며, 현실을 극복하기 위해서라도 의미를 주고 위로를 받을 장치가 있어야 한다. 다윗의 삶을 조명해 줄 신학의 해석학이 이런 요구를 충족시킬 것이라면, 이를 통해 우리는 삶의 새로운 시각, 새로운 희망을 품을 수 있다. 12장은 11장의 은폐될 수 없는 다윗 자신의 은미한 생각을 들추어내어 이처럼 다른 차원의 대답을 마련하고 있다. 단순했던 개인의 역사 이야기가 인간의 보편적이고도 본질적인 의미를 획득하기 위해서 신학적 해석이 필요한 것이다. 그래서 감출 수 없는 진실과 거짓이 맞대면하면 거짓은 드러나고 진실은 본래의 자리를 찾을 것이다.

진실과 거짓이 교차하는 이야기 안으로 들어가려면 우리는 첫 구절이 말하는 장면 안으로 들어가야 한다. 그래서 11장의 구성과 진행 과정을 이끄는 1절은 아주 단순하지만 중요한 두 가지 사실을 독자에게 알려 준다. 하나, 사울 왕권을 탈취한 다윗은 여느 때처럼 통일왕국의 안정을 위해서라도 전쟁을 수행해야 할 처지이다. 11장의 사건에 선행하는 10장에 암몬과 아람을 쳐부순 전쟁 이야기가 배치된 것도 그러한 이유

중의 하나이다. 둘, 그런데 바로 암몬 자손을 무찌르고 라빠('큰 것'이란 뜻. 암몬 족의 수도(?). 큰 것은 무너져야 한다는 상징일까?)를 포위한 전투가 벌어지는 상황에서 다윗은 '*예루살렘에 있었다*.' 암몬족이 여러 인근의 왕들과 연합하여 이스라엘을 대상으로 전투를 치르는 동안, 다윗은 자신이 나서야 할 순간에 요압을 책임 장수로 내보낸 것이다. 계약 궤가 전장 터에 나가 있다면(11절), 암몬과 벌이는 전쟁은 하느님이 이끄는 거룩한 전쟁이 아닌가? 더구나 이스라엘의 모든 남자(유다와 이스라엘)는 전쟁에 나갔고, 남자로는 다윗 혼자 예루살렘에 남아 있다(사실은 그렇지 않지만)는 인상을 강하게 풍긴다.193 이와 같이 다윗의 일탈을 예고하는 11장의 서두는 다윗의 풀어진 모습을 묘사하기에 적절한 배경을 대조적으로 설명하는 상황어 구실을 한다.

게다가 11장은 다윗을 왕의 호칭이 없이 이야기를 서술함으로써 뒤따르는 사건을 개인적 차원에서 다루고 있다는 인상을 준다. 그의 행동을 묘사하는 표현은 철저히 왕의 행동이 아니라 개인의 욕구 충족을 나타내고 있을 뿐이기 때문이다. 국가적인 사태를 제시한 것처럼 보이지만(*임금들이 출전하는 때가 되자*…) 주변 민족들과 갈등관계를 대변하는 표현일 뿐, 1절의 요점은 표면적으로 심드렁한 다윗의 사생활을 주 관심사로 부각시키는 데 있다. 다윗의 개인적 차원이 강조된 묘사는 아담과 하와가 금단의 열매를 따먹는 행위를 연상시키는 듯하다. 실제로 다윗이 아름다운 여인을 '보고' 왕의 권력으로 그녀를 '손안에 쉽게 넣은' 것은 어느 시대에서나 발생하던 일이기도 했다.

이렇게 1절은 2절 이하에서 부정한 사건을 범한 순간에 다윗이 부하들

---

193 문학적 접근 방식으로 이야기를 해석할 때에 이러한 뉘앙스는 더욱 강해진다. 구자용, 『삼하』 11장, 125-126쪽.

과 다른 처지에 있었음을 강조한다. 즉 두 개의 상황-부하들의 전쟁 상황과 다윗이 누리는 안정된 상황- 을 범상한 듯이 대조시키고 있다. 더구나 사건의 발단은 낮잠을 자고 난 뒤, 한껏 풀린 마음으로 저녁 해가 질 무렵, 해거름에 목욕하는 여인을 바라보는 것으로 시작된다. 벌써 '*보다*(2절)'라는 이 동사가 꿈틀대는 한 인간 다윗의 욕망이 일탈할 것이라는 예상을 충분히 불어넣는다. 왕권을 마침내 손에 틀어쥔 자의 느긋한 마음이 아주 조용하게 그러나 시각적으로 완벽하게 드러난다. 이런 묘사는 다윗이 예상치 못한 심리적 변화를 겪을 것이라는 사실과 사건이 한 걸음 더 나아가서 다음 단계로 진행되리라는 짐작을 가능하게 한다.

다윗, 우리야와 밧 세바

사무엘서는 다윗의 행동을 부추길 상황을 열면서 사건의 단초가 될 순간에 단순히 목욕하는[194] "*그 여인은 매우 아름다웠다*(2절)."고 한다. 이어서 사건의 구체성을 더 강조하기 위해 아름다운 여인의 이름이 밝혀지고 언급되지 않아도 될 가계의 일부가 상세히 거론된다. 이름은 밧 세바, 남편은 헷(히타이트) 사람 우리야, 부친은 엘리암, 엘리암은 이스라엘의 뛰어난 용사로 널리 알려진 인물이었다(2사무 15,12; 23,34). 한 가계를 관통하는 이름들의 소개는 당대에 회자되던 구체적인 사실이어서, 알 만한 사람은 다 알고 있다는 역사적 성격을 강조한다. 그래서 이야기는 익명으

194 레위기는 여인이 월경을 하고 이레가 지나야 율법적으로 깨끗하다고 선언한다(레위 15,19-30). 이레의 기간이 지나야 깨끗해지므로 여인이 목욕한다는 것은 가임기와 맞물린다. 그래서 독자는 다음 단계에서 여인이 임신했다는 기술을 들어도 자연스럽게 받아들일 수 있다.

로 꾸며낸 전설이나 재밋거리가 아니라, 소문난 역사적 사건이라는 것을 강하게 암시한다.

인물들의 이름이 소개되면서, 이야기가 구체적으로 거론하지 않고 넘어가는 사건들의 배경도 중요하다. 밧 세바의 부친 엘리암이 길로 사람 아히토펠의 아들(2사무 23,34)이라면, 그리고 아히토펠이 압살롬의 반역을 지지했던 인물(2사무 16,15)과 동일인이라면, 밧 세바는 아히토펠의 손녀임이 밝혀진다. 그렇게 해서 압살롬의 반란을 지지했던 인물 아히토펠은 불행히도 다윗의 간통사건에 연루된 밧 세바의 할아버지였던 것이다. 이런 까닭에 다윗이 알아주는 사람 아히토펠이 왕을 배반하고 왕이 죽기를 원했다지만 성경은 아무런 이유를 제시하지 않았다. 아히토펠이 다윗을 배반하고 그를 죽이고자 했던 이유는 이런 배경의 사건 속에 가려져 있다. 설명이 없는 아히토펠의 배반의 이유는 다윗이 그의 가문에 저지른 추악한 행위 – 다윗이 손녀사위인 우리야를 죽이고 손녀와 불륜을 벌인 행위 – 때문이라고 짐작할 수 있지 않은가? 비록 밧 세바 – 엘리암 – 아히토펠의 혈연관계에 대한 논의는 결론이 나 있지 않지만[195] 이야기의 흐름을 전제로 이해한다면 이런 해석이 무리가 없을 것 같다.

더구나 아히토펠의-*topel*이 이방계 사람을 나타내는 접미사란 사실에서 이 가계가 이방 민족에 속한다는 것을 알 수 있다. 이런 인척관계가 드러나면서 밧 세바는 이방계 가문의 여인으로 확인되며, 역시 이방계의 후손 우리야의 아내로 알려진다. 신약성경에 '*우리야의 아내*'(마태 1,6)란 표현이 기록된 상황을 생각하면, 인간 역사의 아이러니를 느끼지 않을

195 P. Kyle McCarter,Jr., 285쪽. 그래서 충성스러운 한 사람을 죽음에 이르게 한 이 사건은 다윗이 이방계 신하에 대한 권력을 남용하여 배반과 복수를 발생시킨 자업자득의 사건임을 추측할 수 있다. Chankin Gould et al., *The Sanctified Adultress*..., 351쪽; P. Kyle McCarter, *II Samuel,* 500–501쪽.

수 없다. 신약성경은 밧 세바가 이스라엘의 왕 '*다윗의 아내*'(2사무 11,27)가 아니라, 이방인 '우리야의 아내'라고 반복해서 강조한 것이다. 이렇게 구약과 신약이 만나는 인류 구원의 역사적 접점마저 아름답게 그려지지 못했고, 구원을 가져온 예수님의 출생에 인간의 역사가 펼쳐져 있음을 알게 된다.

밧 세바의 남편 헷 사람 우리야는 익명의 인물이 아니었고, 다윗이 거느린 30인 용사 중의 한 사람이었다.[196] 당시의 인적 구성을 보면, 유대와 이스라엘을 합쳐 열두지파라고 하는 것이 어느 정도 사실이지만 상징적인 의미를 강조한다. 소아시아를 호령하던 히타이트 제국(서기전 17-14세기)은 다윗 당시에는 사라지고 없었고, 그 후손들은 이곳저곳에서 여러 민족 사이에 이방인의 일부로 살아남아 있었다(예, 1열왕 10,29). 그러므로 헷(히타이트) 사람 우리야는 율법에 따르면(탈출 22,20; 23,9; 레위 19,33-34; 24,22; 민수 15,16) 일차적으로 다윗이 보호해야 할 약자(이방인/외국인)였고, 이스라엘에 편입된 이방인 가계의 후손이었다. 그래서 이름만 보면, 우리야(야웨는 나의 빛)는 히타이트 족속에 속하지만 이스라엘에서 태어나 히브리인의 이름을 얻게 된 것 같다.

이런 이해를 염두에 둘 때, 단순히 다윗은 여인이 누구인지 알고(3절) 곧바로 데리고 오라는 명령(4절)을 내릴 수 있었던 것이 아닐까? 자기에게 충직한 부하 장수인 우리야의 신분과 신원을 부인할 수 없었다면, 최소한의 예의를 가지고 행동을 자제해야 하지 않았을까? 더구나 여인의 아버지가 엘리암이고, 우리야와 함께 뛰어난 다윗 휘하의 용사로 거명된 인물이 아니었던가?(2사무 23,39) 한 용사의 아내이

---

196 2사무 23,39; 1역대 11,41. 우리야란 이름이 마지막에 실려 있는 것을 보면 후대에 덧붙여진 것으로 보인다. 이름이 다윗의 범죄를 상기시켜 주기 때문이다. Steven L. Mckenzie, 157쪽.

자 또 다른 용사의 딸인 여인, 그 위에 가장 믿을 만한 측근 신하 아히토펠의 손녀를 어찌 다윗은 무참하게 짓밟을 수 있었을까? 이런 여인을 마음대로 데려와 통정을 한다는 사실은 다윗이 왕으로서 신하들을 어떻게 짓밟을 수 있는 인물인지 말해 준다.[197] 아니면, 다윗은 이미 밧세바의 미모를 (아마도 들어서) 잘 알고 있었기 때문에 남자의 욕망을 억제할 수 없었던 것일까?

욕망과 이성 사이에서 잠시 오락가락 하는 동안, 측근 중의 한 사람은 다윗 왕도 잘 알고 있다는 듯이 되물었다.

> '그 여자는 엘리암의 딸 밧 세바로 히타이트 사람 우리야의 아내가 아닙니까?' (3절)

이런 수사적 질문은 상황을 굳이 설명하지 않고도 다윗이 잘 알고 있었다는 사실을 확인해 주는 말이다. 가부장적 사회구조에서 최고 권력자의 말은 곧 명령이고, 명령은 현실적으로 거부하기 어려운 강제적 폭력을 암시한다. 더군다나 아랫사람을 다루는데 익숙한 다윗은 욕망에 기운 자신의 행동이, 약자에게 어떤 의미였는지 제대로 의식이나 했을까? 하느님이 민족들 사이에 차이를 두지 않듯이 다윗도 그러했더라면 다행이었을 것을, 그의 행위는 처음부터 잘못된 태도였음을 편집자는 질책하고 있다. 이름 우리야의 의미가 '야(웨)는 나의 빛'인 것처럼, 그 이름은 야웨의 빛처럼 다윗의 어둔 속내를 비추며 사건의 의미를 드러내고 말 것이다. 피비린내 나는 카인의 살인을 고발할 자가 사라진 뒤, 사건과 직접적으로 무관한 제삼자인 야웨 하느님이 아벨을 대신해서 카인을 고발하지 않았는가?

197 J. W. Flanagan, NJBC, #58, 157쪽.

이처럼 이야기의 초반부는 예정된 순서처럼 아주 간단하고 분명하게 다윗이 여인을 데려다 통정을 했다고 전한다. 다윗이나 여인이 어떤 감정을 가지고 있었는지 성경은 침묵할 뿐만 아니라, 간단한 설명 한마디도 없이 단지 여인을 탐욕의 수동적 희생자로 짧게 묘사한다. 겉으로 보면, 불림을 받은 여인은 다윗 왕의 명령을 피할 수 없었고 선택의 여지가 없었던 희생자로 보인다.

그런데 이야기가 굳이 여인의 월경을 언급한 것을 보면, 사건의 진행이 행위의 책임과 명령을 병렬시키려는 듯하다. 말하자면, 여인에게서 태어날 아기는 우리야와 관계가 없으며, 행위의 책임자인 다윗이 사건의 주인공임을 분명히 밝히는 것이다. 그래서 다윗의 행동이 다음 단계로 진행될 수밖에 없는 이유가 여인이 집에 돌아간 뒤 임신한 사실을 알리면서(5절) 드러난다. 다윗의 불륜과 밧 세바의 임신을 확인할 수 있을 만큼 시간이 흐른 뒤, 우리야, 밧 세바, 다윗 세 인물이 겪어야 할 고통스러운 운명의 시간이 다가온다.

비극적인 이야기를 전하는 이의 시선에서 보면, 다윗은 권력을 무심히 휘두른 왕이고 무책임한 행동의 화신처럼 보인다. 그리고 밧 세바는 왕의 요구를 피할 수 없었던 여인으로, 그래서 어쩔 수 없는 상황에 던져진 희생양처럼 보인다. 게다가 20세기를 지나온 여성주의 시각에서 보면, 밧 세바는 권력과 폭력적 명령의 희생자로 묘사되어야 상황을 충분히 이해할 수 있을 것 같다. 같은 시각에서 상상을 통해 전선에 나가 있는 남편 우리야에게 변고는 없었는지 걱정하는 밧 세바를 상상해 볼 수도 있다. 전선에 나가 있는 남편을 생각하는 여인과 남편을 기다리는 아내를 강제로 욕보인 다윗의 대조는 사건의 비극적인 성격을 말해 준다. 그렇다면 이제부터 상상적 가정을 확인하기 위해서라도 다윗의 행동과 밧 세바가 처해 있는 상황을 조금 더 상세히 살필 필요가 있다. 당연해 보이는 상황도 자세히 살펴보면 눈에 쉽게 띄지 않는 이유들을 드러낼 터인데, 다윗의 행동을 촉발시킨 무엇이 이런 상황을 발생하도록 했을까?

이방인의 여인, 밧 세바

사건이 놓인 상황의 이해를 위해 우리는 먼저 사회문화적 종교상황을 먼저 떠올릴 수 있을 것 같다. 다윗의 일탈적 행위를 촉발시킨 듯해 보이는 '여인의 목욕'은 일차적으로 유다교의 종교예식으로 이해할 수 있기 때문이다. 더구나 정결 예식을 준수하기 위한 행위(예를 들면, 레위 15,19)는 구약성경이 누누이 강조하고 있지 않은가? 그러나 이런 규정은 다윗 시대에는 없었고, 후대에 언급된 규정이라는 주장 앞에서 동의할 근거를 잃는다.[198] 만약 이런 연구의 주장에 귀를 기울이면, 사건을 이해하는 어려움에서 유대교의 관점을 덜어낼 수 있겠다. 종교적 의식을 덜어낸 시선으로 바라볼 수 있다면, 밧 세바의 목욕은 일상적 행위 중의 하나라고 볼 수 있지 않을까? 더욱이 사무엘서는 밧 세바가 다윗의 명령에 적극적으로 가담하거나 반응했다는 묘사를 하지 않는다.[199]

---

198 Tikva Frymere-Kensky, *Reading the Women of the Bible: A New Interpretation of their Stories*, Schoken Books, 2002, p.147; J.D'Ror Chankin et al., *The Sanctified 'Adultress' and her Circumstantial Clause- Bathsheba's Bath and Self-Consecration in 2 Samuel 11*, in *JSOT* 32.3(2008), pp. 341-342.

199 차준희, 『다윗과 밧 세바 사건의 신학적 읽기』, 14-15쪽. 여인을 부정적으로 읽는 견해들을 소개하지만, 저자의 주장은 성경의 시선이 다윗의 불륜에 초점을 맞추고 있다고 지적한다.

왕정체제에서 왕의 존재와 나머지 사람들의 관계는 복종관계 이외에 달리 상상할 필요는 없겠다. 따라서 다윗의 명령만 있고 여인의 여타 반응을 드러내지 않는 이런 묘사와 내용은 여인의 의사를 전혀 알려 주지 않는다. 그렇다고 해서 자신의 의사를 드러낼 수 없었던 밧 세바가 아무런 의지도 없는 여인이라고 여길 필요는 없다. 그럴 경우, 1열왕 1장에서 아들 솔로몬을 왕위에 올리기 위해 나탄의 주도로 음모를 꾸미는 여인을 상상하기 어려워진다. 단순한 권력의 희생자로 이해하려는 시각을 접어두고 생각해 보면, 말 없는 밧 세바에게서 생각하지 않았던 다른 얼굴이 드러날 수 있다. 해석의 차이를 염두에 두더라도, 밧 세바는 왕위 계승을 앞둔 아들을 위해 온 힘을 다하지 않았던가?[200] 이런 시각에서 솔로몬(1열왕 1장)을 아들로 둔 '다윗의 아내' 밧 세바는 전혀 다른 시각에서 모습이 그려질 수 있다.

이렇게 대조적인 묘사는 2사무 11장의 밧 세바를 말이 없는 여인(1사무 11장)으로, 1열왕 1장의 밧 세바는 아들을 위해 나탄과 공모할 수 있는 정치적 여인상을 그린다. 사실 역사적 기록이 전혀 없는 여인에 대해 평가를 한다는 것은 위험한 일이지만, 열왕기의 밧 세바는 범상치 않은 다른 분위기를 자아내는 것도 사실이다. 그래서 2사무 11장의 등장인물 우리야의 아내 밧 세바는 1열왕 1장의 '다윗의 왕후'와 아주 다른 여인으로 생각할 특별한 이유가 없다.

고대 사회에서 여인이 처한 종속적인 사회적 위상을 고려한다면, 밧

이경숙, 다윗을 유혹한(?) 밧 세바, 『기독교사상』 37(9, 1993/9), 246-253쪽 참조. 그러나 본문에서 논의하고 있듯이 사건은 단순 불륜의 현장을 보고자 하는 것 아니라 더 고차원적인 인간의 심리적 해석에 힘을 기울이고 있다.

200 왕권 경쟁의 틀 안에서, 왕비로서 밧 세바는 '저의 주군이신 임금님께서 조상들과 함께 잠드시는 날, 저와 제 아들 솔로몬은 죄인이 될 것입니다'(1열왕 1,21)라는 위기의식을 느끼고 있었을 것이다.

세바의 성취는 다윗의 성취 이상으로 해석될 수 있는 일이다. 밧 세바에 대한 희생양적인 피해자의 시각을 덜어낼 수만 있다면, 여인의 행동에 대한 새로운 관점을 얻을 수도 있다. 먼저 여인이 목욕하는 것을 볼 수 있는 위치에 왕궁이 있었다는 공간적 배치는 아주 중요하게 고려해야 할 사항이다. 왕궁과 여염집 사이의 근접한 공간적 상황을 밧 세바가 조금이라도 의식했다면, 다윗이 언제(시간) 왕궁의 옥상(공간)에 있을지 짐작이 가능한 일이다. 세밀하게 다윗의 생활을 그려볼 수 없다 할지라도 여인의 목욕이 노출될 수 있었던 것처럼 그의 움직임이 노출되어 있었다면, 굳이 여인이 아닐지라도 다윗의 습관적 행동은 어느 정도 알려진 일로 누구나 짐작할 수 있었던 것이 아니었을까? 더구나 11장의 이야기 틀은 전쟁이라는 단어로 규정짓고 있고, 남편이 전쟁에 나가 있는 여인이 목욕을 한다는 것은 이상하지 않은가? 무언가 사건이 발생할 여지를 예상하는 묘사이며, 여인의 행동이 예사롭지 않다는 점을 암시한다.

앞에서 언급한 것처럼 혹시라도 여인이 종교적 의례로 목욕한다는 사실[201]을 감안해도, 의문은 여전히 남는다. 당대의 건축구조나 풍습을 충분히 알 수 없다고 인정해도 여인이 외부의 시선을 피할 수 없는 곳에서 벌거벗고 목욕한다는 것이 일반적인 관습이었을까? 목욕한다는 것은 시간이 아무리 저녁 시간대라고 인정해도 타인의 시선을 피하는 조심스러운 일이 되어야 하지 않았을까?[202] 더구나 다윗의 일거

201 히브리어 성경의 범위 안에서 모든 행동이 늘 종교예식으로 이해할 필요는 없을 것 같다. 이 이야기는 곧 다른 이해가 가능하다는 논의가 있음을 소개하겠다.

202 초여름이건 한여름이건 늦은 오후 혹은 초저녁의 정취에 취한 다윗이 여인의 목욕 장면을 보고 욕망에 사로잡힌 행동은 비판적인 시각에서 충분히 언급할 수 있는 일이다. 그러나 가부장적 사회구조를 살아온 피해자의 입장에서 일방적인 여성주의적 시각을 강조할 필요는 없을 것 같다. 더구나 다윗과 밧 세바의 사건을 두고 종교적 시각을 특별하게 강조할 필요는

수일투족을 알고 있지 않다고 하더라도 시각적인 거리를 생각할 때, 여인은 왕의 행동 범주, 생활 습관 등을 어느 정도 추측할 수 있었을 것이다.

추측은 가정에 불과할 것이지만, 또한 어째서 밧 세바가 그런 행동을 예비했는지 이유를 알 수 없지만, 가능한 추측으로 생각해 본다. 그렇다면 밧 세바가 다윗이 볼 수 있는 곳에서 목욕하고, 다윗이 목욕하는 밧 세바를 보았다는 것은 일과성의 우연한 일치가 될 수 없다. 더구나 사무엘서는 밧 세바가 다윗과 잠자리를 함께 한 시기가 가임기였다고 굳이 밝히고 있지 아니한가?[203] 아마도 사무엘서가 밧 세바의 가임기를 언급한 이유는 임신하기에 가장 적당한 시기였다는 것을 강조한 것이 아니지 않은가?

없다. 특별한 사회적 상황에 처한 두 남녀 사이에 권력이 개재된 사건으로 보는 게 객관적 시각을 유지할 수 있는 길이 아닐까? 본문의 논의가 이러한 문제 제기를 전부는 아니더라도 부분적으로 설명해 줄 수 있을 것으로 확신한다.

203 레위기(15,19-24. 28-30 등)에 근거를 두고 밧 세바의 가임기를 토라의 제의적 측면에서 해석하고, 밧 세바를 남성(다윗)의 일방적 폭력에 의한 희생자로 보려는 시각은 최근에 들어 의미 있는 강변이다. 구미정, 기독교여성의 몸, 폭력과 구원 사이: 렘브란트의 <밧 세바>를 중심으로, 『생명연구』 31호, 2014 봄, 58쪽 참조; 김성근, 당신이 바로 그 사람이요. 2사무 12,1-25, 『성경연구』 제 6권 제 9호 통권 69호(2000년 8월), 3쪽도 참조. 그러나 남성중심의 사회에서 다윗의 왕권에 의한 강제성과 제의의 종교성을 전제하더라도 밧 세바의 여성성마저 가볍게 볼 이유는 없다. 더구나 다윗의 탐욕적 행위를 인정하더라도 전적인 피해자의 위치에서 다윗의 탐욕을 받아준 밧 세바가 있다는 사실은 무엇을 의미하는가? 구미정의 주장은 남성의 폭력적 사실을 알려 주는 강력한 호소력을 지니고 있지만, 사건을 일방적으로 보려는 경향도 보여준다. 전통적으로 여성을 비하하려는 해석이 있어 이야기의 초점이 다윗을 가리키고 있다는 관점에서 밧 세바의 (가능한) 실수 내지는 수동적 욕망을 가볍게 보려는 경향이 있다. 차준희, 『인생 최고의 절정과 몰락의 분기점에서: 다윗과 밧 세바』, 47-48쪽 참조; 이경숙, 다윗을 유혹한(?) 밧 세바, 246-253쪽, 신약성경은 구약성경과 달리(2사무 11,27: '*다윗의 아내*'; 2사무 12,24: *다윗은 '자기 아내' 밧 세바를 위로하고*) 밧 세바를 '우리야'의 아내(마태 1,6: *다윗은 우리야의 아내에게서 솔로몬을 낳고*)라고 호칭함으로써 다윗의 범죄적 행동을 잊지 않는다. 위와 같은 시각의 다양한 견해들이 있다는 역사적 지적에 대해서 장일선, 『다윗 왕가의 역사적 이야기』, 555-556쪽 참조.

다윗이나 밧 세바는 서로 가까이 하기에는 주변 사정이 있었을 것이고, 어느 정도 상대를 의식하고 있었을 듯싶다. 더욱이 역사 이야기가 개인의 신체적 변화를 기록해야 할 정도라면, 고의적인 의도가 충분히 있었다는 암시가 아니지 않을까? 따라서 비밀로 남겨둘 수 없었던 두 사람의 사건은 대단히 의도적인 뜻을 가지고 편집되었다고 말해야 하리라. 다윗의 행동을 고발하는 이야기이지만, 밧 세바의 태도를 은연중에 알려 주는 표현들은 무엇을 말하려 함인가? 성경은 아마도 남성과 여성을, 다윗과 밧 세바를 피해자와 가해자의 차원에서 사건을 보도하려는 것이 아닐 것이다. 성적인 일탈로 빚어진 사건을 통해서 인간의 본성을 고발하려는 것은 아닌지 궁금하다. 그뿐만 아니라, 더 깊은 차원에서 두 사람의 이야기는 다윗 자신과 왕권의 운명을 멀리 조명해 주는 역할을 한다는 것도 기억해야 한다.**204** 다윗-밧 세바 이야기에서 다윗에게 방점이 찍혀 있는 것은 불문가지이나, 여성의 존재감을 무심한 듯이 언급하고 있는 편집자의 의도도 가볍게 볼 이유는 없다. 후대의 기록자인 신명기 사가의 관점에서 솔로몬은 다윗의 뒤를 이으며, 이스라엘 왕정의 정통성을 확보해야 했다. 달리 말해서 솔로몬이 왕정의 정통성을 유지하려면, 그 어머니 밧 세바는 이스라엘 왕정의 정통성 안으로 들어가야 한다.

따라서 앞서 논의한 것처럼 다윗과 밧 세바의 사건이 단지 인간 본성의 표피적 차원만 건드리고 지나가는 이야기는 아니다. 앞에서 누누이 강조했던 것처럼 본문의 편집과정이 왕조사의 성격을 무시할 수 없다면, 이야기는 단순히 왕과 왕비 두 사람의 수치스런 비밀을 밝히는 것이 목적이 될 수

---

204 다윗과 밧 세바의 사건 이후(11-12장), 13장부터 다윗 가문에는 형제 살인과 강간, 아버지를 향한 아들 압살롬의 분노가 반역으로 나타난다. 다윗이 죽기까지 견뎌야 했던 왕가의 불행과 다윗에 대한 관찰은 7장의 예고가 11장의 사건을 시작으로 실현된 역사가 되었다.

없다. 만약 그렇다면, 왕과 여인 사이의 사건은 단순한 통정의 성격을 넘어서지 못하고, 정통 왕권에 대한 역사적 고발은 무의미한 수수께끼로 남는다.

이와 같이 사건 보도의 의미를 달리 생각해 볼 수 있다면, 2-4절의 이야기가 다윗과 밧 세바에게 중요한 정치적 의미를 부여하는 사건으로 기술되었다고 판단할 수 있다. 지나치게 상상에 의한 추정이 아니라면, 권력자의 치부를 드러내는 이야기가 공개된 이유는 분명히 왕가의 필요성에 의한 것이다. 따라서 편집사적인 의미 부여를 생각한다면, 본문을 새롭게 해석하는 길을 열지 않을 수 없다. 그러므로 유다교의 규정을 염두엔 둔 종교적 시각이나 현대적 여성주의의 비판적 시각을 걷어내고 본문에 주의를 집중해 볼 필요가 있다.

이방인의 여인, 이스라엘 왕정 안으로

이야기의 초반부는 다윗이 왕성의 테라스에서 엿볼 수 있었던 여인 밧 세바의 목욕 장면을 겉으로는 아주 간단하게 묘사한다. '*목욕하는*'(2절, '*씻다*' 는 뜻의 표현)으로 번역한 단어는 다시 '*여인은 부정한 기간이 끝나 자신을 정화한 다음이었다*(4절).'와 자연스럽게 연결된다. 여기서 우리는 앞서 제기했던 우리의 질문에 응답해 줄 세 개의 단어를 만난다.[205] 그것은 히브리어 본문에서 '씻다'(*roḥeṣet*), '정화하다/깨끗이 하다'(*mitqaddešet*), '그녀의 부정에서'(*mittum'ātāh*) 등이다.[206] 이 단어들

---

205 J. D'Ror Chankin et al., *The Sanctified 'Adultress'...*, pp. 339-352 참조.

206 '씻다'(*roḥeṣet*)는 2절의 '목욕하다'의 동사 원형이고, '정화하다/깨끗이 하다'(*mitqaddešet*)와 '그녀의 부정에서'(*mittum'ātāh*)는 4절에서 '여인은 부정한 기간이 끝나 자신을 정화한

은, 첫째, 모두 밧 세바의 임신 가능성을 나타내는 말들이지만, 본문의 분석 결과는 종교적 제의와 무관한 것으로 나타난다. 말하자면, 이 단어들은 유다교의 규정과 상관없이 지극히 일상적인 여인의 행동을 묘사하는 표현들이다. 이와 함께 두 번째로 지적해야 할 암시적 사실은, 밧 세바가 이스라엘의 후손이 아니지만 솔로몬의 어머니로서 이스라엘 왕정의 적법성을 유지시킨다는 의미이다. 밧 세바가 다윗의 아내가 된다는 사실은 사건을 통해서 이스라엘 왕가의 일원이 되는 것을 뜻한다. 이야기는 왕의 여자가 된 밧 세바가 솔로몬을 낳은 사실(2사무 12,23-24)을 강조함으로써 편집자의 의도를 드러낸다. 이방계 선조의 후손인 밧 세바는 비록 다윗과 벌인 불륜으로 등장한 여인이지만, 이스라엘 왕가의 정통성(다윗-솔로몬)을 확보해 주는 인물로 이야기에 소개된 것이다.

전통적으로 11장의 사건은 다윗의 불륜에 초점을 맞추고 밧 세바의 행위를 종교적 의례와 관련해서 다윗을 고발하는 차원에서 이해했다. 그리고 일반적으로 해석의 차이는 있어도 밧 세바가 임신한 아이의 아버지는 다윗임을 강조한다는 데에서 연구자들의 견해가 일치한다. 여성주의적 해석은 이와 조금 달리 밧 세바의 목욕과 정화를 개별적 행위로 이해하려는 성향을 드러낸다. 그 이유는 정결의례의 목욕은 다윗 시대에는 통용되지 않았고 후대의 랍비문헌에서만 가능한 사실이었기 때문이다.[207] 성경에서 여성이 월경 후에 목욕한다는 법은 눈에 띄지 않으며, 더구나 '씻다(*rḥṣ*)'는 종교와 관련 없는 행위를 나타내는 동사이다. 이 단어는 목욕은 어느 때고 할 수 있는 행위를 나타내며, 일상적 행동

다음이었다.'로 의역된 부분이다.

207 앞의 글, 341-342쪽 참조.

의 연장선에서 이해할 수 있는 용어이다. 그러므로 이 단어의 용법은 성경에서 결코 월경 후의 종교적 목욕을 의미하지 않고 단순한 육체적 행위를 나타낸다고 해석한다.

이와 같이 단어의 의미를 해석한 챈킨(*Chankin*)의 언어학적 분석에 따르면, 11장은 다윗의 죄를 일방적으로 강조하려는 이야기가 아니다. 오히려 세 단어가 암시하는 주장은 밧 세바의 여성적 성격 및 위상과 정통성을 드높이고자 하는 것이 숨은 목표이다. 이를 뒷받침하듯이 이스라엘 후손이 아닌 이방의 여인만이 목욕을 적극적으로 행한다는 것이 성경의 증언이다.[208] '정화하다/깨끗이 하다'(*mitqaddešet*)는 문법적으로 명사절로 해석할 때, 밧 세바의 '씻는' 행위는 다윗의 행위와 동시적 행위를 나타낸다고 분석된다. 달리 말하면, *mitqaddešet*는 다윗이 여인에게 행한 일탈적 행위와 관련되어 동시적으로 몸을 씻는 밧 세바의 행동을 나타낸다는 것이다.[209] 이 동사의 행위를 완성시켜주는 '그녀의 부정에서'(*mittum'ātāh*)는 일반적으로 종교적 목욕 행위뿐만 아니라, 더러움을 씻는 행위에 이르기까지 널리 사용된다는 점도 이런 해석을 뒷받침한다. 즉 씻는 행위는 육체적 접촉과 관련된 표현으로 다윗과 밧 세바의 성적 결합과 동시에 이어지는 행동을 가리키는 단어라는 분석이다.

그러므로 위에서 언급한 세 단어는 다윗의 부당한 행위보다는 밧 세바

---

208 앞의 글, 350-352쪽 참조. 파라오의 딸(탈출 2,10)과 룻기(3,3)에서 여인들이 자주적으로 목욕을 하는 예는, 단어의 용례가 밝히는 것처럼 밧 세바가 이방 가계의 후손임을 알려 준다. 이 말은 앞에서 말한 대로 이방인 엘리암의 딸이란 기록과 일치한다.

209 J. D'Ror Chankin et al., *The Sanctified 'Adultress'...*, p. 351. 즉 여인의 씻는 행위는 다윗과 벌인 성적 일탈에 이은 행동이라는 의미이다.

의 행동에 초점을 맞추고 왕조적 의미를 생산해 내는 기능을 한다. 다윗과 밧 세바의 잘못된 만남이 초점이 아니라, 밧 세바의 성격과 왕가 안에서 왕후의 기능을 말해 준다는 것[210]이 챈킨이 제안하는 해석의 요점이다. 이런 언어적 분석에서 11장의 이야기는 남성 중심적 기술도 아니고, 일방적으로 다윗을 고발하는 여성주의적 의도도 가지고 있지 않은 것으로 판단할 수 있다. 세 단어의 분석으로 밧 세바의 성격과 정통 왕조(솔로몬의 어머니)를 지켜낼 여왕의 신분을 강조한 것이라고 해석하는 것이 더 자연스럽다. 이런 해석은 앞에서 들었던 여성주의적 시각을 심각하게 고려할 이유가 없으며, 굳이 현대의 이념적 편향성을 성경의 해석에 적용하지 않아도 된다는 것을 보여준다.

밧 세바의 다윗, 왕의 여인

이렇게 전개된 상황의 묘사는 일차적으로 다윗의 잘못을 드러내기 위한 문학적 장치이기도 하지만, 개인 차원의 문제를 지적하고자 하는 것 이상이다. 다윗의 잘못된 상황은 한 남자의 범죄적 사실을 말하는 것 이상으로 인간의 일반적인 오류가 어떻게 벌어지는지 주의하도록 우리의 시선을 초대한다. 다윗의 남성적 일탈 욕망은 상대가 있고

---

210 밧 세바의 경우, 왕가 안에서 여왕 혹은 왕후로서 정치적 영향력이 충분히 가능하다는 해석이 가능하다. Beverly W. Cushman, *The Politics of the Royal Harem and the Case of Bat-Sheba*, in *JSOT*, vol. 30/3, 2006, 327-343쪽 참조. Beverly W. Cushman은 다윗의 뒤를 잇는 왕위 승계 과정에서 밧 세바의 영향력을 아주 적극적으로 행사했다는 논의를 개진한다. 앞에서 밧 세바를 이해함에 그녀의 적극적 수동성을 언급했던 사실을 기억한다면, 밧 세바의 처음과 마지막 역할을 더 잘 이해할 수 있을 것이다.

대상이 있을 때 발생했고, 피해자는 어느 사이에 가해자의 권리를 동등하게 획득하는 것으로 마무리된다.[211] 이런 이해는 더 많은 증언이 필요하지만, 어쨌든 상황은 두 남녀의 잘못된 행동에 대한 해석학적 의미를 발생시켰으며, 기록은 먼 후대의 우리에게 다윗 사건을 새로운 시선으로 볼 것을 요청한다.

사건의 주역인 두 사람의 행동에 대해 직설적으로 말하면, 밧 세바는 자신의 의도를 성취시켜 줄 시간대를 선택했고, 바로 이 시기에 다윗을 유혹했다. 동시에 다윗은 아는지 모르는지 밧 세바의 유혹을 선택했고 받아들였다고 보는 게 가능하다.[212] 부정한 사건의 내용을 달리 표현하면, 다윗의 적극적 행위와 밧 세바의 수동적 행위가 일치한 기묘한 사건이라고 말할 수 있다. 다윗이 능동적으로 일탈적 행위로써 범죄 행위를 시도했다면, 밧 세바는 행위의 차원에서 소극적으로 응답한 사건일 수 있다. 혹은 밧 세바의 능동적 유혹이 준비된 시간에 다윗의 일탈적 행위가 딱 맞아떨어진 경우라고도 말할 수 있다. 그러나 이 모든 분석의 다양한 가능성은, 첫째, 밧 세바는 다윗의 일방적인 일탈적 행위의 수동적 희생양은 아니며, 둘째, 다윗의 행위는 권력을 가진 자의 폭력적 행동의 전형이란 두 개의 사실로 수렴된다.

이제 우리야의 애도기간이 끝나고 다윗이 밧 세바를 곧 왕궁으로 불러

---

211 2사무 13장에서 암논과 타마르의 이야기에서 피해자인 타마르의 운명은 더 이상 기록에 남지 않는다. 여성성의 살해(타마르)는 가해자의 죽음(암논)으로 나타나지만, 보상 차원에서 기록으로 남지도 않고 신학적 성찰로도 남지 않는다.

212 여성과 남성을 비교하거나 차별하는 것이 독서의 목적이 아니라면, 다윗과 밧 세바의 태도에 대한 객관적 시각을 유지하는 것이 필요하다. 여성이 먼저 유혹을 했느냐? 아니면 다윗이 먼저 여자를 끌어냈느냐? 하는 이분법적인 관점은 피하는 것이 낫다. 오히려 이런 판단을 하기 전에 남성의 권력과 여성의 아름다움이 상호 작용한 사건으로 보는 것이 균형 잡힌 시각일 듯하다. 필자는 다윗이나 밧 세바가 인간적인 약점을 지닌 존재로, 정치적 환경에서, 약점에 휘둘리는 인간의 본성을 드러내고 있음을 강조하고 싶다.

들인 사실을 염두에 두면, 유혹의 선택과 수용은 왕 다윗과 밧 세바에게 자연스러운 일이었을 것이다. 그렇더라도 자연스럽게 진행된 듯해 보이는 사건이지만, 임신이 고의적으로 계획된 결과였다고 말할 수 있을 것인가?[213] 그렇다면, 밧 세바는 현재의 남편 우리야를 버리고, 다윗에게 자신의 미래를 맡길 수 있는 기회를 만들 수 있는 여인이 되었다고 말할 수 있는가?

구체적으로 밧 세바의 이름이 거론되는 상황은 1) 다윗의 간통 사건 이야기(2사무 11–12), 2) 솔로몬의 왕위 계승 이야기(1열왕 1,11–31), 3) 아도니야를 위한 중재 이야기(1열왕 2,13–25) 등 세 경우이다. 복수의 저자 혹은 사건의 역사성 여부를 떠나서, 두 번째와 세 번째 이야기는 밧 세바의 역할과 성격을 분명하게 엿볼 수 있는 경우이다.

앞서도 지적했지만, 1열왕 1,11–31의 밧 세바는 나탄과 공모하여 아들 솔로몬을 왕위에 오르게 한 여인이다. 상대적으로 젊은 황후는 아도니야가 왕위에 오르는 게 두려운 상황이었을 것이다. 세 번째 이야기는 아도니야가 다윗의 시중을 들던 수넴 여자 아비삭을 달라는 청원을 밧 세바가 솔로몬에게 중재한 이상한 이야기이다. 수넴 여자 아비삭을 얻는다는 것은 왕위에 오를 권리를 주장할 가능성이 생김을 의미하지 않는가? 아도니야가 요청의 결과가 무엇인 줄 알면서 왕권의 경쟁자인 솔로몬의 어머니에게 정말 요구했을까? 압살롬의 뒤를 따를 만큼 성숙하다고 인정받던 아도니야가 그렇게 아둔한 요구를 할 수 있었을까? 이런 요청을 듣고 솔로몬은 즉각적으로 아주 간단하게 아도니야를 처형할 수 있었다고 한다.

---

213 임신이 두 사람의 결정적 관계가 맺어지는 이유처럼 서술되지만, 가임기 자체가 우연이었는지, 아니면 두 사람의 일탈적 행위가 가임기에 이를 때까지 진행되었는지 아무도 알 수 없다. 어느 경우이든 임신의 확인은 사건에서 일정한 시간이 흘렀다는 것을 확인해 주고, 두 사람만의 비밀로 남을 수 없는 이유를 말해 준다.

그렇다면 밧 세바의 중재 혹은 요청은 무엇을 의미하는가? 밧 세바는 솔로몬의 행동을 정당화하고, 아도니야의 파멸을 촉진시킨 역할의 주인공이 아닌가?

침묵 속에 있는 밧 세바를 이렇게 해석한다고 해서 다윗이 왕의 권력을 행사해서 저지른 불륜의 책임이 사라지는 것은 아니다. 여전히 다윗의 행동은 가부장적 사회구조를 대변하고 우리야의 죽음을 가져온 폭력적 행위의 주도자이기 때문이다. 다만 사건을 통해서 인간적 수치나 약점을 부각하기 전에, 사무엘서는 밧 세바의 위상을 배려하고 있다는 해석학적 의미에 유의할 필요가 있다.

어쨌든 왕권을 얻기까지 다윗의 인생을 살펴보건대 결혼은 사랑 때문이 아니라, 정략적 필요에 따라 행해졌다는 것을 기억해야 한다.[214] 달리 말하면, 개인의 사랑이 우선시될 수 없었던 고대사회에서 다윗이 여인들을 얻게 된 과정을 보면 짐작할 수 있는 일이다. 밧 세바도 불평등 사회의 구조에서 자신의 삶을 왕궁 밖이 아니라 왕궁 안에서, 이방인의 아내가 아니라 왕의 여자로 살 수 있는 기회에 부응한 어떤 욕망에 따라 행동했을 수 있지 아니한가? 어느 것도 확실하지 않은 상황에서, 해석이 가능하려면 이야기가 서술되는 일정한 틀과 패턴의 양상이 보여야 한다. 그러므로 이 사건에서 시간적으로 충분히 멀어진 날, 다윗의 임종 무렵에 마침내 아들 솔로몬이 왕위에 오르도록 예언자와 결탁하여 음모도 마다하지 않았던 여인을 기억하지

214 헤브론 시절 다윗은 여섯 명의 부인을 두었고(2사무 3,2-5), 예루살렘으로 옮긴 후 여러 명의 부인들을 두었다(2사무 5,13-16). 헤브론 시절 얻은 여섯 명의 부인들 중에서 가문이 소개된 네 명의 이름은 다윗의 정략적 결혼을 알려 주는 이름들이다. 다윗의 여자들은 각자 유력 가문의 딸들, 혹은 여자들이었던 것이다.

않을 수 없는 것이다.

밧 세바의 여성적 의도와 행동이 어떠하든 왕의 폭력을 휘두른 다윗의 잘못이 아예 없어지거나 줄어들지 않는다. 그는 넘어서는 안 될 경계-신명기 사가의 시각에서 하느님의 법-를 넘어서 자신의 권력을 남용했고, 제어해야 할 인간의 탐욕을 피하지 않고 채웠다.

이야기를 결론적 관점에서 보면, 여인에 대한 탐욕은 거짓을 낳았고, 거짓은 다시 폭력을, 폭력은 무죄한 우리야의 죽음을 불러들인다. 강조해야 할 점이 있다면, 다윗의 잘못이 드러내는 인간성의 어둠은 밧 세바의 은밀한 자기 공모의 촉발로 더욱 확실하게 드러났을 뿐이다. 이런 면에서 보면, 다윗이 풀어진 욕망의 길을 거침없이 걸어갔듯이, 밧 세바도 다윗의 손을 잡고 같은 길을 걸어갔다고 단언해도 지나친 과장은 아니다.

사무엘서는 왕조사가의 입장에서 아주 섬세하게 다윗을 고발했는가 하면, 다음 왕조의 권력을 쥘 솔로몬의 어머니 밧 세바의 정통성을 섬세한 문학적 기법으로 처리하였다. 솔로몬은 다윗의 왕위를 계승할 것이고, 그의 어머니 밧 세바는 이제 다윗의 왕정을 잇는 아주 중요한 인물로 살아남게 될 것이다. 겉으로 보면 다윗은 비밀스러운 죄의 대가로 공개적인 수치를 겪게 되었지만, 내용적으로 밧 세바는 이스라엘 왕정의 승계를 보장하는 여인으로 높여진 것이다.

이처럼 다윗과 밧 세바의 사건을 두 차원에서 해석할 수 있다면, 다윗과 여인이 솔로몬 왕정의 정통성을 보장하는 길은 마련된 것이다. 그러나 솔로몬이 다윗 왕정의 정통성을 확보한 길이나, 그 길에 들어선 여인의 정통성은 잘못된 기반에서 출발했다고 말할 수밖에 없다. 2사무 13장 이하 길게 서술되는 왕가의 피비린내 나는 사건의 연속은 잘못된 길의 시작이 지금은 보이지 않는 큰 불행을 불러오는 단서이다. 불행한 이스라엘 역사의 원인이 다윗과 우리야의 아내 사이에 벌어진 사건에서 확인된다면 신명기 사가의 해석은 얼마나 놀라운 일이 될 것인가?[215] 역사적 사건의 의미는 궁극적으로 신학적 해석을 통해서 드러나고, 실천적 영역에서 사건의 반복을 방지하려면 해석학적 의미를 실천해야 하는 것이 인간의 길이다.

그러나 밧 세바의 임신이 확인 된 이후, 다윗은 자신이 범한 불륜을 감추기 위해서 음모를 꾸미지 않을 수 없게 되었다. 이야기는 잘못을 알면서도 고칠 생각이 없는 다윗을 묘사하며, 사건이 종료되기 전까지 다윗이 회심하려 했다는 언급은 보이지 않는다. 회심이 불가능한 다윗은 왕으로서 제 잘못을 감추기 위해 부하를 죽일 비정한 권력자의 얼굴을 스스로 만들어 간다.

그렇다면, 다윗이 밧 세바가 우리야의 아내라는 사실을 알고도 그녀와 동침을 한 것은 특별히 다윗이 유혹 앞에 연약한 인물이었기 때문일까? 아니면 그런 사실에 개의치 않고 행동할 수 있는 폭군이어서 그러했을까?[216] 사건을 눈앞에 두고 한 인간의 윤리성을 판단하려는 우리의 이성은 인식의 깊은 곳까지 침투해 들어온 편견의 사슬을 걷어내기가 얼마나 어려운지 수긍하지 않을 수 없다. 그렇기 때문에 다윗과 밧 세바의 비밀스러운 역사적 사건은 넓은 의미에서 우리의 생활 한가운데서 작용하는 부정할 수 없는 비윤리적 은밀성을 드러낸다. 유혹과 죽음의 폭력이 짝을 이룬 이 사건은 죽음을 불러들이기까지 복잡한

215 이스라엘 왕정의 단명은 초대 왕인 사울의 죽음 이후 이스 보셋의 왕통을 이어받은 다윗의 왕정이 솔로몬에서 끝난다. 그리고 솔로몬의 사후 남쪽(다윗)과 북쪽(사울) 지파들의 갈등은 결국 남북왕조의 분열과 순차적으로 몰락해 간 이스라엘 왕정의 슬픈 역사로 점철된다.

216 구자용, 같은 글, 127쪽.

심리적 구도를 만들며, 이야기는 두 번째 단계로 옮겨간다.

불안한 소환, 불안한 평화

심리적 차원에서 이해해야 할 만큼 여인과 잘못 맺은 관계 때문에 다윗의 불안과 고민은 점점 깊어갔다. 어떻게 하면 우리야의 아내와 통정한 잘못, 곧 부하의 아내를 거리낌 없이 범한 범죄적 행위에서 없었던 일처럼 벗어날 수 있을까? 마치 둘 사이에 일어난 일이 풍랑 뒤 바다에 아무 일도 일어나지 않았던 것처럼, 그리고 아무도 모르는 둘만의 비밀로 남을 수는 없을까? 다윗의 심리적 행위는 자체가 모순인 줄을 모를 리 없었을 것, 다윗은 의도적으로 진실에서 회피할 생각을 할수록 불안은 점점 커져갔다. 형체가 없는 불안에서 벗어나는 길은 사실을 있는 그대로 고백하는 용기가 필요할 뿐, 다윗과 밧 세바의 치정은 이미 '알려진 비밀'이지 않았던가? 시일이 어느 정도 지나서 밧 세바는 자신의 임신을 알게 되었고, '*다윗에게 사람을 보내어, "제가 임신하였습니다." 하고 알렸다.*'(5절) 임신을 고백한 사실로 상황을 미루어볼 때, 다윗도 밧 세바도 둘만의 비밀이 될 수 없는 상황을 충분히 인지하였을 것이다. 실제로 왕의 측근이나 밧 세바의 집 사람들도 (우리야는 이 시점에서 알지 못했을까?) 두 사람의 관계를 알게 되었을 것이 확실하다. 더 이상 비밀로 감추고 있을 수 없는 상황에서, 다윗의 마음은 부정한 사실을 공개하지 않고 사적인 차원에서 묻어버리고 싶었다.

다윗은 아마도 마음속으로 끊임없이 둘 사이의 사실이 겉으로나마 많은 사람들의 입에 회자되지 않기를 바랐을 것이다. 두 사람만 모른 척

눈을 감으면 주변인들은 사건의 당사자들을 곁에 두고 있으면서 침묵을 지킬 수 있을 터인데. 그렇게 해서라도 사건에 대한 왕의 침묵이 왕국 전체의 침묵이 될 수 있을 것을 꿈꾸는 다윗의 모순! 그러나 왕의 침묵이 모든 이스라엘의 침묵이 될 수도 없고, 더군다나 하느님의 침묵이 될 수는 없다. 왕과 이스라엘의 침묵을 깬 것은 나탄을 통한 하느님의 신탁(12장)이기도 하지만, 다윗은 권력자임에도 불구하고 스스로 비겁한 인간의 얼굴을 만들어 갔다.

5절에서 임신이 언급되었을 당시, 두 사람의 관계는 그저 하루 밤의 치정으로 끝날 수 없었던 듯하다. 이미 시간은 어느 정도 흘렀고, 사건이 불행하게 마무리되었을 때 다윗은 우리야의 아내를 제 아내로 맞아들였다(27절)고 하지 않았던가? 다윗이 여인을 제대로 알지 못하면서 여인이 임신 사실을 알리기 전까지 무료하게 기다리고만 있었을까? 다윗은 밧 세바의 임신을 알자마자 왕국의 전권을 쥔 권력을 이용하여 성급하게 문제를 일거에 해소하려고 마음먹었다. 사무엘서는 다윗의 주도적인 행위를 간단명료하게 기술하면서, 사건을 해결하는 과정을 몇 단계로 요약해서 알려 준다(6–17절).

하나, 명백한 이유도 없이 히타이트 사람 우리야를 전장에서 소환한다(6절).

용감한 장수를 전장에서 소환하려면 이유가 분명해야 할 터인데, 사무엘서는 아무런 사유를 덧붙이지 않는다. 이유 없는 소환은 군인에게 상황 파악이 되기까지 긴장을 가져오겠지만, 사무엘서는 용사인 우리야의 반응을 전혀 고려하지 않는다. 이야기의 관심은 오로지 다윗의 행동이며, 따라서 다윗이 직면하고 있는 문제를 해소하기 위하여 우리야는 왕의 소환 명령을 받은 군인일 뿐이다. 우리야에게 문제가 되지 않는 상황에서, 다윗은 말해 줄 수 없는 비밀을 가지고 우리야를 대면해야 했다.

둘, 명령권자인 다윗은 마치 전선의 상황을 파악하기 위해서 부른 양, 히타이트 사람 우리야에게서 전황 보고를 받는다(7절). 다윗은 숨은 의도를 가지고 우리야를 대하고, 우리야는 (겉으론) 아무것도 모른 채 왕을 대면한다.

정상적인 경우라면, 전선에 나가 있는 총사령관 요압 장군이 후방에 있는 왕 다윗에게 정기적으로 전황 보고를 하고 있지 않았을까? 따라서 자신이 불려와 전황을 보고해야 하는 우리야는 이해하지 못할 상황에 대해 의문을 가질 수도 있다. 이와 관련해서 사무엘서의 저자는 7절에서 다윗의 모순적인 태도를 교묘하게 그의 질문 속에 담아놓았다. 다윗은 전투 상황에 대해서 3번에 걸쳐 요압의 샬롬(*shalom*, 평안 혹은 평화), 백성의 샬롬, 전투(상황)의 샬롬을 물었다.[217] 백성은 물론 징집되어 전투에 파견된 군대를 의미하지만, 무엇보다도 중요한 사실은 그들이 전 이스라엘을 상징한다는 점이다. 백성의 샬롬은 이스라엘이 전장 터에 나가 목숨을 건 불안한 시간을 보내고 있는 상황을 염두에 둔다. 그런데

217 A. Chouraqui는 2사무 11,7을 축자적으로 이렇게 번역한다. "*Ouryah vient à lui. David s'enquiert de la* ***paix*** *de Ioab, de la* ***paix*** *du peuple, de la* ***paix*** *de la guerre.*" (직역하면, 우리야가 그(다윗)에게 왔다. 다윗은 요압의 평안, 백성의 평안, 전쟁의 평안을 물었다.) 이 짧은 구절에서 3번씩이나 사용된 단어 ***paix***(*shalom*, 평화, 평안, 안녕)는 다윗이 겪는 현재의 심리 상태를 이해하는 실마리가 된다. *A. Chouraqui, La Bible, Desclee de Brouwer, 1985.* 참조로 P. Kyle McCarter, Jr.도 이 단어를 같은 의미로 '*going well*'로 번역하며 3차례 반복한다. 따라서 짧은 문장이 세 번씩이나 동일한 단어를 반복한다는 것은, 이 단어가 중요한 의미를 제공하고 있다는 것을 가리킨다. 샬롬을 묻는 다윗은 이 단어의 의미를 상대에게 묻는 듯하지만, 오히려 자신의 심리적 상황을 말해 주고 있다는 것을 의식하지 않을 수 없다. 따라서 세 번의 샬롬은 다윗에게 평안/평화가 극도로 필요하거나, 다윗이 평화/평안과 전혀 반대인 불안에 빠져 있다는 해석이 가능하다.

백성의 전쟁 상황과 달리 왕궁에 남아 있는 다윗은 대조적으로, 그리고 겉으로는 샬롬-평화를 누리고 있다. 현실에서 보면, 이스라엘은 전쟁 중이니 위험한 순간에 있고, 다윗은 전쟁에서 멀리 떨어져 있으니 샬롬의 인사를 들어야 할 것 같다.

사무엘서는 겉으로 보는 평안과 내면에서 움직이는 불안을 이스라엘과 다윗을 대조하면서 진정한 평화의 주인이 누구인지 암시한다. 안과 밖이 대조되는 상황, 전투에 직면한 이스라엘은 불안하고 예루살렘에 남아 있는 다윗은 과연 평화 중에 있었던가? 정작 샬롬 인사는 전투에 임하고 있는 이스라엘이 아니라, 하느님 앞에 서 있는 다윗이 들어야 할 문안 인사처럼 들린다. 하느님과 함께 하고 있기 때문에, 전선에 나가 있는 이스라엘은 위기 속에서 하느님의 샬롬을 누리고 있다고 말할 수 있지 않은가? 그렇지만, 왕궁에 남아 있는 다윗은 외면적 평화 속에서 하느님의 샬롬이 오히려 불안하게 느껴졌다. 다윗의 불안한 심사는 우리야에게 포착되어서는 안 되지만, 그의 내면은 이미 불안이 끼어들어 지배하기 시작했다.

불안한 책략: 명령 혹은 불복종?

셋, 다윗은 자신의 죄를 덮기 위한 조치로 명령하듯이(*집으로 내려가 그대의 발을 씻어라!*) 우리야를 왕궁 밖의 그의 아내, 밧 세바에게 보냈다. 그러나 우리야는 전투 상황에 놓여 있는 이스라엘이 전쟁 규례의 관점에서 이해하기 어렵고 받아들일 수 없는 명령임을 잘 알고 있었다. 게다가 다윗은 우리야가 생각할 수 없는 많은 선물을 그의 집으로 뒤따라 보냈다

(8-9ㄱ절).

다윗은 군주로서 신하에게 마치 선심을 쓰듯이 우리야를 속이고 싶었던 속내를 드러낸 것이다. '*발을 씻어라!*'(8절) 이 말은 오랜 여행 후에 취하는 휴식 행위일 수 있으나, 11절의 암시 – *제가 어찌…제 아내와 함께 잘 수 있겠습니까?* – 처럼 성적 결합에 대한 완곡한 구약성경의 표현이다. 말하자면, 이 말로 우리야도 다윗의 수수께끼 같은 의도를 눈치챌 수 있었을 상황, 그를 불러들인 다윗의 속내가 더 이상 감출 수 없는 지경에 이르렀다. 편집자는 노련하게 다윗은 완곡어법을 취하게 하고, 우리야는 직설법을 사용하게 하였다. 어법의 차이는 우리야가 알아채도록 다윗과 아내 사이에 무슨 일이 생겼음을 암시한 것이 아닌가? 이야기의 전개만 축자적으로 본다면, 다윗은 '*은근하게*' 우리야가 하느님의 말씀을 어기도록 유도했다. 반면에 우리야는 아는지 모르는지 *직설적으로* 왕의 의도를 거스른 충직한 군인의 모습을 드러냈다. 또 이스라엘 처지에서 보면, 유다인은 율법을 거스르고, 이방인이 율법을 지키는 상황을 연출했다. 이야기 서술자는 왕의 존엄성을 훼손하려는 생각이 아니라, 다윗의 인간성을 드러내는 기법으로 이 장면의 요점을 완성시켰다.

넷, 다윗의 의중을 아는지 모르는지 우리야는 아내 밧 세바가 있는 집으로 가지 않았고, 군인들과 함께 밤을 보냈다. (9ㄴ절)

여기서 우리야를 간단히 속여 넘기려는 다윗의 의뭉한 책략은 일단 실패로 끝난다. 아직도 우리야는 자기 아내 밧 세바와 다윗 사이에서 벌어진 사실을 모르고 있었을까? 아니면 사람의 입소문은 발이 없어도 천 리를 간다는데, 풍문으로 이미 들어 알고 있지는 않았을까? 혹은 우리야는 앞에서 언급했던 것처럼 다윗 왕의 제의가 율법을 거스르는 것이었기 때문에 왕의 제의를 의도적으로 거부했을까? 이방인

계열(히타이트, 헷 사람)에 속한 우리야의 처지는 다윗과 이스라엘 율법을 융통성 있게 이해하거나 준행할 수는 없다. 다윗의 속임수가 처음부터 실패할 수밖에 없었다고 말해야 한다면, 우리야는 불행한 처지에 놓일 수밖에 없다. 다윗과 같은 권력자가 자기모순에 빠질 때, 이 상황을 해소하는 방법은 약자의 죽음뿐이다. 자기 아내와 왕이 관련된 사건이 소리 없이 해소되려면, 우리야는 자신의 의지와 상관없이 죽음의 그물에 걸린 새의 운명을 살아야 할지 모른다. 우리야가 어떤 대답을 하든지 약자의 허물은 강자에게 언제든지 희생의 빌미가 될 수 있기 때문이다.

다섯, 이런 짐작은 10–11절이 암시하는 대목에서 추측해 볼 수 있다. 사람들이 다윗에게 우리야가 집에 돌아가지 않았다는 사실을 '*보고했다*(*ngd*).' 성경 본문은 사태의 진행과정을 설명하지 않지만, 이미 많은 사람들은 우리야의 행동을 주시하고 있었다는 정황을 드러낸다.

말하자면, 본문(10절)에서 다윗에게 '*보고했다*'는 사실은 다윗이 우리야의 행동거지를 살피도록 부하들에게 명령했을 가능성이 크다. 단순히 이야기를 전하는 사람이 마지막 소문의 진원지라면, 우리야와 다윗 사이의 대화를 누군가 듣고 전했던 것일까? 오히려 직설적으로 말한다면, 다윗과 밧 세바의 통정은 이미 궁정 내에서 알 만한 사람은 모두 알고 있었던 '알려진 비밀'이 아니었을까? 이런 시각에서 보면, 이스라엘 모두가 우리야의 운명을 예의 주시하며 다윗의 처사를 궁금해 하고 있는 게 아닌가? 모든 이가 우리야의 태도를 주시하는 동안, 다윗도 숨을 죽이며 그의 태도에 민감한 반응을 보일 것이 틀림없다. 어쨌든 우리야가 어디에서 잠을 자든 그게 문제가 될 상황이 아니었더라면 좋았을 것을! 아랫사람들의 보고에 촉각을 세우고 있었을 다윗의 귀는 우리야의 말과 행동 하나하나에 민감하게 움직였을 것이다.

다윗의 질문(10절)과 우리야의 답변(11절) 속에서 우리는 두 인물의 역전된 위상을 감지할 수 있다. 유다인 다윗은 마치 이방인처럼, 이방인 출신의 우리야는 유다인처럼 생각하고 말하고 행동하였던 것이다.

다윗의 말:

사람들이 다윗에게 "우리야가 자기 집으로 내려가지 않았습니다." 하고 보고하자, 다윗은 우리야에게 "그대는 먼 길에서 돌아오지 않았나? 그런데 어찌하여 그대의 집으로 내려가지 않았는가?" 하고 물었다. (10절)

우리야의 말:

우리야가 다윗에게 대답하였다. "계약 궤와 이스라엘과 유다가 초막[218]에 머무르고, 제 상관 요압 장군님과 저의 주군이신 임금님의 신하들이 땅바닥에서 야영하고 있는데, 제가 어찌 제 집에 내려가 먹고 마시며 제 아내와 함께 잘 수 있겠습니까? 살아 계신 임금님을 두고, 임금님의 목숨을 두고 맹세합니다. 저는 결코 그런 짓을 하지 않겠습니다." (11절)

우리는 우리야의 대답에서 율법에 충직한 참된 이방인의 말을 듣는가 하면, 역설적으로 유다인 다윗의 거짓을 각성시키는 율법의 소리를 듣는다. 율법의 관점에서 대화를 듣게 되면, 다윗의 시도는 '전쟁 규례'를 어기도록 권력자의 헛된 욕망을 서슴없이 저지르고 있기 때문이다.

다윗은 거짓말로 우리야를 왕 자신과 밧 세바의 불륜으로 임신한 아이

218 초막은 수콧(*Succoth*)를 번역한 말이나, 수콧을 고유명사로 보면, 수콧 계곡을 의미한다. 이 계곡은 이스라엘의 동부와 북부를 향한 전진기지로서 전략적인 위치에 있기 때문에, 다윗에게는 계곡과 예루살렘, 라빠, 다마스쿠스를 최단거리로 잇는 지리적인 이점이 있다. P. Kyle, McCarter, Jr., 287쪽.

의 거짓 아버지로 만들고 싶었다. 만약 다윗의 의중대로 이 일이 간단히 진행된다면, 그리고 혹시 나중에 문제가 된다고 해도, 다윗은 우리야를 언제나 죽일 수 있는 합법적인 이유를 만들어 놓은 것이 된다. 우리야가 다윗의 선심대로 집으로 내려가 밤을 보냈다면, 전쟁규례를 위반한 우리야는 죽어야 하기 때문이다. 11절에서 우리야가 다윗에게 대답한 말 속에 '계약의 궤'가 전투 중인 초막에 머물고 있었다는 언급이 이런 추정을 가능하게 해준다. 왜냐하면, 우리야가 참전한 전쟁은 성전(聖戰)인 까닭에 신명기의 전쟁 규례는 전투에 참여하는 이스라엘군에 속한 모든 병사에게 적용되기 때문이다. 어쨌든 자신의 잘못을 덮기 위해 우리야를 불러들인 다윗의 일차 시도는 우리야의 우직한 진솔성 때문에 헛되이 실패로 끝났다.

여섯, 다윗은 첫 번째 시도에서 실패하지만 아쉬운 마음에 다시 시도해 본다(13절).

사건 은폐를 시도했던 다윗(12절 참조)은 우리야의 답변에 실망하지 않고 혹시나 하는 희망으로 다시 우리야를 속여 넘길 두 번째 시도를 포기할 수 없었다. 처음의 실패를 반복하지 않으려고 다윗은 우리야와 함께 먹고 마시면서, 마침내 우리야를 취하도록 만들었지만, 그래도 우리야는 집으로 내려가지 않았다. 이쯤 되면 다윗의 의도적인 은폐 시도를 우리야가 참으로 몰랐으리라고 생각하기 어렵다. 왕이 속되게 자기의 의중을 숨기고 신하에게 의미도 없는 잔칫상을 베푼다는 것은 얼마나 웃기는 행동인가? 더구나 즐거운 듯이 함께 음식과 술을 나누는 시간은 너무도 이상해서 다윗만큼이나 우리야는 오히려 취할 수 없지 않았을까?

마침내 두 번의 시도 모두 실패로 돌아간 끝에 다윗은 직접 우리야를 죽여서 문제를 해소하기로 결심했다. 아주 짧은 서술이지만, 갈등으로 치솟을 왕과 부하 사이에 긴장만 더욱 높아갔을 순간들이 다윗의 결심으로 마감될 것이 분명해졌다. 현실과 반대로 우리야가 다윗의 거짓된 의도에 그냥 속아 주었더라면, 아니 속은 척 행동했더라면 우리야는 살아남을 수 있었을까? 서로 모른 척하면서 사태를 수습하려고 했다면, 혹시라도 다윗의 속임수는 우리야의 죽음을 늦추거나 초래하지 않았을지도 모른다. 그래도 이후의 사태는 아무도 책임질 수 없는 흐름으로 나갔을 것이다.

죽음의 서곡 – 편지

다윗과 자기 아내 밧 세바 사이에 벌어진 일을 정말 알아채지 못했을지라도 우리야는 왕의 행위를 이상한 행동으로 여기지 않을 수 없었다. 갑자기 전장 터에서 불려 나와 왕의 지나친 환대를 받고 특별한 사유도 없이 호의호식하며 며칠을 보내야 한다는 것은 누가 보아도 이상하다. 주위 사람들이 알고 눈치챈 사실을, 이미 어느 정도의 시간이 지났는데도 당사자만 모른다는 것은 정말 이해할 수 없는 일이기 때문이다. 따라서 사실을 감추고 싶은 다윗의 행동은 이해하기 어려운 소환을 받았던 우리야에게 더욱 수상하게 보였을 것이 확실하다.

우리야를 속여 넘기려던 두 번의 실패는 무의미한 대화를 멈추게 했고, 다윗은 부질없는 방법을 버리고 효율적인 새 방법을 취하게 되었다. 다윗은 밤을 지내며 고민한 자기 의도를 실현할 직접적인 살해 명령을 전선에 나가 있는 요압 장군에게 보내는 편지를 준비했다. 살인교사

방법은 전쟁 상황을 이용하여 우리야의 죽음이 자연스러운 사태의 결과라는 것을 믿게끔 만드는 것이다.

이 사건은 이후 진행된 여러 불행한 상황에서도 언급되지 않는 것을 보면 궁중 안팎에서는 알려진 비밀이기는 했어도 다윗의 의도를 어느 정도 실현했던 것 같다.

죽음의 편지: 14-25절.

이제 이야기는 우리야를 살해할 다윗의 의지가 분명해졌다는 것을 명시한다. 다윗은 자신의 잘못을 덮기 위해 다른 사람의 무고한 생명을 담보로 잡아버린 것이다. 왕이 취한 살해의 음모가 집요할수록, 음모에 넘어가지 않는 자의 충성은 더욱 견고하게 드러났다. 우리야가 다윗의 음모를 벗어날수록 왕은 더욱 추한 권력자로, 충성스런 부하는 더욱 비극적인 사건의 주인공이 되어 갔다. 충실한 부하요 친구였던 우리야를 자신의 욕망으로 빚어진 일탈을 공개적으로 감추기 위해 제거해야 할 대상으로 삼았기 때문이다. 오로지 자신의 체면을 위해서 친구이자 오랜 세월 동고동락했던 부하마저 죽음에 몰아대는 다윗은 어떤 왕이라 불릴 수 있을 것인지?

우리야를 농락하려던 시도가 불발에 그치자, 다윗은 마치 특별한 명령을 내리는 듯이 죽음의 편지를 그의 손에 쥐어 주었다. 전선에 나가 있는 요압 장군에게 왕의 편지를 전하는 영예로운(?) 사명을 우리야에게 부여한 것이다. 이 편지는 승리를 위한 전쟁 명령이 아니라, 왕의 개인적인 범죄를 덮어 줄 특별한 명령이었다. 오직 그것 때문에 전선에서 불러들인 것처럼 비정한 다윗은 무죄한 우리야를 죽음의 전장 터로 돌려보냈다. 그 편지가 제 죽음을 재촉하는 편지인 줄 아는지 모르는지 우리야는 자신의 상관 요압 장군에게 전했다.

직접적인 이유도 없이 죽어야 할 우리야의 운명은 어떤 의미에서 우리 모두의 삶을 대변할지도 모른다. 자신의 운명을 아는지 모르는지 죽음에 이르는 원인을 가지고 달려가는 우리야에게서 음모의 비극적 결말을 보기 때문이다. 우리야가 다윗의 음모로 지금 불행을 겪을 것이라면, 이 불행은 다윗이 평생 되갚아야 할 대가가 아닌가? 자기 죄의 대가로 희생을 요구한 다윗은 우리야의 죽음이 비극적 원인이 되어 죽을 때까지 왕에게 그림자처럼 따라다닐 것을 짐작하지 못했으리라.[219]

다윗은 편지에 이렇게 썼다. "*우리야를 전투가 가장 심한 곳 정면에 배치했다가, 그만 남겨 두고 후퇴하여 그가 칼에 맞아 죽게 하여라.*" (15절)

이렇게 해서 다윗은 자신의 죄를 덮고 율법을 거스르면서 죄 없는 사람을 죽였고 살해당한 자의 아내마저 빼앗았다. 그것도 제 3자의 손, 이스라엘 군대의 총사령관 요압 장군과 이스라엘 전 부대의 손을 빌어서 비밀스런 의도를 성취했다. 한 사람의 속임수는 이렇게 사건과 무관한 자들을 끌어들여 죄의 영역을 확대하고, 음모를 통해서 목적을 성취하며 새로운 죄를 낳았다.

11장의 이야기를 성찰하면서 우리의 가슴에 와 닿는, 그리고 우리가 가장 깊이 숙고해야 할 요소는 이렇다. 거짓 혹은 허위로 진실을

219 2사무 12,10('이제 네 집안에서는 칼부림이 영원히 그치지 않을 것이다. 네가 나를 무시하고, 히타이트 사람 우리야의 아내를 데려다가 네 아내로 삼았기 때문이다.') 참조. 앞서 언급한 대로 11장이 13장 이후의 불행한 사태들의 원인으로 제공된 이야기라면, 다윗의 불행을 전해 주는 사무엘서의 편집자는 성공적인 해석을 제공한 것이라 말할 수 있다.

은폐하기 위해서 다윗은 자신의 잘못을 고백하기보다 거짓과 결탁하고 폭력에 기초한 음모를 시도했다. 사건을 은폐하고자 두 번씩이나 시도했으나 무참하게 실패로 돌아갔고, 마침내 다윗은 사건과 무관한 요압과 하느님의 백성(제 3의 인물)을 죽음의 음모에 끌어들였다. 끝내 진실을 은폐하고 거짓을 실현시키기 위해 하느님의 백성을 살인 사건에 가담시켜 교묘하게 그 목적을 달성했다. 한 사람의 잘못이 죄로 확대 재생산되는 과정에서 관련 없던 세상의 무죄한 이들마저 죽음의 공모자가 되고 말았다. 이스라엘은 폭력과 살인의 영역으로 끌려 들어갔고, 다윗의 죄가 이스라엘 모두의 죄가 되고 말았다. 한 사람의 죄가 모두의 죄가 된 불행, 진실을 은폐하고자 시작된 거짓이 공모의 폭력을 낳았고, 뭇사람이 공모한 폭력은 무죄한 사람의 비참한 죽음으로 마무리되었다.

인간은 진리를 깨닫게 될 때에 비로소 자유로울 수 있으며(요한 8,32 참조), 그렇지 않으면 악의 욕망을 모방하게 된다.[220] 다윗의 사건을 들여다보면 인간의 환경은 언제나 유혹의 손길을 피할 수 없고 도망칠 수도 없는 삶의 배경이다. 그러기 때문에 예상할 수 없는 환경에 놓인 우리는 진실을 추구하지 않으면 거짓을 피할 수 없다. 진실은 본성적으로 진실 자체의 힘을 발휘하게 되며, 진실을 덮은 당사자는 사건과 직접적 관련이 없는 제 3자의 고발, 곧 여기선 다윗이 야웨가 보낸 예언자의 고발에 직면한다. 역사적 진실의 궁극적 의미는, 성경의 경우, 신학의 영역에서 해석되는 계기로 인해 밝혀지며, 진실은 홀연히 드러난다.

220 악과 폭력의 모방 주제를 이해하는 데 중요한 저술가 르네 지라르는 문학인류학적 연구를 통해 인류의 보편적인 현상으로써 폭력 문제와 기원을 탐구했다. 『희생양』(민음사, 1998), 『폭력과 성스러움』(민음사, 2000), 『그를 통해 스캔들이 왔다』(문학과지성사, 2007) 등을 참조할 수 있다.

다음 장에서 우리는 2사무 12장을 다루게 될 터인데, 역사적 진실이 하느님의 영역(2사무 11,27)에서 모습을 드러낸다. 예언자의 고발 형식으로 진실 게임이 벌어지는 과정에서 다윗은 자신이 저지른 범죄 행위에서 벗어날 수 없음을 자각하게 된다. 다윗의 경우 양심은 죽지 않았지만, 하느님의 목소리가 들려올 때까지 잠든 영혼과 같다. '*내가 죄를 지었소!*'(12,13)라는 다윗의 고백이 울려 나올 때 비로소 다윗에게 새로운 삶의 가능성이 열린다.

제8장

당신이 바로 그 사람이오!

제8장
당신이 바로 그 사람이오!

내가 주님께 죄를 지었소!
(2사무 12,13)

열 길 강물의 속은 알 수 있어도 한 길 사람의 속내를 어찌 알랴? 우리 곁에서 발생한 사건들을 누가 저질렀는지 모른다면, 다윗이 어떤 인물인지 누가 알 수 있으랴? 다윗은 우리야를 죽이고 밧 세바를 자기 아내로 삼기 위해, 주위에서 알고 있는데도, 온갖 계략을 성공적으로 진행시켜야 했던 인물이다. 다윗은 음모의 실현을 위해 제삼자를 끌어들여야 했고, 이 공모는 주도면밀하게 이루어져야 할 필요가 있었다.

다윗은 이스라엘 부대의 총사령관이며 왕정이 성립하기까지 숱한 고난을 함께 해 온 인물 요압의 적극적인 지원이 필요했다. 이 시기에 요압은 우리야의 상관이었으며 암몬족과 전투를 이끌어야 했고, 다윗을 대신해서 전선에 나가 있었다. 이런 이유로 다윗에게 손을 빌려줄 인물로, 왕의 불륜을 눈감고 의지를 실현해 줄 인물로 요압은 절대적으로 필요한 인물이었다. 다윗의 공모 과정을 보면, 모든 악은 단순히 우연적인 산물이 아니고 거짓된 공모의 결과란 사실을 거듭 확인하게 된다. 다윗의 음모에서 요압은 전형적인 공모의 상대자이며, 권력의 시종이 되어 죽음을 불러오는 폭력의 하수인이 된다.

다윗은 사건을 은폐하기 위해 자신이 나중에 제거하고자 했던 요압 장군의 손을 빌어서 우리야를 살해하도록 지시했다. 우리야의 상관인 요압은 다윗의 명령으로 자기 부하가 죽어야 한다는 사실을 어떻게 받아들였던가? 전장 터의 지휘자가 부하의 이유 없는 죽음을 허용하며, 이유를 물을 수 없는 명령을 그대로 따를 수 있는가? 그렇다면 요압은 부하 장수인 우리야를 죽게 해야 하는 다윗의 숨은 의도를 알고 있었던 것일까? 설령 몰랐다고 하더라도 요압은 다윗에게서 우리야가 죽어야 할 이유를 듣지 않아도 사태를 알아들을 수 있을 만큼 다윗을 잘 알고 있었던 것일까? 아니면 요압은 이런 사실을 모르면서도 왕의 명령에 복종하는 순진무구한, 그러나 무자비한 군인의 대명사였던 것일까? 이로써 왕의 명령에 복종하고 우리야의 살해에 동의한 공모자 요압은 다윗의 치명적 약점을 하나 더 알게 되었다.

사건의 본질에 대한 신탁을 논하기 전에 작은 주제이지만, 우리의 시선을 끄는 요압의 사람됨을 바라보자. 그는 우리야에 대한 개인적인 적의를 드러낸 인물은 아니었지만, 다윗의 요청을 알아듣고 우리야의 죽음에 직접적으로 깊이 개입했다. 자신과 직접적 관계가 없는 부하를 상관(다윗)의 명령에 따라 움직이는 기계적 인간의 전형적인 모습을 보여주는 인물, 군인 요압은 깊이 음미해 볼 만한 의미가 있다. 요압은 자신의 이해관계에 예민한 인물로서 친구 혹은 충직한 부하마저 권력의 칼날에 내놓을 수 있는 무자비한 성품의 소유자였을까?

요압, 공모자의 손

차도살인지계(借刀殺人之計), 다른 사람의 칼을 빌려 제 손에 피를 묻히지 않고 죽이는 음험한 계획이다. 모든 권력자가 취하는 용의주도한 계획을 다윗도 드러내 놓고 제 손에 피를 묻히지 않으면서 우리야의 살해를 성취하고 싶었다.[221]

다윗의 명령을 받은 요압은 라빠의 암몬족을 공격하는 중에 다른 부하들이 눈치채지 못하게 부하 장수인 우리야를 살해해야 했다. 그것도 최소한의 병력 손실을 가장하면서 부하들이 모르게 다윗의 명령을 확실하게 수행해야 했다. 요압은 왕의 권력에 동조하면서 부하의 잘못된 죽음을 거룩한 전투로 가장하고 정의로운 죽음처럼 위장했다. 이렇게 해서 우리야의 살해를 직접 담당한 요압은 죽음을 불러온 다윗의 추한 권력에 동의한 비극적 공모자가 되었다. 성경이 명백하게 보여주듯이,[222] 비극적 공모는 다시 관련자들의 비극적 죽음을 불러오게 마련인가?

왕의 부정한 명령에 이의를 제기하지 못한 상관은 군인으로서 정당한가? 도대체 잘못된 명령에 따라서 자신의 충직한 부하 우리야를 직접 사지로 보내 죽게 한 요압은 도대체 어떤 인물인가? 성경에 요압을 주인공으로 전개한 일화가 없다면 그는 다윗 이야기를 완성시켜 주는 조연임이

221 1사무에서 사울이 다윗을 제거하고자 사용했던 여러 시도들도 이런 범주에서 크게 벗어나지 않는다. 당시 적수였던 팔레스티나 사람들을 이용하여 다윗을 죽이고 싶었던 사울의 속내는 여러 차례 묘사된 것을 독자는 알고 있다.

222 2사무 3,39 참조. 다윗에게 도움 줄 요량으로 찾아왔던 아브네르를 그대로 보내자, 이를 알고 요압이 뒤를 쫓아가 동생 아사엘을 죽인(2사무 2,23) 그를 살해했다. 다윗은 요압을 제압할 수 없었던 상황이라(2사무 3,22-39), 임종하던 순간에 아들 솔로몬에게 요압의 운명을 맡겼다(1열왕 2,5-6). 요압은 생애 마지막에 다윗의 아들 솔로몬에게 피살당하는 운명으로 불행하게 삶을 마쳤다.

틀림없다. 조연의 역할을 통해서 요압은 다윗의 뜻을 알고 있었던 것이 틀림없고, 그는 공모자의 손이 되어 다윗의 음모를 성취했다. 요압이 왕의 명령을 수행한 이후, 다윗의 불륜은 개인적 차원의 경계를 넘어 모두가 알고 있는 공개된 비밀이 되어 버렸다. 다윗은 부하를 죽였고 그의 아내를 빼앗았을 뿐만 아니라, 다윗의 음모에 동의한 요압은 부하를 사지로 내보내어 거짓된 거룩한 전투의 희생물로 만들었다. 일개인의 사건이 잘못된 방식으로 이스라엘 전체의 사건이 되었을 뿐만 아니라, 다윗과 요압이 공모한 사건에 이스라엘 전체가 연루된 공공의 사건이 되고 말았다. 이미 예루살렘에선 입소문을 타고 널리 '알려진 비밀'이 되었을 것이지만, 우리야의 죽음은 비극적 사건이 되기에 충분했다. 이 과정에서 요압은 다윗의 비밀이자 약점이 된 밧 세바의 치정 사건을 알고 공모를 실천한 인물이 되었다.

우리는 다윗의 사람들을 대표하는 인물로서 요압과 왕 사이에 있었을 법한 대화를 조금 더 상세히 성찰할 필요가 있다. 앞에서 말했다시피, 요압은 직접 자신과 상관없는 왕의 살인 음모에 이의를 제기하지 않고 행동으로 동의했다. 요압 장군은 더구나 수하 장수인 우리야의 살해 사건에 수동적으로 말려든 꼴이었지만 능동적으로 그 일을 해내었다. 다윗의 살해 명령을 받은 사실은 음모에 수동적으로 참여한 모습이지만, 살인음모를 수행한 측면에서 요압은 더할 나위없는 적극적 공모자가 된 것이다. 요압은 암몬 족과 벌인 전투 상황을 스스로 불리하게 만들어야 했고, 뭇 병사들이 혹시라도 느낄 의심의 시선을 피해야 했다. 이길 수 있는 상황-이 전투는 다윗이 참여해서 승리한 전투로 마무리된다(2사무 12,26-30)-에서 패배의 상황을 조장한다는 것은 전투 부대를 이끌고 있는 군인으로서 상상하기 어려운 선택이다. 부하들의 시선을 의식하며 용장 우리야를 죽게 했다면, 요압은 다윗의 명령이 의미하는 바를 분명하게 짐작하고 있지 않았겠는가? 나중에 다윗에게 전투의 패배를 보고하는 상황에 이르러(18-24절) 잘 짜인 각본을 외우듯이 이 상황은 전개된다.

> 여루빠알의 아들 아비멜렉을 누가 죽였느냐? 한낱 여인이 성벽 위에서 그의 머리 위로 맷돌 위짝을 떨어뜨려, 그를 테베에서 죽이지 않았더냐? (21절)

요압이 전령을 다윗에게 보내면서 일러주는 말은 이야기의 구조상 양적으로 길다고 여겨질 정도이다. 요압의 말은 분명한 의미를 담고 있지만, 말로 드러내기 어려운 어떤 상황을 비틀고 있다는 인상을 받는다. 직설적으로 표현하면, 아비멜렉의 죽음(판관 9,5–55)을 요압의 말로 전하고 있는데, 죽음의 원인은 여인이 던진 맷돌 위짝이다.[223] 첫눈에 우리야의 죽음이 아비멜렉의 죽음과 비교되는 듯하지만, 실제 내용은 조금만 살펴보면 그렇지 않다. 여인과 죽음이 하나의 공통 주제를 이룬다면 다윗(밧 세바)과 아비멜렉이 다른 한 쌍을 이룬다. 이 의미를 풀어보면, 아비멜렉은 여인에 의해 죽었고, 우리야는 여인(밧 세바) 때문에 다윗에 의해 살해되었다는 것이다.[224] 요압의 말을 근거로 이해한다면, 여인은 아비멜렉을 죽였고 다윗은 우리야를 죽임으로써, 다윗은 여인에 비유되었고 왕의 체면을 스스로 깎아내린 꼴이 되었다. 요압은 전투의 패배를 보고 받을 왕 다윗의 반응을 미리 말해 주고 전령에게 대답할 말까지 챙겨 주었다. "*임금이 화를 내면, '너는 임금님의 부하 히타이트 사람 우리야도 죽었습니다.'라*

---

223 판관 9장에 전해지는 이야기. 여루빠알(LXX)은 기드온의 별명(판관 7,1)이고, 히브리어 본문은 여루뻬셋으로 기록한다.

224 구지용, 『삼하』 11장, 133쪽.

고 아뢰어라."(21절)

요압과 다윗

왕의 잘못을 대놓고 말할 수 없었다면, 요압은 다윗을 은근하게 비판하며 왕의 비열함을 드러냈다고나 할까? 요압의 입으로 발설되었다고 편집했다면, 이야기의 편집자도 요압의 은유적 설법에 동조하면서 다윗의 행위를 비판하고 싶었던 것이 아니었을까? 요압의 전령은 다윗에게 전투의 패배 상황을 요압이 시킨 대로 보고했고, 왕이 불같은 화를 내기 전에 '*임금님의 부하 히타이트 사람 우리야도 죽었습니다.*'(24절)라고 덧붙였다. 이에 확인하고 싶은 말을 들은 다윗은 다시 평정을 찾았고 인내심 많은 관대한 왕으로서 능숙하게 표정을 관리했다.

> '너는 요압에게 이렇게 전하여라. '칼이란 이쪽도 저쪽도 삼켜 버릴 수 있으니, 이 일을 나쁘게 여기지 말고, 그 성읍을 맹렬히 공격하여 그곳을 무너뜨리시오.' 이런 말로 그를 격려하여라.'(2사무 11,25)

이즈음에서 독자는 다윗의 숨은 의도가 어느 정도 성공했는지 조용히 질문을 던질 수 있을 것 같다. 요압의 손을 빌어 우리야를 전장 터에서 죽게 한 다윗의 정치적 음모의 술수는 과연 결정적으로 성공한 것일까? 과연 다윗의 말처럼 '*칼이란 이쪽도 저쪽도 삼켜 버릴 수 있으니*' 군인들의 죄 없는 죽음이 피할 수 없는 운명이란 말인가? 진실을 은폐하고 거짓을 감출 요량에서 한 답변이니 다윗은 모순된 말을 계속하지 않을 수 없다. 다윗의 숨은 생각은 마치 우리야의 죽음이 운명적인 죽음, 혹은 전투에서 싸우다가 우발적으로 발생할 수 있는 죽음이라고 선언한 것이다. 그러나 다윗이 선언한 죽음은 하느님을 내세운 거룩한 전쟁에서 발생하는 의로운 죽음이 아니다. 오히려 다윗의 말은 이런 죽음 뒤에 교묘한 죽음의 공모가 자리하고 있다는 것을 증언한 모양이지 않는가?

다윗이 나쁘게 여기지 말라고 한 '**이 일**(*hadabar hazeh*)'이 도대체 무엇이란 말인가? 요압 장군과 공모해서 충직한 우리야를 죽게 한 일이 아니었던가? 다윗은 이 일을 나쁘게 여기지 말라고 하였지만, '*그러나 다윗이 한 짓이 주님의 눈에 거슬렸다*(27절).'[225] 만약 악행의 결과에 대해서 인간이 타협하며 죄의 대가를 요구하지 않는다면, 불행한 죽음을 당한 우리야의 생명은 얼마나 무의미할 것인가? 한 사람의 생명이 무의미하다면, 모든 이의 생명이 무의미하다는 주장이 가능해지며, 전 창조계는 위험해진다. 불의한 사건을 통해서 악은 악과 공모를 하며 죽음을 낳고, 진실은 진실의 입을 통해 영원한 생명을 낳는다. '*주님의 눈에 거슬린*' 다윗의 말을 통해서 우리는 다시 왕의 심리적 불순 내지는 모순을 경험하지 않을 수 없다.

'*이 일을 나쁘게 여기지 말고*'는 문자 그대로 요압 '*당신의 눈에 나쁘게*(혹은 *악하게, ra'*)' 여기지 말라는 뜻이다. 다윗과 요압의 눈에 나쁘게 보지 않을 수 있는 이 일은 바로 우리야를 죽인 공모의 살인이다. 논리적 모순이기도 하지만, 아무 잘못도 없는 이를 살인하는 게 어찌 악하게 보지 않을 수 있는 일인가? 다윗은 자신과 공모하여 행한 살인을 악하게 여기지 말라는 권고의 명령을 요압에게 진술함으로써 자기모순에 빠졌다. 죽

---

225 2사무 11,25절과 27절은 우리말로 달리 번역하고 있지만, 동일한 단어 '*ra'*'(악한, 나쁜)이다. 이 문장의 강조점은 인간(다윗)의 생각에 (악한 일을) 악하게 생각하지 않아도 될 일인지 모르나, 야웨 하느님 눈에는 '악한' 일은 '악한' 일이란 사실에 있다.

음을 불러오는 음모의 성공은 인간이 자기 이해관계가 걸린 일에서 쉽게 벗어날 수 없음을 보여준다. 무죄한 자의 살해 성공은 공모의 당사자들이 손가락으로 하늘을 가리려는 어리석음을 저질렀다는 사실을 의식하지 못하게 한다. 다윗과 요압이 해낸 살인이란 사회가 용납할 수 없는 비극적 불의이며, 음모로 성취한 추악한 살인 사건은 다윗을 오로지 자기 계획의 성공에 취하게 만들었다.

진실을 은폐하기 위한 다윗의 헛된 노력과 살인지계(殺人之計)로 어떤 일이 발생하였던가? 다윗의 속임수는 많은 이를 동원한 만큼, 자신뿐만 아니라 속임수에 놀아나 살인에 참여한 모든 이들도 고통을 받을 것이다. 게다가 다윗의 행위는 이제 그 대가로 많은 이들에게, 후대의 독자들에게도 '알려진 속임수'가 되었다. 다윗의 거짓이 한순간 진실을 은폐할 수 있기 위해 적어도 다윗 자신을 포함하여 요압이 이끄는 이스라엘 전 부대가 죄의 수렁에 빠진 것이다.[226]

다윗이 자신의 부끄러운 반(反) 율법적 행위를 덮기 위해 직접적인 관계가 없는 하느님의 백성을 동원하였다면, 그 행위는 얼마나 위중한 범죄적 결과를 가져올 것인가? 그는 자기를 보좌하며 따르던 평생지기 부하 우리야를 살해한 개인적인 범죄를 민족 모두가 참여한 범죄로 확대 재생산하지 않았는가? 그것도 범죄와 무관한 요압과 '거룩한 전쟁'에 파병된 이스라엘 전 부대가 무죄한 이의 살인 의식에 참여했기 때문이다. 이스라엘은 자기도 모르게 살인의 공모자로 동원되어 살인 교사자의 무기가 되었지만, 동시에 다윗의 속임수에 넘어간 바람에 살인을 의식하지도 못

---

226 7절의 표현에서 언급한 것처럼 이스라엘 '전 부대'는 원문에서 '백성'을 의미한다. 한 사람의 무죄한 우리야를 죽이기 위해 전 이스라엘이 동원되었다는 사실을 강조한 것이다. 편집자는 이야기의 심각성을 강조하기 위해 의도적으로 이런 표현을 사용한 것이리라.

했다.

요압과 다윗은 우리야를 죽이기 위해 공모자가 된 까닭에, 우리야와 함께 전투에 참여한 무죄한 이스라엘 병사들도 암몬 족의 칼부림에 죽게 만들었다. 우리야의 무죄한 죽음에 다윗의 사건과 무관한 이스라엘 병사들도 함께 억울하게도 빠져 들어갔다. 한 인간의 집요한 살인의지가 성공하기 위해서 무죄한 이들의 죽음이 헛되게 동원되었던 것이다.

이렇게 해서 전후방의 권력자들과 이스라엘 군대가 참여한 공모는 다윗의 의도대로 무죄한 한 사람을 소문나지 않게 제거하는 성공을 이끌어낸 것처럼 보였다. 과연 사건과 무관한 이들을 동원한 살인의 공모가 성공적으로 수행되었다고 해서, 잘못을 은폐하기 위한 다윗의 목표는 성공한 것인가?

후방에서 자기의 전방부대를 지원하고 있는 왕 다윗의 명령을 수행한 요압은 어떤 마음이었을까? 성공적인 살인의 공모 의례를 치른 후 요압은 다윗을 위해 부하 장수를 죽인 사실에 대해 어떤 생각을 하게 되었을까? 왕의 명령에 대해 일언반구의 반대나 의심도 드러내지 않고 명령을 수행한 요압은 왕 다윗을 잘 알고 있었던 게 아닐까? 그래서 요압은 전선에서 전투 중이었지만, 다윗의 불륜 소문은 어떤 길을 통해서든 그에게 도달했고, 다윗이 제시한 차도살인지계를 직접 수행할 수 있었던 것이 아닐까? 그렇지 않다면, 제 부하를 살해할 다윗의 공모를 수락한 요압이 취한 단순명쾌한 태도를 어떻게 이해할 수 있을까? 우리야와 개인적인 관계가 어떠하든 요압은 무죄한 사람을 죽이는 다윗의 음모에 공모한 인물이 되었다. 살인의 공모에 동의한 요압 자신은 나중에 다윗에 의해서 제거되는 같은 죽음의 운명에서 벗어날 수 없었다(1열왕 2,34).

감추고 싶은 진실

다윗과 밧 세바의 사건에 간접적으로 관여한 요압을 염두에 두지 않더라도 11장은 완벽한 이야기이다. 사건의 독립성을 생각한다면, 다윗의 살인과 공모 이야기는 개인적인 일화로 끝나는 듯이 보였기 때문이다. 하긴 다윗의 일을 알고 있더라도 어느 누구도 왕권을 가진 자에게 사건을 직소하거나 비판할 수 없었을 것이다. 다윗의 범죄적 사실의 핵심에 정곡을 찌르려는 자는 생명을 걸고 소리를 높일 수 있지만, 누가 그런 위험을 무릅쓸 수 있겠는가? 최고 권력자가 은폐한 일을 누군가 드러내려 한다면 그에게 죽음이 기다리고 있을 뿐이다. 아름다운 여자의 자태에 매혹된 권력자는 진실을 듣고 볼 마음의 귀와 눈이 이미 가려져 있다. 권력자는 자신의 목적을 성취하기 위하여 수단과 방법을 가리지 않을 수 있다는 것을 다윗에게서 보지 않는가?

이리하여 다윗은 자신의 욕망을 채우며 거짓말쟁이가 되었고, 거짓을 덮기 위해서 미처 생각지도 못한 살인자가 되었다. 다윗은 마치 거짓말쟁이도 살인자도 아닌 것처럼 보이기 위해서, 자신의 잘못된 행위와 관련 없는 사람들마저 공모에 끌어들였다. 왕의 거짓과 살인의 공모 결과는 주님이 허락한 우리아의 생명을, 한 사람의 무고한 생명을 빼앗는 행위가 되어 버렸다! 자신의 잘못만큼이나 커다란 살인의 음모에 무수한 사람들을 가담시켰을 뿐만 아니라, 하느님의 눈에 악한 행위를 정당화시켰다. 다윗은 개인적 욕망을 제어하지 못해 하느님의 말씀을 어기며 죄를 범했고, 거짓을 수단으로 모든 이를 살인에 가담시켰다. 다윗은 자신의 잘못으로 하느님에 맞서 죽음을 낳는 자가 되었고 생명을 파괴한 자가 되었으며, 하느님의 호된 질책 이외에는 아무도 그 일을 드러낼 수 없게 되었다.

세상이 죽음의 공포에 떨 때, 계획된 공모와 잘못된 죽음의 진실을 누가 밝힐 것인가? 은폐된 진실을 드러내는 자는 세상의 권력자 왕 다윗도 장군 요압도 아니다. 이런 경우에 사건 당사자들은 음모의 성공 때문에 감히 어느 누구도 진실을 말할 용기를 가질 수 없고 기대할 수 없다. 오히려 선의 실패보다 못한 악의 성공이 당사자들의 마음을 지배하기 때문에 이들은 진실의 편에 서기 어렵다. 선악을 불문하고 한 편은 패자요 다른 편은 승리자이고, 승자는 영원한 승리를 유지하려고 애쓰기 때문이다.[227] 또한 패자는 말할 수 없고, 승자는 음모를 지키기 위해서 진실을 은폐하고자 온갖 방법을 동원한다. 그렇다면 아무도 말할 수 없는 진실을 누가 드러낼 것인가?

이런 의미에서 11장의 마지막 구절 27절의 의미는 아주 중요하다. 이 구절이 다윗의 이야기를 전혀 다른 차원으로 옮겨갈 것이기 때문이다.

> 그러나 다윗이 한 짓이 주님의 눈에 거슬렸다(27절).

앞에서 궁중의 다윗이 자신의 행동을 정당화하기 위해 전장 터의 요압에게 한 말을 우리는 기억하고 있다. 우리야를 계획적으로 죽인 일을 '*악하게 보지도 말고 생각하지도 말라*'고 했던 다윗의 말, 그것은 '네 눈에 악한' 일이었다. 마찬가지로 다윗의 눈에도 악한 일이었을 우리야의 살인이 '*주님의 눈에 악한*' 것이었다. 번역에는 '거슬렸다'고 했지만, 본문의 의미는 이미 지적했다시피 '악한'이라는 의미로 구약성경의 뜻을 더 잘

227 창세 4장에 실려 있는 카인의 아벨 살해 이야기에도 여전히 죽은 자는 말이 없고 그를 대신하는 3자의 개입이 도입된다. 카인의 원형적 살인 사건에서 보듯이 우리야는 약자-패자의 위치에서 침묵할 수밖에 없으나, 3자의 개입으로 죽은 자는 말하게 된다. 이것이 성경의 논리이다.

표현하고 있다. 게다가 '주님의 눈에'라는 표현은 단순히 시각적인 것을 가리키는 것이 아니라, 존재의 핵심을 포함하는 표현이다. 특히 법적·윤리적 판단에 익숙한 신명기 편집자가 즐겨 사용하는 표현[228]으로 시각적 이미지를 통해 죄의 혐오성을 나타냈다.

드러나야 할 진실

사건은 지상의 어떤 사람의 눈에도 잘못으로 판단되지만, 권력자는 보통 자신의 경우는 제외하려는 성향을 나타낸다. 자신에게 적용할 때엔 공개적으로 드러나지만 않으면 특별히 잘못된 일이 아니라고 판단하는 것이다. 인간의 자의식은 이런 모순을 경험하지만 이해관계를 넘어서는 죽음의 위협을 받지 않고선 결코 수정될 가능성이 없다. 다윗이 거짓과 죽음의 구도를 완전하게 성공시켰다고 생각하는 순간, 바로 그 순간에 성경의 하느님이 움직이기 시작하였다. 인간이 자기의 욕망에 사로잡혀 꾸민 일이 결말에 이른 순간, 반대편에서 사태의 진행을 반전시키는 상황이 벌어졌다. 다윗의 죄가 은밀하게 마무리되는 결정적 순간에, 이야기는 새로운 차원에서 사건 당사자에게 진실 게임이 벌어진 것이다. 사건은 사람의 입만 막으면 끝나는 줄 알았는데, 죽은 우리야를 대신하여 하느님이 침묵의 정적을 깼던 것이다. 카인이 살해한 아벨의 침묵을 대신하여 야웨 하느님이 카인에게 '*네 아우 아벨은 어디 있느냐?*'(창세 4,9)

---

228 '주님의 눈에'라는 표현은 특별히 신명기(6,18; 9,18; 12,25; 21,9 등), 판관기(2,11; 3,7; 3,12; 4,1 등), 2사무(12,27; 15,25), 1열왕(11,6; 14,22; 15,5 등), 2열왕(3,2; 8,18; 8,27 등), 2역대(20,32; 21,6; 22,4 등) 등에 집중적으로 나타난다.

하고 물었듯이 야웨 하느님이 나탄을 다윗에게 보내 말했던 것이다(2사무 12,1).

권력자가 지배하는 세상에서 인간의 유죄를 옳게 판단할 수 있는 완전한 구도는 성립하지 않는다. 특히 다윗의 경우처럼 최고 권력자가 사건의 당사자가 될 때에 진실은 삼켜지고 침묵이 강요되기 마련이다. 그래서 고대세계의 신정정치는 내용을 불문하고 선악의 문제에서 인간의 잘못을 판단하는 분이 오직 하느님뿐이라고 주장했던 것이 아니겠는가? 다윗을 판단하고 잘못을 선언하기 위해서는 그보다 더 높고 확실한 실재, 다윗이 의존하지 않을 수 없는 하느님이 등장하지 않을 수 없다. 다윗의 머리에서 시작된 음모가 모든 이스라엘의 손에서 완성되는 순간, 하느님의 일이 시작되었다고 주장하는 것도 이런 이유다.

다윗과 밧 세바, 요압과 이스라엘 백성이 모두 공모의 관계를 형성한 가운데 한 사람만 강요된 죽음 속에 희생자로 누워 있다. 희생자 우리야는 죽어서 말할 수 없기 때문에, 사건의 진실은 당사자를 제치고 제삼자를 초대하지 않을 수 없다. 따라서 27절은 인간의 침묵 속에 영원히 함몰될 것 같았던 진실을 모든 이의 마음을 아시는 야웨께서 보고 계셨다는 말이다.

그렇다. 11장이 다윗의 이야기를 역사적 사실로만 알려 준다면, 다윗의 잘못은 역사적 여느 사건만큼이나 진부한 일상적인 의미에 머물 것이다. 그러나 신명기 사가의 관점에서 다윗 이야기의 개인적 차원의 성격이 다윗이 통치하는 하느님의 백성과 관련되면서 새로운 해석학적 신학을 발생시킨다. 왕 다윗의 하느님이지만, 모든 이와 관련된 하느님은 모두를 위해 다윗의 이야기를 하느님의 눈으로 확인해야 한다. 이제부터 사건은 단지 인간의 눈이 아니라, 야웨의 눈으로 보아야 할 사건이 되었다. 이런 의미에서 다윗의 살인 사건은 하느님 앞에서 인간이 무엇인지 자문하지 않을 수 없는 사건으로 변모한다.

더욱 잊지 말아야 할 사실은 다윗 사건이 개인 차원에 머물지 않고 인간 일반의 이야기로 변모했다는 전환의 성격이다. 말하자면, 다윗 사건의 본질은 인간사의 보편적인 전형을 이루며, 어떤 시공간을 막론하고 그의 이야기를 읽는 자의 거울 기능을 한다. 다윗 사건이 우리에게 보편적인 의미를 제공한다면, 이 사건이 신학적 해석의 장으로 옮겨가지 않을 수 없는 까닭이 있는 것이다. 갑작스러운 예언자 나탄의 등장이 이러한 필요성을 드러내며, 이야기의 해석에 지속적인 내적 동력을 제공한다. 사건은 다시 이야기의 흐름을 바꾸면서 11장에 내재해 있던 인간-하느님의 관계를 내면에서 성찰하도록 초대하면서, 모두가 볼 수 있도록 이 관계를 수면 위로 떠오르게 한다.

사건의 결말만 두고 보자면, 마침내 다윗은 왕의 권력을 이용하여 방법적으로 교묘하게 우리야를 제거했다. 왕은 살해당한 자의 아내 밧 세바를 취할 수 있었고, 독자는 성공적인 다윗의 승리를 확인할 수 있었다. 그리고 여인은 다윗의 여자가 되었고, 이스라엘을 위해서도 왕에게 불행한 아들을 낳아줄 뻔했다. 그렇지만, 첫 번째 죄악의 씨앗은 지상에서 열매를 맺지 못하고 불행한 행위의 비극적인 결말로 이승을 달리했다. 사건의 진행이 씻은 듯이 여기서 멈추었다면, 다윗에게 더할 나위 없이 다행이었을까? 그러나 다윗이 한 짓이 주님의 눈에 악하기만 했던 것이 오히려 다윗의 삶에 새로운 전기를 마련했다. 인간으로서 얼마든지 자신의 잘못에서 돌아설 수 있는 순간들이 있었지만, 다윗은 하느님의 법을 어기는 것에 멈추지 않았고 무죄한 부하를 죽이는 더욱 깊은 죄를 범하고 말았다.

지금부터 우리의 독서는 아주 작은 이야기인 2사무 12,1-4의 비유로 시작할 것이다. 11장에서 보았던 다윗의 죄는 한 부부의 파멸을 가져왔으며, 왕은 여자와 통정한 잘못된 불륜을 합법화시키려고 남편을 죽게 했다. 그러나 신명기 사가는 어두운 이 사건을 단지 다윗의 불륜과 살인을 드러내는 것에 만족하지 않는다. 편집자의 근본적인 질문은 이런 사태가 벌어진 이면에 다윗이 한 인간으로서 어떤 심리를 가지고 있었는지 알려 주고자 한다. 달리 표현하면, 다윗이 어떤 마음의 소유자였기에 마치 우연히 발생했던 한 여인과 벌인 잘못이 살인으로 치닫게 되었는지 인간의 본성에 질문을 던진다.

이야기 속의 이야기-나탄의 비유(2사무 12장)

예언자 나단에게 알려진 사실이라면, 반복하건대, 다윗이 범한 사건은 주위에서 모두가 알고 있는 소위 '알려진 비밀'이었을 것이 틀림없다. 예언자는 누구인가? 그는 때로 왕권의 대척점에서 왕의 잘못을 질정하며 비판할 수 있는 용감한 사람이 아니던가? 예언자가 아니라면 아무도 나서서 다윗에게 '왕의 사건은 모두가 알고 있는 일'이라고 말할 수 없었다. 예언자의 용기가 없었더라면, 다윗만 자기 일을 모른 척하면 덮어질 수 있던 사건이 되었을 것이다. 최고 권력자는 자신만 모른 척하면 세상이 모르고 있을 것이라고 생각하겠지만, 그렇게 은폐될 진실이 어디 있겠는가? 억압된 진실은 드러나기까지 나탄과 같이 말할 입을 가진 이를 기다릴 뿐이다.

다윗 사건이 드러낼 교훈적 본질은 우리의 인간성이 당면한 현실을 내포한다. 한 인간의 전형적 성향이 신정적 차원에서 다루어지게 됨으로써 사건은 보편적 차원의 사건으로 확대된 것이다. 이리하여 나탄의 입으로 전해진 이야기는 11장에서 12장으로 넘어오면서 극적인 국면 전환을 이루는 것이다. 다윗은 자신이 범한 사건을 일상적 인간사로 치부하고 싶었겠지만, 예언자의 개입은 다윗을 신학적 사건의 중심으로 옮겨와 이야기의 틀을 변환해 준다.

아주 짧지만 아름다울 정도로 감동적인 작은 비유를 나탄은 다윗의 면전에서 들려준다. 마치 다윗과 관련 없는 익명의 사람이 관련된 이야기,[229] 그래서 모두가 대답을 기다리는 이야기처럼 서술된다. 나탄의 비유는 간절해서 다윗의 감성을 건드리고, 즉각적인 반응을 촉발시킨다.

"한 성읍에 두 사람이 살고 있었습니다. 한 사람은 부자이고 다른 사람은 가난했습니다. 부자에게는 양과 소가 매우 많았으나, 가난한 이에게는 자기가 산 작은 암양 한 마리밖에는 아무것도 없었습니다. 가난한 이는 이 암양을 길렀는데, 암양은 그의 집에서 자식들과 함께 자라면서, 그의 음식을 나누어 먹고 그의 잔을 나누어 마시며 그의 품 안에서 자곤 하였습니다. 그에게는 이 암양이 딸과 같았습니다. 그런데 부자에게 길손이 찾아왔습니다. 부자는 자기를 찾아온 나그네를 대접하려고 자기 양과 소 가운

---

229 비유의 성격에 대한 논의를 할 필요는 없을 것 같다. 예언자의 비유와 달리 법적 비유(*juridical parable*)는 비유의 내용과 유사한 잘못을 범한 인물이 스스로 자기를 고발할 수 있는 배경적 상황에 빠질 수 있도록 구성된다. 그러나 나탄의 비유에 법적 구성요소가 없다는 사실이 법적 비유의 근거를 약화시킨다. 이에 대한 비판적 논의는 Jeremy Schipper, *Did David overinterpret the Nathan's parable in 2Sam 12,1-6?*, in JBL 126(2), 2007, 383-407쪽; David Janzen, *The Condemnation of David's "Taking" in 2Samuel 12,1-14,* in JBL 126(2), 2012, 209-220쪽 참고. 참고로 비유의 법적 성격을 강조한 글은 Uriel Simon, *The Poor Man's Ewe Lamb: An Exemple of a Juridical Parable*, in *Bib* 48 (1967), pp. 207-242, 특히 pp. 220-221 참조.

데에서 하나를 잡고 싶지는 않았습니다. 그래서 가난한 사람의 암양을 잡아 자신을 찾아온 사람을 대접하였습니다." (2사무 12,1-4)

비유는 아주 간단하지만 슬픔이 배어나는 아름다움을 가지고 있어 인간사의 참혹한 비극성을 더해 준다. 가난한 이와 부유한 이를 대비시키고, 가난의 절절함이 부유한 이의 무정한 행동과 대조됨으로써 비유의 고발을 극화한다. 비유가 단순하므로 말하고자 하는 의도와 내용은 누구나 쉽게 알 수 있어서 더욱 강렬하게 독자의 마음을 흔든다.

간략하게 말하면, 비유는 가난을 찬미하지는 않지만 욕망은 가질수록 한계를 모르고 커간다는 점을 알려 준다. 비유에 등장하는 부자는 손님 대접을 위해 자기 소유의 것을 사용한다는 당연한 상식을 무시한다. 말하자면, 손님을 대접하면서도 자기 소유의 소나 양 중에서 한 마리도 희생하지 않으려는 사람이 부자라는 고발이다. 손님에게는 숙식을 제공하는 관대한 주인으로 처신하지만, 자기 것은 하나도 희생하지 않는다. 대조적인 두 얼굴의 사내로 묘사된 부자는 가난한 이에게는 잔인하고 폭력적인 사람이다. 그러나 자기에게 필요한 사람에게는 인자하고 관용 있는 사람, 바로 이런 사람이 비유 속의 부자라고 고발한다.

만약 비유의 단순성이 다윗의 행위를 은유적으로 고발한다면, 우리는 다윗과 관련된 또 다른 이야기를 바로 떠올릴 수 있다. 가난한 사람에게 딸 같은 암양을 '빼앗은' 부자는 1사무 8장이 고발하는 왕의 행위를 떠올린다. 8장은 판관들의 시대에는 판관의 임무와 기능이 우선이었지만, 왕의 시대가 되면 왕정은 독재의 폐해를 가져온다는 예고였다. 왕은 백성의 아들들과 딸들을 강제로 데려다가 군역과 노역에 쓸 것이며, 왕정 유지를 위하여 부과하는 세금은 백성의 노고로 채울 것이다. 게다가 백성은 자유를 잃고 종이 될 수 있어 노고와 고통은 점점 심해질 것이라는 사무엘의 경고였다. 따라서 비유의 부자가 모든 것을 막무가내로 앗아갈 수 있는 왕을 떠올리게 했다는 것은 의미심장한 암시이다.

본래의 이야기로 돌아가서, 2사무 11,4는 다윗이 밧 세바를 데려갔다지만 우리야의 아내인 줄 알고 행동한 왕의 처신이지 않았던가? 부자는 자기 것도 아닌데 마치 자기 것처럼 빼앗았고, 빼앗은 것을 손님에게 제공한 행위는 다윗이 우리야에게 행한 범법적인 행위를 비유해 주지 않는가? 부자의 수치스러운 탈법적 행위와 폭력적 태도는 다윗의 성적 일탈로 살인에 이른 행위를 상기시켜 주지 않는가? 왕의 행위는 반율법적 행위요 파괴적임을 고발하는 비유임을 한눈에 확인할 수 있을 것 같다. 이야기의 의미를 지나치게 단순화하는 단점은 있지만, 첫눈에 '부자'는 다윗을, '가난한 이'는 우리야를, '어린 양'은 밧 세바를 가리킨다고 알아들을 수도 있다. 그러나 비유에서 죽은 것은 어린 양이고, 현실에서 죽은 이가 우리야라면, 비유의 진실은 어디에 있는 것일까? 게다가 부가적인 설명도 없이 부자를 방문한 여행자는 누구일까?230

비유는 부유함과 가난을 소재로 각자의 상황에 맞는 행위가 무엇이고 무엇이 부적절한지 생각하게 한다. 명예, 돈, 권력, 아름다움 등은 그것이 무엇이든지 간에 인간의 합당한 처신에 어울릴 때 가치를 발휘한다. 그러나 가치 있는 것들이 단순히 소유의 대상으로 전락할 때, 이것들이 가져올 위험과 마력의 긴장은 더욱 커진다. 소유의 대상이 무엇이든지 간에 인간 안에서 한계를 모르고 커가는 것이 있다면 조심해야 한다. 인간에게 모든 것이 한계가 있듯이 경계를 넘어서면 인간에게 불행을 몰고 오는 길목에 서 있는 장애가 될 수 있다.

---

230 심층적인 독법이 필요하다. David Janzen, *The Condemnation of David's "Taking" in 2Samuel 12,1-14*이 성찰적 답변의 일부로 제시될 수 있다.

그래서 비유는 거의 모든 것을 소유한 자가 거의 아무것도 지니지 못한 자의 유일한 행복을 빼앗았다는 날 선 지적을 하고 있다. 많은 것을 소유한 자가 필요한 것마저 소유하지 못한 이들과 나누게 하는 것이 왕의 통치술이요 야웨 하느님의 초대이다. 그렇다면 이 비유를 통해 다윗은 자신의 행동에서 무엇을 알아차려야 하는가? 부자와 가난한 사람의 비유는 다윗이 피해야 할 어떤 행동을 가리키고 있는 것이다. 세상의 상식에 따라도 더 많은 것을 소유한 자는 덜 소유한 이들에게 더 관대해야 하지 않겠는가? 부유한 자는 자기의 소유욕을 절제할 줄 알아야 하며, 상대적으로 가난한 이의 어려움을 덜어주어야 하지 않겠는가?

비유 이야기는 깊이 살펴보면 행위자의 행위 자체보다, 행위의 상징적 성격에 초점을 맞추고 있다. 부유한 자는 가난한 이에게서 비열하게 빼앗은 양으로 손님을 대접하지만, 손님은 환대가 어떻게 이루어졌는지 모른다. 다른 관계가 없이 상황에 무지한 손님은 자신을 대접하는 주인이 그에게 인자하고 관대한 주인일 뿐이다. 겉과 속이 다른 내용만큼이나 실제에서 주인은 인색하기 짝이 없지만, 손님은 그런 사실에 무지하다. 그렇다면 손님도 모르는 부자의 행위를 고발할 자는 누구인가? 여기서 가난한 이는 부자의 폭력을 고발할 능력도 없고 자신을 방어할 수단을 하나도 갖추지 못한 사람이다.

이야기는 서서히 비유의 형식을 거쳐서 사건의 당사자인 다윗이 예상치 못한 신학의 울로 넘어 들어간다.231 부자가 손님에게 베푼

231 다윗이 예상할 수 없다는 것은 본인 연루된 사건은 이미 마무리되었다는 의미이다. 그런데 하느님이 아무도 거론할 수 없는 사건을 두고 움직이신 것이다. 또한 역사 이야기에서 신학으로 넘어간다는 사실은 이와 같이 주체가 바뀌는 사건이 이미 발생한 시점

호의가 가난한 이가 부자에게 빼앗긴 유일한 희망이란 사실이 극적 전환의 내용이다. 바로 마지막 희망을 앗긴 자의 절망을 위해서 이야기가 신학으로 다시 재론되어야 할 순간이 온 것이다. 이 순간에 깊은 상처를 받은 가난한 희망의 궁극적 보호자, 곧 하느님이 예언자 나탄을 통해 분노를 드러내고 참회할 다윗의 양심을 불러낸다.

당신이 바로 그 사람이다!

우리는 다윗의 즉각적인 반응에서 자기 자신의 행위에 대한 성찰이 없는 인간의 일차적 반응을 읽을 수 있다. 성찰은 누구나 잠시 멈추고 생각할 수 있는 너무도 쉬운 행위이지만, 그렇다고 모두가 행하지는 않는다! 여기서 인간 생활에 '잠시 멈춤'이 왜 필요한지, 급히 흐르는 시간을 멈추게 해야 할 필요성을 이해할 수 있다. 성찰은 보이지 않는 정신의 행동이기 때문에 사람 속에서 보이지 않는 양심을 불러낼 수 있는 긍정적 힘이자 기회이다.

그리하여 다윗이 숨긴 진실이 드러나는 순간이 찾아왔고, 나탄이 보여준 부자의 비유가 잠들고 싶었던 다윗의 양심을 일깨웠다. 송사를 처리하고 재판에 익숙한 왕의 잠든 의식을 깨운 양심은 다윗 스스로 자신의 입으로 자신의 행위를 단죄토록 한다.

에서 많은 시간이 흘렀다는 것을 의미한다. 이야기는 구전되었을 것이나, 문자로 기록되는 순간부터 자기 안에 가두기 어려운 내적 동력 때문에 본문은 첨삭되는 운명이 된다. 그러므로 주석학적 관점에서 2사무 12장의 내용은 여러 단계의 내용 첨가가 이루어졌을 것이라는 것이 연구자들의 중론이다. 신학은 내용 판단의 객관성을 얻기 위해 시간이 필요한 작업이다.

주님께서 살아 계시는 한, 그런 짓을 한 그자는 죽어 마땅하다. 그는 그런 짓을 하고 동정심도 없었으니, 그 암양을 네 갑절로 갚아야 한다. (2사무 12,5-6)

왕의 입으로 규정한 '죽어 마땅한 자',[232] 행한 잘못의 네 갑절[233]로 배상해야 할 자, 그는 다름 아닌 다윗 자신이었다. 어떻게 자신이 연루된 비유임을 자각하지 못한 채 다윗은 이런 즉각적인 반응을 보였을까? 다윗은 자신도 모르게 자기의 잘못을 의식하지 못한 채, 밧 세바의 문제를 해결했다고 생각했던 것일까? 아니면 반대로 이런 태도가 아직 그의 양심이 살아 있다는 것을 말해 주는 것인가? 이렇게 비유의 힘은 자신이 연루된 사건과 거리를 취하게 되는 순간 본성에 따른 객관적인 판단을 내릴 여유를 제공한다.

다윗의 말이 떨어지자마자 비유는 현실이 되었고, 나단은 즉각 아주 거칠게 왕의 말을 확인해 준다. '*임금님이 바로 그 사람입니다.*'(7절) 어쩌면 나탄의 고발은 잠든 양심을 일깨우고 진실을 선언할 용기가 필요하다는 사실을 보여주는 것이기도 하다. 권력 앞에서 권력자의 잘못을 지적하고 양심을 일깨울 수 있는 용기, 그래서 예언자는

232 히브리어 본문에서 '벤 마웨트'는 '죽음의 아들', 혹은 '죽어야 할 자,' 혹은 '죽음에 책임 있는 자' 등으로 번역된다. J. Schipper, 앞의 글, 390쪽. 다윗은 율법만 놓고 보면 왕이기 전에 그는 죽어 마땅한 자이다. 신명 22,22: "어떤 남자가 남편이 있는 여자와 동침하다가 들켰을 경우, 동침한 그 남자와 여자 두 사람 다 죽어야 한다. 이렇게 너희는 이스라엘에서 악을 치워 버려야 한다." 비유의 일깨움으로 다윗은 회심의 차원으로 나갈 수 있었고, 율법에 죽어야 하느님 안에서 다시 살아날 수 있는 자가 되었다.

233 탈출 21,37 참조. 우리야의 죽음 이후에 다윗은 네 아들-밧 세바에게서 난 아기, 암논, 압살롬, 아도니야-을 잃었다. 이것도 계산된 신탁일까? 아니면 본문 편집자의 의도된 계산일까? MT와 LXX의 본문 비판에 따라서 4배(MT) 혹은 일곱 배(LXX)로 수정하기를 요청한다. 이에 대한 간략한 논의는 P. Kyle McCarter, Jr., 299쪽 참조.

필요한 경우에 자신의 생명을 걸고 진리를 선택하는 사람이다.

이어서 나탄은 주님의 말씀이라고 전하면서 과감하게 다윗에게 비판적 신탁을 단숨에 내쏟는다. 한 여행자의 방문 때문에 부자가 가난한 이의 생존을 빼앗은 것처럼 다윗은 한 사람의 무고한 생명을 파멸시켰다. 다윗은 자신의 지위를 이용하여 명령에 죽고 사는 아무 죄도 없는 부하 장수 우리야를 죽였다. 밧 세바는 다윗에게 이기적 사랑의 동반자가 될 수 있지만, 우리야는 잘못을 상기시키는 존재이기에 사라져야 했던 것이다. 더구나 비유 속의 부자가 많은 양을 가진 것처럼, 정략적 형태였지만 다윗은 이미 수많은 여자를 취하지 않았던가? 부자가 넘치는 자기 소유에 만족하지 못한 것처럼 다윗도 최고의 권력인 왕권에 부족함을 느꼈단 말인가? 부자가 가난한 이웃의 유일한 희망인 양을 빼앗았듯이, 다윗이 왕권을 넘어 한 남자의 생명을 빼앗고 그의 아내마저 강탈한 행위는 무엇 때문이란 말인가?

진실이 밝혀진다고 해서 죽은 우리야가 다시 살아올 가능성이 생겨나는 것은 아니다. 그렇지만, 우리야가 살해된 죽음의 진실이 다윗에게 의미있는 사실이 되려면, 진실은 늘 공적으로 선언될 때 비로소 진실이 된다. 이야기는 다윗이 은폐한 진실을 다윗의 입으로 말하게 하고 밝히게 하는 것이지만 거기에 멈추어서는 안 된다. 더 나아가 거짓을 고백한 인간의 마음은 회심으로 빛의 조명을 받고 빛으로 인도되어야 진실이 의미를 드러낸 효과가 발휘된다. 우리야의 이름이 의미하는 것처럼 - 주님은 나의 빛 - 진실은 밝게 드러나야 하고, 사건의 주동자 다윗이 그 빛으로 인도되어 빛 앞에 서야 사건은 종결된다. 죽은 우리야가 살아 있는 다윗을 거짓에서 진실로, 어둠에서 빛으로, 죄에서 회심으로 이끌어낼 때 이야기는 마무리될 것이다.

나탄의 신탁

사무엘서는 이미 2사무 7장에서 다윗이 왕권을 손에 쥔 뒤에 성전을 짓겠다는 원의를 나타낸 바 있다. 성전 건축의 원의가 거부된 뒤 나탄의 신탁은 왕권의 영속성을 다윗에게 보장하는 하느님의 말씀을 전했다. 이어서 하느님의 아들이 된 자는 '*죄를 지으면 사람의 매와 인간의 채찍으로 그를 징벌하겠다.*'(14절)는 선언이 공표되었다. 7장의 선언이 다윗 관련 사건을 다루는 12장의 신탁에서 확인되며 다시 반향을 울리며 선언된다.

나탄의 신탁은 12장 7-12절에서 극명하게 나타나듯이, 다윗이 범한 죄에서 피할 수 없는 야웨 하느님의 저주로 이해된다. 11장은 우리야가 '*죽었다*(*muth*)'는 사실을 말하는 것으로 충분해 보였지만, 12장은 더 분명하게 야웨의 신탁을 전하면서 '*죽였다*(*harag,* 9절)'고 명시한다. 우리야가 '*죽었다*'는 사실이 중요한 것은 다윗이었지만, 더 중요한 것은 다윗이 우리야를 '*죽였다*'는 사실이다. 진실은 드러나야 하고 선언되어야 본래의 의미를 되찾는 것처럼, 우리야의 죽음은 자연스러운 죽음이 아니다.

나탄의 고발은 11장과 12장의 차이를 아주 분명하게 드러냄으로써 장해물로 그림자가 될 수 있는 부분까지 빛으로 채운다. 신탁의 엄정함은 자기 안에 거짓말쟁이로 숨어 있으려는 다윗을 마침내 야웨 하느님 앞에서 살인자로 세워 놓는다. 다윗이 살인자로 살아가려면 그늘에 숨어 있는 것으로 충분하지만, 살인을 용서 받으려면 빛에 나와 서야 한다.

본문의 구성을 보면, 12장의 야웨 신탁은 선언과 설명으로 나뉘고, 내용은 아래와 같이 간단히 세 단계로 진행된다. 1단계는 '*주 하느님께서 이렇게 말씀하십니다.*'(7절)로 시작하고, 2단계 역시 '*주 하느님께서 또 이렇게 말씀하십니다.*'(11절)가 선행한다. 3단계는 다윗이 자기 죄를 고백하자, '*그러자 나탄이 다윗에게 말하였다.*'와 선언문(13-14절)으로 마무리된다.

(1) 다윗 집안에 칼부림이 끊임이 없으리라는 선언과 설명. 7ㄴ-10절
(2) 다윗의 집 안에 재앙이 일어나리라는 선언과 설명. 11-12절
(3) 다윗의 죄로 죽지 않지만, 죄의 씨앗은 죽을 것. 13-14절.

신탁의 내용을 간단한 도식으로 일별할 수 있도록 표기하면 다음과 같다.

	징벌 선언	징벌의 이유
1 단계	(10ㄱ) 그러므로 이제 네 집안에서는 칼부림이 영원히 그치지 않을 것이다.	(7ㄴ) 나는 너를...이스라엘의 임금으로 세우고... (8) 나는 너에게 네 주군의 집안을, 또 네 품에 주군의 아내들을...이스라엘과 유다의 집안을 주었다...더 보태 주었을 것이다. (9) 어찌하여 너는 주님의 말씀을 무시하고, 주님이 보기에 악한 짓을 저질렀느냐? 너는 히타이트 사람 우리야를 칼로 쳐 죽이고 그의 아내를 네 아내로 삼았다... (10ㄴ) 네가 나를 무시하고, 히타이트 사람 우리야의 아내를 데려다가 네 아내로 삼았기 때문이다.
2 단계	(11절) 너의 집안에서 재앙이 일어나...네가 지켜보는 가운데 내가 너의 아내들을 데려다 이웃에게 넘겨주리니, 저 태양이 지켜보는 가운데 그가 너의 아내	(12절) 너는 그 짓을 은밀하게 하였지만, 나는 이 일을 이스라엘의 모든 백성 앞에서, 그리고 태양이 지켜보는 가운데에서 할 것이다.

	들과 잠자리를 같이할 것이다.	
3 단계	(14ㄴ) 임금님에게서 태어난 아들은 반드시 죽고 말 것입니다.	(13절) 주님께서 임금님의 죄를 용서하셨으니 임금님께서 돌아가시지는 않을 것입니다. (14ㄱ) 다만 임금님께서 이 일로 주님을 몹시 업신여기셨으니,

비유에서 신탁의 내용으로 오면 하느님과 다윗의 관계에서 언급되어야 할 '역할'의 관점은 아주 중요하게 보인다. 역할의 관점에서 신탁의 내용(7-14절)을 재독하게 되면 다윗의 행위에 대한 선고를 다음처럼 세 가지로 요약할 수 있다.

1) 7ㄴ : 나는 너를...이스라엘의 임금으로 세우고,
2) 11ㄴ: 두 구절은 야웨의 징벌적 조치를,
3) 13ㄴ: 나탄의 선고(그러자 나탄이 말하였다.)와 다윗의 세 잘못에 대한 설명이 따른다.

물론 12장은 다윗이 우리야를 죽인 사실과 왕이 그의 아내 밧 세바와 간통한 사실을 잊지 않고 거론한다. 그러나 살인과 간통을 거론하는 것이 목적이라면 12장의 의미는 단순 고발 사건이 되어버린다. 그렇게 되면 신탁의 내용은 일차원적인 행위의 고소로 너무 작게 축소되고 만다. 살인에 대한 재앙(10절)과 불륜에 대한 재앙(11절)은 지극히 개인적인 차원에서 마무리되고 끝나기 때문이다.

단순 고발 내지는 개인적 차원을 넘어서, 12장은 다윗의 행위와 징벌 이외에 우리에게 무엇을 말하고자 하는 것일까? 무엇보다도 우리가 유의

할 점은 나탄의 비유가 다윗의 행위(11장의 살인과 불륜)에서 죄의 본성적 측면을 지적하고 있다는 사실이다. 비록 나탄의 선언이 다윗의 구체적 행동을 기반으로 하고 있으나, 예언자는 두 범죄적 사실의 지적뿐만 아니라 보편적 죄의 성격을 가리키고자 한다.[234] 만약 나탄 예언자가 다윗의 살인과 불륜만 강조하고 있다고 이해한다면, 11장의 이야기와 12장의 비유는 서로 만나는 접점이 지극히 제한될 것이고, 의미는 축소되고 만다. 11장의 주제인 다윗의 살인과 불륜이 12장의 비유에서 직접 거론되지 않는 이유가 그러하다. 이에 대한 해석이 명확하게 드러나지 않고 다양하게 개진되는 이유가 이런 사실을 암시한다.

이야기의 초점이 단순히 다윗의 살인과 불륜에 대한 하느님의 보복일까? 자문해 볼 수 있다. 이런 주문에 긍정적이라면 도덕적 군주를 원하시는 윤리적인 하느님 상으로 신관은 도덕과 윤리의 범주로 축소된다. 지금까지 다윗의 생애를 알고 있는 우리로서는 이렇게 조급하고 단순한 대답에 만족할 수 없다. 다윗의 인생은 비천한 처지에서 끊임없이 성공하여 왕권에 이르렀고, 이런 인생의 황금기는 주님이 풍요롭게 그에게 '*준*' 것으로 가능했다는 사실을 잊을 수 없지 않은가? 11장의 해석으로써 12장은 겉으로 드러난 사실의 원인론적 죄를 묻고 있는 것이다.

---

234 사무엘서가 다윗 한 개인의 잘못을 고발하는 것을 넘어 하느님에 대한 인간의 일반적인 태도와 성향을 가리키고 있다는 견해를 다시 한 번 강조한다. 2사무 12장의 분석은 다음 글을 참조할 수 있다. David Janzen, *The Condemnation of David's "Taking" in 2Samuel 12,1-14*, 209-220쪽.

죄의 본질

앞에서 정리한 첫 번째 재앙의 내용을 소략하게 요약하면 12장이 무엇을 강조하려는지 관점이 드러난다.

> *나는 너에게 네 주군의 집안을... 네 주군의 아내들을... 유다와 이스라엘의 집안을 주었다*(ntn). (8절)
>
> *그래도 적다면 이것저것 더 보태 주었을*(ntn) *것이다.* (8절)

> *나를 무시하고*(bzh) *우리야의 아내를 네 아내로 삼았다*(lkḥ). (9절)
>
> *네가 나를 무시하고*(bzh)*... 우리야의 아내를 네 아내로 삼았기*(lkḥ) *때문이다.* (10ㄴ)

8-10ㄴ절에 세 개의 동사(주다*ntn*, 빼앗다/취하다*lkḥ*, 무시하다*bzh*)가 각각 두 번씩 사용된 사실이 행위자들과 관련된다. 간단한 용어 분석에 의하면, 다윗의 잘못은 궁극적으로 하느님을 무시하거나 업신여기는 정신적 성향을 드러내 준다. '*주다*'가 하느님의 본성적 모습을 정의해 준다면, '*취하다/빼앗다*'와 '*무시하다*'는 다윗의 인간적 본성을 밝혀준다. 따라서 다윗의 집안에 부는 칼바람의 이유를 설명해 주는 8-9절의 단락은 두 단어로 대표된다. '*주다*'라는 동사가 주님의 행동을 특징적으로 나타낸다면, '*빼앗다/취하다*'라는 동사가 다윗의 행위를 지배하는 단어들이다.[235]

다윗의 삶은 야웨 하느님이 '준' 것으로 가득 했지만, 받는 것만으로 다윗은 만족하지 못했다. 주님은 사울 가문과 여자들을 다윗에게

235 David Janzen, 같은 글, 210-211쪽 참조.

필요한 만큼 주었을 뿐만 아니라, 앞으로도 다윗이 원하면 다 '줄' 것이었다. 그런데 다윗은 앞으로도 원하면 하느님에게서 거저 받을 수 있음에도 불구하고 남의 것을 '빼앗고' 죽이기까지 했다.

이처럼 신탁의 내용은 일차적으로 다윗의 살인과 간통을 강조하는 데 있지 않고, 주님의 권한, 곧 모든 것을 '주시는' 하느님의 속성을 강조한다. 주님이신 하느님은 '주는' 행위로 자신의 정체성을 규정하지만, 다윗은 (사람을) 빼앗고 (하느님을) 무시하는 자만을 드러낸다. '무시하다'는 '업신여기다'(14절)와 함께 하느님을 대하는 다윗의 교만한 태도를 나타내며, 모든 것을 '주는/허락하시는' 하느님을 무시한다는 암시이다. 다윗은 우리야를 죽였고, 하느님이 허용하지(혹은 '주지') 않은 그의 아내를 '빼앗았으며', '*주님이 보기에 악한 짓*'(9절)을 행함으로써 하느님을 무시했던(8절) 것이다. 혹은 문법적 이해에 따라, 원인론적으로 다윗이 밧 세바를 빼앗음으로써 주 하느님을 무시했다고 말할 수도 있다.

어찌 되었든 신탁의 초점은 '주다'의 행위는 하느님의 역할이며, '빼앗다/취하다'와 '무시하다'의 행위의 주체는 다윗이란 사실에 있다. 하느님은 다윗에게 필요한 모든 것을 '주었으며', 다윗은 주님이 허용하지 않은 것을 빼앗기 위해 우리야를 죽이고 밧 사바를 '취했던' 것이다. 달리 말하면, 12장은 다윗의 살인과 불륜을 잊지 않고 거론하지만, 첫 번째 관심은 무엇보다도 하느님-다윗의 관계에서 각자의 역할에 있다. 다윗이 하느님을 무시하고 다른 사람의 것을 빼앗는 자라면, 하느님은 인간을 위해 주고 또 주시는 분이다.

이런 논리적 근거에서 보면, 다윗이 잘못을 범했지만 돌아선다면, 주 하느님은 다윗의 회심을 기다리고 죄를 용서하실 분이다. 신탁의 두 번째 재앙이 선고되고 난 뒤에 비로소 다윗은 '*내가 주님께 죄를 지었소*'(13절)라고 고백했던 것이다. 다윗은 '*은밀하게*'(12절) 행동했지만. 하느님이 훤히 알고 있었다. 다윗이 행한 범죄적 행동의 '은밀성'(2사무 11,4)은 벌건 대낮에 '*이웃*'이 벌이는 행동(2사무 16,22)으로 드러날 것이다. 다윗은 하느님이 주지 않은 것을 빼앗음으로써 하느님을 무시하고 업신여겼고, 다윗은 스스로 하느님의 자리를 대신하는 잘못을 범했던 것이다.

나탄의 비유(2사무 12,1-4)와 신탁의 내용을 비교해 보면, 이와 같이 12장의 관심이 어디에 있는지 알 수 있다. 비유는 다윗의 죄와 관련된 살인이나 불륜의 주제를 직접적 소재로 말하지 않으며, 아주 단순하게 부자가 가난한 이의 양을 '빼앗은' 주제만 언급한다. 11장의 사실과 12장의 비유에서, 부자는 가난한 이의 양을 '빼앗아' 손님을 대접했고, 다윗은 우리야를 죽이고 밧 세바를 '빼앗았다/취했다'는 주제만 공통으로 남는다. 여기서 부자의 '빼앗는' 행위는 다윗이 밧 세바를 아내로 '취한' 행위를 표현하는 단어와 동일한 것은 불문기지이다.

이처럼 12장은 우리야를 살해하고 밧 세바와 벌인 간통을 잊지 않지만, 무엇보다도 다윗이 야웨 하느님을 무시하고 업신여김으로써 '주님께 죄를 지은 사실'을 강조했다. 다윗의 정신적 성향은 이미 충분히 '준 것'을 누리지 못하는 인간을 드러내고, 하느님의 자리를 취하고 대신하려던 것이라고 볼 수 있다. 다윗의 고백에 따라 나탄은 즉각적으로 '*주님께서 임금님의 죄를 용서하셨다.*'(14절)고 선언한 점이 이를 확인한다. 그러나 죽음에 처할 죄를 지은 다윗은 부자에게 네 곱절로 배상시킬 생각을 하였으니 왕은 아직 자신의 죄를 충분히 자각하지 못했던 것일까?

죄의 비극성

우리는 두 번째 재앙을 언급하는 장면에서 더욱 놀라운 사실을 듣게 된다. 어느 누구도 예상치 못한 비극적 사건이 신탁의 저주로 역사적 현실로 발생하고 만다. 다윗에게 선언된 신탁의 '*이웃*'이 자신의 아들, 압살롬이 될 줄을 어찌 알았으랴! 압살롬이 반역을 일으키고 아비인 다윗을 왕좌에서 밀어냈을 때, 압살롬은 예언의 신탁을 그대로 실행했던 불행한 아들이 되었다. 더구나 다윗에게도 인정받았던 아히토펠의 권고로, 압살롬은 벌건 대낮에 제 아비의 여자들과 잠자리를 함께 했던 것이다(2사무 16,22).

아히토펠은 무엇보다도 압살롬의 반란을 다윗에 대한 복수의 호기로 삼았을 것이 틀림없다. 그는 다윗의 불륜으로 집안이 풍비박산이 되었고, 비참하게도 밧 세바의 조부였다. 더구나 불륜의 멍에를 쓴 손녀뿐만 아니라, 사위인 우리야마저 전장 터에서 잃지 않았던가? 너무도 억울하게 요압의 공모로 사위를 사지로 몰아 죽인 다윗에게 원한이 맺힌 신하였다. 딸은 다윗에게 겁탈 당했고, 자신은 왕에게 능멸 당한 수치심이 아히토펠을 더욱 비참하게 만들었다. 더구나 아들 엘리암과 사위 우리야는 다윗을 위해 목숨을 마다하지 않았던 이스라엘의 용사로 뛰어난 충렬의 장수들이 아니었던가? 아히토펠은 이방인의 후손으로 다윗에게 인정받았던 만큼 왕이 망가뜨린 가문의 수치는 참을 수 없었다. 왕에게 충성을 다했던 자신과 가문이 받아야 할 영예 대신에 수치를 안긴 왕에게 아히토펠은 복수의 칼날을 갈았던 인물이었다.

'*아히토펠이 압살롬에게 말하였다. "부왕이 궁을 지키라고 남겨 놓은 그분의 후궁들에게 드십시오. 임금님께서 부왕에게 미움 받을 일을 한 것을 온 이스라엘이 듣게 되면, 임금님을 따르는 모든 이가 손에 힘을*

얻을 것입니다."(2사무 16,21)' 다윗 가문에 발생할 이 불행은 결국 다윗 자신의 행위가 그대로 후대에 어김없이 반복된 저주스러운 신탁이었다.[236]

> 이제 내가 너를 거슬러 너의 집안에서 재앙이 일어나게 하겠다. 네가 지켜보는 가운데 내가 너의 아내들을 데려다 이웃에게 넘겨주리니, 저 태양이 지켜보는 가운데 그가 너의 아내들과 잠자리를 같이할 것이다. (2사무 12,11).

비록 11절이 다윗이 밧 세바와 저지른 잘못을 직접적으로 지적하거나 가리키지 않지만, 다윗 때문에 왕의 여자들도 비극의 주인공이 됨을 잊지 말아야 한다. 다윗이 비밀스럽게 행한 행동, 하느님도 모르게 숨기고 싶은 사건은 환한 대낮에 모두가 알도록 다윗을 부끄럽게 할 것이다. 이 모든 신탁의 초점은 한 순간의 잘못을 드러내기 위한 것이 아니라, 다윗이 하느님의 역할을 대신하고 탈취한 행동에 있었다.

왕권은 다윗의 결정적 실수가 지워지지 않는 한 위험 속에 놓이고, 나탄의 신탁-태어날 아기의 죽음 선고(14절)-은 여전히 저주로 마감된다. 다윗의 행위를 원인론적으로 판단하는 신탁은 바람 잘 날 없는 집 안의 칼부림 속에서 왕권이 유지된다는 불행을 선언한다. 다윗의 범죄가 무고한 이의 피를 흘린 사건이었으므로, 다윗이 치러야 할 보상 또한 피를 흘리는 것이다. 다윗의 행위와 결과의 두 차원을 보면, 다윗 가문에 행위

---

236 일반적으로 2사무 12,11-12절이 압살롬의 반역사건을 상기시키지만, 역으로 다윗의 사건을 압살롬의 사건에서 추적할 수 없다는 사실 때문에 후대에 추가된 부분으로 여긴다. 그러나 다윗의 잘못이 이스라엘의 역사가 잘못 흘러간 원인처럼 해석하고 있다는 신정론적 성찰은 깊이 생각해 볼만하다.

에 대한 인과응보적 징벌이 강조된다. 구약성경의 엄한 하느님 상에서 비롯된 것이긴 하지만, 인과응보적 징벌은 신정 정치적 성격을 강력하게 보여준다.

신탁에서 주목해야 할 또 하나의 사실은 11장의 이야기에서 12장의 신탁으로 전환되면서 이야기의 초점이 달라진다는 점이다. 11장의 주인공 다윗이 잘못된 비밀을 만들어간다면, 12장의 신탁은 진실을 밝히는 존재가 하느님이심을 강조한다. 역사적 사건을 다룬 11장과 사건의 해석인 12장은 하나가 되어 다윗과 하느님이 한 가지 사실을 두고 숨기고 밝히려는 숨바꼭질을 한다는 인상을 준다. 우리는 숨으려는 다윗과 찾아내려는 하느님 사이에서 때론 다윗이 되어 하느님 앞에 서야 할 인간을 떠올리지 않을 수 없다.

그렇지만 이곳에서 무엇보다도 강조해야 할 사실은 이야기의 전환을 불러일으키는 다윗의 참회와 나탄의 위로이다. 짐작하건대, 참회와 위로는 이 사건을 통해 다윗 왕조의 정통성을 인정하려는 차원에서 이야기 안에 삽입한 것이 아니었을까? 사실 참회와 위로는 역사적 사건의 서술 주제로는 지나치게 주관적이며 긍정적 효과를 전제한다는 의미에서 적당하지 않기 때문이다. 그러나 이런 부정적인 의미와 상관없이 주제의 전환은 역사적 사건에서 신학적 해석의 영역으로 이야기를 옮겨 간다는 효과가 있다. 말하자면, 참회와 위로는 진부한 주제일 듯싶지만, 이야기를 역사 차원에서 신학 차원으로 전환시키는 효과적인 역할을 하는 것이다.

요약하건대, 11장이 다윗, 밧 세바, 우리야를 등장시키고 있다면, 12장에서는 우리야가 제외되고 다윗, 밧 세바, 나탄(하느님)으로 바뀐다. 이야기의 내용으로 보면 당연한 진행이지만, 해석학적으로 보면 이야기의 중요성이 방점을 옮긴다는 것을 알 수 있다. 우리야의 죽음에서 나탄의 신탁으로 이야기의 조명이 하느님에게 비치며 어둠 속에 서 있는 다윗을 끌어 낸다. 성경은 밧 세바를 침묵의 인물로 제한하고, 다윗-우리야, 다윗-나탄을 대조시키고 있음을 알 수 있다. 우리야는 살해당한 인물로 목소리가 없는 것은 당연하지만, 목소리를 되살려 내는 이야기의 흐름은 앞에서도 언급했듯이 창세 4장의 아벨과 비교된다. 카인은 아벨을 죽였고 아벨은 침묵하지만, 아벨의 피가 땅에서 하느님께 올라간다. 결국 아벨의 피 묻은 외침을 들으신 야웨 하느님이 침묵하는 아벨의 대변자로 나선다. 다윗 이야기에서는 사건의 침묵을 깨기 위해 살해당한 우리야를 대신하여 나탄이 왕에게 목숨을 걸고 하느님의 신탁을 전한다.

이처럼 죄는 인간이 행한 자율성의 결과가 범죄의 원인을 제공한 자에게 돌아가는 비극성을 기반으로 이해할 수 있다. 궁극적으로 인간의 자율성은 사라지고 신의 법칙이 인간사의 문제들, 즉 정치권력의 '일려진 비밀'을 들출 수 있고 공개적으로 말할 수 있는 유일한 마지막 근거로 등장한다.[237] 이런 의미에서 역사 이야기는 인간의 활동에 국한된 역사의 경계를 넘어 신학적 성찰과 해석을 필요로 하며, 의미의 발견을 통하여 하느님의 목소리를 들을 수 있게 된다.

---

237 근대 이후 오늘까지 이성의 시대에 이성이 자축하던 자율성이 피에 묻어 쓰러져 가는 사람들을 양산한 역사가 오늘도 우리에게 말하고 있다. 다윗 이후의 이스라엘 왕정사도 예외가 될 수 없다. 이러한 시각에서 비판한 신학이 왕적 통치의 한 쪽에서 소리를 외치던 예언자들의 목소리였다.

신탁의 성취?

말씀의 문헌으로 논리적 일관성은 이야기에 등장하는 주인공들- 인물들, 하느님, 예언자의 신탁 등- 에 직접 영향이 미치게 된다. 그런 측면에서 다윗에게 신탁으로 약속된 야웨 하느님의 말씀은 어떤 방식으로 유지되는지 살펴보자.

12장의 신탁은 7장의 신탁이 성취된 것인지, 그래서 폐기될 것인지 물어볼 필요가 생긴다. 약속의 신학을 확인하기 위해서 2사무 7장으로 돌아가 선언된 신탁을 차례로 간단히 살펴본다.

(ㄱ) ...*주님이 너에게 한 집안을 일으켜 주리라.* (11절)

(ㄴ) ...*네 몸에서 나와 네 뒤를 이을 후손을 내가 일으켜 세우고...* (12절)

(ㄷ) ...*그는 나의 이름을 위하여 집을 짓고...* (13절)

(ㄹ) ...*나는 그의 아버지가 되고 그는 나의 아들이 될 것이다.* (14절)

(ㅁ) ...*사울에게서 내 자애를 거둔 것과는 달리, 그에게서는 내 자애를 거두지 않겠다.* (15절)

(ㅂ) ...*너의 집안과 나라가... 영원히 굳건해지고, 네 왕좌가 영원히 튼튼하게 될 것이다.* (16절)

한마디로 하느님의 약속은 파기되지 않을 것이지만, 약속이 성취되기 위해 최소한의 조건이 필요하다. 말씀의 약속을 누릴 수 있으려면 (가부장적 사회구조에서) 누구든 하느님 '*아버지의 아들*'(14절)로 불려야 마땅하다. 성경의 하느님이 준 약속의 성취는 약속 당사자들의 성실한 이행이 필수적인 조건이기 때문이다. 아마도 이런 사상은 인류에게 제시된 창세기의 계약사상을 전개하고 있는 이스라엘 역사에서는 당연한 진행이라고 볼 수 있다.

따라서 하느님의 아들로 행동하지 못했던 다윗의 가문은 말로 다 할 수 없는 고통을 겪는다. 무심한 듯이 사무엘서의 편집자는 다윗이 자신의 아들딸 사이에서 생각하고 싶지도 않은 형제자매(암논-타마르-압살롬)의 비극적인 사건을 들려준다. 11장이 다윗 자신의 사건을 들려준다면, 13장은 다윗의 자녀인 오누이(암논과 타말) 사이에 벌어진 인륜을 거스르는 사태를 제공한다. 게다가 이후 2년의 세월이 지날 즈음에 두 아들 암논과 압살롬 사이에 비극적인 형제 살인(*Fratricide*, 2사무 13-14장)이 왕가에서 발생했다.[238] 그뿐만이 아니다. 다윗의 시련이 외부에서 발생했더라면 백성의 단결을 가져오고 나라의 통치가 더욱 굳건해졌을 것이다. 그러나 왕 다윗을 시역하려는 생각에서 출발한 아버지에 대한 아들의 반역(2사무 15장 이하)은 나탄의 예언을 성취한 것이 되고 말았다.[239]

이렇게 다윗 사건의 내용은 첫 번째 왕 사울을 극복하고 난 이스라엘의 왕정 역사를 관통하는 거대한 신학적 해석학의 주제가 되었다. 그 위에 다윗을 통한 구원의 서사는 신약성경에 와서 메시아니즘[240]의 완성을 보게 된 주요한 사건으로 인식하게 되었다. 다윗 사건과 관련해서 주님의 신탁은 나탄의 입을 통해 선언되었고, 신탁은 후대에 성취될 메시아론의 방향을 제시하게 되었던 것이다. 그리하여 역사적 사

---

238 본서의 제 1장 참조.

239 솔로몬의 왕권 계승에서도 칼부림은 더욱 성했으며, 다윗의 유언이라지만, 왕권에 도전할 만한 인물들(아도니야, 요압, 아브야타르, 시므이 등)은 모두 쫓겨나거나 살해당한다. 1열왕 2장 참조.

240 이스라엘의 메시아니즘은 역사적 메시아니즘의 형태로 발생하여 영적 메시아니즘으로 연장되고 마침내 예수에 이른다. 구약성경에서 발원하여 신약성경에 이르는 기간에 발생한 메시아니즘의 역사적 형태에 대한 간략한 성서학적 해설은 다음을 참고할 수 있다. 레이먼드 E. 브라운, 김광식 역, 『신약성서 그리스도론 입문』, 1999, 189-196쪽.

건이 형이상학적 의미를 담고 내용의 성취에 도달하기까지 긴 세월이 흐를 것이었다.

한편, 신명기 신학이 제시하는 모순은 우리야를 살해한 사건에서 보았듯이 다윗은 죄를 저지른 자임에도 불구하고 살아나고, 태어난 아기는 무죄한 상태에서 죽는다(2사무 12, 18)는 사실이다. 살인자가 살아나고, 무죄한 자가 죽어야 하는 이런 사실은 현실을 사는 우리에게 많은 고민을 안겨 준다. 죄 있는 자의 업보를 대속할 수 있으려면, 역사적 현실과 무관하게 오직 무죄한 자의 죽음만이 가능한가? 우리야의 죽음을 가져온 다윗과 요압의 공모 사건에서도 그와 무관했던 이스라엘이 동원되었고 죽어갔던 역사적 사실은 간과하기 쉽지 않은 사건이었다. 과연 한 죄인의 업보가 씻어지기 위해 얼마나 많은 무죄한 이들의 죽음이 필요할 것인가?[241] 무죄한 아기의 죽음을 누군가의 죄의 결과로 보는 시선과, 생명은 하느님에게 속한다는 시선 중에서 어느 것이 옳다고 말할 수 있는가? 문자적 의미만 생각하면, 이 신탁이 말하려는 의도는 대답하기 어려운 많은 질문을 불러온다. 그렇다고 신학적인 의미에서 이 죽음의 결과가 결정적으로 다윗이 용서를 받았다는 사실을 증언해 주는가? 아니면, 무죄한 아기의 죽음만으로는 온전한 대속이 불가능하기 때문에 다윗 가문이 받을 벌은 아직도 진행 중이란 말인가? 왕자들의 경쟁에 잇따르는 살육, 곧 왕위 쟁탈전과 압살롬의 반역 사건은 아직 드러나지 않았던 저주의 연속이란 말인가?

역사적 다윗의 개인사에 불과한 살인과 치정 사건이 왜 우리에게 심각한 질문을 불러일으키고 답변을 추구하게 만드는 것일까? 개인의 역

241 마태 2,16-18. 예레 31,15를 인용한 무죄한 아기들의 죽음 기사도 역사적 사실에 관심이 있는 것이 아니라, 인류의 역사에 대한 신학적 해석에 더 큰 관심이 있는 것이다.

사가 하느님이 개입한 역사임을 알려 주는 해석학적 견해가 일말의 단서가 될 수 있을까? 다윗 이야기를 읽는 후대의 독자들은 하나의 사건이, 이후 벌어지는 모든 사건의 원인이 되어 나타난다는 것을 알아야 한다는 것일까? 이런 의문이 지속하는 한, 아마도 우리의 성찰은 계속되어야 하지 않을까 자문하지 않을 수 없다.

마침내 다윗은 요압이 마련한 라빠 전투의 마지막 순간에 전장에 나서서 결정적 승리를 취한다(12,26). 적을 패배시키고 영토를 넓힌 다윗 왕권의 승리는 분명 눈에 보이는 외형적 승리이며 영광이 되었다. 그렇다고 해서 개인적 차원에서 다윗이 우리야를 죽이고 밧 세바를 얻은 잘못된 성공을 통치의 보상으로 이해할 수 있겠는가? 우리의 단순한 이해의 관점에서 볼 때, 하느님은 죄를 억제하시고 인간은 죄의 고삐를 풀어 버리려고 애쓴다. 과연 인간이 자신의 욕망을 성취하고자 눈이 멀 수 있는 존재라면, 인간의 죄스러운 욕망과 하느님의 용서가 만나는 접점은 어디일까?

다윗 이야기를 보면, 음울한 역사적 사건이 많은 독자를 기다리는 이야기가 되고 의미를 주는 고백이 될 수 있다. 잘못을 참으로 인정하는 고백에 이르러서야 이야기가 인간사의 울타리에 갇히지 않고 그 경계 너머로 울려 퍼지는 것이 가능해진다. 인간은 폐쇄적 어둠을 벗어나 고백에 이를 때, 비로소 신정적 의미가 발생되는 영역으로 진입할 수 있다. 아마 이런 과정은 사건을 다루는 인간의 노력이 자기를 넘어서고 신에게 이를 때 해석의 역할을 다했다고 볼 수 있을 것 같다.

다윗에게서 보듯이 욕망의 일탈은 죄가 되고, 비밀스러운 죄는 마침내 긴 과정을 통해 백일하에 드러나게 된다. 사람의 죄에 의해 깊은 상처를 입은 자는 언제나 하느님의 도움으로 목소리를 낼 기회를 갖는다. 진실의 목소리는 쓰러진 죄의 인간을 밝히고, 죄의 인간은 용서를 통해서 쓰러진 곳에서 다시 일어나야 한다(失於地, 起於地). 다윗이 밧 세바와 불륜을 저지르고 우리야를 죽인 사건에서 보듯이 인간의 길이 이러하건대, 대조적으로 야웨의 길은 아주 간명하게 드러난다. 다윗은 간통과 살인이라는 이중적 범죄를 행한 죄인이지만 고백의 길, 회심의 길에 들어설 수 있었다. 그러기에 다윗은 하느님의 용서를 통해 인간의 길에 올곧게 다시 설 수 있게 되었다. 따라서 사건의 의미를 더 깊이 추구해 들어가면, 대면하지 않을 수 없는 악의 본질에 대한 질문에 도달한다. 인간을 죄에 떨어지게 하는 악이 세상을 지배하는 동안 우리도 사건에 등장하는 인물들과 그리 멀지 않은 거리에 있음을 자각하게 된다.

세상에서 벌어지는 온갖 참혹한 사건들의 피해자가 아니더라도 우리는 하느님을 희망하면서도 절망하기 쉬운 사회 - 가정, 사회, 국가 등 온갖 제도적 체제 - 에 살고 있다. 죄가 성장하고 악이 증대되는 현실을 보면서 우리는 매 순간 절망과 희망 사이에서 어떤 행동을 취하면서 살아야 하는가?

제9장

회심의 제단

제9장 회심의 제단

> 주님께서 나라를 위하여 바치는
> 다윗의 간청을 들어주시니,
> 이스라엘에 내리던 재난이 그쳤다.
> (2사무 24,25)

앞에서 읽었던 2사무 11-12장은 다윗의 개인사적인 사건이 단순히 왕의 잘못을 고발하는 차원에서 서술된 사건이 아님을 알게 되었다. 지나간 최고 권력자의 고발에 그치지 않고, 이해하기 어려운 인간성에 대한 깊은 수수께끼를 제기하며 독자의 시선을 사로잡았다. 11장의 사건은 12장에서 다윗의 회심이 하느님의 용서를 불러왔다는 것을 알려 주지만 개인 차원에 머물렀다. 두 번째 이야기는 다른 차원에서 우리를 하느님 앞에서 자신의 내면으로 이끄는 이야기로, 2사무 24장에서 독자의 시선을 기다린다.

회심 주제의 도입

인구 조사와 흑사병 이야기[242]는 최고 권력자 다윗의 인간적 자만을 고발하는 유다 문화적 배경의 이야기이다. 2사무 24장의 이야기는 만인지상의 자리에 앉은 다윗 같은 인물에게 쉽게 발생할 수 있는 잠재적 교만에서 비롯된 유혹을 다룬다. 차라리 교훈적 차원에서 해설되면 더 좋을 이야기처럼 보이지만, 다윗의 생애를 마무리하는 주제가 발생되는 까닭에 우리의 주의를 촉구한다.

개인의 고백이 뒤따르는 회심 주제는 종교적 차원으로 옮겨가서 다윗과 밧 세바의 이야기를 완성하는 의미가 있었다.[243] 다윗과 밧 세바의 이야기가 두 인물의 개인적 차원의 사건(11장)에서 신학적 해석의 장(12장)으로 진행되었다면, 인구 조사 이야기는 처음부터 다윗의 삶 한가운데서 야웨 하느님의 개입이 촉발된 사건을 묘사한다. 두 이야기의 내용을 완성하는 공통의 주제가 회심이며, 신학적으로 다윗의 삶을 마무리하는 성찰적 주제이다. 회심은 궁극적으로 인간을 하느님으로 이끄는 주제인 까닭에, 회심이 하느님의 성전 주제와 만나면서 고차원의 인간 문제에 대답을 제시한다.

24장의 인구 조사 이야기(1역대 21장)는 첨부된 부록(2사무 21-24장)의

242 2사무 24장; 1역대 21,1-27. 이야기가 다윗 왕정의 말기(1열왕기 1-2) 이전에 놓인 것을 생각하면, 인구 조사 이야기는 다윗 왕정이 정치적으로 안정된 시기의 일로 본다고 해도 무리가 없을 듯하다. 또한 이런 추정은 1역대 21,29(*모세가 광야에서 만든 주님의 성막과 번제 제단이 기브온에 있었으나...*)의 보고처럼 2사무 7장의 성전에 대한 이야기로 어느 정도 확인된다. 따라서 우리는 이야기의 성격과 목적이 정치적인 데 있지 않고, 인간 다윗의 진면목을 드러내 보여 주는 것을 강조하는 데 있다고 판단한다.

243 24장의 이야기는 사용하고 있는 단어나 문장 스타일 등이 사무엘서의 나머지 부분과 현저히 다르고, 또 24장의 하느님 모습이 사무엘서가 묘사하고 있는 하느님 상과 다르다. 또 다윗의 환시가인 예언자라고 부르는 등, 사무엘서가 사용하는 일반적 의미의 예언자와 뜻이 다르다. 따라서 이야기의 저자가 사무엘서의 저자와 다르지 않은지 의문을 불러일으킨다. *Robert Alter*, 355쪽 참조. 그렇지만 전체 이야기의 흐름을 완성도 높은 편집구조라고 전제한다면, 우리의 글 읽기는 다윗을 이해하는 커다란 흐름을 완성하는 의미가 있다.

이야기 중 하나로 자신의 역량과 권력의 크기를 한껏 누리고 싶었던 다윗의 탐욕적 성향을 일거에 드러낸다. 성공한 자가 누리고 싶은 욕망의 한계를 넘어설 때, 탐욕은 딛고 서 있는 실존의 근거를 직접 무너뜨리는 재앙이 될 수 있다. 더구나 이런 요소는 개인의 파멸뿐만 아니라, 왕권이 미치는 모든 이에게 어떤 재앙이 뒤덮일지 우려하지 않을 수 없는 근거이다. 절정에 도달한 성공의 높이만큼 위험스런 절벽에서 추락하는 다윗의 고통은 심연을 경험하는 교만의 정점에서 극대화된다.

성공한 인생의 정점에서 언급된 이야기인 만큼, 24장이 묘사한 다윗의 회심도 더욱 깊고 인간적 회한이 절절한 이야기가 된다. 인구 조사 이야기가 다윗의 개인적인 욕망의 자기 표출이라면, 욕망의 밑바닥에서 벗어나기 위해서 할 수 있는 것은 오로지 하느님의 관대함이 흘러내릴 수 있도록 자신을 낮추는 노력밖에 없다.

이야기는 둘째 사무엘서가 끝나고 열왕기가 시작되어야 할 자리 바로 직전에 들어 있는 만큼 **의도적 배치를 암시한다.**[244] 이야기 진행과 구성의 견지에서도 이렇게 다윗 이야기의 마지막 부분에 배치한 이유는 어떤 의미가 있음이 확실하다. 이야기에도 흐름이 있다면 이 지점에 와서 흐름의 맥이 끊기고 말기 때문이다. 더구나 인구 조사와 흑사병 이야기(24장)는 21장에서 부록으로 취급하고 있는 이야기들의 마지막에 들어 있는 별도의 이야기처럼 여겨지기도 한다.

하지만 이야기의 양식과 편집 구조와 배경은 이야기들을 마지막으로 편집한 저자의 지속적인 관심사의 연장선상에서 읽을 수 있겠다. 비록 이야기는 흐름을 바꾸는 듯한 구조로 논리의 맥을 끊듯이 삽입되어 있지

244 2사무 24장은 이야기의 내용을 보면, 2사무 5,6-10의 예루살렘 점령기나, 하느님의 궤가 예루살렘에 도착한 6장에 이어 발생한 이야기로 판단할 수 있다. OBC, 230쪽. 말하자면, 24장의 이야기가 사무엘서의 마지막에 삽입된 이유는 의도적이란 사실이다.

만, 우리는 이야기를 완성된 형태로 이해한다. 달리 말하면, 인구 조사 이야기는 사무엘 1·2의 최종 장의 위치에 배치되어 있고, 임종을 앞둔(1열왕1-2장) 다윗의 전 생애를 종합하고 수렴하고 있다고 판단한다. 독자가 이러한 문학적 배치에 유의한다면, 24장의 이야기가 의미심장한 배치의 결과임을 쉽게 알아챌 수 있다.

이야기의 구성적 의미와 배치

구체적으로 2사무 24장 본문의 관점을 포괄적으로 이해하기 위해서 부록으로 처리되는 21-24장의 흐름을 시각적인 교차대조법적 구조로 일별하는 게 도움이 될 수 있다.[245]

가1. 하느님의 진노: 사울-기근의 원인(21,1-14)

나1. 다윗의 용사들(21,15-22)

다. 다윗의 승전가와 마지막 말(22,1-23,7)

나2. 다윗의 용사들(23,8-39)

가2. 하느님의 진노: 다윗-전염병의 원인(24장)

245 대부분의 학자들은 2사무 21-24장은 앞(20장까지)과 뒤(1열왕 1-2장)의 이야기 흐름이 부자연스럽기 때문에 부록(*additamenta*)으로 이해한다. R.A. Carlson, *The Chosen King*, 194-195쪽 참조; 성주진, 같은 책, 361쪽 참조; P.Kyle McCarter, 18-19쪽; 월터 브루거만, 495-496쪽 참조.

2사무 21-24장의 부록은 독립적 전승의 이야기로 이해하지만, 최종 편집자의 의도가 일관되게 하나의 분명한 관점을 표현하고 있음을 확인할 수 있다. 이 관점의 중심 주제는 사무엘서를 수미일관하는 하느님의 약속이라는 틀에서 이해할 수 있다. 하느님의 진노가 발생하게 된 동기(가1과 가2)는 사울의 경우나 다윗의 경우나 동일하게 하느님께 대한 불순종의 성격을 띤다.[246] 그러나 다윗의 경우 사건 발생의 원인이 분명히 다윗에게 있다는 암시는 들지만, 마치 야웨 하느님의 일방적인 주도권에서 비롯된 것처럼 그려진다. 그러므로 1사무 24장의 이야기만으로는 왜 하느님이 다윗을 벌주려는지 이유와 사연을 알 수 없다.

그렇지만 불순종에서 비롯된 하느님의 진노가 진정될지 아니면 지속될지, 결정적인 요소는 회심에 있다(가2)는 것이 교차대조법적 구조에서 확연히 드러난다. 가1에서 사울의 불순종을 3년 연속 기근의 원인으로 여기고 사울의 후손들이 처치되었다면, 가2에선 이스라엘에 진노한 하느님이 다윗을 부추겨 죄를 짓게 만들었고, 하느님은 죄 때문에 이스라엘을 치고 다윗을 벌했다. 가1은 사울의 후손들이 과오를 넘어서 본래대로 회복하지 못하고 죽어 갔음을 암시한다면, 가2에서 흑사병은 다윗의 회심으로 물러갔고 이스라엘이 새롭게 살아갈 생명력과 기회를 회복하게 되었다. 사울의 불순종이 불행하게도 하느님의 벌로 끝났다면, 다윗의 불순종은 회심으로 인도되어 하느님의 징벌을 멈추도록 했다. 말하자면, 한 사람의 회심이 무수한 사람의 생명을 구하는 기회였다면, 하느님은 인간의 회심에 응답하는 분임을 알려 준다.

본문 구조의 중심(다)은 다윗이 사울의 손아귀에서 벗어날 수 있었던

246 불순종의 주제는 종교적 차원에서 '제의적 질서를 고의로 범했다.'는 내용이다. 이는 사울의 경우도 그러했고 다윗의 경우도 그러하다. G. 폰 라트, 『구약성서신학』, 1권, 318쪽 참조.

날, 야웨께 드린 감사와 그를 도와 승전을 가능하게 했던 용사들을 기린 노래이다. 부록은 감사와 노래를 담음으로써 전체 이야기의 흐름을 해석하는 기본 주제로 작용하도록 했음을 확인할 수 있다. 감사와 찬미가는 본질적으로 야웨 하나님이 인간에게 주시는 은총을 전제로 한다. 그러기에 감사와 찬미는 하느님이 주신 말씀과 약속에 순종하는 인간을 전제한다. 인간의 순종 여부가 성경 본문을 이해하는 기본적인 요소라는 사실이 자연스럽게 드러난다.

다른 각도에서 바라보면, 24장의 이야기는 다윗 통치 기간 중에 일어난 사건으로 21장과 공통의 주제로 이해할 수 있다. 21장과 24장이 제시하는 요점은 진노의 형벌이 드러나는 결과는 관련 당사자(사울 혹은 다윗)의 회심에 달려 있음을 말해 준다. 따라서 앞에서 2사무 11장과 12장을 자세히 읽었듯이, 동일한 주제가 21장과 24장에서 반영되고 있음을 알 수 있다. 11장이 다윗 개인의 회심이 이스라엘 왕정의 정통성(왕정의 영속성)을 확보하는 방향으로 진행되었다면, 24장은 다윗 개인의 회심이 이스라엘 백성을 흑사병에서 구했다. 더 나아가 회심은 개인 차원에 머물지 않고, 이스라엘과 하느님의 관계를 상징하는 성전 건립의 주제로 확대된다.

이런 의미에서 다윗의 회심은 개인에서 출발하여 이스라엘 왕정과 이스라엘 백성의 운명이 관계된 사건으로 확대되었다. 다윗의 잘못이 무수한 사람의 운명을 불행으로 이끌었다면, 다윗의 회심은 무수한 사람을 생명으로 이끌었다. 성경은 한 사람의 운명이 우주적임을 알려줄 뿐만 아니라, 우주의 생명도 한 사람의 운명과 깊이 연관되어 있음을 말해 준다. 이처럼 성경 이야기는 우리의 인생에서 한 사람의 불행과 행복이 타인의 운명에 얼마나 깊이 관계되어 있는지 암시해 준다는 것을 알 수 있다.

사건의 발단: 이해할 수 없는 야웨의 분노

우리는 내용적으로 24장의 본문을 간단히 살펴보면서, 사건의 발단을 이해해 보기로 한다. 먼저 이야기의 진행은 세 부분으로 구성되며, 통치자로서 다윗의 잘못이 심층적 깊이에서 어떻게 작용하고 있는지 알려 주고자 한다. 각 부분들은 서로 독립된 이야기로 파악할 수 있으나,[247] 이야기의 중요한 결과를 드러내려면 일관된 흐름을 파악해야 한다. 따라서 내용의 전개상 필요한 논리적 진행 단계들을 간단하게나마 살펴볼 필요가 있다.[248]

세 단락은 각각 독립적으로 단락들의 통일성을 제공하는 주역은 야웨(주님으로 번역)이며, 주인공의 상대로서 다윗이 응답하는 양식으로 이야기가 흘러간다.

-인구 조사: 2-9절.
-가드 예언자가 다윗에게 전한 신탁: 10-16절.
-죄의 고백과 제단 쌓기: 17-25절.

그리고 사건의 발단은 간명하게 이렇게 시작되었다.

주님께서 다시 이스라엘인들에게 진노하셔서, 그들을 치시려고 다윗을

---

247 대부분의 성경 연구자들은 이야기 전개 과정에서 드러나는 부분적인 비논리성을 이해하기 위해 역사 비평 및 편집사적인 본문의 구조 분석을 통해 여러 가지 해결 방식을 제안한다. 이에 대한 복잡한 논의는 우리의 관심가 아니기 때문에, 독자는 이야기 구성의 최종 편집본을 중심으로 의미를 읽어내는 것에 만족한다.

248 이 장에서 24장의 절을 표기하는 숫자는 2사무 24장의 절을 표시하므로 달리 인용하는 사무엘서의 장과 절을 나타내지 않는다. 2사무엘 이외의 인용만 표기한다.

부추기시며 말씀하셨다. “*가서 이스라엘과 유다의 인구를 조사하여라.*” (2사무 24,1)

1절은 2사무 21장(사울 후손들의 죽음)을 이어 이야기를 전개하기 위한 편집상의 필요로 도입한 구절로 이해한다. 앞서 언급했듯이 1절은 이미 야웨 하느님이 사건을 주도적으로 이끌고 있다는 인상을 주며, 이야기 해석의 신학적 영역을 독자들에게 열어 준다.[249] 이야기는 무엇보다도 인구 조사와 같은 사태를 악화시키는 어떤 잘못이 있었다는 사실을 생각하게 한다. 하느님의 존재가 악을 낳는 분이 아니라면, 잘못은 인간 편에 있는 것이 아닐까? 이렇게 생각하면, 하느님을 거스르는 무엇이 또 어떤 잘못이 다윗이나 이스라엘에 있었을까?

이야기는 곧바로 다윗을 부추겼다는 말로 우리의 시선을 즉시 다윗에게 옮겨 가게 한다. 이런 진행으로 미루어 볼 때(10절과 17절) 이야기는 24장의 본문에서 언급하지 못한 어떤 사실을 가리키는 듯하다. 명시적으로 언급되지 않은 다윗의 개인적인, 즉 하느님의 명령을 수행하는 왕으로서 해서는 안 될 일을 범한 어떤 상황을 가리키는 게 틀림없다. 하느님이 진노하게 된 이유가 무엇일까?

우리가 알고 있기로, 24장의 이야기가 전개되기 전에 다윗이 사울 가문을 거의 멸문지화에 가깝게 처리한 사건이 있다. 앞에서 언급한 2사무

249 장세훈, 다윗의 인구 조사에 대한 재고찰: 대상 21,1절을 중심으로, 『교회와 문화』, 제 13호 (2004), 34쪽 참조. 2사무 24,1은 야웨 하느님이, 1역대 21,1은 사탄이 다윗의 인구 조사 명령을 부추겼다는 차이가 있다. 사무엘서는 하느님의 섭리를, 역대기는 하느님이 사탄의 행위를 허락했다는 전통적 해석도 있다. 또 두 단락의 비교 연구를 통해서 1역대 21,1의 사탄(*satan*)을 지상의 적, 곧 적들의 군사력을 가리킨다고 해석되기도 한다. 그래서 다윗이 군사적 대응을 위해 인구 조사 명령을 내렸다고 이해한다. 인구 조사의 의미는 다윗이 우선적으로 눈에 보이는 것들에 의존한다는 것을 의미한다. 따라서 야웨 하느님께 신뢰를 두지 않았기 때문에 다윗의 죄를 묻는 것이 이야기의 핵심이라는 주장이다.

21,1-14의 이야기를 가리키는 것으로 바로 사울 가문의 파멸 이야기이다. 다윗이 제 손에 피를 묻히지 않고 사울의 후손, 즉 두 아들과 다섯 손자를 기브온 사람들의 손을 빌어 처치한 사건이다.

만약 백성의 차원에서 이스라엘을 벌하시려는 이유를 찾는다면, 그것은 무엇일까? 아마도 야웨가 선택한 다윗(기름부음받은이)에 거슬러 반역을 시도한 압살롬의 사건(2사무 15장 이후), 시무이가 다윗을 능멸한 사건(2사무 16,5-14), 세바의 반란(2사무 20,1-22) 등이 이유가 될까? 그렇지 않다면, 하느님이 분노했다는 1절은 문학적으로 이야기가 진행되기 위한 동력을 제공하는 원인으로 이해할 수 있다. 혹은, 이야기 밖에서 이야기를 만들어 가는 외부적 조건이랄 수밖에 없다.

이야기 안에서 제공하지 않는 원인 규명은 때로 중요한 단서를 제공하기도 한다. 그러나 분명하게 밝힐 수 없다는 한계 때문에, 다윗의 회심 주제를 다루는 노력에 결정적인 요소는 되지 않는다고 본다. 만약 주님께서 이스라엘에 대해 진노하신 사실만 두고 본다면, 지금까지 묘사된 사무엘서의 하느님 모습과 상당히 다르다는 점도 확인되기 때문이다. 오히려 다윗의 삶에 개입하시던 분과 달리, 인간사에 무작위로 개입하는 '변덕스러운 하느님'[250]이라고나 할까? 이해할 수 없는 하느님의 변덕스러움을 생각한다면, 다윗이 백성들에게 근심·걱정을 몰아다 주는 인구 조사를 행하게 한 이유를 수긍하기 어렵게 만드는 주님이다. 더구나 왜 주님은 분노하셔서 다윗이 인구 조사할 생각을 부추기셨는지, 이런 상황은 본문 안이나 밖에서도 알아듣기 어렵다. 그래도 우리는 이야기의 흐름에 집중하고 내용이 전개되는 것을 따라갈 필요가 있다. 이 점에서 역대기는 처음부터 분명하게 다윗이 유혹에 넘어가도록 한 존재가 사

250 Robert Alter, *The David Story*, Norton, 1999, 353쪽.

탄[251]이라고 단언한다.

> 사탄이 이스라엘을 거슬러 일어나, 이스라엘의 인구를 조사하도록 다윗을 부추겼다. (1역대 21,1).

연구에 의하면 '사탄'을 천상적 존재 혹은 지상적 존재라고 해석할 수도 있는 가능성이 존재한다. 사탄을 인간적 의미로 이해하거나 초인간적 존재라고 해석할 수 있기도 하지만, 야웨의 일정한 기능을 대표하는 '초인적인 익명의 천상적 인물*(anonymous superhuman angelic figure)*'로 이해한다.[252] 사탄을 '지상적 존재'라고 해석할 때도 인구 조사는 하느님의 섭리 안에서 이해한다. '지상적 존재'는, '인간적인' 의미를 내포하며, 이스라엘의 적으로써 사탄을 대리하는 역할을 누군가 했다는 해석이다. 사탄이 명사로서 천상적 존재로 묘사된 곳은 민수 22장, 욥기 1–2장, 즈카 3장, 1역대 21장 등 네 곳이다. 민수 22장에서 야웨의 천사는 발람의 적수(사탄)로 나타나고, 욥기 1–2장에서는 천상 존재의 일원으로 인간을 고발하는 존재로, 즈카 3장에서 사탄은 고발자로서 예수아 대사제의 오른 편에 서 있다. 전통적으로 1역대 21장은 분노한 야웨(2사무 24,1)를 사탄으로 대체시켰다고 이해함으로써 신학적 해석의 어려움을 대체했었다.

251 일반적으로 사탄을 '적대자'(1사무 29,4)로 사용하기도 하지만, 본래의 의미는 고발자, 혹은 밀고자와 같은 의미로 이해한다. 주석성경, 1사무 29,4 주석부분 참조.

252 성경의 범위 안에서 이에 대한 논의는 Ryan E. Stokes, *The Devil made David do it*...Or Did He?, *in JBL* 128, no 1(2009), 91-106쪽을 참조.

인구 조사

고대세계에서 인구 조사는 무엇을 의미했던 것일까? 먼저 잘못으로 판단되는 다윗의 인구 조사는 무엇이 잘못된 것일까? 역대기와 달리 사무엘서는 이야기를 진행하면서 서서히 인구 조사 사건을 신학의 영역으로 이동시킨다.[253] 사무엘서와 달리 역대 21,1은 직설적으로 이 사건을 사탄이 부추겨서 다윗이 행한 일이라고 명시했다. 공통적인 점은 사무엘서나 역대기 두 문헌 모두 인간의 무질서를 신의 질서 영역에서 의미를 파악하도록 초대한다는 사실이다.

고대세계에서 인구 조사는 무엇을 의미했던 것일까?

인구 조사는 본래 왕이 전사로 동원할 수 있는 인력으로 권위를 드러내기 위한 방편이었고 권력 행사의 자원으로 파악하는 행위이다. 일반적으로 고대왕국의 통치자들은 왕권을 강화하기 위해 세금이나 부역을 부과하고자 인구 조사를 이용하였다. 구약의 세계는 유대의 각 지파가 자신을 방어하기 위해 조직한 민병대를 구성하기 위해서 인구 조사를 수단으로 시행한 경험을 말해 준다. 예를 들면, 지파들의 민족 형성기에 자기 방어를 위해 시행했던 인구 조사의 경험을 탈출기에서 찾아볼 수 있다.

> 네가 이스라엘 자손들의 수를 세어 인구 조사를 실시할 때, 사람마다 자기 목숨 값으로 주님에게 속전(*kofer*)을 바쳐야 한다. 그래야 인구 조사 때문에 그들에게 재앙이 닥치지 않을 것이다. (탈출 30,12).

---

253 다윗과 밧 세바의 사건(11장)이 12장에서 신학의 영역으로 넘어갔듯이, 신학은 이 영역을 비판적 해석의 차원에서 '예언자 신학'(프리츠 슈톨츠, 『사무엘 상·하』, 한국신학연구소, 1991, 505쪽)이라 부를 수도 있다.

여기서 보면 인구 조사는 하느님이 주관할 사항이지 인간이 할 일은 아니라는 구약성경의 주장이다. 어떤 이유인지는 몰라도 인구 조사는 하느님의 영역에 속한 것으로 인간이 임의로 행할 경우에 재앙이 쏟아진다는 것이다. 이어서 탈출기는 예물로서 일정한 속전의 금액도 정해 준다.

> 인구 조사를 받는 이는 누구나 성소 세켈로 반 세켈을 내야 한다. 한 세켈은 스무 게라이다. 그 반 세켈은 주님에게 올리는 예물이다. (13절)

아마도 생명도 하느님에게 속하고, 백성도 하느님에게 속한 것이니 인구 조사는 아주 조심스럽게 행해야 한다는 요청일 것이다. 백성을 대상으로 인구 조사는 결국 속전을 내야 하는 종교 의례적 행위가 따르기 때문에 속전을 내지 못하는 숱한 백성은 죄를 짓는 일이 될 수 있다. 게다가 인구 조사가 이렇게 금전적 대속행위로 규정될 때 의례적으로 정화(정결) 행위를 전제하지 않을 수 없다.[254] 정화 행위는 곧 하느님에게 속한 영역이므로 정화가 실행되지 않을 때 재앙이 쏟아진다는 의미가 발생한다. 이런 의미에서 인구 조사는 모든 일 가운데에서도 인간의 명분을 넘어서 분명 하느님께 속한 일이 아닐 수 없다. 따라서 인간이 인구 조사를 하는 행위의 주도권을 취한다면 하느님의 영역을 침범하는 월권행위가 된다.

또 다른 곳에서 인구 조사와 관련된 구약성경의 말씀이 보인다. 시나이 광야에서 하느님은 모세에게 인구 조사를 명령한다.

> 너희는 씨족과 집안에 따라 이스라엘 자손들의 온 공동체의 수를 세어

---

254 *P. Kyle McCarter, Jr.*, 513쪽. 탈출 30,11-16이나, 레위 17,11; 민수 8,19; 18,22-23 등 참조. 근본적으로 재정적인 문제와 군사력의 문제가 정결례라는 종교적인 영역에서 상호 연관되어 있음을 말해 준다. 인구 조사 문제가 다윗의 회심이라는 영역에서 종결되는 논리적 전개의 마무리도 이를 말해 준다.

라. 모든 장정을 하나하나 호명하며 세어라. (민수 1,2)

인구 조사는 무엇보다도 하느님이 명령할 때에 이루어질 수 있으며, 하느님의 일을 인간의 일처럼 마구잡이로 행해서는 안 된다. 따라서 인구 조사와 관련해서 말한다면, 다윗은 구약성경의 규정 혹은 규제를 넘어서 있는 것으로 판단할 수 있다.

따라서 이야기 편집자의 시절 생각에 토라의 율법 규정을 전제하면 요압 장군이 다윗의 요구에 대해 보여주는 반응은 마땅찮을 수밖에 없다. 인구 조사를 명령하는 다윗에게 요압과 군대의 장수들은 왕의 생각을 도저히 이해할 수 없었던 것이다. 막무가내로 명령을 내리는 왕은 지금 하느님의 말씀을 무시하는 것처럼 보인다. 비록 젊어서 다윗에게 위협적인 인물이있으나(2사무 3,39), 요입은 사울의 왕권을 다윗에세 넘어오도록 그와 평생을 같이 투쟁해 온 인물이었다. 또한, 우리야를 죽게 한 사건에 공모자 역할을 했을 만큼, 그는 다윗을 마음 속속들이 알고 있었던 인물이기도 했다. 다윗에게 동생 아사엘을 죽인 아브네르를 살려서 되돌려 보낸 행위를 두고 불만을 터뜨릴 수 있었던 것(2사무 3,24-25)처럼, 장군 요압은 충직하게 왕 다윗에게 이렇게 간언한다.

> 그러나 요압이 임금에게 아뢰었다. "주 임금님의 하느님께서 백성을 지금보다 백배나 불어나게 하시어, 저의 주군이신 임금님께서 친히 그것을 보시게 되기를 바랍니다만, 저의 주군이신 임금님께서는 어찌하여 이런 일을 하려고 하십니까?" (3절)

백성의 숫자가 불어나는 것은 분명 이스라엘의 전통으로 볼 때 하느님의 축복이다. 그러나 이 축복이 다윗의 잘못된 생각처럼 생명의 축복이 아니라, 왕권의 증강처럼 이해된다면 잘못된 계산이다. 그러면 부하 장수인 요압이 의문을 제기하는 인구 조사의 문제와 관련해서 다윗은 어떤 잘못을 보여주는가? 요압이 제기한 문제의 요점은 24장의 두 번째 구절에서 드러난다.

> 그리하여 임금은 자기가 데리고 있는 군대의 장수 요압에게 말하였다. "단에서 브에르 세바에 이르기까지 이스라엘의 모든 지파를 두루 다니며 인구를 조사하시오. 내가 백성의 수를 알고자 하오." (2절)

단은 북쪽의 땅 끝이고, 브에르 세바는 남쪽 광야 네겝의 끝, 두 명칭은 통일국가 전체를 아우르는 말이다. 9개월이 넘는 시간이 지난 뒤 다윗이 요압 장군에게서 보고받은 '*칼을 다룰 수 있는*'(9절) 장정의 숫자는 이스라엘에서 80만 명, 유다에서 50만 명, 모두 130만 명이었다.[255] 다윗은 이 일을 장군들에게 수행하게 하고 알게 함으로써 자신의 명령이 무엇을 의미하는지 충분히 드러낸 것이다.

'*칼을 다룰 수 있는*' 장정의 숫자, 곧 다윗이 명령한 인구 조사가 군사적 의미란 것을 충분히 암시해 준다. 더구나 인구 조사 행위가 군대의 총사령관이 담당했다는 사실은 왕이 언제라도 강제 징병과 강제 동원령을 내릴 수 있다는 반증이다. 이제 다윗은 대군을 이끌고 주변 이웃 나라들을 마음만 먹으면 즉시라도 전쟁을 일으킬 수 있을 정도로 거대한 군사력임을 확인했다. 이스라엘 안에서 자기를 대신해서 왕권을 행사할 인물은 존재

255 1역대 2,5에선 이스라엘의 군인 수를 110만, 유다의 군인 수를 47만 명으로 기록한다. 참고로 민수 1,46에서는 레위 인을 제외하고, 사열을 받은 이들의 총수가 60만 3550명이었다. 이집트를 탈출할 당시의 인구와 비교할 때, 다윗이 보고받은 숫자는 엄청나게 불어난 인구의 증가를 자랑한다.

할 수 없으며, 다윗은 군사력으로 대변되는 권력의 정점에 자리하고 있다. 그러나 유의해야 할 사실은 인구 조사가 내포한 잠재적인 위험이 앞서 언급한 탈출 30,12(재앙)에 선언되어 있다는 점이다.

인구 조사는 이스라엘 백성을 하느님의 소유로 인정하지 않고, 자신의 힘, 자신의 영광, 자신의 야망, 자신의 소유로 생각했던 다윗의 일탈적 자만을 드러낸다. 말하자면, 인구 조사는 왕권을 사울 집안에서 탈취한 뒤, 다윗의 교만을 부추기면서 지속해서 다윗을 사로잡던 위험한 유혹 중의 하나였다. 다윗은 야웨 하느님을 신뢰하기보다 자신의 힘을 뒷받침해 주는 군사력을 이제까지 쌓아온 왕권의 토대라고 생각했던 것은 아닐까? 달리 말하면, 편집자의 해석은 다윗 왕권의 쇠퇴가 왕의 잘못에서 비롯했다면, 그 원인을 이런 태도에서 시작되었다고 보는 것이 아닐까? 한 왕국의 군사력은 결국 조세의 부과를 알려 주는 숫자로 인구 조사는 다윗이 자신의 권력을 가늠해 볼 수 있는 구체적 자료였으리라. 이렇듯이 사울 왕정을 무너뜨리고 권력을 독점한 결과로 실시된 인구 조사는 다윗의 정신을 충분히 고양시켰다.

양심의 가책

이스라엘의 장정과 유다의 장정을 합한 군사력은 다윗의 힘을 과시하고 자만에 빠뜨릴 만큼 잠재적이면서 동시에 매우 현실적이었다. 이제 다윗은 이 힘을 사용할 수 있게 되었다고 믿을 수 있었고, 자신의 성취를 이제부터 인간의 힘에 의존할 수 있게 되었다고 믿었다. 권력의 정점에서 한순간 잠자던 자만이 발동되었고, 왕의 태도만 생각하면 다윗은 자신의 힘을 느끼며 자부심으로 충만했다.

왕은 현실적인 영광을 누리면서 이스라엘을 보호하시는 하느님은 다윗의 통치에 보조적인 존재로 여겨졌다. 이런 가운데 다윗은 통일 왕국의 통치에 하느님의 지상적 현존이 필요하지 않으며, 왕의 권력을 유지하는 데 거의 불필요하다고 여겼던 것이 아닐까? 결과적으로 경제력과 군사력을 확인한 현실에서 대내·외적으로 권력의 논리는 다윗의 정신을 지배하는 계기가 되었다.

그러나 놀랍게도 이런 현실적 확신과 자만은 하느님을 거스르는 행위의 심각성을 자인하면서 힘없이 무너지고 만다. 무엇이 다윗 안에서 자기모순을 불러일으켰는지, 이야기의 반전을 불러온 원인은 무엇이었는지 궁금하지 않을 수 없다. 이야기는 아무런 설명도 없이 갑작스러운 반전을 도입하면서 다윗의 정신적 변화를 서술한다.

그렇지만 예상치 못한 다윗의 변화가 무엇인지 본문은 아무런 설명도 하지 않는다. 왕권을 획득하기까지 거칠고 험한 인생 역정을 살아온 다윗에게 변화의 결정적인 요인은 하나쯤 있어야 하지 않을까? 추정하자면, 다윗이 회심에 이르게 된 원인은 아마도 그의 주변에 있던 예언자의 영향력 때문이 아니었을까? 왕권과 예언자의 권위는 동등하지 않다고 하더라도, 예언자의 권위가 왕권을 견제하는 영향력을 어느 정도 발휘했다고 보는 게 가능하기 때문이다.[256] 더구나 역사적으로 보면 왕정체제에서 예언자(판관)의 역할이 제한적이었다면, 왕권은 제한적 조정력을 더욱 확대하여 세속 권력이 강화된 결과이지 않은가?

---

256 다윗은 어떤 계기로 죄를 깨닫고 회심하게 되었을까? 2사무 24,10과 달리 1역대 21,7은 다윗이 회심하기 전에 야웨께서 이스라엘을 치셨다고 전한다. *P. Kyle McCarter*, 510쪽. 뒤를 이어 예언자의 등장은 왕권이 예언자의 비판적 도움으로 교정 받음을 가리킨다고 하겠다.

다윗의 회심을 전하는 말 뒤에 바로 가드의 예언이 따르는 것이 이런 짐작을 어느 정도 뒷받침해 준다.

> 다윗은 이렇게 인구 조사를 한 다음, 양심에 가책을 느껴 주님께 말씀드렸다. "제가 이런 짓으로 큰 죄를 지었습니다. 그러나 주님, 이제 당신 종의 죄악을 없애 주십시오. 제가 참으로 어리석은 일을 저질렀습니다." (10절)

인구 조사가 진행된 시일을 생각해 보면, 조사가 9개월 이상 진행되는 동안 다윗에게 생각할 여유와 주변의 간언이 잇따를 수 있었다고 상상해 볼 수 있다. 그러므로 주변의 간언은 다윗의 생각에 변화를 가져왔을 것이고, 다윗은 자신의 명령이 잘못된 일인지 충분히 알게 되었던 것은 아닐까? 양심은 한 인간이 하느님을 만나서 자신의 행동이 잘못되었음을 고백하게 하는 내적 능력이다. 따라서 다윗이 양심으로 느낀 가책은 왕권으로 명령한 인구 조사가 죄라는 사실을 고백하게 했을 가능성이 낮지 않다고 말할 수 있다. 그리고 인구 조사는 (신명기 사가의 판단에 의거하면) 주님의 영여을 침범한 명령이었고, 이런 자각이 다윗의 마음을 지배하게 되었을 것이다.

다윗의 고백이 있었던 다음 날 아침, 예언자 가드는 주님의 신탁을 다윗에게 내놓으며 그가 받아야 할 하느님의 채찍257을 선택하라고 주문했다. 그러나 다윗의 첫 번째 선택은, 다음에서 보겠지만, 깊은 회심에 이른 선택이 아니란 걸 보여준다. 다윗은 자신에게 주어진 것

257 2사무 7,14. 죄를 지으면 '사람의 매와 인간의 채찍'으로 다스리겠다는 신탁은 이미 다윗이 들은 바 있다. 세 개의 벌 중에서 다윗은 하느님의 매를 선택한다.

이 야웨의 선물이요 은총이란 사실을 잊고 아직도 자기의 소유 의식에 사로잡혀 있었다. 그것은 예언자 가드가 제안한 사항 중에서 그가 취한 선택을 보면 적나라하게 드러난다. 그는 자신의 행위를 보상해야 할 징벌로써 가드를 통해 제안된 세 가지 선택 사항들이 의미하는 바를 이해하지 못했다.

징벌의 선택

가드의 제안은 신탁이기도 하지만, 다윗은 자신이 받아야 할 책벌을 스스로 선택해야 하는 고민을 피할 수 없게 되었다. 주어진 세 가지 제안은 첫째, 나라에 일곱 해 동안 기근이 드는 것, 둘째, 다윗이 적들에게 쫓겨 석 달 동안 도망 다녀야 하는 것, 셋째, 나라에 사흘 동안 흑사병이 퍼지는 것 등이다(13절). 내용상 칼, 기근, 질병(페스트)이지만 시간의 길이가 선택의 기준처럼, 다윗은 짧은 시간의 벌을 선택한다. 기근과 도망은 다윗이 왕이 된 후에도 이미 경험했던 기억을 가지고 있기 때문에 그것들이 얼마나 쓰라린지 잘 알고 있었다. 시간의 길이만 생각하면, 징벌의 기간은 7년(기근)에서 3개월(도망), 3개월에서 3일(흑사병)로 축소되지만, 내용상 겪어야 할 고통에서 볼 때 비교할 것은 아니다. 어떤 재앙을 선택하든, 하느님의 징벌은 줄거나 느는 것은 아니며 각 경우에 맞는 징벌의 의미를 이해하는 것이 중요하다.

기근, 전쟁, 질병과 동일한 표현은 신탁에 의한 저주의 명단(신명 28,15–25)에 등장하지만, 내용적으로 무엇을 의미할까? 기본적으로 세 가지 벌의 내용은 일반적인 의미에서 이해할 것이 아니다. 징벌의 의미는 오로지 다윗 왕의 의식 내지는 상황과 관련해서 이해할 수밖에 없다.

먼저, 나라에 7년 동안이나 드는 기근은 국가의 경제적 기반을 약화시켜 왕의 통치력을 무력화시킬 수 있다. 통치자는 왕국의 경제력은 국방력 만큼이나 중요하고, 경제가 뒷받침되지 않으면 아무것도 할 수 없다는 것을 잘 알고 있다.

둘째, 전쟁은 구체적으로 다윗이 쫓기는 것을 말하기 때문에 죽음의 고비를 넘나들어야 하는 위험을 감수해야 한다. 또한 전쟁으로 인해 발생하는 고통은 왕이 되기 전에도, 된 후에도 다윗은 이미 충분히 경험했다. 왕 다윗은 심지어 아들 압살롬의 반역으로 죽을 번한 추적도 이미 당한 적이 있지 않았던가?

셋째, 질병은 아직 다윗이 겪은 적이 없는 하느님의 재앙이기 때문에 다윗의 인식에 들어오지 않는다. 비록 밧 세바와 다윗 사이의 첫 아이가 질병으로 죽었지만(2사무 12,19), 다윗 자신이 죽을 경계를 헤매는 것이 아니라면 아직 흑사병의 참상이 어떨지 가늠할 수 없다.

> 그러자 다윗이 가드에게 말하였다. "괴롭기 그지없구려. 그러나 주님의 자비는 크시니, 사람 손에 당하는 것보다 주님 손에 당하는 것이 낫겠소." (14절)

이처럼 다윗의 선택은 주님의 자비를 빌어야 하는 처지에서 자신이 상상할 수 있는 재앙이 결코 아니었다. 사람의 손보다 주님의 손에 당하는 것이 낫겠다고 말한 다윗이지만 그것을 알고 말한 것은 아니다.

전국(단에서 브에르 세바까지)에 흑사병이 돌아 단번에 7만 명이 죽었음을 보고서야 절망에 빠졌다. 다윗의 절망은 하느님 앞에서 자신의 범법 행위가 상상할 수 없는 숱한 백성들의 죽음을 불러왔기 때문이다.

무엇보다도 한 사람의 잘못 때문에 수많은 무죄한 사람들의 생명이 한순간에 죽어나갔다. 자신에게 부과되어야 할 징벌의 고통이 백성에게 떨어진 후에, 비로소 징벌의 비극적 참상을 보고 깨달은 것이다. 이 경우, 자신의 고통보다 타인의 고통을 보는 것이 얼마나 고통스러운지 비로소 깨달았다고나 할까? 대리 고통의 현실을 직시하면서 다윗은 양심의 가책을 더욱 깊이 받았던 것이다.

성경은 최악의 상황을 묘사하기 위해서, 하느님도 징벌을 내리면서 징벌의 비극적 참상을 보고 마음을 돌렸다는 것으로 대신했다. 다윗은 자신이 범한 잘못의 결과가 백성에게 떨어진 비참한 죽음이란 걸 알고 인간적 양심에 휘둘리게 된 것이다. 다윗의 선택으로 흑사병은 예고된 징벌로 왔으나, 징벌의 참상은 예고된 것이 아니었다. 신탁은 징벌의 비극적 참상을 세세히 예고하지 않았고, 징벌의 참상 때문에 신탁의 성취는 멈추고 말았다. 사무엘서에 따르면, 하느님도 다윗도 흑사병으로 인한 죽음의 비참함에 놀랄 뿐이었다. 그래서 흑사병의 참상에 대한 아무런 설명도 없는 걸 보면 야웨의 행위는 인간의 인식이 불가능하다는 특징을 말해 주는 듯하다. 인간과 하느님 사이에서 한 가지 확실한 점은 하느님도 인간의 정성이 지극하면 변할 수 있다(至誠感天)[258]는 사실이다.

첫 번째 단계에서 다윗이 마음을 돌리긴 했으나, 아직 회심의 깊이에 도달하지 못했던 것이 확인된다. 철저하지 못한 회심의 결과는 비참한 백성의 죽음으로 나타났고, 견디기 어려운 참상을 지켜볼 수밖에 없었다. 인간적 회심의 경계에 어른거리는 고통의 불확실성으로 다윗의 시선은

---

258 요나서의 하느님은 니네베 사람들이 회심하자 내리려던 재앙을 멈추었다. 여기서 인간에게 하느님의 자비가 수수께끼이듯이 회심도 이런 수수께끼를 만드는 인간의 가능성이다. 박종구, 『자비의 하느님 인간의 수수께끼-요나서 읽기』, 이냐시오영성연구소, 2010를 참조.

더 깊은 곳을 향하지 않을 수 없었다.

다윗은 비로소 자신이 받는 고통보다 통치자로서 죽음의 고통을 겪는 백성을 보아야 하는 것이 더 큰 고통이란 걸 알았다. 자기만족의 그늘에 익숙한 다윗으로서는 회심조차 여전히 자신의 판단에 근거한 행위였다는 것이 드러났다. 다른 시각에서 보면, 아직 다윗은 회심의 바닥까지 내려가지 않았던 것이 분명하다. 어쨌거나 깊이를 모르는 회심의 바닥에 도달할 때까지 자신을 대면해야 할 것이 확실했다. 다만, 다윗의 양심에 불이 꺼지지 않았다는 것만으로 독자는 그의 불안한 결단을 기다려야 한다.

절망에 빠진 다윗은 이제야 자신이 선택한 잘못의 깊이가 얼마인지 모른 채 두 번째 회심의 단계로 나아가지 않을 수 없게 되었다. 잘못한 죄는 알았지만, 죄의 심연에 도달하지 못한 다윗은 벌의 고통을 생각할 계제가 아니었다. 달리 말하면, 다윗이 선택한 흑사병은 그의 생명에 직접 고통을 안겨 주는 것이 아니었으나 더 큰 고통을 경험했던 것이다. 결과적으로 흑사병은 다윗이 당할 직접적 고통을 피했던 선택이었고, 왕은 제삼자의 자리에서 고통을 방관하려 했다는 의구심을 낳는다.

이처럼 죄의 결과로 발생된 흑사병은 왕의 행위에 직접 가담하지 않은 백성의 생명을 위협했다. 징벌의 손(천사)은 주님의 백성, 곧 왕권의 기반을 원천적으로 무너뜨리는 죽음의 참극을 보여주었다. 다윗의 눈에 자신의 잘못을 보상하기 위한 선택이 무죄한 이들의 생명을 담보로 한 선택이었음도 밝혀졌다. 죄의 대가가 다윗에게 떨어지지 않은 것은 위로가 아니었고, 혼란스러운 왕의 양심을 찌르는 고통이었다. 이제 다윗이 선택해야 할 것은, 자신의 말대로, 진정으로 하느님의 자비를 믿는 것밖에는 다른 어떤 것도 소용없게 되었다.

하느님의 백성을 자신의 소유처럼 여겼던 다윗은 결국 탈 소유 상태로 돌아가야만 본래의 은총을 찾게 된다. 다윗의 탈 소유는 이스라엘 백성뿐만 아니라, 왕권 자체가 하느님의 것이라는 적극적 긍정을 의미한다. 다윗은 왕권을 획득하여 누리게 된 모든 영광, 곧 자신이 차지한 유·무형의 모든 것을 무상으로 떠나보내야 한다. 권좌에서 백성의 생명을 앗아가는 흑사병이 도는 상황을 보면서 아무런 힘도 쓸 수 없는 자신을 경험한 것이다. 세상에서 얻은 명예와 권력이 세상사를 다룸에는 유효한 듯해 보이지만, 하느님 앞에서 아무런 도움도 되지 못하는 현실을 직시한 것이다. 하느님 앞에서 필요한 것은 오로지 회심과 무조건적 신뢰라는 것이 역사신학이 내린 해석의 결론이다. 어설프게 돌아선 다윗에게 이제 자신이 행할 일은 분명해졌다.

회심의 제단

많은 연구자는 세 번째 단락(17-25절)이 역사적으로 다윗을 통한 희생제의가 창설되었다는 기록으로 이해한다. 물론 기존의 민담적 성격을 담고 있는 희생제의는 아라우나[259]의 타작마당이 다윗에게 양도되는 과정에서 새롭게 성립된 것으로 본다.[260] 타작마당은 하느님의 현현(*Theophany,*

259 1역대 21,18에는 여부스 사람 오르난으로 기록된다. 셈계의 이름이 아닌 아라우나는 사람의 이름이 아니고 다윗 이전 시대에 살았던 후리족이나 히타이트족의 왕가나 귀족 계급을 가리키는 말로, 주인공은 역대기가 알려 주는 이름일 것 같다. *P. Kyle McCarter,Jr.*, 512쪽 참조.

260 많은 연구자들의 공통된 견해이다. 이야기가 하나의 완성된 형태로 남기까지 여러 전승층이 중첩되어 있다고 생각한다.

판관 6,37)이 발생하는 전통적 공간이며, 하느님의 메시지를 받는 곳이었다(2열왕 22,10).

희생제의를 치를 것을 제안한 예언자 가드의 이름 등이 등장하는 것을 고려하면, 예언자 신학이 성립하는 것은 아닌지? 그렇더라도 이야기는 무엇보다도 희생제사의 시작과 재앙이 '멈춘' 사실에 초점을 맞춘다. 어쨌거나 희생제의는 다윗의 회심에서 발원한 제의적 행동으로 이스라엘 전승 안으로 편입된 채 이야기는 마감된다. 이야기의 초점은 희생제의 자체에 있는 것이 아니라, 무엇보다도 '다윗의 회심이 재앙을 멈추게 했다.'는 사실에 있다.

이제 다윗은 죽어가는 백성을 보고, 자신의 죗값으로 자신과 자신의 가족을 쳐 주십사고 회심의 바닥으로 내려간다! 신의 징벌을 수용하는 순간까지도 다윗은 자신이 범한 죄의 대가를 피할 방법을 의식적이든 무의식적이든 추구했던 것이다. 모든 책임 회피의 의식이 정화된 뒤에 비로소 다윗에게 참된 회심이 일어났다. 흑사병이 다윗을 제외한 모든 이들에게 죽음의 위험이었다면, 두 번째 제안은 다윗이 직접 위험을 감수하는 것이었다. 넓은 의미에서 '백성 대신 자신의 생명을 내놓는 것, 이것은 다윗이 최고 권력자로서 도덕성의 회복'**261**을 의미할 수 있다. 더 적극적으로 말한다면, 현대적 의미에서 다윗의 의식은 '도덕성의 회복'을 넘어서 '인간 본성의 회복'이라고 말할 수 있다.

다윗이 자신의 생명을 내놓겠다는 말을 한 순간, 참으로 회심에 도달한다는 것이 무엇인지 보여주었다. 적들에게 쫓겨 도망 다니는 불행으로 왕 자신이 죽음의 위험에 내몰렸던 과거사처럼 직접 자신을 죽음의 위협에 내놓았던 것이다. 죽음은 자기 무화의 가능성이며 지금까지 살아

---

261 심용섭, 인구 조사 – 다윗의 죄(2사무 24장), 『사목』 128호 (1989년 9월), 78쪽.

온 모든 가치를 본래의 자리로 되돌려 놓는 가치체계의 재설정 과정이다. 세상의 가치가 떠나가고, 자신을 지탱하던 가치 위에 성립했던 존재의 가능성을 아예 송두리째 내어놓는 다윗은 죽음을 대면할 수 있게 되었다. 자신의 죄 때문에 무죄한 백성이 죽어가는 것을 보고서야 비로소 다윗은 적당한 방법으로 하느님과 타협할 수 없음을 깨달았던 것이다.

> 백성을 치는 천사를 보고, 다윗이 주님께 아뢰었다. "제가 바로 죄를 지었습니다. 제가 못된 짓을 하였습니다. 그러나 이 양들이야 무슨 잘못이 있습니까? 그러니 제발 당신 손으로 저와 제 아버지의 집안을 쳐 주십시오." (17절)

비로소 다윗의 고백이 이렇게 여기에 이르자, 예언자 가드의 말이 이어졌다.

> "여부스 사람 아라우나의 타작마당에 올라가시어 주님을 위한 제단을 세우십시오." (18절)

갑작스럽게 징벌을 멈추게 한 야웨 하느님의 변심을 알려 주는 근거는 오로지 자비일 뿐이며,[262] 인간의 이해가 불가능한 부분이다. 성경의 하느님은 때로 변덕스러운 존재로 나타나는데, '인간을 위하시는 분'이란 차원에서 서술되는 하느님의 변화는 인간의 이해가 도달할 수 없는 신적 불가측성이다. 따라서 다윗과 독자가 이해할 수 없는 야웨 하느님의 징벌, 처

262 성경의 많은 이야기는 하느님을 인간이 이해할 수 없는 신비로 묘사한다. 예를 들면, 요나서는 야웨 하느님의 자비가 요나가 이해할 수 없는 수수께끼임을 주장하는 특별한 작품이다. 박종구, 『하느님의 자비 인간의 수수께끼』 참조.

분, 멈춤 등은 신학의 흐름을 더욱 극적으로 돋보이게 하는 요소들이다. 그러나 자세히 읽어보면, 야웨 하느님의 변심(16절)과 다윗의 회심과 고백(17절)이 동시에 발생한 것처럼 연결되었고, 하나의 공통 영역 안에 구성되어 있다.

그렇다면 사건의 해석을 가능하게 한 다윗 사건의 신학적 구성은 무엇을 지향하는 것일까? 다윗이란 한 개인의 사건에 머물지 않고 하느님의 개입을 통해, 구약의 하느님마저 변덕스러운 신 관념에 포함시키는 서술은 무엇 때문일까? 모든 인간을 죄인으로 이해하는 구약에서 다윗 사건을 통해 하느님과 인간의 관계뿐만 아니라 보편적 인간성을 말하려는 것은 아닌지? 징벌의 결과와 현실에 대한 인식이 야웨의 변덕과 다윗의 회심을 불러일으켰고, 그로 인해 재앙은 멈추고 인간은 하느님 앞에서 본연의 모습으로 돌아갔다는 주장이 아닌가? 하느님의 결심마저 흔들리게 하는 결정적인 요소는 다윗이 자신의 욕망을 내려놓고 자신의 잘못을 고백한 것이다. 그렇다면 다윗에게 갑자기 모든 것을 포기하고 회심으로 돌려놓았던 근본적인 요소는 무엇이었던가?

해설적 부분이 생략된 채 이야기 서술자는 무엇 때문에 그리도 갑작스럽게 예상하지 못한 사태를 발생시켰다고 말하고 싶은 것일까? 현상적으로 보면, 야웨의 변심과 다윗의 회심은 내면적이긴 하지만 근본적으로 이스라엘 백성을 향한 이타심의 발동이다. '*이스라엘에 흑사병을 내리시니, 단에서 브에르 세바까지 백성 가운데에서 칠만 명이 죽었다.*'(15절) 먼저 야웨 하느님이 이런 '*재앙을 내리신 것을 후회하시고*'(17절) 재앙을 멈추게 하였다. 하느님의 넘치는 자비에 대응하듯이 죽어가는 백성을 보고 다윗도 자괴하듯이 고백했다. '*제가 바로 죄를 지었습니다. 제가 못된 짓을 하였습니다. 그러나 이 양들이야 무슨 잘못이 있습니까? 그러니 제발 당신 손으로 저와 제 아버지의 집안을 쳐 주십시*

오.'(16절)

다윗의 잘못과 상관없는 이스라엘 백성의 비참한 죽음이 야웨 하느님의 변심을 불러일으켰다. 하느님의 마음을 바꾼 사태가 다윗의 회심에 한 점 티 없는 자괴심을 불러일으켰다. 신적 변심과 인간적 회심은 내면의 충격으로 움직였고, 예상할 수 없던 이야기의 반전을 이끈 사태의 근본 동인으로 작용했다. 따라서 독자는 야웨의 변심과 다윗의 회심이 이웃을 위한 이타성에서 하느님과 인간의 일치가 가능할 수 있다는 것을 경험한다.

성경의 주장을 달리 표현하면, 야웨 하느님은 흑사병이 가져온 죽음의 참극성을 견딜 수 없는 신적 본질의 자비를 보여주셨다. 따라서 제단을 쌓기에 이르는 길엔 요나의 경우처럼 회심과 자비라는 두 개의 요소가 신성과 인성으로 그려진 동심원의 일치를 이룬다. 한 요소는 다윗에게서, 다른 요소는 하느님에게서 발원하는 두 개의 물길이 마침내 하나가 되어 하나의 흐름이 된다고나 할까. 물론 구원이라는 측면에서 하느님의 요소가 인간의 요소를 압도하는 것이 성경의 논리이지만, 이야기의 외적 흐름은 이렇게 구성되었던 것이다. 결과적으로 하느님과 인간의 가녀린 두 물길이 비로소 한 곳에 만날 수 있도록 이야기는 다음 단계로 흘러간다.

예루살렘 인근에 야웨의 성전을 지을 공간이 마련되어 있으니, 준비하라. 이 자리는 다윗이 처음 생각했던 성전(2사무 7장)을 짓는 자리가 아니라, 속죄 제물을 바칠 제단을 쌓아야 할 곳이다. 인간의 속죄 제물이 바쳐지고 진노를 풀 수 있는 제단이 설정되면서 하느님의 흠향이 이루어지는 상징 공간은 성전으로 미래에 성취될 약속의 장소가 된다. 마침내 다윗의 회심이 하느님의 성전[263]으로 이어질 내적 공간인 제단을 쌓을 기회를 마련한 것이다.

제단은 하느님과 다윗의 친교가 이루어지는 자리이며, 다윗의 회심은 제단 위에서 속죄 제물이 봉헌될 미래의 가능성을 여는 장이다. 역사적으로 보면, 타작마당에 세워질 이 제단은 다윗의 아들 솔로몬이 지어 바칠 성전의 시작이다. 다윗은 아라우나 타작마당에 작은 회심의 제단을 세우고 희생 제물을 바쳤으며, 회심의 제단이 세워진 자리는 미래의 예루살렘 성전이 세워지는 토대가 되었다.[264]

이처럼 다윗의 제단은 훗날 예루살렘 성전(1역대 22,1; 2역대 3,1)이 세워질 자리였고, 그 자리는 여부스 사람 아라우나의 타작마당이었다. 여부스 족은 본래 예루살렘에 살던 원주민으로 다윗이 예루살렘을 점령하면서 복속시킨 부족이며, 이곳은 모리아 산의 일부이다. 다윗은 여부스 사람 아라우나가 무상으로 제공하겠다는 의사를 거부하고 제 돈을 주고 사겠다고 주장한다. '*아니오. 당신에게 값을 주고 그것을 사야겠소. 나는 거저 얻은 것을 주 나의 하느님께 바치지는 않겠소.*'(24절) 인간이 어떤 수고를 한다고 해서 하느님께 새로울 것이 없겠지만, 거저 받은 땅 위에 제단을 세워 하느님께 바치지는 않겠다는 생각이다.

회심의 증거로 다윗이 봉헌할 제단을 쌓는 마음에 타인의 노력과

---

263 24장의 하느님의 성전은 솔로몬의 성전 건축을 묘사하는 1열왕 6–8장에 연결되는 주제이다. 이런 측면에서 2사무 24장은 성전을 주제로 한 이야기라고 말할 수 있다. 참고로 첫 성전은 솔로몬 시대에 지어졌다가 B.C. 587년경에 바빌론의 왕 네브카드네자르에 의해 파괴되었고, 두 번째 성전은 성전의 폐허 위에 바빌론 포로 유배기에 귀환한 유다인들이 스룹바벨의 지도로 지었으나, 로마의 폼페이우스에게 다시 파괴되었다. 세 번째로 헤로데 치하에서 예루살렘 성전이 건축되었으나, 서기 70년에 로마군이 파괴하고 말았다. 우리의 관심은 건축물로써 성전이 아니라, 하느님의 용서와 구원을 불러오는 회심의 주체인 다윗을 통한 인성의 통찰에 있음을 강조한다.

264 2사무 7,13. 다윗이 아니라, 그의 후손이 성전을 지을 것이라는 신탁이다.

타인의 소유가 하느님께 바칠 바탕이 될 수는 없다. 그리하여 '*다윗은 은 쉰 세겔을 주고 타작마당과 소를 산 다음, 주님을 위하여 제단을 쌓고 번제물과 친교 제물을 바쳤다. 주님께서 이스라엘 백성을 위하여 바치는 그의 간청을 들어주시니, 이스라엘에 내리던 재난이 그쳤다.*'(25절)

*　　　*　　　*

다윗의 이야기가 초대한 우리의 성찰로도 인간의 오류와 잘못이 일방적으로 하느님의 단죄를 불러오는 것이 아님은 확실하다. 만약 인간의 잘못이 잘못으로 끝나는 이야기로 마감된다면, 성경의 이야기는 더는 추구할 의미도 없게 되고, 우리의 관심도 잃게 된다. 인간이 반복적인 잘못을 하는 와중에도 하느님께 돌아설 수 있다는 가능성이 성경의 주장이며 우리의 시선을 놓치지 않고 끌어당긴다. 다윗 이야기에서 보다시피, 인간의 양심은 우리 안에 살아 있으나, 우리의 이기심으로 언제든지 마비될 수 있다. 그 까닭에 인간은 무기력하게 같은 잘못을 반복할 수 있는 허약한 존재이다.

다윗은 자기의 잘못을 뒤늦게 깨닫고 야웨 하느님 앞에서 남다른 회심의 깊이에 도달했다. 다윗은 비참한 백성의 죽음을 본 뒤에야 자신의 잘못이 무엇인지 깨달았으며, 자신의 죄에서 벗어나 하느님의 자비를 구할 수 있었다. 자신의 잘못을 알아차리는 것이 양심이라면, 회심은 마비되어 있던 양심이 깨어나 반응하는 주체가 되는 것이다. 다윗이 결정적인 실수에 빠져 허우적대는 동안, 이스라엘은 한 사람이 잘못한 대가로 뼈아픈 희생을 치르지 않을 수 없었다. 그렇지만, 하느님의 자비는 다윗의 깨달음을 이끌어냈고, 깨달음은 마침내 탐욕으로 일그러진 자아의 경계를 초월하는 회심의 가능성이 되었다. 회심은 하느님의 자비를 인간에게 이끌어내는 첫 걸음이 되었고, 백성을 회생 제물로 삼았던 다윗이 자만을 깨고 나올 수 있었던 힘이 되었다. 회심은 자만의 늪에서 죽음을 경험하는 순간에 다윗 자신의 존재를 높이 둘러싼 교만을 알아보고 빠져나오는 힘이 되었다.

이로써 한 사람의 진정한 회심이 민족 전체의 화를 면하게 하는 힘이 있다는 게 밝혀졌다. 한 사람의 죄가 숱한 사람에게 죽음을 가져왔다면, 한 사람의 회심은 많은 사람의 죽음을 유보했다.[265] 구약성경의 의미에서 볼 때, 번제물과 친교 제물은 제의를 바치는 인간과 구원을 가져오시는 하느님 사이의 화해를 증언하는 상징적 표지이기도 하고, 새로운 삶의 미래가 발생하는 희망의 표지이기도 하다. 이런 의미에서 아라우나 타작마당에 세워진 제단(2사무 24,25)과 그 후에 세워질 예루살렘 성전(1열왕 6-8장)은 하느님과 인간의 화해가 발생하는 상징 공간이 되었다.

눈에 보이는 타작마당은 단순한 건축학적 의의를 가리키는 빈 공간을 넘어 하느님의 신비가 쏟아져 들어오는 상징공간으로 작용할 것이다. 아라우나 타작마당은 다윗의 제단이 세워짐으로써 하느님의 신비인 구원의 섭리가 발생하는 화해의 공간이 되었다. 만약 눈으로 보이는 공간만 생각한다면 역사적 상징물로서 지극히 유물적 의미에 그칠 것이다. 이 자리에 세워졌던 솔로몬 왕의 성전도 인간의 역사 속에서 시간과 함께 사라졌고 허무한 빈 공간이 되었던 것이다.

---

265 로마 5,12 참조. '그러므로 한 사람을 통하여 죄가 세상에 들어왔고 죄를 통하여 죽음이 들어왔듯이, 또한 이렇게 모두 죄를 지었으므로 모든 사람에게 죽음이 미치게 되었습니다.'

또한 역사 이야기가 궁극적 의미를 발생시키려면, 이야기가 신학적 해석이 가능한 영역으로 옮겨가야 한다는 것을 확인했다. 역사에서 사라질 공간과 반대로 상징적 화해의 공간은 끊임없이 자기 발생적 과정을 거친다. 상징적 화해 공간은 궁극적으로 하느님과 인간의 친교 공간으로 영원히 인간 마음에서 발생하는 공간이다. 마음에서 창출된 화해의 가능성이 제단과 성전의 형이상학적 차원을 근거로 시간적으로 공간적으로 확대되었다. 이런 의미에서 우리는 화해에서 출발한 제단과 성전 공간을 신학적으로 해석할 의무를 부여받는다. 다윗에게서 출발한 미래 성전의 건축학적 공간에 도달한 역사는 무엇을 남길 수 있었는가?

우리는 아마 이렇게 말할 수 있지 않을까? 다윗의 경우처럼 인간적 잘못을 범했다고 하더라도 회심은 늘 가능하다. 그리고 회심이 발생하는 순간, 하느님의 현존이, 자비의 현존이 가능해진다고 말이다. 제단과 성전이 하느님의 현존을 가리킨다면, 회심은 인간의 마음에 역동적으로 발생하는 하느님 현존의 원형적 징표라고.

이런 가능성을 염두에 둘 때, 인간의 회심은 하느님의 은총을 붙들어 매는 시공간의 장이자 새 희망의 출발점이다. 아마도 사울에게서 하느님의 은총이 떠나갔다고 말하는 이유는 회심의 요소가 삶의 의심에 사로잡혔던 그에게서 부정되었던 것이 아닐까? 신명기 사가의 붓끝에서 다윗이 회심할 수 있었던 사람이라면, 다윗의 회심은 이제 제단을 쌓은 것에서 확인되었다.

제단은 하느님께 제물을 바치는 장소이지만, 속죄물 자체가 중요한 것이 아님은 분명하다. 궁극적으로 제단 위에 올려야 할 것은 봉헌물이 아니라 우리의 "회심"이다. 다윗의 제단에서 솔로몬의 성전이 미래에서 다가오듯이, 제단에서 바치는 오늘의 회심은 내일의 나를 새롭게 조형한다. 그러므로 참된 회심은 어제의 나를 지우지는 않지만, 내일의 나를 창조하고 하느님을 향한 새로운 길을 제시한다. 사실 우리의 마음에 세워진 제단은 더 이상 부서지거나 사라질 다윗의 제단도 솔로몬의 성전도 아니다.[266] 세상의 성전은 지나가는 것들 중의 하나이고, 인간의 손으로 시작된 것은 사라지게 마련이다. 그러므로 하느님의 현존은 우리의 가슴에 회심의 제단이 자리 잡을 때 시작된다. 하느님과 만나는 친교의 통로는 인간의 손이 건축한 성전이 아니라, 우리 자신이 성전[267]이 되어가는 것이다.

266 솔로몬 성전(B.C. 953년경)은 바빌론 제국에 의해서 B.C.586년경 파괴되었고, 두 번째 성전(B.C.537년경)도 몇 번의 파괴와 재건축을 반복하다가 A.D.70년에 결정적으로 로마제국에 의해 파괴되었다.

267 1코린 3,16-17; 6,14.16 등.

맺는 말

다윗을 이해하는 길에서 우리는 인간에게 서로 거스르는 두 개의 얼굴이 명암을 드러내며 교차함을 볼 수 있었다. 선을 지향하는가 하면 동시에 악을 범하는 역설적인 인간 본성의 모순이 순차적으로 드러났다. 우리 자신도 인간의 전형 (사울과) 다윗이란 거울을 통해서 속내를 들키지나 않았는지 자문하게 된다. 사무엘서의 두 역사적인 인물 사울과 다윗을 돌아보면서 우리는 인간의 야누스[268]적인 성격을 직시하지 않을 수 없기 때문이다.

사울이 이스라엘의 왕정을 일으키며 새로운 세계를 열어가는 과정에서 고민하고 불안에 겨워했다면, 다윗은 사울의 왕권을 차지하고 이스라엘 통일을 이룩했지만 역사적 분열의 원인을 제공하면서 인간적 실패를 보여주었다. 다윗의 일생은 가난하고 비천했던 한 소년이 최고의 권력에 오르기까지 거쳤던 과정을 가감 없이 보여주었다. 다윗의 긴장된 삶을 이야기하기 위해서 사울에게 불안과 고독이 있었던 것처럼, 성공은 다윗과 사울에게 경쟁이라는 군사적·정치적·심리적 질주

268 야누스(Janus). 로마신화에 등장하는 문을 지키는 신으로 안과 밖을 향해 두 개의 얼굴을 가지고 있다.

를 압박했다. 다윗의 삶에 동력이 되었던 사울은 왕의 자리에서 허무하게 무너졌고, 살아남은 다윗은 경쟁에서 승리한 자로 성공한 왕이 되었다. 군주가 된 다윗은 우리에게 정치적인 얼굴과 종교적인 얼굴이 하나인 듯, 적나라하게 그의 삶을 보여주었다. 빛과 어둠이 그의 내면을 모자이크처럼 수놓고 언어로 표현할 수 없는 삶의 궤적이 퍼져 나갔다간 다시 수렴되곤 했다.

사무엘서는 이와 같이 정치적 미화와 왕권의 정당화가 필요했던 역사적 환경을 개연적으로 자연스럽게 보여준다. 성경에서 사울을 희생시켜가며 다윗을 위한 정치적 변명을 발견한다면, 다윗 한 개인이 아니라, 이스라엘을 위한 역사적 필요성을 먼저 이해해야 하리라. 그래서 기록된 과거의 사건들이 역사적 진실을 변형 내지는 왜곡할 수 있다는 역사적 위험을 담고 있음도 염두에 두어야 한다. 다윗의 행위는 개인적 차원에서 정당화될 수 있을지 모르지만, 성경은 단순히 다윗 개인을 미화하려는 이야기를 전개한 것이 아니다.

우리는 독서와 성찰을 통해서 사울과 다윗의 삶에서 특별히 무엇을 보았던가? 우리의 육체적 삶이 정신적 갈등과 결단을 전제한다면, 기술된 다윗 사건은 성경의 이야기를 서술하고 있는 자의 숨은 의도를 먼저 읽어야 할 것이다. 따라서 역사에서 발생하는 신학이 겪어야 할 위험이 있다면, 신학은 역사적 사실과 해석 사이의 경계지대를 넘나드는 모험이 필요하다. 이 모험을 통해서 사울과 다윗 이야기에 관련된 질문을 독자들 모두에게 하지 않을 수 없으니, 개인적 차원에서 간결하게 요약한다면 이렇게 정식화할 수 있겠다.

다윗의 성공은 하느님의 은총이고, 사울의 실패는 하느님의 벌이었던가?

희망과 반대를 불러일으킬 수 있는 이런 질문은 양 극단의 해석이 따르거나 종합하려는 시도가 생겨난다. 다윗의 성공이 이스라엘의 역사적 희망을 낳았다면, 우리는 자칫 사울을 실패한 군주로 오해하기 쉽다. 그러나 이스라엘 왕정의 확장이라는 측면에서 본다면, 두 인물의 갈등과 경쟁을 염두에 두더라도 사울의 시대가 다윗의 시대로 성장했다는 긍정적인 평가를 내릴 수 있겠다. 사울의 왕정체제가 다윗에 이르러 발전적인 형태로 전개되었다는 것은 아무도 부인할 수 없는 사실이기 때문이다. 두 인물 사이에 교환된 왕정의 권력은 한쪽을 강조하는 것보다 권력의 연속성이라는 측면에서 보는 게 더욱 쉽게 이해할 수 있는 일이다. 이렇게 볼 때, 사무엘서의 독서가 우리의 시선을 열어 보이는 것처럼 인물들의 성공과 실패는 한 사람의 두 얼굴이다.

지금부터 대략 삼천 년 전, 이스라엘 왕정 초기에 사울은 팔레스티나 중부 고원지대를 지배했었고, 다윗은 사울에게서 쫓겨난 뒤 왕권의 힘이 덜 미치던 유다 광야를 중심으로 기반을 닦았다. 다윗이 비천한 출신 성분에도 불구하고 남쪽의 조그만 기반에서 출발하여 북쪽 이스라엘의 사울 왕정을 통합시킬 수 있었다면, 그 힘은 어디에서 왔을까? 앞에서 길게 성찰해 온 것처럼 생각해 보건대, 다윗은 결코 역사적 우연에서 유다와 이스라엘을 하나로 통일시킨 것이 아니다. 처음부터 극복하기 어려운 환경에서 출발한 다윗은 여러 단계들을 지나면서 위대한 정치·군사적 전략가로 성장했고, 마침내 실천적 행동가로 여러 고난을 이겨냈다. 다윗은 그를 따르는 능력자들을 하나로 묶을 수 있었고, 정치적 능력을 발휘하여 열두지파의 이스라엘 통일을 성취하였던 것이다. 치밀한 계획과 인간관계의 조정 능력을 발휘한 현실주의자 다윗은 유다 지파(남)와 이스라엘 지파(북)를 실질적으로 통합한 최초의 군주가 될 수 있었다.

정치·군사적인 영역을 떠나 개인적인 차원에서 다윗은 잔인하며 때로 유약하고, 음악가며 호색한의 인상을 남기기도 했다. 최고 권력을 차지하기 위해 동시에 다윗은 변화무쌍한 두 개의 얼굴을 가진 복수의 화신으로 묘사되기도 했다. 어떤 의미에서 다윗은 성공을 위해선 천의 얼굴을 가질 수 있었던 인물, 그럼에도 하느님 앞에서는 결정적인 실수를 인정하고 회심할 수 있는 인물이기도 했다. 젊은 시절, 한 여인의 사랑을 받았고 자신의 위험을 고려하지 않고 생명마저 구해 주었던 미칼을 무참하게 짓밟은 남자로 행동했던 기록도 있다. 다윗의 정치적 냉혹함을 고려하지 않는다고 해도 권력을 얻기 위해 그가 드러내 보인 냉정한 성품은 감출 수 없는 현실이다.

다시 긴 이야기를 돌아보기보다는 몇 가지 사건들을 떠올리는 것만으로 다윗의 인생 여정을 간결하게 정리할 수 있을 것 같다.

(1) 미칼의 사랑(1사무 18장, 2사무 6장)

한 남자를 사랑했던 여자로 소개된 미칼은 아버지 사울이 죽이려고 했던 다윗을 죽음의 함정에서 빼냈고 탈주를 도왔다. 구약성경에서 유일하게 딸의 사랑이 아버지의 적의를 넘어 한 남자의 생명을 구한 경우이다. 그래서 왕이자 아버지였던 사울의 미움을 받아 다른 남자(팔티엘)에게 보내졌다가, 마지막엔 다시 다윗의 강제로 왕의 여러 여자 중의 한 여자, 비극적인 여인이 되었다. 다윗이 살해의 순간을 벗어나고 성공의 마지막 계단을 오르는 데 결정적 기여를 했지만, 미칼은 끝내 다윗의 사랑을 받는 아내가 될 수 없었다. 이미 남의 아내였던 사울의 딸은 행인지 불행인지, 팔티엘과 여러 자녀를 두었지만, 미칼은 다윗의 자식을 두지 못했다.

(2) 나발의 죽음과 아비가일(1사무 25장)

나발의 아내 아비가일을 얻었던 것은 다윗이 유다지파의 영향력 있는 칼렙 가문의 지지와 경제력을 얻는 길이었다. 유랑하는 반사회적 무리의 두목이었던 다윗은 사울 왕정에서 기피대상이었고 반체제적 성향을 가진 인물이었다. 다윗 인생의 아주 중요한 단계에서, 사울 편에 섰던 한 가문의 유력자 나발이 죽자 다윗은 그의 아내 아비가일을 취할 수 있었다. 아비가일은 여인으로서 영민하게 행동했지만, 다윗의 폭력적 환경에 순응하여 그의 아내로 살아남는 길을 말없이 걸어갔다. 아비가일의 생존은 다윗이 유다 지파에 속한 칼렙 가문의 정치적 지지를 얻는 것을 의미했다.

(3) 사울과 그의 아들들의 죽음(1사무 31장)

직접 사울 가문과 전투를 벌인 것은 아니지만, 다윗은 사울의 죽음에서 완전히 자유롭지 않다. 사울의 죽음은 이상할 정도로 다윗과 경쟁적인 상황이 없는 곳에서 일어난 기록으로 마무리되었다. 상황을 미루어 본다면, 길보아에서 필리스티아인들과 마지막 전투 중이었던 사울은 남쪽 지경에서 활동하던 다윗의 세력을 경계하지 않을 수 없었다. 따라서 사울과 긴장 관계에 있던 다윗이 팔레스티아인들과 전투 중이었던 사울 군대의 전력을 약화시킨 것은 분명하다. 한 쪽의 불행이 다른 쪽의 행운이 되듯이, 사울이 얻었던 숱한 전쟁의 승리도 이렇게 마지막 전투에서 힘을 잃었고, 사울의 패배가 다윗에겐 왕위를 얻는 순간이 되었다.

(4) 필리스티아인들에게 도피한 다윗(1사무 21장 이하)

기록에 따르면, 사울의 박해를 피해 다윗은 필리스티아인들에게 갔지만, 직접적으로 필리스티아인들을 위해 활동하지 않았다. 그러나 다윗이 필리스티아인들의 인정 하에 사울을 피해 있었던 사실이 다윗의 이력에 그리 좋을 수만은 없다. 통일 왕국 이스라엘의 왕이 되어야 했던 다윗이 왕이 된 후에도 기록된 문헌이라면 이 사실은 극히 어려운 윤리적 문제를 만들어 낼 수 있었다. 살아남기 위해서 적들 속에 묻혀 생존을 구걸했던 다윗은 사울의 마지막 순간에 도움을 주지 않았던 사실과 겹치기 때문이다. 이런 의문을 자아내기 때문에 다윗은 자칫 적국의 인정 하에 이스라엘 왕정 역사에서 최초의 왕이었던 사울과 대적한 인물로 기록될 수 있었다.

(5) 사울의 아들 이스 보셋의 죽음(2사무 4,6-12)

사울의 아들 이스보셋을 해친 자에 대한 다윗의 잔인한 보복 행위를 어떻게 이해하고 설명해야 하나? 사울의 정통성을 이어 받고 싶었던 다윗의 통일왕국을 마지막까지 저지하던 이스 보셋의 죽음은 너무나 허무하게 묘사되어 있다. 이스 보셋은 동족의 군인 둘이 간단하게 그를 살해할 수 있었을 만큼 약했던 사울 가문의 마지막 기둥이었다. 이스 보셋의 살해 이후 다윗은 더 나아가 사울 가문의 남은 인물들을 모조리 처치한 것으로 보인다. 사울 가문을 지지했던 북쪽 지파들의 인정을 원했던 것처럼 살인자들을 즉시 처형했던 다윗의 잔인성은 무엇을 말하는가? 이스라엘 왕정의 초기 형성기의 성격이 잘 드러나는 사무엘서는 친 다윗 성향의 기록에서 다윗의 행동에 대한 일관성을 충분히 유지하지 못했다.

(6) 아브네르의 죽음(2사무 3장)

아브네르의 죽음은, 사무엘서의 문자적 서술에 따르면, 요압은 자기 형제의 죽음에 대한 보복으로 아브네르를 쳐 죽인 사건이다. 왕권을 넘어서는 장군 요압의 행동을 제어하지 못하고 통일 왕국을 성취시켜 줄 인물 아브네르를 죽게 한 다윗이다. 그러나 독자의 의문을 불러일으키는 것이 있으니, 아브네르의 죽음과 다윗의 태도가 균형을 이루지 못하는 기록에 있다. 사무엘서의 기록은 다윗이 아브네르의 죽음에 의심을 살 만큼 자신의 무죄를 알리기 위해서 이상할 정도로 노력을 하는지라 오히려 의구심을 불러일으킨다. 아브네르의 죽음은 왕과 아무런 관계가 없다는 다윗의 반복된 주장은 오로지 요압에게 모든 책임을 뒤집어씌우는 방법이기도 했다.

(7) 사울의 후손들에 대한 다윗의 잔인한 처신(2사무 21)

이스라엘에 기근이 들자 다윗은 기브온 사람들의 요구를 들어 사울의 후손들을 희생양으로 삼아 처형했다. 겉으로는 기브온 사람들의 요청이 사울 가문의 절멸을 가져왔지만, 사울 가문에 대한 마지막 정리를 다윗이 지나치리만큼 철저히 완수했다는 인상을 지울 수 없다. 사울이 리츠파에게서 낳은 두 아들과 다윗이 (통일군주로 인정받기 위해) 자기의 아내라고 빼앗아 온 미칼의 다섯 아들을 기브온 사람들에게 미련 없이 넘겨주었다. 인생의 성공을 보여주는 상승기의 다윗에 대한 묘사와 기록은 사울 가문의 종언을 말해 주는 다윗의 처사와 대단히 어울리지 않는다.

(8) 암논, 타마르, 압살롬: 근친 성폭행과 형제 살인(2사무 13)

다윗의 장자 암논이 이복 여동생 타마르를 강간한 사건에 대해 다윗이 취한 태도는 이해하기가 참으로 어렵다. 결과적으로 아들의 잘못을 제대로 나무라지 못한 결과는 형제 살인과 왕 다윗을 시역하려는 반란으로 나타났다. 타마르의 오빠 압살롬은, 다윗이 아브네르를 죽였을 때 취했던 행동을 그대로 모방하여 잔치에 형제들을 초대했다. 즐거워야 할 잔치 자리는 압살롬의 계획한 대로 장자인 암논이 살해된 참극의 현장이 되었다! 다윗은, 아들과 딸 사이의 성 폭행 사건을 묵인했듯이, 형제 살인 사건에 대해서도 정상적인 조처를 취하지 않았다.

(9) 압살롬의 반란(2사무 15장 이하)

압살롬의 반란은 다윗이 왕권을 일거에 앗길 수도 있었던 위험이었으며, 왕가에 심각한 후유증을 가져왔다. 장자는 압살롬에게 살해당했고, 반란을 일으킨 압살롬은 다윗 왕가의 군 총수인 요압에게 살해당하는 불행을 가져왔다. 비록 다윗은 압살롬의 반란을 제압하면서 부족들의 힘이 다윗의 군대에 대항할 수 없을 만큼 철저히 깨부수었지만, 왕가의 불신과 수치는 지울 수 없게 되었다. 자세히 들여다보면, 아들이 아비의 왕권을 탐낸 이유나 아버지 다윗을 죽이려던 상황은 이해하기 어려운 의문투성이로 가득하다. 다윗의 성공과정에서 빚어진 사건이 원인이 되어 형제 살인과 부친을 살해하려는 반역이 된 압살롬의 쿠데타는 이스라엘조차 이해하기 어려운 일이었다.

(10) 다윗의 조카, 아마사의 살해(2사무 20,1-13)

왕권을 손에 넣기까지 다윗의 군대 안에는 늘 반란의 위험이 상존했던 것 같다. 조카인 아마사의 죽음은 작은 사건으로 취급할 수 있는 사건이지만, 다윗에게는 제거 대상이 누구이든 주변을 정리한다는 상징적 사건이다. 요압은 다윗 군대의 수장으로서 다윗의 명령에 따라서 아브네르, 압살롬, 아마사, 세바, 우리야를 죽였다. 달리 말하면, 다윗은 어떤 의미에서든 자신에게 불리하거나 적수라고 여겨질 인물들은 하나같이 제거했다! 마침내 요압도 다윗의 유언에 따라서 솔로몬은 명령을 내렸고, 여호야다의 부나야에 의해 처형되고 말았다. 다윗이 성공한 배경에는 군사적 전략가로서 성격도 중요하지만, 정치적 해결사로서 다윗이 보여준 행동이 제일 인상적으로 보인다.

(11) 우리야의 죽음(2사무 11장)

사무엘서에서 한 인간으로 보면 가장 비극적인 인물일 수 있는 우리야는 왕에게 아내도 빼앗기고 목숨도 잃었다. 다윗의 불륜 행위는 그의 신하들에게 어떤 의미로 알려진 사건이었을까? 처음에 다윗에겐 단순한 일탈적 욕망일 수 있었지만, 충실한 부하는 충성을 바친 임금에게 생명을 빼앗긴 사건이었다. 우리야가 아내를 빼앗기고 왕과 상관의 부당한 음모로 목숨을 잃었던 배경에는 그의 충직성과 상반된 왕의 비밀을 유지하기 위한 음모가 있다. 그러나 사무엘서는 그의 죽음을 다윗 왕가의 불행이 시작되는 출발 지점에 삽입했고, 이후 발생된 왕가의 모든 불행의 원천으로 기술했다. 사무엘서의 이런 구조는 성경 편집자가 대단히 신학적이며 의도적인 생각을 가지고 우리야의 비극적인 사건을 서술했다는 사실을 암시해 준다.

(12) 다윗의 유언(1열왕 2,5-6. 8-9)

마치 왕가의 권력을 유지하기 위한 것처럼, 생애를 마무리하는 임종의 자리에서 다윗은 복수를 잊지 않았다. 그토록 오랜 세월 동안 원한을 잊지 않고 복수를 아들 솔로몬에게 요청했다는 사실이 믿을 수 없다. 죽어가면서도 솔로몬 왕정의 안전을 위해 다윗은 유언정치를 하려고 했던 것일까? 아니면 솔로몬의 상황이 그런 유언을 필요로 했던 정치적 요청이었을까? 다윗의 요청이 후대의 왕정을 보호하기 위한 조치였다면, 다윗은 본성에 따른 인간의 탐욕을 이미 터득했던 인물이었을까? 마지막 죽어가는 자리가 왕가를 지키기 위한 자리가 되고 피아를 구별하며 제거해야 할 적을 고민해야 했던 다윗은 성왕의 길을 걸어간 것일까? 아니면 후계자를 구하기 위해 임종의 자리에서도 몸부림을 쳐야만 했던 것일까? 이런 의문들은 어떤 해석도 가능한 여러 답변 중의 하나일 뿐, 다윗의 유언은 그의 생애를 요약하는 행위였다.

다윗 이야기가 진행되는 단계마다 일어났던 사건들은 때로는 성공을 위해서, 때로는 자리를 지키기 위해서 많은 희생을 요구했다. 다윗의 성공 자체가 문제가 아니라, 성공을 이루고자 애쓰는 과정에서 인간적 소유와 갈망과 탐욕이 문제로 드러났나. 다윗을 보면, 인간은 성공 지향의 인생을 살고자 하면 할수록, 심각한 경쟁을 겪어야 하고 타인의 희생을 마구잡이로 요구할 가능성이 높다. 짧지 않은 다윗의 인생 역정을 살펴보건대, 너무도 많은 희생자가 억울한 피를 흘리며 누워 있다.

이런 관찰은 단지 왕이 된 다윗의 경우만 그렇다는 주장이 아니다. 다윗은 성공의 정점에서 자신의 힘과 능력을 확인하고 확보하려는 유혹을 피하지 못하고 어려움에 빠지기도 했다(2사무 24장). 유혹의 결과는 다윗이 궁극적인 회심의 자세로 돌아가야만 인생의 늪에서 빠져나올 수 있음도 보여주었다. 사무엘서에 의하면, 다윗은 관대하고 온유한 처신보다 폭력과 잔인성이 권력에 이르는 길임을 보여준 인물이다. 어떤 조직이든 현세의 권력 토대가 어떻게 확립되는지 우리 모두에게 깊은 성찰을 요청하는 이유를 알 수 있다. 시작이 아무리 좋았더라도 욕망의 정점에 이르는 길이 타자의 희생 위에 세워지는 것이라면 하느님이 원하는 인간의 길이 될 수 없다.

이런 시각에서 보면, 다윗 이야기는 성공한 인간이 욕망을 채우는 순간 불행하게도 실패의 나락으로 떨어진다는 비극적인 교훈을 알려 준다. 인간은 성공하고 싶은 끊임없는 욕망으로 고통을 받지만, 성공의 높이가 높아질수록 더욱 깊은 나락을 체험한다. 다행스럽게도 다윗의 경우 인간은 절망적인 실패에도 불구하고 회심에 이를 수 있다는 모순된 가능성을 경험한다. 인간을 일으켜 세우는 회심은 때를 불문하고 '늦은' 때가 없으며, 마지막 순간도 언제나 '이른' 때이다. 회심은 인간이 탐욕에서 벗어날 수 있는 유일한 자유의 가능성이며, 오직 자유이신 하느님만 허용하실 수 있는 인간 해방의 길이다.

마무리하는 자리에서 덧붙이고 싶은 말은, 성경의 해석학적 방법으로 역사 비평이나 문학 비평은 학문적 방법론으로 아주 중요하다. 19세기 이후 본격적으로 진행된 역사 비평적 성경 해석이나 20세기에 들어서 활발해진 문학 비평방법은 앞으로도 방법론적 한계를 자각하면서 학문적 완성을 위한 길을 지속할 것이다. 그러나 성경의 역사 비평적 해석과 문학 비평적 독서는 객관적 이해와 정보를 지향한다는 측면에서 항상 충족할 수 없는 한계를 경험적으로 자각하지 않을 수 없다. 따라서 객관적 독서를 지향하는 경계를 넘어서 의미론적으로 독서의 요구를 충족하려면 성경을 읽는 독자의 상상력과 체험이 필요하다. 학문의 객관적 태도는 유지되어야 하는 게 정상이지만, 계시의 의미를 중요시하는 성경을 읽고 진실을 체험하기 위해서는 독자 체험의 차원을 무시해서도 안 된다. 해석의 객관성과 의미 추구의 주관성이 균형을 이룰 수 있다면 성경을 이해하고 해석하는 중용을 성취할 듯싶다.

이와 같이 다윗 이야기의 해석을 위해서 1열왕 1–2장(본서의 1장)의 독서를 첫 장으로 삼은 이유가 있다. 보통 다윗에 관한 전기나 연구는 관련 주제를 중시하며 다윗의 인물됨을 역사적 차원에서, 혹은 연대기적 관심을 바탕으로 해석이 진행된다. 그러나 이 글이 다른 여타 연구서와 다르게 시작한 이유는 특정한 인물 다윗을 통해서 인간의 보편적인 모습을 드러내 보이고자 했기 때문이다. 1열왕 1-2장은 이런 의미에서 다윗 생애의 마지막 장면을 서술하는 것도 중요하지만, 왕권투쟁의 과정에서 드러나는 보편적 인간성을 묘사할 수 있는 가능성이 높기 때문이다. 이런 차원에서 이 글은 독서의 방법론으로 객관적 해석법의 한계를 보완하는 새로운 독서법의 가능성을 시도했다. 그러므로 우리는 성경의 실존적 의미를 알아듣고 경험하기 위해서 성경 독서의 주관적 차원이 얼마나 중요한지 강조하지 않을 수 없다.

감사의 글

이 글은 본래 수도자들의 연례 피정을 동반하면서 시작되었습니다. 피정은 저잣거리의 소음을 피해서 정해진 기간 조용한 곳에서 기도에 전념하는 시간을 의미합니다. 지난 시간을 돌아보면서 하느님을 얼마나 자주 잊고 살았는지, 우리에게 온 이웃들과 만나면서 하느님의 현존을 얼마나 어떻게 자주 경험했는지 되돌아보는 시간입니다. 피정을 하는 동안 기도자는 형이상학적 개념이나 사념적 추론을 행하지 않고, 일상에서 벌어졌던 사건들을 구체적으로 되돌아보고 정리하게 됩니다.

수도자들의 피정은 하느님-인간의 관계에 초점을 맞추기 때문에 피정을 준비한 글의 성격은 자연스럽게 주제와 동일한 호흡을 합니다. 이 책의 논의는 수도자가 다윗과 관련된 사건을 묵상하거나 관상할 때에 하느님-다윗의 관계가 하느님-나의 관계로 치환되는 경험의 가능성을 밑바탕으로 삼고 있습니다. 그러므로 하느님-다윗의 관계에 대한 깊은 통찰은 나를 더욱 깊이 알게 되는 기회가 됩니다.

본인은 다윗의 인물됨을 성경묵상 안에서 체험하면서 모든 이가 인간(나)에 대한 깊은 이해에 도달하길 희망하게 되었습니다. 다윗(대략 B.C. 1040-970년)은 지금부터 3천 년 전 이스라엘 왕정의 초창기에 활동했던 인물이고, 이야기 대부분은 구약성경의 사무엘서 I·II(역대 I 참조)에 실려 있습니다. 묵상의 중심은 다윗으로 시작되었지만, 사무엘서를 읽어 가면서 다윗 이야기를 촉발하게 한 사울의 인물됨을 빠뜨릴 수 없었습니다. 사울의 존재가 다윗과 다른 측면에서 우리 자신을 통찰하는 데 더욱 필요했고, 두 인물의 대조적인 성격을 경험하면서 사울에 관한 내용을 추가할 수 있었습니다. 비록 역사적으로 다윗의 그늘에 가린 존재가 되었지만, 사울이 없는 다윗은 상상할 수 없습니다. 독자는 사울과 다윗이라는 두 인물을 묵상하면서 더 깊은 체험을 하리라 믿습니다.

글을 준비하는 동안 얻은 성경에 대한 주석학적 정보는 묵상이나 관상에 좋은 자료이기는 하나 때로 필수적인 요소가 되지 않기도 한다는 것을 알게 되었습니다. 달리 말하면, 해석학적 의미를 얻기 위해서 사회 상황을 중시하는 사회과학적 방법이나 성경의 본문을 중시하는 문학 비평은 상호 보완적인 의미에서 아주 중요했습니다. 또한 학문적 연구의 심화과정에서 발전해 온 두 방법은 각기 다윗에 대한 부정적인 측면과 긍정적인 측면을 열거할 수 있는 수많은 정보를 제공합니다. 그래서 다윗 이야기의 해석 차원에서 최소한의 논의를 도입했지만 대체로 성경의 본문을 이해하는 차원에 한정하였던 것입니다. 비록 학문적 세밀함을 극도로 추구하지는 않았지만 경시하지도 않았으며, 제한적이지만 필요한 정보는 나누고, 필요해도 지나치게 전문적인 내용들은 이야기의 해석에 문제가 없다면 제외하였습니다.

무엇보다도 독자가 고려해야 할 사실은 두 독서 방법이 성경을 이해하기 위해서 유용한 분석의 가능성을 독자에게 제공한다는 것입니다. 그래서 사울과 다윗을 이해하는 차원에서 두 방법이 제공하는 수많은 정보를 간략하게 나누기는 하지만, 객관적인 결론을 내리기가 어려운 주석학적 논의는 많이 제외했던 것입니다. 왜냐하면 성경에 대한 주석학적 비평은 저자의 능력을 넘어서는 일이기도 하고, 기도하는 이들에게 그리 필요하다고 보지 않았기 때문입니다. 필요에 따라 여러 논의들을 소개하더라도 최소한에 그치고, 될 수 있으면 소개하지 않기로 한 판단은 이러저러한 요청에서 출발했기 때문입니다.

처음부터 기도를 준비하면서 시작한 책이고, 기도를 위한 글이었기 때문에 본서가 독자들의 기도에 유용할 수 있다면 천만다행입니다. 성경의 한 인물을 잘 이해한다는 것은 성경의 독자가 된 '나'를 아는 첩경이라고 생각합니다. 그래서 '나'를 알고 이해하는 길의 고비마다 하느님 존재의 흔적이 남아 있어 우리의 시선에 분명 띄리라고 생각합니다.

전적으로 다윗에 대한 역사적 전기를 위한 글이 아니고, 또한 전적으로 신학적인 글도 아닌 이 책이 삶을 관조하고 기도하는 독자들에게 조금이라도 도움이 되기를 삼가 기원합니다.

끝으로 이 글이 탄생하기까지 동행했던 많은 분들의 가슴과 애정을 생각하면서 그분들께 진심으로 감사드립니다.

노고산 아래에서
저자 드림

참고문헌

1. 성경과 잡지, 및 사전류

성경, 한국천주교 주교회의 성서위원회, 2005.

La Bible, André Chouraqui 번역, DDB, 1985.

Die Bibel, Deutsche Bibelgesellschaft, 1985.

NRSV (=New Revised Standard Version)

TOB (=Traduction Oecuménique de la Bible)

LXX (=Septuaginta, 칠십인역 성경)

MT (=Massoretic Text)

새로운 성경신학사전, 3권, 바오로딸, 2007(1988).

성서비평사전 (정태현 편역), 성서와함께, 1996.

한국가톨릭대사전, 12권.

NJBC New Jerome Biblical Commentary

Bib Bibbia

CBQ Catholic Biblical Quarterly

JBL Journal of the Biblical Literature

JSOT Journal for the Studies of the Old Testament

RevB Revue Biblique

OBC Oxford Bible Commentary

2. 참고 및 연구문헌

강경민, 왜 다윗인가?, 프리셉트, 2003.

구덕관, 다윗 연구, in 기독교사상 18(7)(1974/7), 149-157쪽.

구자용, 삼하 11장-아이러니화된 왕의 지혜, in 구약논단 16권 1호(통권 35집, 2010년 3월), 119-140쪽.

김성근, 당신이 바로 그 사람이요. 2사무 12,1-25, in 성경연구 제 6권 제 9호 통권 69호(2000년 8월), 1-17쪽.

김종윤, 고대 유다에서 읽는 다윗 내러티브, 성광문화사, 2004.

김진수, 다윗의 유언: 상호본문 간 읽기에 의한 열왕기 상 제 2장 1-9절의 이해, in 성경연구 64(2012), 1-31쪽.

김한요, 다윗을 보면 예수가 보인다, 아가페, 2001.

김혜윤, 미칼 관련 보도의 구조적 일관성. 다윗에 대한 미칼의 사랑과 사울의 적의, in 가톨릭신학과사상 59 (2007/6), 244-274쪽.

루에는, 쟈크 G., 성전, 문명충돌의 역사-종교갈등의 오랜 기원을 찾아서, 한길사, 2003.

브루거만, 월터(*Walter Brueggemann*), 사무엘 상·하, 한국장로교출판부, 2000(1990).

루이스 알론소 셰켈, 이 선영 옮김, 하느님을 만난 사람들, 가톨릭출판사, 1999(1997).

미드라쉬 13-14, 강 라미 역, 한국가능성계발원, 1999.

밥 얀디안, 강 주현 옮김, 다윗-섬김의 리더십, 경영정신, 2001(1995).

백원정, 여성신학적 시각으로 본 다윗의 여성들, in 한국여성신학 41호(2000, 봄), 154-171쪽.

심용섭, 인구 조사 - 다윗의 죄(2사무 24장), in 사목 128호(1989년 9월), 73-82쪽.

스톨쯔, 프리쯔, 박영옥 옮김, 사무엘 상·하, 한국신학연구소, 1991.

앤더슨, A.A., 권대영 옮김, 사무엘 하, WBC vol. 11, 솔로몬, 2001(1989).

엄원식, 다윗의 전기에 대한 분석적 비판- 전투적 메시아니즘을 중심으로, in 구약논단 9집 (2000), 109-135쪽.

예레미아스,요릑, 채홍식 옮김, 하나님의 후회, 대한기독교서회, 2002(1975).

오택현, 신명기 역사에 나타난 다윗, in 신학과 목회 27(2007/4), 5-27쪽.

옥한흠, 하나님의 마음에 든 사람, 다윗, 국제제자훈련원, 1992.

원진희, 사무엘상 15장의 전승사적 위치, in 구약논단 제 14권 13호(통권 29집), 2008.

요프레, 시미안, 박영식 옮김, 구약성서 연구방법론, 성서와함께, 2000(1994).

유연희, 아비가일의 남자들, 구약논단 16권 1호(통권 35호, 2010/3), 98-118쪽.

유진 피터슨, 이 종태 옮김, 다윗: 현실에 뿌리박은 영성, IVP, 1999(1997).

이경숙, 다윗을 유혹한(?) 밧 세바, in 기독교사상 37(9, 1993/9), 246-253쪽.

_____, 다윗 왕조에 관한 신명기 사가들의 기대와 비판, in 기독교사상 31(5) (1987/5), 112-131쪽.

이동원, 하나님의 마음에 합한 사람 다윗, 나침반, 1988.

이승장, 다윗-왕이 된 하나님의 종, 좋은 씨앗, 2001.

임태수, 이스라엘 왕들의 이야기, 대한기독교서회, 1999.

장세훈, 다윗의 인구 조사에 대한 재고찰: 대상 21,1을 중심으로, in 교회와문화 제 13호(2004), 29-46쪽.

장일선, 다윗 왕가의 역사 이야기, 대한기독교서회, 1997.

_____, 다윗 왕조의 정체, in 신학연구 34 (1993/5), 195-202쪽

저드슨 콘웰, 김광석 옮김, 춤추는 예배자 다윗, 토기장이, 2004.

정기문, 다윗의 역사성에 대한 탐구, in 역사교육 129 (2014.3), 297-323쪽.

조성국, 메시야적 모형의 리더 다윗, 클릭, 2005.

조호진, 다윗영성, 요단, 2000.

_____, 압살롬, 뒤틀린 영성의 길, 홍성사, 2002.

진 에드워드, 허령 옮김, 세 왕 이야기-사울, 다윗, 압살롬, 예수전도단, 2004(1994).

차준희, 인생 최고의 절정과 몰락의 분기점에서: 다윗과 밧 세바, in 성경연구 9권 제 11호, 통권 107호 (2003, 10월), 43-55쪽.

_____, 다윗과 벳 사바 사건의 신학적 읽기, in 성령과 신학 21호, 9-25쪽.

클레인, 랄프 W., 김경렬 옮김, WBC 10권, 솔로몬, 2004(1983).

테니, 토미, 이 상준 옮김, 다윗의 장막, 토기장이, 2004(2003).

폰 라트, G., 허혁 옮김, 구약성서신학, 제 1권, 분도출판사, 1976.

피펏, 레베카, 김성녀 옮김, 하나님의 마음에 합한 사람, IVP, 2003(1996).

한동구, 사울과 다윗의 갈등: 왕의 권력이 해체되는 과정에서 체험한 성스러움 (삼상 19,18-24), 『한국기독교신학논총』 82집(2012).

홍경원, 본문의 미갈과 해석된 미갈, in 신학연구 51집(2007/11), 한신신학연구소, 75-99쪽.

Alter, Robert, *The David Story,* Norton, 2000(1999).

Avioz, Michael, *Divine intervention and Human Errors in Absalom narrative*, in JSOT 37(3), 2013, pp. 339-347.

Berger, Yitzak, *Ruth and Inner-Biblical Allusion. The Case of 1Samuel 25*, in JBL 128/2(2009), pp. 253-272.

Biddle, Mark E., *Ancestral Motifs in 1Samuel 25: Intertextuality and Characterization,* in JBL 121/4(2002), pp. 617-638.

Bosworth, David A., *Daivid, Jether, and Child Soldiers*, in JSOT, vol. 36.2 (2011) pp. 185-197.

Brueggemann, Walter, *David's Truth: In Israel's Imagination & Memory*, Fortress, 1985.

Carlson, R.A., *David the Chosen King. A Traditio-Historical Approach To the Second Book of Samuel,* Alumquist&Wiksell, 1964.

Cushman, Beverly W., *The Politics of the Royal Harem and the Case of Bat-Sheba*, in JSOT, vol. 30/3, 2006

David, le berger devenu Roi, articles in Lumiere & Vie 263 (2004).

Fokkelman, J.P., King David, vol. I, Van Gorcum(Assen, Netherlands), 1981.

Fox, Everett, *Give Us A King-Samuel, Saul, and David,* Schocken, 1999.

Frederic, Moriarty, Samuel, 2vols., Paulist, 1971.

Getz, Gene A., *David-Seeking God Faithfully*, Broadman&Holman Pub., 1995.

Gunn, David M., *The Story of King David*, JSOT Supplement Series 6, JSOT Press, 1978.

_____, *The Fate of King Saul: An Interpretation of a Biblical Story*, JSOT Supplement Series 14, JSOT Press, 1980.

Halpern, Baruch, *David's Secret Demons: Messia, Murderer, Traitor, King,* EErdmans, 2001.

Heym, Stefan, *The King David Report,* Northwestern Univ. Press, 1997(1973).

Janzen, David, *The Condemnation of the King David's "Taking" in 2samuel 12,1-14,* in JBL 131(2), 2012, 209-229쪽.

Kirsch, Jonathan, *King David-The Real Life of The Man Who Ruled Israel,* Ballantine Books, 2000.

Krummacher, F.W., *David-King of Israel,* Kregel Publications, 1994.

Laato, Antti, *Second Samuel and Ancient Near Eastern Royal Ideology*, in CBQ 59, 1997, 244-269쪽.

Landay, Jerry M., *David-Power, Lust and Betrayal in Biblical Times,* Seastone, 1998.

Lasor, William Sanford, *Great Personalities of the Bible*, Hendrickson Publishers, 1997(1959).

Lawton, Robert B., *1Samuel 18: David, Merob, and Michal*, in CBQ 51, 1989, 423-425쪽.

Levenson, J.D., *1Samuel 25 as Literature and as History, in Catholic Biblical Quaterly,* 40 (1978), 11-28쪽.

Long, V. Philips, *The Reign and Rejection of King Saul. A Case for Literary and Theological Coherence*, SBL Dissertation Series 118, Scholars Press, 1989.

Martini, Carlo Maria, *Davide: Peccatore e Credente*, Piemme, 1989.

Mckennzie, Steven L., *King David,* Oxford Univ. Press, 2000.

McCarter, P. Kyle, *II Samuel*, Anchor Bible, vol. 9, Doubleday, 1984.

Michael, Matthew, The Prophet, the Witch, and the Ghost: Understanding the Parody of Saul as a 'Prophet' and the Purpose of Endorin the Deuteronomisitic History, in JSOT, vol. 38.3 (2014), 315-346쪽.

Moore, Beth, *A Heart Like His*, Broadman&Holman Publishers, 1999.

Phillips, Richard D., *The Heart of an Executive-Lessons on Leadership from the Life of King David*, Doublleday, 1999.

Pink, Arthur W., *The Life of David*, Baker Book House, 1995(1981).

Reis, Pamela Tamarkin, *Killing the Messenger: David's Policies or Politics?*, *in* Journal for the Studies of Old Testament vol. 31 no.2 (2006/Dec), 131, 167-191쪽

Renaud, B., *Le Prophete de Nathan: Theologies en Conflit*, *in* Revue Biblique 1994, Tome 101-1 (pp. 5-61).

Rivers, Francine, *Unspoken*, Tyndale House, 2001.

Ryan E. Stokes, *The Devil made David do it*...Or Did He?, *in* JBL 128, no 1(2009), 91-106쪽

Schipper, Jeremy, *Did David overinterpret the Nathan's parable in 2Sam 12,1-6?*, *in* JBL 126, no 2(2007), 383-407쪽.

Schmitt, Charles P., *A Heart for God*, Destiny Image, 1995.

Short, J. Randall, *The Surprising Election and Confirmation of King David*, Harvard University Press, 2010.

Shott, James R., *Bathsheba*, Herald Press, 1996.

Uriel Simon, *The Poor Man's Ewe Lamb: An Exemple of a Juridical Parable*, in Bib 48 (1967), 207-242쪽

Steussy, Marti J., *David-Biblical Portraits of Power*, Univ. of South Carolina Press, 1999.

Swindoll, Charles R., *David- A Man of Passion & Destiny,* Word Publishing, 1997.

Wiesel, Elie, *Five Biblical Portraits*, University of Notre Dame Press, 1981.

찾아보기

ㅇ

ㅈ

ㅊ

ㅋ

ㅌ

ㅍ

ㅎ